보육학개론

조미영 • 권경숙 • 김신영 • 박세진
이사임 • 이승숙 • 황인애

창지사

머리말

보육의 의미를 근본적으로 살펴보면 영유아들의 보호, 교육받을 권리와 부모들의 일할 권리를 보장해 주기 위한 제도로서 영유아들이 속한 가정의 사회 계층과 어머니의 취업 여부를 떠나 모든 영유아가 풍부한 인간관계 속에서 심리적으로 건강하게 자라나도록 지원해 주는 것이며, 이를 위한 책임이 개인뿐만 아니라 사회적 · 국가적 책임이라는 차원에서 다루어지는 것을 의미한다. 이에 국가와 부모 그리고 영유아보육기관에서는 영유아의 보호와 교육에 대한 공동의 책임을 가지고 질 높은 보육 서비스를 제공하고 있다.

이러한 시대적 경향은 앞으로 보육의 전문성과 공공성을 확보하기 위해 우수한 보육전문가 양성의 필요성을 제기하고 있다. 이러한 필요성을 절감한 보육학 관련 교수들이 훌륭한 보육교사의 자질과 역할을 일깨우기 위한 목적에서 보육의 기초교재로서 보육학개론을 저술하게 되었다. 이 책의 구성 특징을 정리하면 다음과 같다.

이 책은 총 12장으로 구성되어 있다. 우선 1장의 보육의 기초적 이해에서는 보육의 개념, 보육의 필요성을 다루었다. 2장의 보육 사상의 역사에서는 고대, 중세, 근대와 현대의 보육에 이르기까지 역사적 사상에 대한 고찰을 하였다. 3장의 영유아의 발달과 보육은 발달의 개념 및 발달의 원리와 영유아기 발달 특징, 그리고 발달 이론과 보육에의 적용을 주요 내용으로 하였다. 4장은 보육의 다양한 유형, 5장은 제4차 어린이집 표준보육과정과 2019 개정 누리과정에 대해 놀이중심 보육과정의 최근 개정 내용을 중심으로 저술하였다. 6장에서는 프로젝트 접근법, 발도르프 교육, 레지오 에밀리아 접근법 등의 보육 프로그램이 전개되었다. 7장은 보육환경, 8장은 보육교직원에 대한 내용이 실려 있다. 9장은 부모 및 가족과 지역사회와의 연계에서 협력관계를 이끌어 내고 부모로서의 역할을 효과적으로 수행할 수 있도록 지원하기 위한 방법을 모색하였다. 10장에서는 어린이집 운영관리의 개념 및 원리를 비롯하여 원아 모집과 관리, 재정관리, 사무관리 등에 대해 저술하였다. 11장에서는 영유아의 건강, 영양, 안전에 대해서 저술하였고, 12장에서는 보육평가의 필요성과 의미를 재조명하고 다양한 평가 방법에 대한 내용을 중점적으로 저술하였다.

이 책을 기획하고 집필하는 과정에서 가장 유의하였던 점은 2019 개정 누리과정을 기본으로 보육에 대한 시대적 변화를 반영하고자 최신의 자료를 참고하는 데에 주력하였다는 점이다. 그리고 공동저자들의 전공 분야를 최대한 반영하여 저술하였는데, 저자 간의 용어와 개념들의 통일을 이행하고자 노력하였다.

이 책은 보육의 입문서라고 할 수 있다. 무엇보다도 보육의 기초적인 분야를 알고자 하는 학생들과 보육에 관심 있는 여러분들이 지식과 기술을 연마하는 데 도움이 되었으면 하는 희망과 기대를 가져본다. 더불어 이 책이 출간되기까지 정교한 편집 작업을 해 주신 편집진들의 수고에 감사드리고, 어려운 출판 여건에서도 흔쾌히 출간에 도움을 주신 창지사에 무궁한 발전을 기원한다.

2021년 8월
저자 일동

차 례

CHAPTER 1

보육의 기초적 이해

1. 보육의 개념 및 관점
2. 보육의 필요성

보육이라는 용어의 등장은 보육에 대한 책임 전환과 그 기능 및 성격에 있어 보다 포괄적인 통합적 내용으로 변화를 가져왔다. 보육학개론의 첫 시작을 여는 본 장에서는 영유아 발달 특성에 맞는 보육과 교육을 제공하는 사회복지 서비스로서 보육의 개념을 살펴보고자 한다. 보육의 개념 정의는 보육에 대한 기초적인 이해를 높이고 보육의 목적을 확대해 볼 수 있게 할 것이며, 보육의 전통적, 현대적 관점에 대한 패러다임의 변화는 보육 서비스가 지향하는 바와 나아가야 하는 방향을 생각해 볼 수 있다. 보육의 필요성을 사회적, 발달적, 교육적 측면에서 생각해 보는 것은 보육학의 배경적 지식으로서 사회적 변화의 흐름에 대한 보육뿐 아니라 보육의 주체인 영유아에 대한 이해로부터 시작된다는 것을 알 수 있다.

1. 보육의 개념 및 관점

1) 보육 개념

보육은 양육, 육아, 탁아 등의 용어와 유사하게 사용된다. 보육의 한자어 뜻을 풀어보면 보육(保育)의 보(保)는 '지키다' '편안하게 하다' '보전하다' '돕다' 를 내포하고, 육(育)은 '기르다'로 영유아를 보살펴 기른다는 뜻을 의미한다. 보육이라는 용어는 '맡긴다'는 의미의 '탁아(day care)'에서 출발점을 찾을 수 있는데, 탁아는 가정에서 영유아들이 정상적인 양육을 받기 어려운 경우 다른 사람에 의해 제공되는 돌봄을 의미한다. 보육에 대한 개념을 보다 명확히 알아보고자 사전적 의미와 보육의 근거가 되는 법률적 의미를 살펴보고자 한다.

사전에서 찾아본 보육은 '어린아이들을 돌보아 기름'을 의미한다(국립국어원, 2020). 아이를 보살펴 자라게 하는 의미로서 육아, 탁아 등과 혼용되어 사용된다. 육아는 어린아이를 기른다는 것이고, 탁아는 보호자 대신 맡아서 돌본다는 것으로, 어린아이를 돌보고 기른다는 공통된 의미를 지니기 때문이다. 돌본다는 의미는 '관심을 가지고 보살핀다'는 것으로, 영유아를 건전하게 돌볼 책임을 가지고 아이를 보살펴 키운다는 의미가 있다. 유아보육학사전(한국유아교육학회, 2008)에서 '보육은 어린 생명을 보호, 육성하는 것의 의미와 유아를 보호, 교육하는 두 가지 의미를 갖고 있다'고 명시한다. 이는 보육이 영아와 유아를 대상으로 하고 보호와 교육을 모두 포함한다는 의미이다.

법률적 의미에서 보육의 개념을 찾아보면, 영유아 보육을 위한 특별법으로 1991년 「영유아보육법」이 제정되면서 보육이란 용어가 보편적으로 사용되는 계기를 마련하였다. 보육 관련법 제정 이전에 보육은 탁아의 개념으로 어머니가 자녀를 양육할 수 없는 경우 보호자의 위탁을 받아 아동을 보호하는 보충적이고 개별적인 보호의 의미를 지녔다. 1991년 「영유아보육법」 제정과 수차례의 개정을 거치면서 보육의 대상 및 의미에 변화가 있었다. 보육의 대상을 6세 미만 취학 전 아동으로 정의하여 보호자가 보호하기 어려운 영아 및 유아를 대상으로 명시하여 보육 범위를 제한하였다가, 이후 보육시설 이용 아동뿐 아니라 전체 영유아가 보육정책의 대상이 됨을 규정하였다. 이로써 보육의 의미를 선별적 차원에서 보편적 대상으로 확대하여 전환하였다. 「영유아보육법」 제2조제2항에 의하면 "보육이란 영유아를 건강하고 안전하게 보호 · 양육하고 영유아의 발달 특성에 맞는 교육을 제공하는 어린이집 및 가정양육 지원에 관한 사회복지 서비스를 말한다."(영유아보육법, 2020.3.24 개정) 보육의 개념에 영유아를 보호, 양육, 교육의 제공과 보육시설 서비스뿐 아니라 가정에서의 양육 지원까지 포함하여 정의하고 있다. 보육에는 영유아의 이익을 최우선으로 고려하는 것으로 그들로 하여금 보다 안전하고 쾌적한 환경에서 성장하고 발달하도록 어떠한 종류의 차별도 받지 않고 보육되어야 한다는 이념이 있다.

보육에 대한 개념 정의에 있어 우리나라는 유아교육과 영유아보육의 이원화된 체제에 의해 보육과 교육의 개념을 구분하여 바라보는 시각이 있다. 체제적인 접근에서 볼 때 유아교육과 영유아보육에 대해 유사한 부분과 상이한 부분이 분명히 있을 것이다. 유사한 부분은 보육과 교육의 대상인 영유아의 발달 특성에 따라 영유아중심, 놀이중심, 활동중심, 생활중심 교육이 이루어지고 있다는 것이다. 교육과 보육 현장에서 보육(care)이나 교육(education)의 기능은 배제하여 생각할 수는 없다는 시각이다. 영유아에게 있어 삶 자체가 교육이고, 교육 현장에서 건강, 안전, 영양, 위생의 일상적 부분들은 또 하나의 중요한 요소이고 배움이다.

하지만 또 다른 시각에서는 그럼에도 교육과 보육에는 분명한 차이가 있다는 것이다. 보육은 영유아에게 제공되는 돌봄과 교육으로써 그 기능이나 실제 운영에서 다른 부분이 있다. 보육은 가정에서의 자녀 양육에 대한 기능을 대행하는 것으로, 교육의 측면에 한정되지 않는 돌봄과 교육을 포함하는 보다 포괄적인 개념을 내포한다. 어린 연령 대상으로는 보호적, 신체적인 돌봄과 애정을 내포하는 보호, 양육이 더 강조되고, 연령이 높은 유아에게는 학습적이고 교육적인 부분에 더 중점을 두어 연령에 따른 차이를 볼 수 있다.

그러나 보육은 에듀케어(educare)의 개념으로써 영유아에게 보호, 양육, 교육의 분리는 의미가 없다. 영유아의 연령에 관계없이, 보육 받는 장소가 가정이든 기관이든 상관없이, 또 얼마나 긴 시간 양육자와 떨어져 있는가와도 별개로, 보육은 모든 영유아의 신체적, 정서적 안녕과 보호를 위한 본질적인 차원에서 접근되어야 한다. 분명한 것은 보육은 영유아에게 제공되는 모든 서비스로써 보호, 양육, 교육이 통합되어 제공되는 포괄적인 서비스이다. 보호, 양육을 제공하지 않고 가르칠 수 없으며, 가르치지 않고서는 진정한 보호, 양육을 제공할 수 없기 때문이다.

보육에 대한 개념을 종합하면, 보육은 부모나 가족을 대신하여 하루의 일정 시간 동안 적절한 장소에서 보육전문가가 아동이 건강하고 행복하고 유능한 전인적 발달이 이루어지도록 보호와 교육 활동을 제공함으로 아동과 가족을 지원하는 공적 서비스이다. 보육은 단순히 부모를 대신하여 영유아를 보호하는 차원이 아니라, 영유아의 건강하고 행복한 유능한 발달을 지원하는 종합적인 보호와 교육 활동이다. 뿐만 아니라 보육은 영유아와 그 가족을 총체적으로 지원하는 가족복지 서비스를 지향하며 영유아의 발달 특성에 맞는 교육을 제공하는 어린이집 및 가정의 양육 지원에 관한 사회 복지 서비스이다. 즉, 사회적, 국가적 사업이며 부모 · 가정 · 사회 · 국가가 함께 참여하는 종합적이고 계획적인 복지 서비스라고 정의할 수 있다.

2) 보육 관점의 변화

(1) 전통적 관점

보육의 시작은 빈곤한 아이를 지원하는 구휼적 관점에서 출발하여 영유아를 보호하고 양육하는 데 초점을 맞춘다. 여러 가지 이유로 친부모가 아닌 다른 사람들에 의해 보호 받아야 하는 아동들에게 주어지는 서비스로, 저소득층 가정과 결손, 파손 가정 아동의 건강과 교육적 욕구를 충족시켜 주기 위한 협동적 사업이다. 전통적 관점에서의 보육은 부모를 보완하여 집단보호와 지도를 제공하는 일차적인 기능적 역할이다. 이러한 관점에서는 보호자의 경제적, 사회적 활동을 원활하게 하여 가정복지 증진에 기여하기 위한 것으로 일종의 긴급 구제를 위한 보충적 서비스로 볼 수 있다. 그렇다고 아동복지에 대한 측면이 강조되지 않는 것은 아니다. 영유아의 건전한 발달을 위한 부분은 영유아 보육사업이 지향하는 목적임에 분명하다. 다만 무게 중심에 있어서 여성의 경제활동 참여 확대를 돕는 방향으로 보육의 정책들이 추진되어 왔다. 즉, 취업모에게 자녀를 맡길 수 있는 장소를 제공하기 위한 것으로, 저소득층을 위한 복지 모델의 기본 보육이며 아동의 방치 상태를 예방하기 위한 필요로서의 보육 서비스이다. 우리나라 초기 보육은 요보호자를 대상으로 하는 구빈적 개념으로써 영유아에 대한 기본적인 보호의 서비스 차원에 머무는 수준으로 기초적인 생존의 보호라는 인간으로서의 기본적인 삶 보장에 중점을 두었다(곽승주, 이명순, 오경숙, 2016). 이러한 측면에서 전통적 보육은 구빈 차원에서의 선별적인 관점으로 볼 수 있으며, 보육의 수요가 여성의 사회참여로 인한 기혼여성의 욕구 충족을 위한 것으로 지극히 도구적 성격이라고 볼 수 있다.

(2) 현대적 관점

역사적으로 교육과 보육은 두 개의 분리된 활동으로서 양분되어 왔다. 그러나 현대적 관점에서의 보육은 교육과 보호를 통합한 에듀케어(educare) 개념으로, 보육은 단순히 돌봄을 위한 집합장소에 그치지 않으며 의도적이고 조직적인 보호와 교육을 의미한다. 보육의 목적은 궁극적으로 아동복지 실현에 있다. 아동은 그들의 보호자의 취업 유무와 상관없이 개성을 발달시키고 자아실현을 하며 교육받고 보호받을 수 있는 기회를 누려야 한다. 그렇기에 아동을 위한 보육의 기회는 공평해야 하며 각자의 상황과 필요, 요구에 따라 다양한 유형의 보육을 받을 수 있어야 한다.

아동의 기본권 보장이라는 아동복지적인 측면에서 보육 서비스는 저소득층만의 욕구는 아니다. 보육 서비스는 아동의 건강한 성장과 발달을 위한 것뿐 아니라 아동의 성장과 발달에 영향을 미치는 부모, 가족을 위한 서비스로 확대되어 사회 보상적인 기능의 강화를 강조한다. 현대적 관점에서 보육은 모든 아동에게 최대한의 교육적 기회가 주어지도록 계획됨으로 아동의 발달에 기여하면서, 아동이 속한 가족 구성원 전체를 보육 대상으로 보고 보육 서비스의 폭을 확대하여 부모나 가족이 그들의 역할을 제대로 기능할 수 있도록 수요자 중심적 지원을 필요로 한다. 현대적 보육은 영유아와 가정, 지역사회 모두를 위한 보육과 복지 증진을 위해 사회 서비스의 기능까지도 포함하는 보편적이고 예방적이며 종합적인 차원이다.

시대의 흐름과 사회의 변화는 보육에 대한 관점인 보육 패러다임에도 변화를 일으켰다. 1991년 제정된 「영유아보육법」에서 선별적 복지인 선택적 보육으로 시작되었으나, 2004년 「영유아보육법」의 개정으로 모든 영유아를 대상으로 하는 보편적 수준으로서 모든 영유아에게 양질의 교육과 보호를 받을 권리를 보장하고 있다. 2013년 전면 무상보육을 실시하면서 보육정책은 질적 수준의 향상과 공공성 강화를 위해 노력하였고, 수요자 중심의 정책으로 전환해 가는 데 목표를 두면서 가정양육에 대한 지원으로 사회복지 서비스를 추가해 가고 있다. 오늘날의 육아는 개별적 차원의 가정만의 과제라기보다 사회 공동체 안에서의 책임이라는 인식으로 확대되고 있다. 국가가 지역사회 안에서 양육 기능을 강화할 수 있도록 지원하는 복지사회 구현을 위한 것이다. 보편적 보육의 확산과 질적 보육 또는 발달적 보육 욕구의 증가로 보육은 보다 그 비중을 확장해 가는 모습이다. 이에 따라 보육은 선별적 복지에서 보편적 복지로, 구빈적 개념에서 복지적 개념으로, 보호뿐 아니라 보호와 교육의 통합으로, 대리양육에서 가정양육을 포함하는 포괄적 개념으로, 사회문제 해결에서 개인의 잠재력 계발 개념으로 패러다임이 전환되고 있다. 보다 거시적인 관점에서 포괄적이고 통합적이며 복합적인 차원에서의 보육으로 변모되고 있다.

〈표 1-1〉 보육 패러다임 변화

구 분	과 거	현 대
대 상	저소득층의 영유아, 취업모 자녀(선별적 보육)	장애아를 포함 모든 영유아 및 12세 미만 아동, 가족, 지역사회(보편적 보육)
성 격	빈민 구제, 여성의 노동력 확보를 위한 서비스(도구적 성격)	아동, 여성, 가정, 지역사회를 위한 포괄적 서비스(복지적 성격)
내 용	방임되는 아동을 맡아서 보호한다는 목적에 의한 아동 보호적인 내용	아동의 교육, 건강, 영양, 안전, 부모의 양육 지원, 지역사회 교류 협력 등 종합적인 내용

구 분	과 거	현 대
교육과 보육의 관계	분리적 개념	통합적 개념
책임 영역	각 가정, 부모에 의한 개별 책임	국가, 사회의 공공 책임으로 영역 확대
지원 내용	취업모를 위한 양육 지원	일–가정 양립을 위한 사회적 보육 지원
운 영	공급자 중심	수요자 중심
보육사업	수혜적 사업	참여적 사업
보육 프로그램	서구의 보육 모델 그대로 적용	한국 고유의 보육 프로그램 개발 현장 적용하는 등 국가정체성 강화 지향

2. 보육의 필요성

최근의 4차 산업혁명은 인공지능, 빅 데이터의 첨단기술로 사회 전반에 정보통신기술(ICT)을 융합함으로써 혁신적인 신기술을 이루고 있다. 이는 창의혁신융합 인재의 새로운 교육적 인재상을 요구하고 있다. 세계 곳곳에서는 자국의 경쟁력을 높이기 위해 인적 자원 육성에 투자를 해야 한다며 목소리를 높이고 인적 자원 확보를 위한 교육적 지원을 아끼지 않고 있다. 더군다나 생애 초기 영유아교육에 대한 관심과 투자는 교육의 효율성 측면에서도 그 어느 시기보다 교육의 목적을 충분히 충족시킬 수 있다. 이러한 변화의 물결 속에 보육의 필요를 사회적, 발달적, 교육적 측면에서 살펴보고자 한다.

1) 사회적 측면

보육에 대한 수요의 급증은 영유아 보호와 교육에 있어 개인적 차원을 넘어 사회적, 국가적 차원으로의 책임을 확대하며 보육에 대한 사회적 요구들을 증가시킨다. 자녀양육 부담과 가치관의 변화는 저출산으로 이어지고, 가족 구조 및 기능의 변화는 보육의 필요를 더욱 부각시키는 사회적 요인이 되고 있다.

(1) 가족 구조와 기능의 변화

산업화, 세계화에 따른 사회경제적 환경의 변화로 가족 구조와 기능은 변화하고 있다. 통계청이 전망한 장래가구특별추계를 통해 장래 가구 규모 및 유형, 가구원수별 가구 구조에 대해 최근의 가구 변화 추세를 살펴보고자 한다. 장래가구추계자료는 전국을 대상으로 2002년 최초 공표한 이후 5년 주기로 작성되어 2022년 공표 예정이었으나, 장래가구추계 개편에 따라 최근의 인구 및 가구 추이 변동을 반영한 가구특별추계를 실시하여 2019년도에 배부하였다. 가족복지정책 수립을 위한 기초자료를 목적으로 인구총조사, 인구동태통계, 장래인구추계를 통해 작성되었다(통계청, 2019). 장래가구특별추계자료에 따른 총 가구는 2017년 전년에 비해 1.50% 증가하나, 가구증가율은 점차 감소하여 2041년부터는 마이너스로 전환, 2047년에는 −0.36% 수준을 예상한다. 2040년에는 2,265만 가구를 정점으로 총가구수는 점차 감소할 것으로 전망한다.

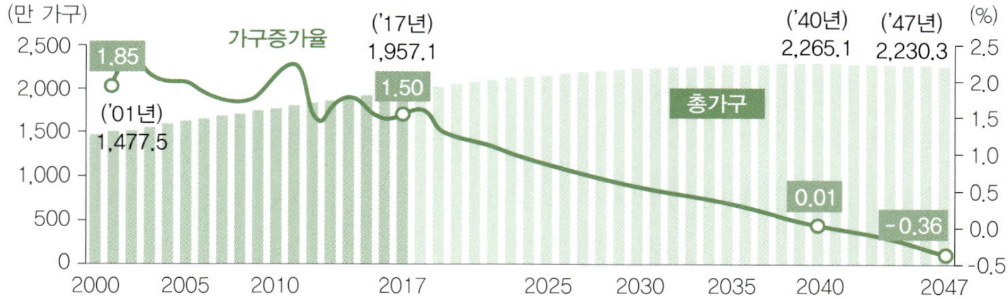

[그림 1-1] 총 가구 및 가구증가율 (2000~2047)

출처: 통계청(2019). 장래가구특별추계: 2017~2047.

이러한 인구의 변화는 현대사회의 가치관과 자녀양육에 대한 부담 증가로 인한 것으로, 저출산 현상은 또 하나의 사회적 문제로 국가가 적극 해결해야 할 책임과 의무를 가진다. 주요 선진국들은 양질의 영유아 교육과 보육에 대한 공평한 접근으로 모든 아동으로 하여금 평생학습에 대한 기반을 강화하고, 가족들의 폭넓은 사회적, 교육적 요구에 대한 지원을 아끼지 않고 있다(OECD, 2001). 우리나라 또한 국가적 차원에서 보육에 대한 정책적 지원과 요구들에 귀 기울이며 사회적 책무를 다해야 할 것이다.

〈표 1-2〉 주요 가구 유형별 가구(2017~2047)

(단위 : 만 가구, %)

		가 구						구성비				
		2017	2019	2027	2037	2047	연평균 변화	2017	2019	2027	2037	2047
계		1,957.1	2,011.6	2,164.8	2,260.0	2,230.3	9.1	100.0	100.0	100.0	100.0	100.0
친족가구	계	1,368.0	1,379.8	1,412.8	1,414.4	1,361.2	−0.2	69.9	68.6	65.3	62.6	61.0
	부부	309.3	328.0	402.2	468.4	479.4	5.7	15.8	16.3	18.6	20.7	21.5
	부부+자녀	615.0	596.2	518.0	437.3	363.8	−8.4	31.4	29.6	23.9	19.3	16.3
	부+자녀	51.6	54.5	62.7	67.6	67.7	0.5	2.6	2.7	2.9	3.0	3.0
	모+자녀	148.3	151.7	157.0	153.7	143.1	−0.2	7.6	7.5	7.3	6.8	6.4
	3세대 이상[1]	95.1	91.2	75.9	62.4	50.5	−1.5	4.9	4.5	3.5	2.8	2.3
	기타[2]	148.7	158.4	197.0	225.1	256.7	3.6	7.6	7.9	9.1	10.0	11.5
1인가구		558.3	598.7	711.4	807.6	832.0	9.1	28.5	29.8	32.9	35.7	37.3
비친족가구		30.7	33.0	40.5	37.9	37.1	0.2	1.6	1.6	1.9	1.7	1.7

1) 부부+미혼자녀+부(모), 3세대 이상 기타

2) 가구주+형제자매(기타 친인척), 1세대 기타, 부부+부(모), 부부+자녀+부부형제자매, 조부(모)+손자녀, 2세대 기타

출처: 통계청(2019). 장래가구특별추계: 2017~2047.

가구 유형에 따른 변화는 가족으로 이루어진 친족가구 비중은 감소하고, 2017년 가구 유형에서는 부부+자녀가구(31.4%)가 가장 많고, 1인가구(28.5%), 부부가구(15.8%) 등의 순으로 많았으나, 2047년에는 1인가구(37.3%), 부부가구(21.5%), 부부+자녀가구(16.3%) 순으로의 변화를 예상한다. 가구원 수도 2047년까지 1인가구와 부부가구의 비중이 가장 크게 늘고, 부부+자녀가구 비중이 가장 많이 감소할 것이며, 연평균 부부+자녀가구는 8만 4천 가구씩 감소할 전망이다.

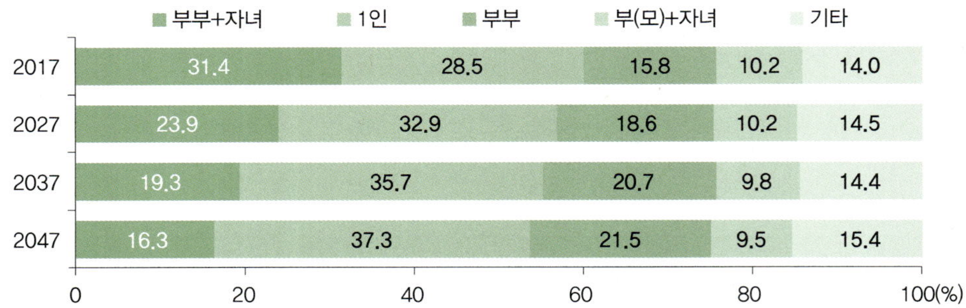

[그림 1-2] 주요 가구유형별 구성비추이 (2017~2047)

출처: 통계청(2019). 장래가구특별추계: 2017~2047.

부부+자녀가구 비중은 2017년 31.4%에서 2047년 16.3%로 감소할 전망이다. 2017년 부부+자녀가구는 40대와 50대 가구주가 64.7%를 차지하였으나, 2047년에는 51.7%로 감소할 전망이고, 30~50대 부부+자녀가구는 연평균 2만 4천~4만 6천 가구씩 감소하는 반면 60대 이상 부부+자녀가구는 증가할 것을 전망한다.

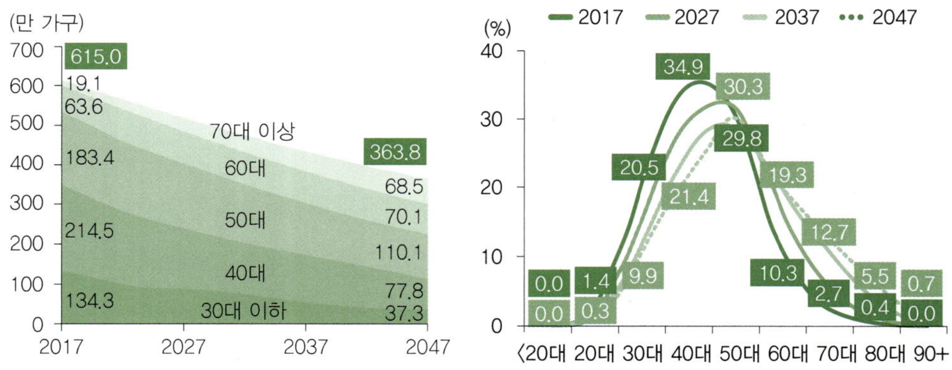

[그림 1-3] 부부+자녀가구 연령별 규모, 구성비(2017~2047)

출처: 통계청(2019). 장래가구특별추계: 2017~2047.

조부모 및 자녀와 함께 사는 3세대 이상 가구는 2017년 95만 1천 가구(전체 가구의 49%)에서 2047년 50만 5천 가구(2.3%)로 감소를 전망한다. 2017년 3세대 이상 가구의 가구주는 40대가 가장 많았으나, 2047년에는 70대가 가장 많고 40대와 50대는 각각 연평균 6천, 5천 가구씩 감소하며, 70대 이상은 연평균 1~2천 가구씩 증가를 예상한다.

〈표 1-3〉 연령별 3세대 이상 가구(2017~2047)

(단위 : 만 가구, %)

		가구						구성비				
		2017	2019	2027	2037	2047	연평균 변화	2017	2019	2027	2037	2047
3세대 이상 가구	계	95.1	91.2	75.9	62.4	50.5	-1.5	100.0	100.0	100.0	100.0	100.0
	19세 이하	0.0	0.0	0.0	0.0	0.0	0.0	0.0	0.0	0.0	0.0	0.0
	20-29세	1.0	1.0	0.7	0.4	0.3	0.0	1.1	1.1	0.9	0.7	0.5
	30-39세	12.5	11.4	7.8	4.9	3.2	-0.3	13.2	12.5	10.2	7.9	6.3
	40-49세	27.0	24.7	17.9	12.9	8.3	-0.6	28.4	27.1	23.6	20.7	16.5
	50-59세	24.5	23.2	17.2	11.1	8.1	-0.5	25.8	25.4	22.7	17.8	16.1
	60-69세	14.5	14.8	14.5	11.2	8.0	-0.2	15.3	16.2	19.2	18.0	15.8
	70-79세	10.8	10.8	11.6	14.1	12.6	0.1	11.3	11.8	15.4	22.6	24.9
	80세 이상	4.8	5.3	6.1	7.7	10.1	0.2	5.0	5.8	8.1	12.3	19.9

출처: 통계청(2019). 장래가구특별추계: 2017-2047.

가구 수, 가구 유형, 가족 형태의 변화는 전통적 가족 형태인 대가족제도에서 소규모 핵가족 형태로의 변화를 가져왔다. 부부 중심의 핵가족화, 이혼율 증가로 한부모, 조부모가족 등 가족 구조의 다양화는 전통적으로 대가족 속에서 자연스럽게 습득되어졌던 교육의 기능들을 약화시키고 있다. 또한, 초혼 연령의 지연, 결혼하지 않는 비혼, 결혼을 하더라도 육아에 대한 부담으로 자녀를 갖지 않는 무자녀 부부가 늘면서 출산율은 지속적으로 감소하고 있다. 이러한 가족 구조의 변화는 여러 가지 문제들을 야기하는데, 가정 내 대인관계 기회 감소, 부모 자녀의 정서적 유대 약화, 상호작용 결핍, 관계에서의 갈등 등 사회문제로까지 확대되면서 그에 대한 해결책으로 질 높은 보육을 요구한다. 다양한 가족 형태는 가족의 불안정성을 증가시키고 부적응 및 발달지체에 대해 보상하는 보육 활동들을 기대한다. 핵가족 형태의 가족 구조는 가족 간의 상호영향력을 감소시켰고 자녀양육에도 영향을 미쳤다. 보육에 있어서도 부모 이외에 가족구성원의 도움을 받는 것이 어렵게 되어(김익균, 이창수, 2011), 부모의 보육에 대한 책임을 조력하고 보완할 수 있는 사회적 보육체제를 필요로 하게 한다. 뿐만 아니라 인구 변화의 측면에서, 현대사회의 가치관 변화와 자녀양육에 대한 부담 증가는 출산율을 감소시켜 저출산 해결을 위한 보육의 정책적 지원을 요구한다. 사회 공동의 책임으로서 복지사회 구현을 위해서는 보육료 지원, 양육수당 확대, 질 높은 보육 서비스 제공 등 보다 다양하고 다면적인 측면에서의 보육정책들이 필요하다.

(2) 여성의 사회참여 증가

산업사회를 거쳐 오면서 취업 여성의 증가로 여성의 사회 진출은 경제적으로 괄목할 만한 성장을 가져왔다. 국가경제 발전을 위해 여성 노동력에 대한 중요성 강조는 여성들의 경제활동 참여를 증가시켰고, 여성들의 교육수준 향상과 자아실현의 욕구 등 삶에 대한 의식 변화는 여성들로 하여금 사회 진출을 더욱 높이고 있다. 만 15세 이상 여성인구 중 취업자와 실업자를 합한 여성경제활동인구와 만 15세 이상 전체 여성인구 중 여성경제활동인구가 차지하는 비율(%)인 여성경제활동참가율에 대한 통계청 자료(그림1-4)를 보면 여성경제활동의 활성화 정도를 파악할 수 있다. 1999년 이후 점진적인 경기회복으로 2005년에는 50.1%로 최초로 50%를 넘었으나, 2009년 경제위기로 다시 49.2% 수준으로 하락하였고, 2012년 다시 50%를 넘어 여성경제활동인구는 꾸준히 증가를 보였으나 지난 10년간 50% 수준에서 정체된 상황이다. 여성의 경력단절을 예방하고 경제활동 참여 및 경력을 유지하기 위한 정책수립 추진이 필요하며, 여성가족부 주도로 범부처 차원에서 추진할 제3차 경력단절 여성 등의 경제활동 촉진 기본계획('20~'24)의 수립으로 앞으로의 진행 추이를 기대하는 바이다.

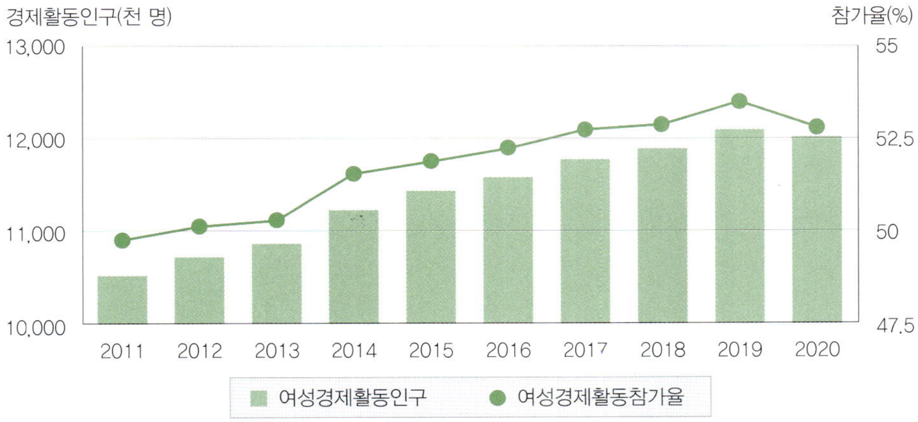

[그림 1-4] 여성경제활동인구 및 참가율

출처: 통계청(2021). 경제활동인구조사

한국의 여성경제활동참가율을 OECD 주요 국가들과 비교한 자료를 통해 우리나라의 현실을 살펴보면 다음과 같다(그림 1-5). 한국경제연구원은 2008년부터 2018년까지 10년간 여성경제활동의 활성화 정도에 대해 1인당 국민소득 3만 달러 이상, 인구 5천만명 이상의 조건을 만족하는 30-50클럽 7개국 여성의 생산가능인구수, 경제활동참가율, 취업자 수, 고용률, 실업률 및 연령대별 고용률 등 6개 고용지표를 분석하였다.

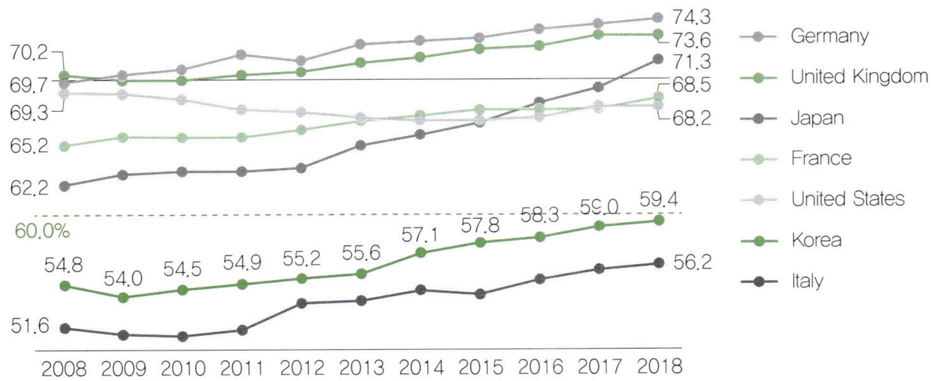

[그림 1-5] 30-50클럽 7개국 15~64세 여성경제활동참가율 변화 비교(2008~2018)

출처: 한국경제연구원 보도자료(http://www.keri.org).

여성 고용률은 2008년 세계 금융위기 이후 다소 정체한 듯 보이나, 7개국 모두 전반적으로 상승하는 추세를 보였다. 우리나라 여성 고용률은 2008년 54.8%에서 2018년 59.4%로 증가하였으나, 7개국 중 6위로 상위 5개국과는 격차가 있다. 2018년 기준 7개국 중 1위인 독일 여성의 경제활동참가율과의 격차는 14.9%p로 이는 2008년 기준 한국(54.8%)과 독일(69.7%)의 여성경제활동참가율 격차(14.9%p)와 같아 양국 간 격차는 여전히 줄어들지 않은 것으로 조사된다. 2018년을 기준으로 30-50클럽 7개국의 15세~64세 여성의 고용률을 연령대별로 나누어 보면(그림 1-6) 대체로 15~19세에서 가장 낮고, 20~40대까지 증가하다가 50대 이후에 다시 낮아지는 ∩자형 포물선 형태를 띠고 있다. 반면, 한국과 일본은 출산 · 육아기로 대표되는 30대 전 · 후반 여성들이 노동시장에서 대거 퇴장하는 경력단절 현상이 나타나며 연령대별 고용률 분포가 M자형 곡선 형태를 띠고 있는 것이 확인된다. 이러한 형태는 한국의 35~44세 여성 고용률이 7개국 중 최저이며 경력단절 문제가 여전히 지속되고 있다는 것을 볼 수 있다.

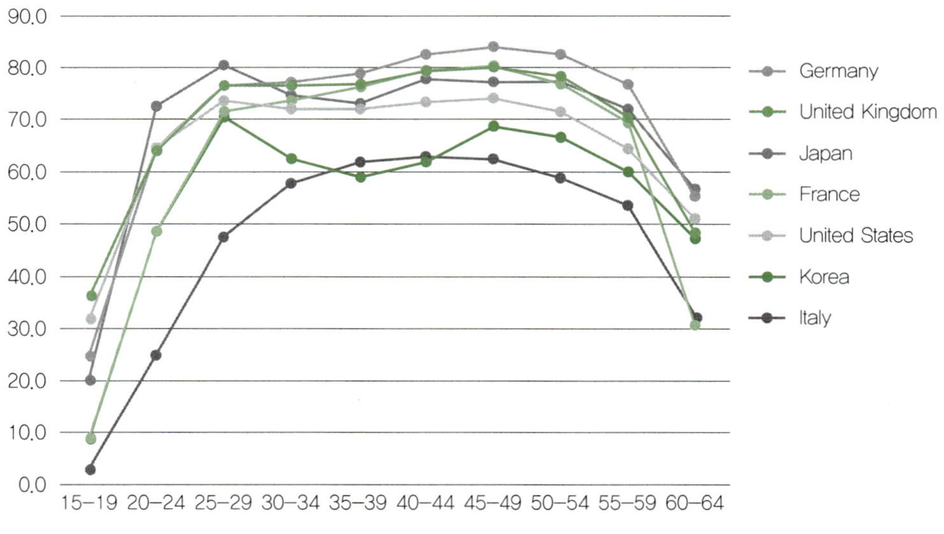

[그림 1-6] 30-50클럽 15~64세 여성 연령대별 고용률 변화(2018)

출처: 한국경제연구원 보도자료(http://www.keri.org).

우리나라는 여성들의 경력단절을 예방하고 경제활동 참여 및 경력을 유지하기 위해 경력단절 여성 재취업 활성화, 보육 돌봄 인프라 강화, 일 가정 양립환경 조성 등 4대 영역을 지원하는 제2차 경력단절 여성 등의 경제활동촉진 기본계획('15~'19)을 수립하였다. 그럼에도 여성의 경력단절은 여전하며 한번 취업 시기를 놓치면 만회하기 어려운 고용노동시장을 생각해 볼 때, 관련 정책들이 수립되고는 있다지만 실질적으로 여성들의 경제활동을 뒷받침하지 못하고 있다. 통계적 수치들이 이를 반증한다고 볼 수 있었다.

사회에 대한 여성의 역할이 커지고 있지만 기혼 여성에 대한 일과 가정의 양립문제, 자녀양육에 대한 육아부담 등은 여성의 경제활동에 장애가 되는 요인으로 결국은 자녀 출산을 기피하는 현상으로 이어지고 있다. 특히 30대 후반에서 40대 전반 여성의 급격한 고용률 감소는 장기간 해결되지 못한 채 지속되고 있는데, 30~40대 여성 고용률 제고를 위해 유연근무제 활성화 및 여성 고용 유지 기업 대상 인센티브를 확대하는 등 가족친화, 육아친화 정책들에 대한 지원으로 이어지려는 노력들이 보인다. 시간연장 보육의 확충, 개방형 시간 일시 보육 기회보장 지원 등 보육 수요자의 욕구를 반영한 맞춤형 정책들이 추진되고 있다. 그동안 유아교육과 보육의 많은 발전으로 예산의 증가도 있었으나 그만큼 정책적 효과가 있었는지는 아직 의문으로, 이러한 상황에서 양육비용에 대한 연구와 자료수집이 체계적으로 이루어지고 정확한 분석에 근거하여 양육비용 지원 관련 정책이 입안되고 실행될 필요가 있다(이영, 2013).

사회와 가치관의 변화는 여성인력자원에 대한 필요성을 증가시켰지만 출산기피현상은 여전하다. 여성들의 삶에 대한 의식 변화에 따라 사회 진출을 격려하고 경제활동을 지지해 주기 위해서 현시점에서는 우선적으로 기혼여성들의 육아부담을 전적으로 덜어 주어야 할 것이다. 육아 서비스에 대한 불안정성과 질적 문제의 해소를 신뢰할 때 여성들은 일과 삶의 균형이 양립되는 워라밸(work-life balance)의 실현을 기대할 것이다.

2) 발달적 측면

영유아기는 인간의 성장, 발달에 결정적인 시기로 발달의 상당 부분은 인생 초기에 형성된다. 영유아 시기에 경험하는 교육과 보육의 내용과 환경이 어떠한가에 따라 그들의 성장과 발달에 영향을 주고, 이것은 인간 전체 삶의 맥락에서도 중요한 역할을 한다. 이에 발달적 측면에서 보육의 필요성을 살펴보는 것은 의미가 크다.

(1) 영유아의 발달 특성과 보육의 질

발달하는 존재로서 인간의 발달은 삶의 모든 단계에서 일어난다. 연령별 각기 다른 발달 단계를 거치지만, 전인적 인간으로서 신체적, 인지적, 사회적, 정서적 영역들은 상호작용을 하면서 서로 밀접한 연관성을 갖고 양적, 질적으로 통합된 변화를 거친다. 영유아기도 그 연령대가 가지고 있는 특정 발달과업이 있고, 이 시기에 어떤 과정으로 성장하는가는 연령의 변화에 따른 발달 특성들을 이해하는 것으로, 이는 영유아를 위한 보육 서비스의 계획과 실천에 토대가 된다. 발달의 속도와 밀접한 관련이 있는 결정적 시기는 유기체를 둘러싼 내적, 외적 사건들이 발달에 최대의 영향을 미치는 짧은 기간을 말한다(정옥분, 2018). 발달에 적절한 시기가 있다는 것은 신체 및 심리발달이 가장 용이하게 이루어지는 최적의 시기가 있음을 말하는 것으로, 이 시기를 놓치면 발달과업 획득의 효율성은 떨어질 수 있다.

특정 시기의 발달문제는 발달의 불가역적인 측면에서 볼 때 다시 수정하거나 교정하는 데 어려움이 있다. 신체 성장이 끝난 후에는 아무리 충분한 영향을 섭취한다 해도 성장에 한계가 있다는 것이다. 이전의 발달을 기초로 현재의 발달이 이루어지며 다시 그 위에 다음 단계의 발달이 형성되어 가는 것으로, 어느 단계에서의 발달의 부정적인 모습은 다음 단계에 더 심각한 영향을 줄 수 있다. 발달의 부정적, 긍정적 경험은 다음 발달에도 누적적인 영향을 주므로 생의 초기인 영유아기의 경험은 후기 발달에 대한 기초가 된다. 영유아기의 영양 결핍뿐 아니라 지적, 언어적 자극의 결핍은 후기의 신체발달, 인지, 언어발달을 지체시키거나 발달에 장애를 유발할 수 있다.

이처럼 영유아기는 일생을 준비하는 시기로서 유아의 정신적, 신체적 발달은 이후 인격, 정서지능, 대인관계, 도덕적 성품 등 모든 면의 기초가 된다(강문희, 김매희, 유정은, 2007). 그러므로 영유아를 위한 적절한 보육경험은, 적합한 양질의 보육을 제공하도록 하여 영유아로 하여금 보다 건강하고 안정된 환경에서 성장하고 발달하도록 하며, 원만한 사회화를 위해서도 필요하다.

질적으로 우수한 교육기관에서의 보육 서비스는 지적, 언어적으로 적절하고 풍부한 자극과 경험이 주어지고 또래나 교사와의 사회적 상호작용이 활발하도록 하므로 영유아의 전인발달에 긍정적 기여를 한다. 유아교육기관의 물리적 환경의 질도 유아들의 실내, 외 놀이행동에 영향을 미치며, 물리적 환경 수준이 높은 기관에서 유아들은 상상-병행놀이와 상상-집단놀이에 더 많이 참여한다는 연구결과도 있다(신동주, 류진순, 2006). 뿐만 아니라, 질적으로 우수한 유아교육기관에 다니는 유아들은 그렇지 않은 기관에 다니는 유아들보다 자아개념이 더 높고, 놀이실에서 또래와 긍정적 상호작용을 더 많이 한 것으로 나타났다. 질적으로 우수한 어린이집에서의 주당 보육시간은 유아의 어휘력, 이해력 및 지능지수와 긍정적인 상관을 보였다. 그러면서도 교사와의 부정적인 상호작용은 더 적게 하였다(이기숙, 김영옥, 박경자, 2005). 또한, 유아교육기관 교실의 질은 유아의 자기조절력에도 직접적인 영향을 준다(김종훈, 성지현, 2016).

이처럼 영유아기의 질 높은 보육경험의 중요성이 선험적 연구들을 통해 제시되면서 보육정책에 더욱 관심을 갖게 되었고, 어떻게 하면 영유아를 위해 보다 좋은 양질의 프로그램을 마련하고 제공해 주어야 하는지에 대한 고민들을 계속하게 하였다. 이런 맥락에서 보면 저소득 가정의 문화실조 환경에 처해 있는 영유아들이라 할지라도 교육과 보육 서비스를 통해 충분히 보상의 기회가 주어진다면 후기 학습에서의 성공 가능성의 증대도 기대할 수 있다. 즉, 어린 시기에 질 높은 보육 서비스를 받은 영유아들의 경우 성인이 되었을 때 우수한 인재로의 성장을 예측할 수 있다(Doherty, Forer, Lero, Goelman & LaGrange, 2006).

영유아기 보육경험의 질은 단기적으로는 영유아들 개인의 인지적, 사회적, 정서적 발달에 영향을 미치며, 장기적으로는 학교에서의 적응과 이후 삶에서의 성공에도 중요하다(Heckman & Masterov, 2007). 대부분의 육아 선진국들은 보편적인 영유아보육의 기회 제공이라는 목표를 달성하여 이제는 질 향상에 주력하고 있다. 보편적 보육과정은 보육의 양적 확대를 가져왔고, 보육과정은 우리나라의 실정과 문화에 맞게 개발되고 실행되면서 점차적으로 개선되어 왔다. 필요한 서비스의 지원으로 보육과정은 검증을 위한 노력이 계속되었고, 영유아의 성장발달에 큰 영향을 미치는 질 높은 보육경험에 대한 관심이 높아졌다. 영유아가 경험한 보육의 질이 어떠한가는 그들의 발달에 차이를 가져올 수 있다. 보육의 질이 영유아의 원활한 발달 지원에 꼭 필요한 요인이 되기에, 평가인증으로 보육 전반에 대한 평가가 실시되고 있다. 영유아에 대한 발달 지식, 바람직한 환경 구성, 지도 방법 및 유의점 등을 안내함으로 질적 보육을 지원하며, 국가수준에서 양질의 서비스를 보장받을 수 있게 되었다. 평가인증은 보육의 지침을 제공하여 객관적으로 측정 가능한 변인들을 토대로 다양한 측면에서의 평가가 이루어진다. 평가는 전반적인 보육 서비스의 질적 수준을 파악하며, 영유아의 발달적 특성 및 심리적 성향을 더욱 깊이 이해할 수 있고, 발달 수준에 적합한 보육프로그램 개발에 기초자료가 된다(전찬경, 2016).

보육의 질 개선을 위해서는 영유아와 보육교사가 직접적으로 느끼는 보육현장의 목소리를 반영하여야 한다. 보육의 만족도를 높이면서 지속가능한 발전이 되기 위해서는 보육의 질적 내실화와 보육 프로그램 질적 운영에서 실행력 강화를 뒷받침해 줄 수 있는 지원과 전략들이 있어야 한다. 그러므로 유아교육기관 환경의 질적 고무를 위한 정책적 노력들이 필요하고, 영유아기는 경쟁력 있는 인적 자원 확보를 위해 필연적으로 투자해야 하는 절호의 시기이다. 분명한 것은 양질의 영유아보육 서비스는 빈곤과 같은 영유아가 처한 불리한 조건의 부정적 영향을 중재하고 사회적 통합에 기여할 수 있다는 것이다. 영유아기 유아들이 어떠한 보육 서비스를 경험하였는가는 그들의 신체적, 정신적 성장과 발달에 주요한 영향을 미치므로, 발달적 측면에서 이 시기에 질적으로 우수한 보육 서비스가 제공될 수 있어야 한다.

(2) 영유아의 권리 보장

우리나라 보육사업은 빈곤가정의 자녀양육 문제 지원이라는 사회복지적 측면에서 출발하였다. 보육은 부모의 양육 지원에 대한 욕구를 충족시켜 주는 활동이지만 영유아의 발달에 도움이 되며, 그들의 개인적 행복과 발전적 차원에 대한 권리를 보장할 의무를 가진다. 이에 영유아들의 권리에 대한 보장적 측면에서 보육의 필요를 살펴보고자 한다.

아동에 대한 시선은 단순히 보호받아야 하는 존재를 넘어 자신의 생각과 의견을 표현하고 존중받아야 하는 아동의 참여와 표현의 자유를 보장해 주어야 한다는 인식이 높아지고 있다(곽승주 외, 2016). 영유아는 하나의 인격체로서 그들의 권리는 존중받아야 하고, 아동의 참여 및 표현의 자유는 보장되어야 한다. 아동권리는 인간으로서 가지는 일반적인 권리에 성인이 되어 가는 과정 중에 있는 아동이라는 특수성을 전제로 하는 인간의 권리를 모두 포함한다. 영유아의 목소리에 귀 기울이며 의사결정을 존중하고 적극적 권리의 주체로서 아동권리의 정립은 보육의 출발점이 되어야 한다. 아동권리에 대한 목소리는 영유아로 하여금 자신 또는 부모의 배경이 어떠하든 어떠한 종류의 차별도 받지 않고 건강하고 안전하게 성장할 권리를 갖게 한다. 또한 그들은 자신의 잠재력을 최대한 발휘할 수 있도록 교육과 참여의 기회도 보장받음으로써 유능하고 행복하게 성장할 권리가 있다.

보육에 대한 중요성과 아동권리에 대한 인식의 확대로 보다 우수한 환경의 기회를 제공받도록 하기 위해 직장 보육시설이 확대되었다. 맞벌이 가정의 증가로 보육은 보편화되었으며, 많은 수의 영유아들이 하루 중 긴 시간을 기관에서 보내면서 영유아의 생활과 발달적 경험의 대부분은 유아교육기관을 통해 이루어지고 있다.

유아교육기관에서의 전반적인 활동은 부모나 가족의 양육 기능을 대리하거나 지원하는 방향으로써, 가정과 같은 기능을 성공적으로 수행해 가면서 개별적인 보살핌 속에서 일상적인 활동에 참여해 가는 포괄적 보육 서비스를 기반으로 한다. 여기서 필요한 것은 영유아들의 생존권 및 교육권 보장을 위한 기관과 교사의 노력일 것이다. 보육교사는 영유아의 흥미와 생각, 느낌을 존중하고 의사결정의 주체로서 아동중심, 아동주도로 보육활동을 계획해야 한다. 보육과정 실행에서 영유아들이 교사에 의해 주입되는 지식의 한계를 넘어 스스로 지식을 구성해 가면서 세상에 대해 폭넓은 시각을 가지고 지식을 확장해 갈 수 있도록 영유아 중심의 보육활동이 이루어지고 있다.

영유아가 주체가 되는 교육과 보육환경의 변화는, 급변하는 사회 속에서 제도화된 지금까지의 일방적, 주입식 교육에서 벗어나 양방향, 창의교육으로 교육 패러다임의 변화를 적극 수용하고 선도해 가고 있다. 보육활동의 계획과 실행에서도 교사는 영유아가 스스로 활동을 선택하고 주도적으로 탐구해 갈 수 있는 환경을 구성하며, 구체적으로 탐색할 수 있는 경험 및 자발적인 학습을 도울 수 있다. 영유아의 능동적인 참여를 높이고 그들의 권리를 신장하기 위해서는 보육환경의 물리적 기능이 강화되어야 하며, 보육교사와 영유아 간의 긍정적 상호작용을 통한 사회 심리적 지원의 확대로 양질의 보육과정 수행에 집중할 수 있도록 해야 한다. 구성주의의 관점에서 모든 영유아는 수동적 존재가 아닌, 환경과의 상호작용을 통해 스스로 지식을 구성하는 능동적인 존재이기 때문이다. 보육의 주체로서 영유아들의 권리 존중을 위해 다양한 측면에서의 변화들을 엿볼 수 있다.

그렇지만 모든 영유아의 권리가 존중받고 있는 것은 아니다. 영유아의 양육 및 교육의 일차적 책임과 권리는 부모에게 있는데, 부모 등 성인으로부터 학대받는 아동들이 해마다 늘고 있다. 복지 사각지대에 방치된 빈곤아동이 2014년에는 1만 명이 넘었고, 실종아동도 2015년 3만 6천 명에 이르며, 방치된 빈곤아동은 최대 68만 명(2011년 기준)에 이른다. 일반가정의 아동이라고 안전한 것은 아니다. 늘 학업과 성적경쟁에 내몰리면서 온전히 놀 시간을 갖지 못한다. 우리나라 아동 · 청소년의 주관적 행복지수는 OECD 국가 중 꼴찌이다(한미현, 문혁준, 강희경, 공인숙, 김상희, 안선희, 안효진, 양성은, 이경열, 이경옥, 이진숙, 천희영, 조한숙, 2019).

정부가 빈곤아동을 대상으로 다양한 정책적 개입을 시도하고 있지만, 농촌지역의 빈곤아동은 열악한 사회경제적 인프라로 서비스 이용 자체에서 배제될 가능성이 높다. 농촌지역 저소득 아동 가구는 농촌지역 전체 아동 가구 대비 18.1%에서 24.7% 수준으로, 저소득 가구가 다음 해에도 저소득 상태에 머무는 비율은 최소 53%에서 77%에 달해, 저소득가정의 아동은 지속적으로 가난에 노출될 가능성이 높다(엄진영, 안석, 김윤진, 2020). 도시와 비교할 때 농촌은 한부모, 조손가정, 다문화가정의 비중이 크고, 농촌지역 저소득가정 아동은 도시지역에 비해 열악한 사회경제적 환경요인들로 다양한 문제들과 결합되어 나타나므로 복지 사각지대에 놓여 있다. 보육 서비스에 대해 아동의 권리증진을 위해서는 농촌의 특수성이 반영된 맞춤형 정책이 필요하다.

보육에 대한 국가의 책임 강조와 복지에 대한 사회적 역할 강화뿐 아니라 인간으로서 누려야 할 기본적인 권리의 총체로서 아동권리에 대한 인식을 더더욱 강조하는 바이다. 영유아의 성장과 발달에 있어 균등한 기회를 보장받고 그들의 전인적 발달과 삶의 질 향상을 도모해 가기 위해서는 포괄적인 권리에 대한 이해가 전제되어야 한다. 영유아기는 그들의 발달 특성에 적합한 성인의 보호와 배려를 받을 권리가 있다. 모든 아동은 고유의 생명권을 가지므로 아동 고유의 생명권을 인정하고 그들의 생존과 발달을 위해 최선의 환경을 제공하는 것으로 발달은 보장된다(유니세프한국위원회, 2020). 아동은 적극적이고 능동적인 존재로서 권리의 주체이므로 아동의 보육과 복지권은 분명히 강조되어야 한다. 현재 아동권리 증진을 위한 정책개발 및 발전방안 모색 등 정부의 사업들이 추진되고 있음에도 우리 사회의 아동권리 수준은 미흡하고 많은 개선이 이루어져야 한다는 것이 일반적인 견해이다(황옥경, 2012). 아동이나 청소년에 비해 영유아의 권리는 생각처럼 충분히 인식되지 못하고 있으며, 다양한 아동권리 침해 사례들이 지적되고 있어 보육적 차원에서 아동권리 증진을 위한 노력들이 절실하다. 국가는 영유아의 기본권 보장 측면에서 영유아가 어떤 성장환경에 있더라도 스스로의 권리를 누릴 수 있도록 보호와 교육 받을 환경을 지원해 주어야 한다. 아동의 생명이 존중되는 안전한 환경 속에서 몸과 마음이 튼튼하게 자라도록 필요한 영양을 공급받고 적절한 지적 자극을 통해 정신적 발달과업을 이루기 위해서는 그에 적절한 보육적 경험들이 뒷받침되어져야 할 것이다.

3) 교육적 측면 : 조기 지원의 효과

현대사회에서 영유아를 위한 아동보육은 그 어느 때보다 중요한 의미를 가진다. 사회적 측면에서 사회와 국가는 아동양육에 대한 공동의 책임을 감당하며, 개인적 측면에서 아동의 기본권을 보장해 주면서 건전한 성장과 발달을 도모하도록 한다. 이와 더불어 교육적 측면에서 영유아들을 위한 조기 경험의 지원은 이후 행동과 습관 형성, 가치와 태도에 결정적이다. 유아의 잠재적 재능을 발견하고 이를 길러 주거나 발달적 문제가 있다면 조기 발견으로 치료하는 데 있어서도 중요하다. 영유아기 보육적 개입 관련 경제적 효과에 대한 연구에서도 이 시기에 교육적 자본 투자는 영유아의 인지 및 행동발달, 건강 및 복지 증진에 유익한 결과를 나타낸다(Cannon, Kilburn, Karoly, Mattox, Muchow & Buenaventura, 2017). 출생 전부터 학교 입학까지의 연령을 대상으로 조기보육 및 교육, 가정방문, 부모교육, 바우처 제공 등 다양한 접근으로 프로그램들을 제공한 결과 아동발달의 촉진과 그들의 능력 향상에 긍정적이었다. 사회, 정서, 언어 등 여러 영역의 발달에서 단기적 뿐 아니라 장기적으로 성인기까지도 긍정적인 결과를 보였다. 경제적으로 환산해서 그 결과를 수치화한다는 점에는 어려움이 있겠지만, 전반적으로 영유아기에 제공되는 다양한 교육 프로그램들은 초기에 투입한 프로그램 비용을 능가하는 경제적 이익을 창출한다는 점에서 조기 지원의 효과성을 의심할 여지는 없다. 물론 영유아기의 결과와 이후 청소년기, 성인기까지 종단적 연구들로 결과 사이의 인과관계를 확립해야 하겠지만, 조기 교육적 지원의 장기적인 효과는 충분히 예측할 수 있다.

정책 입안자들은 잘 설계되고 잘 구현된 영유아 프로그램들을 개발하여, 아동과 그들의 가족들에 대한 지원이 이루어져야 한다. 엄격한 평가를 통해 입증된 영유아 교육 프로그램을 기반으로 다양한 맥락에서의 통합적 접근은 보육에 대한 필요를 더욱 절실하게 한다. 조기 투자가 최고의 보상을 제공해 줄 수 있지만, 발달의 연속적 측면에서 꾸준하고 지속적인 지원이 전제조건이 되어야 한다.

보육의 긍정적인 효과가 지속되기를 원한다면 정부와 국가의 교육적 지원은 계속되어야 한다. 영유아의 발달은 청소년의 웰빙 그리고 자라서 부모가 되는 다음 세대의 젊은이들까지 결국 계속되는 삶의 과정의 일부이다. 물론 인간의 삶에 있어서 평생의 건강과 웰빙을 위해서는 조기 교육적 지원에서만 머물러서는 안 된다. 여러 시기에서의 다양한 지원적 개입이 분명히 있어야 가능하다. 그럼에도 조기 영유아에 대한 교육적 지원은 결국 모두를 위한 평생기회 제공의 출발점이 되는 것은 사실이다. 영유아기에 교육적 지원에 대한 우선순위를 두고 다양한 기관들과의 협력적 추진과 교육을 지원하는 정책환경을 조성하면서 정부와 국가는 이 시기에 모든 투자를 아낌

없이 쏟아부어야 한다. 가능한 모든 교육적 여건에서 출발점에서의 기회 균등을 보장하는 공보육의 비중을 키워야 한다.

수십 년간 아동발달, 심리학, 경제학 등의 다양한 분야에서 시도된 조기 개입에 대한 연구들은 어린 시기에 탄탄한 기반을 구축하는 것이 얼마나 중요한가를 입증해 주었다. 특히 결과가 좋지 않을 위험이 가장 큰 아동과 가족들을 대상으로 그들을 성공적으로 이끌 수 있는 보육 서비스를 문서화하는 데 기여하였기에, 그들의 기본적 생활을 보장하는 사회적 체계를 갖추어야 한다. 이것이야말로 보육의 일차적 목적이다. 모든 사람이 인간의 잠재력을 최대한 발휘할 수 있도록, 영유아의 발달을 보호하고 촉진하며 지원하는 것은 필수이다. 가족에게 시간과 재정적 지원을 제공하면서 어린 자녀를 양육할 수 있도록 하는 정책적 기반에, 조기에 영유아들을 교육적으로 지원함으로 모든 부분에서 영유아들과 부모의 요구가 충족되어야 한다.

영유아들의 발달이 지속 가능한 방향으로 지원되기 위해서는 서비스 및 교육적 개입은 필수적이다. 미래 사회를 이끌어 갈 주역으로 성장할 아동들을 적절히 보호하고 교육하는 것은 모든 나라의 장래와 직접적인 관련이 있다. 아동이 전문적 지식과 건전한 인격을 갖춘 인간으로 성장하는 것은 한 사회와 국가의 존폐와 발전에 기본 전제가 된다(한미현 외, 2019). 미국의 헤드스타트 운동은 빈곤가정의 자녀에게 정부가 교육적 혜택을 제도적으로 보장함으로써 사회적 계층 상승을 가능케 하는 고등교육의 기회를 넓히고자 했다. 이러한 정책들을 기억하며 영유아들의 발달적 역량을 강화하기 위해 조기 교육적 지원을 통한 다양한 인프라를 구축해야 한다. 조기 지원이 우선시 되어야 하겠지만, 이러한 지원은 영유아 시기에만 머물러서는 안 된다. 긍정적인 방향으로의 성장이 연속선상 안에 있기를 바란다면, 인간의 성장과정에 따라 발달적 특성에 맞게 장기적이고 지속적인 지원이 계속되어져야만 한다.

<생각 나누기>

1. 영유아를 위한 '교육'과 '보육'에 대해 나름의 개념 정의를 생각해 보자.
2. 유아교육기관에 입문하기에 적절한 연령은 어느 때라고 생각하는지, 언제부터 유아교육기관의 전문적 보육 서비스에 노출되는 것이 좋은지 생각해 보자.

CHAPTER 2

보육 사상의 역사

1. 보육 사상의 역사

보육 사상의 역사는 보육의 변천에 있어 그 시대의 보육과 아동관에 대한 인식의 반영으로, 고대 그리스에서 시작하여 중세, 근세, 현대까지 보육 사상가 중심의 철학적 내용은 보육의 기초가 된다. 주요 사상가들의 보육 내용, 보육 방법, 교육 및 보육의 기본원리들은 시대적 배경과 함께 특히 주장되거나 강조하는 부분들이 무엇인지 알 수 있고, 당시 영유아를 바라보는 관점의 변화들로 살펴볼 수 있다.

1. 보육 사상의 역사

보육의 역사는 고대 그리스로부터 출발한다. 시대에 따른 보육 사상의 역사적 변천은 그 시대의 배경과 사회가 가지고 있는 주된 가치, 영유아를 보는 관점과 보육에 대한 인식을 반영한다. 각 시대의 사회나 국가 구성원으로서 영유아 시기에 어떤 교육 내용들이 어떤 방법으로 교육되었고 양육되었는지 아는 것은 교육과 보육의 출발점으로 보육의 역사이다. 보육의 역사는 시대적 배경과 철학자나 교육자들의 견해를 통해 추론해 볼 수 있으므로, 서구 사회를 중심으로 고대 그리스에서부터 시작하여 중세, 근세를 거쳐 20세기 이후 현대사회까지 그 시대 주요 학자들을 중심으로 그들이 주장하는 내용들을 알아보면서 보육에 대한 철학적 기초가 되는 사상들을 살펴보고자 한다.

1) 고대사회의 보육

보편적으로 고대사회는 원시공동사회가 해체되고 국가가 성립한 시기로, 인간생활에 대한 기술이 시작된 시기부터 서로마제국이 멸망한 때까지로 본다. 이 시기 영유아는 개인의 가치나 존엄적 존재로서 하나의 인격체로 존중받지 못하였으며, 부모나 부족의 소유물로 종족 보존을 위한 수단적 존재였다. 그들의 생명은 경시되었고, 미래의 국가 건설을 위한 노동력의 기여 여부가 생존에 대한 판단 준거가 되었다. 병약자나 노인들은 생산과 생존투쟁에 도움이 되지 않는 무가치한 존재로 소속집단에서 언제든 버림받을 수 있었다. 아마존 강 유역의 인디언들은 아이가 태어나면 강물에 넣어 건강한 아이만을 끄집어내고 그렇지 않은 아이들은 그대로 내버려 두는 생존시험을 했다는 보고도 있다(Kadushin, 1964).

인류 역사에서 고대사회는 생존이 최대 과제였기에 약육강식의 논리가 아동관에서도 지배적인 시대였고, 결코 아동을 독립된 인격체로서 바라보지 못했다. 그도 그럴 것이 고대사회는 자연과 타 부족과의 절박한 생존을 위한 투쟁 속에서 의식주 문제를 해결해야 하는 상황이었기에 부족과 종족의 안전이 무엇보다 중요한 과제였다. 영유아도 종족 보존을 위한 수단적 존재로, 앞으로의 부족 보존 또는 생산에 기여할 수 있는가 없는가는 그들의 생존 여부를 좌우하였다. 뿐만 아니라, 고대사회에서 영아살해는 인구조절을 위한 방편으로써 허약하거나 장애가 있는 영유아들의 생존권은 박탈되었고, 낙태, 유기 등은 아동문제 처리를 위한 공공연한 대안이었다. 기원후 543년 제정된 비잔틴제국의 유스티니아누스 법전에서는 부모가 자식을 팔 권리까지 허용되면서 아동에 대한 매매를 합법화하였다. 이후 콘스탄틴 법전에 아동 살해 금지 조항이 포함되어 아동의 생명 경시에 대해 경각심을 주는 일부 조문이 있었으나, 아동은 여전히 생존과 투쟁에 전혀 도움을 주지 못하는 무가치한 존재로 착취와 살해의 대상이었다.

고대 그리스의 교육은 스파르타와 아테네의 교육으로 나누어 볼 수 있다. 스파르타 교육은 사회 전체가 학교라 할 정도로 사회기관의 교육적 기능이 크게 강조되는 전체주의적 교육 방식으로, 교육의 목적은 국가에 충성 봉사하는 것이었다. 군사 도시국가였던 스파르타에서는 신생아가 태어나면 엄격한 신체검사를 통해 생사가 결정되어 오직 강하고 건강한 아이만 생존하였다. 국가에서 선출한 장로들의 심사에 의해 아이를 살펴보고 건강하지 못한 아이는 산에 버리도록 하여 국가가 영아 살해를 자행하였고, 양육이 허용된 영아의 부모에게는 토지를 분배하여 국가가 건강한 아이의 양육을 책임졌다. 6세 이전의 영유아들은 가정에서 신체적인 강인함과 고통에 대한 인내심 중심으로 훈련을 받았고, 7세가 되면 부모의 곁을 떠나 국가의 군사훈련을 위해 공동교육장에 입소하여 공교육을 받았다. 연령에 따라 교육의 단계는 달랐지만 스파르타의 교육 내용은 용감한 군인 양성을 위한 체육 위주의 엄격한 훈련이었다. 고통을 참고 견디는 습관을 기르기 위해 피가 흐를 때까지 혹독하게 매를 맞았고, 훈련을 견디지 못해 죽은 아동도 있었다(이원호, 2002).

민주주의 도시국가인 아테네는 국가와 사회에 유용한 개인을 양성하기 위한 전인교육을 강조하였고, 후기로 갈수록 개인적 교양과 출세에 치중하여 개인적 성공을 위한 목적으로 재능을 발달시켰다. 교육의 책임과 중심을 가정에 두었고, 인간 개개인이 지니고 있는 신체적, 정서적, 지적 능력이 자유롭게 발휘되어 즐기는 개인의 자유를 허용하며, 신체와 정신을 조화롭게 결합시켜 교양인을 양성하는 데 목적이 있었다. 아테네는 국가가 교육에 적극적으로 참여하는 대신 가부장을 중심으로 가정에서 영유아의 양육과 교육을 담당하였다. 그리스는 스파르타와 아테네라는 두 국가가 서로 상반되는 교육관을 통해 자녀를 양육하였다.

로마에서도 그리스와 마찬가지로 자녀의 생명을 결정할 수 있는 절대적인 권한은 아버지에게 부여하였다. 로마 기본법인 12동판법에 의하면 아버지는 자식을 죽이거나 노예로 팔아도 벌을 받지 않았다. 아이가 태어나는 순간 산파가 아이를 아버지 앞에 내려놓았을 때 아이를 자식으로 인정하면 들어 올려 품에 안았고, 원하지 않을 경우는 길거리에 버리거나 노예상에게 넘겨지기도 했다. 주로 아이에게 병이 있거나 장애가 있거나 발달지체를 보일 경우 버림을 받았으나, 장애가 없는 아이라도 너무 가난하여 버림을 받기도 하였다. 로마시대 문헌들을 통해 영아들에 대한 다소 가혹한 양육법들을 살펴볼 수 있다. 아이들을 매일 찬물로 목욕시켰는데, 따뜻한 물은 아이들을 연약하게 만든다고 믿었기 때문이다. 또한 아이가 유모나 부모에게 애착 형성하는 것을 막기 위해 애정표현을 삼갔고, 부유한 집에서는 여러 차례 유모를 갈아치웠다. 이러한 양육법은 미숙한 미개인을 인간으로 만드는 데 필수적인 방법이라고 부모들이 믿었기 때문이다. 가혹한 양육으로 첫돌까지 살아남는 아기는 세 명 중 두 명꼴이었고, 유아기에 질병을 극복하고 사춘기에 도달하는 아이들은 절반도 되지 않았다(Dupont, 1989). 로마시대 가정에서 자녀를 양육하는 어머니의 역할은 그리스보다 더욱 중시되었고, 가정에서 자녀에게 올바른 가치관과 성품교육, 기본생활습관을 가르쳤다. 아동교육의 주요 장소는 가정이었고 부모 모두 아동의 주요 교사였으나 점차 가정교사에게 위임하였다.

2) 중세사회의 보육

서로마제국이 멸망(476)한 시기부터 동로마제국이 멸망(1453)한 시기까지 대략 5세기에서 15세기에 이르는 1000여 년의 시기를 중세라고 일컫기도 하고, 9세기부터 16

세기에 걸친 시대를 가리키기도 한다(이선미, 김경윤, 박영충, 김성영, 2017). 유럽을 중심으로 한 중세기의 가장 큰 특징 중 하나는 기독교의 확장과 권력화이다. 기독교는 교회와 교황을 중심으로 권력화되었고 유럽 전체에 절대적인 영향을 미쳤으며, 중세기 영아와 아동양육에 가장 많은 영향을 미친 요인이다. 로마의 쇠퇴 속에서 로마인들은 중세의 기독교 사상에서 정신적 위안을 받고자 하였기에 신중심의 사상이 주를 이루었고, 이러한 사회적 배경으로 모든 교육은 교회와 수도원 중심으로 전개되었다. 중세에는 원죄설에 입각하여 갓 태어난 아기도 원죄가 있으며 원죄에서 벗어나기 위해서는 훈련을 시키고 엄격하게 교육해야 한다고 보았다.

아동에 대한 관점은 고대와 크게 다를 바 없었다. 신체 크기가 작은 성인으로 여겨 그들의 독자적인 특성은 인정받지 못했다. 중세기 동안 지속된 아동관은 유아를 성인의 축소판으로 생각하여 정자나 난자 속에 이미 인간의 모습이 들어 있으며 크기만 작게 태어날 뿐이지 영유아와 성인은 능력이나 역할 등에 있어 다르지 않다고 보았다. 교회를 중심으로 하는 인도주의적 관점에서 영아 살해와 유기, 학대로부터는 영아를 보호하였다. 또한 그 당시에는 오늘날과 같은 위생개념이 전무하여 면역력이 약한 영아와 산모의 사망률이 높아 고아 발생률이 많았는데, 종교단체는 자선차원에서 아동을 보호하기 시작하였다. 종교단체의 이러한 역할은 근대적 의미의 전문적 아동보육을 위한 사업이라 할 수는 없겠지만, 아동 보호사업의 출발이라고도 볼 수 있다.

산업화 이전 사회에서의 보육은 엄격한 신분계급사회로 부모가 속한 신분에 따라 일부 아동의 권리만 인정되었고 대부분의 아동은 가족의 단순한 부속물로 취급받아 종족 보존의 수단으로서 강한 생명력을 지닌 경우에만 생존할 수 있었다. 아동은 사회적 지위를 차지할 수 없었고 노동력과 군사력 확보를 위한 수단으로서 존재가치만 부여받았다. 아동의 인권은 당연히 무시되었고, 노동력 착취의 문제도 여전하였다. 당시 아동에 대해 카두신과 마틴(Kadushin & Martin, 1988)은 "과도기적인 존재로, 완전한 동물도 아니고 그렇다고 완전한 사람도 아닌 존재로 여겨졌다."고 하였다.

중세시대의 아동관과 보육은 어린 시절부터 성인 사회에 속하였기에 유아중심의 독립된 보육 사상들은 찾아보기 어렵겠지만, 중세시대 대표학자 에라스무스(Erasmus,1466~1536)는 영유아기가 다음과 같은 특징이 있다고 보았다. 첫째, 영유아의 시기는 어느 인생의 시기보다 모방능력이 뛰어나고 학습능력이 뛰어나다. 둘째, 영유아는 성인과 질적으로 다른 존재이므로 영유아 자체로 평가해야 한다. 셋째, 영유아는 계속적으로 성장하는 존재이므로 발달 단계에 맞게 교육해야 한다. 넷째, 체벌보다는 영유아의 특성을 살펴, 학습도 놀이와 흥미가 동반될 때 효과적이라고 주장하였다(신봉기, 2000). 몇몇 학자들에 의해 영유아 개개인의 특성과 개성을 바라보는 시선과 그들의 재능을 발견하여 발달에 알맞은 방법으로 보육해야 한다는 견해들을 볼 수 있다.

3) 근대사회의 보육

(1) 17~18세기 보육 사상

근대사회는 봉건사회 이후의 시기로, 17세기에는 자연과학이 발달하고 경험철학이 영향을 끼치면서 사실과 자연과학을 중시하는 실생활에 유능한 인물 양성의 실학주의가 나타났다. 실학주의 교육은 사회제도나 자연현상을 연구의 대상으로 하며, 현실생활에 대해 구체적이고 실제적인 학습을 중심으로 실전도야를 중요시하고 합리적으로 활용할 수 있는 실용성을 강조하였다. 그리고 감각기관으로 관찰하고 손으로 실험해서 사물의 본질을 파악하는 데 중점을 두는 교육 방법을 주장하였다. 이는 근대 교육사를 대표하는 코메니우스의 교육 사상에 영향을 주었다.

① 코메니우스(J. A. Comenius, 1592~1670)

근대교육의 기틀을 마련한 코메니우스는 감각적 실학주의자로서 그에게 인간은 신의 형상을 지닌 특별한 존재이다. 하나님에 의한 세계의 조화를 믿는 코메니우스는 철학자이자 과학자로서 자연을 탐구하고 자연 원리를 신앙과 결합시켜 하나의 통합적인 사상체계를 완성하였다. 세계가 온전한 것처럼 인간의 모든 지식은 하나로 통합되어야 한다는 범지학을 바탕으로 모든 사람에게 모든 방법으로 가르쳐야 한다는 범 교육론을 주장하였다. 남녀, 빈부, 신분의 귀천과 관계없이 모두 똑같이 교육받아야 한다는 것으로, 이러한 그의 인간관은 아동을 성인의 축소판으로 여긴 중세의 아동관을 완전히 벗어났다. 학식과 덕성, 신앙은 원래 선천적으로 인간에게 내재되어 있으며 교육을 통해서만 발현된다고 생각하여 인간이 교육을 받지 않으면 인간이 될 수 없다고 할 정도로 교육을 중시하였다. 신분적, 계급적 차별을 초월한 그의 교육관은 하나님 앞에서 만민이 평등하다는 기독교의 종교적 신념에 바탕을 둔 것으로, 교육 방법은 합자연의 교육원리이다. 합자연의 교육은 자연을 통한 교육, 인간의 성장과 발달에 따른 교육, 인간 본성을 존중하는 교육이다. 코메니우스는 새로운 인간관과 교육관을 토대로 근대교육체제(유아교육, 초등교육, 중등교육, 고등교육)의 기틀을 마련하였다.

코메니우스는 연령을 토대로 인간의 발달 단계를 제시하였고 관찰을 통해 유아기의 발달 단계를 6단계로 세분화하였는데 최초로 영아기를 제시하였다. 그가 제시한 유아기 발달 단계는 영아기, 유아기, 걸음마기, 감각능력기, 행동습득기, 집단교육기이다. 모든 영유아에게 연령과 능력에 따른 보육이 필요하고, 영유아는 감각적 존재로서 감각을 통해 사물을 인식해야 하며, 6세까지는 놀이, 노래, 도덕 등을 배우고 가정에서 어머니에 의한 교육이 중요하다고 하였다. 참 지식은 하나님이 인간에게 선물로 주신 감각을 통해 외부 세계를 느끼고, 이성을 통해 사물을 관찰하고 이해하며, 신앙을 통해 하나님의 말씀을 수용함으로 얻어진다고 보았다.

그의 저서 「대교수학」(1632)에서 "인간의 교육은 인생 최초의 시기에 행하는 것이 가장 적절하고, 그 시기를 잃고서는 행할 수 없다."고 주장함으로 생애 초기 영아기 교육을 강조하였다. 교육 방법은 자연의 원리, 자연법칙을 따라야 한다는 것을 전제하였고, 궁극적으로 인간의 마음을 하나님에게 봉사할 수 있는 인격으로 만드는 것으로 보았다. 「대교수학」(1632)에서의 교육의 4단계는 아래의 표로 자세히 제시하였다. 세계 최초의 그림 교과서인 「세계도감」(1658)에서는 영유아들의 감각적 지각력과 기능을 중시하는 기본원리가 담겨 있는데, 글자와 낱말만을 강조해 왔던 종래의 교수법에서 벗어나 언어가 표현하는 사물을 직접 보여 주는 방법인 그림에 의한 교수법을 통해 실제적인 지식습득에 도움을 주었다(강란혜, 2020). 코메니우스는 신앙을 기반으로 합자연의 교육과 영유아기의 특수성을 존중하여 연령별 발달특성에 따른 교육 방법을 제시하였는데, 이는 이후 루소, 페스탈로치, 프뢰벨의 보육 사상과 몬테소리의 감각경험 및 피아제 인지발달이론에도 중요한 계기를 마련하였다.

〈표 2-1〉 코메니우스「대교수학」의 교육 4단계

단 계	연 령	교육 시기	내 용
제1기	출생~6세까지의 영유아기	어머니 무릎학교	가정에서 교육받는 가정교육 (도덕성 및 신앙의 기초, 언어, 감각훈련, 자연계의 사실과 진리)
제2기	7~12세까지의 아동기	모국어학교	모국어 중시, 읽기, 쓰기, 셈하기, 지리, 역사, 미술, 물리, 종교
제3기	13~18세까지의 소년기	라틴어학교	모국어, 라틴어, 그리스어, 히브리어, 물리, 수학, 지리, 역사, 도덕, 종교, 자유7과
제4기	19~24세까지의 청소년기	대학과 여행기	신학, 의학, 철학, 법학, 교양교육

출처: 강란혜(2020). 2020 보육지원체계 반영 보육학개론.

② 로크(J. Locke, 1632~1704)

근대 유럽에서 과학의 발달에 따라 일어난 철학은 자연적, 과학적 실재론으로, 로크는 이러한 사조의 대표적 인물이며 17세기 영국의 철학자이자 정치 사상가이다. 로크는 영유아가 선천적으로 선하거나 악하게 태어나는 것이 아니라 지적인 면에서 백지상태로 태어난다고 주장하였다. 태어난 이후 경험하는 모든 것이 인간 형성에 중요한 요소가 되며, 인간이 획득하는 모든 지식은 경험에 의한 것으로 경험은 백지에 글을 쓰는 것과도 같다고 보았다. 중세에는 완전한 형태의 인간이 정자나 난자에 이식되어 양적으로만 성장한다는 전성설이론이 지배적이었는데, 로크의 백지상태에 대한 개념은 전성설에 반대하여 영유아들은 양적인 면뿐 아니라 질적인 면에서도 성인과 다르다는 주장이다. 인간은 태어날 때에는 누구나 동등한 상태이므로 현재의 인간에게서 발견되는 차이점은 모두 환경과 경험에 의한 것으로 보고 전적으로 환경을 결정적인 요인으로 보았다.

백지설(The doctrine of the tabula rasa)은 직역하면 '닦아진 판의 설'이다. 인간의 마음이 깨끗하게 닦아진 칠판과 같아, 경험에 의해 이 백지에 문자가 쓰여지고 관념이 들어

가게 된다. 이는 어떠한 관념도 경험에 앞서지는 못하는 것으로 감각에 의해 각인되기 이전의 순수한 심적 상태인 타브라 라사(tabula rasa), 즉 '부드러운 판, 흰 종이'를 뜻한다. 이것은 감각적 지각 이전의 상태를 말하며, 감각에 많은 가치를 부여하는 개념이다. 그 표면에 관념이 감상과 반성에 의해 그려진다는 것이다. 백지설에 의하면 인간은 환경에 대해 능동적으로 작용하는 동적인 존재라 볼 수는 없으며, 오히려 환경이 동적이고 능동적이며 인간은 수동적 존재일 뿐으로 인간은 환경에 의해 빚어지는 것이라고 설명할 수 있다. 이는 경험주의적 철학에서 나온 것으로, 인간의 본성은 본능을 가지고 있다는 이론과도 대조를 이룬다. 사람들 사이에 존재하는 차이와 불평등은 환경과 경험의 차이에 의한 것으로, 세상에 존재하는 인간의 불행을 열악한 교육적, 사회적 환경과 같은 조건 때문이라고 하여 좋지 못한 조건에서 살고 있는 사람들에게 희망을 주었다. 이와 같이 사회에서 모든 인간은 동등한 권리와 기회를 누려야 한다는 주장은 사회 개혁에 영향을 주었다.

로크는 학교를 비판하면서도 한편으로는 지나친 가정교육에서 오는 폐단을 방지하기 위해 훌륭한 가정교사나 부모가 유아 또는 아동에 대해서 해야 할 역할을 분담해야 한다고 보았다(Axtell, 1968). 가정교사를 통한 교육에서 부모의 역할은 유아의 가정교사 선택이나 교육비 부담에 그치는 것이 아니라, 가정교사가 유아에게 학습시키는 내용의 본보기가 되는 또 하나의 모델로서의 역할을 수행하여야 한다. 유아가 성장함에 따라 아버지에 대해 애정 어린 친구라 여기게 하고, 한 사람의 성인으로서 성숙한 이성을 갖추고 자격을 가졌을 때는 아버지에 대한 인상이 훈육의 엄격함 대신 부드러움을 느끼고 거리감도 사라지게 되도록 관계 맺는 것이 중요하다. 로크는 유아가 신사로 성장할 것을 바랐기에, 가정교사에게 완성된 신사로서의 품성과 자질을 요구하며 모든 면에서 위인이나 학자의 특징을 기대하였다. 가정교사의 역할과 자질이 중요하며 신중한 선택에 의해 이루어져야 한다고 보았고, 부모와 환경의 중요성을 역설하였던 점에서는 가정교사, 유아, 부모 그리고 환경에 대한 교육적인 중요성 역시 간과하지 않았다. 결국 유아의 교육을 가정교사에만 의지하지 않고, 부모와 가정교사 그리고 유아의 관계성 속에서 역동적인 관계로 이루어지는 가정교육 방법론을 피력하였다.

로크는 여러 가지 저서들을 통해 철학, 종교, 교육, 물리학, 정치 등 다방면에 관심을 보였다. 그 가운데 교육에 관해 주목할 저서는 「교육론」으로, 1683~1685년까지 친구인 클라크의 요청에 따라 클라크의 아들의 교육을 위해 충고로 보낸 편지를 기초로 쓰인 글이다. 가정에서 부모의 자녀교육을 위한 지침서의 성격을 띠고 있으며, 가정교육의 중요성을 강조하여 학교교육보다 가정교사에 의한 교육이 도덕적, 정서적, 지적인 교육에 효과가 더 크다고 하였다. 많은 수의 학생을 개별적으로 지도한다는 것은 불가능하므로, 아동 개개인의 개성 신장과 발현의 측면에서 가정교육이 효과적이라 주장하였다. 17, 18세기 영국의 서민계층이 누리게 된 생활의 여유와 부의 축적 속에서 로크가 제시한 교육론은 그 당시 시민계층의 폭넓은 지지를 얻었고, 그러한 계층의 부모들은 자녀들의 교육에 관심을 기울이고 투자에 몰두하였으며 훌륭한 가정교사를 채용하였다(윤진영, 2000). 예나 지금이나 자녀교육에 대한 관심이 높았으므로, 로크의 가정교육에 대한 관점은 당시 사회적 배경 가운데 자녀교육에 대한 훌륭한 지침서가 되었을 것이다.

로크는 보육의 목적을 영유아를 덕이 있는 성인으로 만드는 것에 두었다. 어린 시절부터 신에 대한 사랑과 경건심을 갖는 것을 강조하였고, 민감한 유아기에 바른 습관 형성을 중요시하여 칭찬과 존중을 통한 학습의 필요성을 주장하였다. 아동은 그들의 자연적인 욕구대로 행동하기 쉽고, 실수를 쉽게 저지르며, 이성적이고 합리적인 면보다 감정적인 면이 더 강하므로 부모의 계속적인 보살핌과 일관성 있는 훈련이 있어야 바른 습관이 형성된다. 이러한 과정을 통해 비로소 인간은 한 사람의 완전한 인격체로 성숙될 수 있다. 로크의 관점은 아동의 자유로운 신체활동, 자연스러운 발달 경향, 아동 하나하나의 개성이나 발달 단계 등을 존중하였다. 이러한 신념들을 바탕으로 알맞은 교육 방법을 구성해 간다는 발상에서, 기존의 낡은 아동관에서 벗어나 새로운 아동관으로의 전환점에 접어들게 함으로 오늘날 영유아 교육과 보육에 나침반의 역할을 하였다.

③ 루소(J. J. Rousseau, 1712~1778)

18세기 계몽사상은 유아의 고유한 특성과 발달 단계를 고려하여 자연스러운 발달에 따르는 교육을 강조하였으며, 아동이 성인과 다른 독자적인 존재라는 로크와 루소의 교육 사상에 영향을 주었다. 중세사회의 아동관은 근대에도 그대로 이어졌으나, 변화의 조짐을 보이기 시작한 것은 18세기 루소에 의해서이다. 프랑스의 철학자 루소는 부분적으로 로크의 영향을 받았지만, 인간의 본질에 관해서는 자신의 이론을 전개하였다. 로크가 인간 본질의 가장 중요한 측면을 이성으로 본 것에 반하여 루소는 감정으로 보았다. 루소의 유명한 저서 「에밀」(1762)에 나타난 교육철학은 중세의 교육 사조에 이의를 제기한 것으로, 그는 아동을 성인의 축소판으로 본 시각에서 벗어나 특유의 감정과 사고방식을 지닌 개체로 보았다. 이 저서에서 루소는 에밀이라는 남자아이가 가정교사의 지도를 받으며 성장해 가는 과정을 그리면서 영유아에게 지식을 적극적으로 줄 필요는 없다고 지적한다. 직접적이고 주입식의 의도적인 교육은 선하게 태어난 영유아에게 악이 되어 버린다는 것이다. 그는 자연이 가르치는 길을 따라가라는 자연주의 교육으로 유아기 때부터 지적 요소보다 감각교육을 강조할 것을 제시한다. 유아는 눈으로 보고, 손으로 만지고, 귀로 들으며, 시각과 촉각의 비교와 손가락 감촉을 눈으로 계량하면서 사물의 성질을 판단하고 배우게 된다는 것이다(정봉구 역, 1995). 진정한 교육은 사회의 구속이 아닌 자유롭게 성장할 수 있을 때에만 가능하고, 자발적인 흥미와 욕구가 일어나는 곳에 관심을 모을 수 있을 때 더 높은 단계의 발달 수준에 도달해 갈 수 있다.

루소는 교육의 기준을 자연, 사물, 인간에 두었으며, 인간의 교육을 공공교육(시민)과 가정교육(인간)으로 나누었다. 여기서 공공교육은 타인들을 위한 교육이고, 가정교육은 자신을 위한 교육을 말한다. 루소에게 타인을 위한 것이란, 불특정한 사람들에 대한 어떤 목적 없는 헌신이나 봉사를 의미하는 것이 아닌 함께 살아가면서 같은 공동체를 구성하고 있는 구성원을 위한 것이다. 이는 합법적 정치체제로서의 사람들로 시민이며, 그 자체를 국가로 이해할 수 있다. 자신을 위한 가정교육, 자연교육은 인간다운 교육으로 타인의 의지에 상관없이 스스로의 의지로 살아가는 인간다운 인간을 교육의 목표로 두었다. 이는 혼자서 살아가는 방법들을 터득해 갈 수 있는, 그 누구도 아닌 자기 자신을 위한 교육이다(강성훈, 2008). 이처럼 교육을 두 축으로 나누어, 시민교육과 인간교육을 통해 사회구성원으로서의 시민뿐 아니라 개인적 주체로서의

한 사람으로도 독립적으로 성장해 갈 수 있는 교육적 내용들을 제시하고 있다.

인간의 발달을 4단계로 나누어 설명하였는데, 1단계인 유아기(4~5세)는 동물과 비슷한 수준으로 강한 신체적 욕구를 지니며, 2단계 아동기(5~12세)는 감각발달이 중요한 시기로 놀이, 스포츠, 게임 등이 중심이 되어야 한다. 3단계 청년 전기(12~15세)는 사춘기 시기를 제2의 탄생으로 보았는데, 이성과 자의식이 발달하고 신체적 에너지가 풍부하며, 호기심이 왕성하고 탐구심이 솟아나는 시기로 일반적인 교육이 가능해진다. 4단계 청년 후기(15~20세)에 와서야 비로소 이타적 사고나 성숙한 감정들이 발달하여 가치체계와 도덕관이 형성되므로, 성인과 같은 사회적 활동이 가능해지는 시기이다(정옥분, 2018).

루소는 인간의 선한 본성을 믿고 있었기에 타락한 사회로부터 아동의 선성을 보호하고 발전시킬 자연적 · 내면적 발달 단계를 중시하였다. 이미 모든 진리의 싹을 지니고 있으므로, 교육은 적극적으로 인간을 변화시키기보다는 오히려 생득적인 선한 본성을 유지하고 발전시키는 것이다. 지식의 획득에 대해서도 언어교육만으로는 무의미하므로 반드시 감각적 경험을 통해 언어와 관련된 관념과 일치되는 교육들이 강조되었다. 객관적인 사물을 감각적인 경험을 통해 인식하면서 아동의 주관적인 인식능력에 맞게 사물을 인식하는 직관중심의 교육 방법이다. 루소에 따르면 아동은 태어나면서부터 감성을 지니고 있으며 이러한 감성은 원초적인 생명력이고 자기보존의 원리이며 생명 유지의 원동력으로 인정되는 것으로, 이는 생물체의 기본적인 욕구로 이해된다(안인희, 정희숙, 임현식, 1992).

루소에 의하면 아동의 본성은 선하며, 아동은 욕망과 그 욕망을 충족시킬 수 있는 자신의 능력이 균형 상태에 있으므로 행복하고, 자신이 원하는 것을 하는 자유로운 자이다. 또한 감성적인 존재로서 자연적인 감정인 자애가 있고 감각을 소유한 자이면서 자연적 발달성을 지닌 자로 타고난 자신의 능력과 성향을 발달시킬 수 있다. 아동은 유일한 자연적인 감정인 자애, 즉 자존심을 가지고 있는 존재이므로, 사회는 아동이 이러한 본래 모습을 지니고 있기를 원한다면 태어나는 순간부터 자연의 모습을 유지시켜 주어야 한다. 자애가 보호되고 보존되면서 동시에 자애를 계발하여 이끌어 내는 것이 필요하다. 아동이 자유로운 존재가 되기 위해서는 자신이 하고 싶은 것을 하는 데 있어 어떠한 제약, 장애를 받지 않아야 한다. 본래적으로 자유롭다는 것은 아동을 위한 교육이 미래를 준비하는 것이 아니라 현재 상태에서의 행복을 추구하는 수단이 되는 것이다. 아동은 자신이 원하는 것으로 즐기도록 해야 한다. 교사에 의해 준비된 교육 내용만을 배우는 것이 아닌 스스로의 선택이 있는 자아지향적인 활동이 요구되고, 인간 본성인 선의 자연을 지킬 수 있도록 최소한의 교육으로 보호되어야 한다. 그는 아동의 자발성과 아동 본성의 자기활동으로 개개 아동의 자연적 이성에 의한 성장과 개성화된 실제 학습을 강조하면서 주관성과 개별성의 원리를 주장한다(김동욱, 2000).

루소는 아동교육을 위한 실제적인 방법들을 제시하였고, 교육학적 아동연구를 실시하였다. 영유아기에 다른 능력보다도 감각적 능력의 계발을 통해 자연스러운 놀이 활동에 의한 학습이 자연법칙에 따라 사물을 익히고 세상을 이해하는 방법이 된다. 아이는 태어나면서부터 선한 존재로서, 식물이 자연적으로 자랄 수 있는 힘이 있는 것처럼 영유아들도 내적 발달 성향을 바탕으로 성장과정의 시기마다 스스로 발달해 가는 주체적인 존재로 보았다. 철저히 자연주의에 의한, 자연의 발달 단계를 존중하는 교육으로 아동의 자유에 중점을 두고 있다. 나름의 독자적인 세계가 있는 한 사람의 인격적 존재로서, 사회의 구성원이라는 그 존재의 가치를 인정한다. 비록 어린 영유아이지만 그들도 개인적 자유와 권리가 있다는 것을 바탕에 두고 있는 것이다. 또한, 루소는 아동을 본래 모습으로 보지 않고 어른의 축소물이나 미성숙한 어른으로 보는 견해와는 다르게 새로운 시각으로 영유아를 이해하였다. 아동은 성인과 질적으로 구분된 독특한 사고방식과 학습과정에서 능동적이고 생득적 성장 기제를 가지고 있는 존재로서, 아동교육은 인간의 자연적인 발달에 따라야 한다고 보았다(이명기, 2009).

앞에서 살펴본 대로 고대사회는 부족과 종족의 안전을 중시하는 사회로, 아동은 종족 보존을 위한 수단적 존재로 여겨지며 영아 살해와 함께 버려지는 경우가 많았다. 중세에는 아동을 군사력과 경제력 확보의 수단으로 간주하여, 아동은 성인의 축소물로 5, 6세만 지나도 어른으로 취급하여 노동과 군사 활동에 참여하도록 요구되었다. 근대에 들어오면서 상위층은 아동의 특수성을 인정하기 시작하였으나, 노동계층은 여전히 아동을 어른의 축소물로 보는 관점이 지속되었다. 산업혁명 이후 아동의 노동력 착취는 여전하였고, 이런 근대적 배경 가운데 아동관은 루소에 의해 점차 변화하게 되었다. 루소는 기존의 아동관에서 탈피하여 아동에게도 인간답게 살아갈 수 있는 기회를 주어야 하고 개인적인 자유와 권리를 보장해야 한다고 주장하면서 소외 아동중심 교육 사상을 전개하였다. 루소의 자연주의 교육 사상의 근본은 아동중심의 교육에서 출발할 정도로 아동 존중 사상의 핵심을 이룬다. 이전의 전통적 아동관인 기독교의 원죄설과는 대조적으로 아동을 선성을 지닌 존재로 보았기에, 루소는 아동에 대한 세계에 있어 진정한 발견자라고 할 수 있다.

(2) 19~20세기 보육 사상

18세기 말엽 많은 철학자와 생물학자, 교육학자들은 자신의 자녀를 관찰하여 아동 전기를 발간하였다. 아동에 대한 연구들은 자기 자녀의 감각, 운동, 언어, 지적 능력에서의 변화를 세심히 관찰하고 기록한 것으로, 이러한 실질적인 자료들은 이후 자신들의 이론을 형성하는 것뿐 아니라 영유아기에 대한 발달적 이해와 관심 및 인식의 증대에도 밑거름이 되었다. 19세기 후반 이후 현대사회에 접어들면서도 많은 학자의 아동에 관한 연구들은 활발히 전개되었다. 아동이 성인과는 다른 고유한 발달 단계를 거쳐 성장하는 존재라는 이해를 확립하였고, 독립된 인격을 지닌 존재라는 인식의 확산으로 20세기를 '아동의 세기'라 부르기도 한다. 아동에 대한 인식의 변화는 아동에 대해 다양한 사회적 제도들을 마련해 가는 계기의 시작점들이 되었다.

① 페스탈로치(Pestalozzi, 1746~1827)

페스탈로치는 스위스의 교육자로, 루소의 자연주의, 아동 중심 사상을 이어받아 교육은 가장 자연스러운 상태인 아동의 본성에 따라 이루어져야 한다고 보았다. 그는 적절한 교육이야말로 낮은 단계의 삶을 뛰어넘어 도덕적인 상태에 이르게 한다고 하였다. 인간의 내면에 있는 본성과 소질을 적절하게 계발하는 것은 참되고 행복한 삶을 영위할 수 있고 행복한 사회와 국가를 만들어 낼 수 있다(송지은, 2005). 참된 인간교육은 동물적, 사회적 단계를 거쳐 인간의 선천적, 내재적 소질의 조화적 발전을 통해 자신의 내면적 순화를 이끄는 인간도야로서, 이는 인간의 도덕적 상태가 무율에서 타율을 거쳐 자율 상태의 경지에 도달한 것이다(강진소, 2000). 무엇보다도 인간 본성의 순수함은 자연의 질서에 따르는 것으로, 인간은 자신의 의지에 따라 타락할 수도 성장할 수도 있지만, 자신의 진보가능성을 성장시켜 나가는 것은 인간의 중요한 임무라 하였다. 페스탈로치는 아동을 근본적으로 선하다고 보는 루소의 사상에 동의하였고 여기에서 더 발전하여 독특한 아동관을 정립하였는데, 아동을 선도 악도 아닌 '중간적 존재'로 보았다. 그의 자녀교육 사상은 항상 어머니와의 관계 속에서 추구되고 있는데, 그의 저서 「육아일기」와 「은자의 황혼」, 「유아교육서한」 등에서 볼 수 있다. 페스탈로치의 아동관은 어머니의 사랑에 의한 가정과 아동의 생활환경을 중심으로 한 조기교육이다. 유아가 가진 잠재적 능력과 소질을 일찌감치 발견해 이것을 조화적으로 발전시킴으로 인간교육의 기초를 다져야 한다. 아동교육은 가정을 포함한 주위의 성인들이 유아의 잠재능력을 찾아내어 계발시켜 줄 수 있는 환경을 조성해 주는 역할을 담당한다(이인옥, 2013). 영유아들은 어머니에 의해 보호와 사랑으로 길러져야 하는 바, 어머니는 가장 훌륭한 교사이며 가정은 최초의 가장 좋은 교육의 장이다. 가정은 가장 기본적이며 사회, 국가, 세계를 구성하는 중핵집단으로, 가정교육을 나무의 뿌리에, 학교교육을 나뭇가지에 비유한다. 가정교육이 제 기능을 하지 못하면 모든 교육이 제 기능을 할 수 없다고 단언할 정도로 가정의 교육적 역할을 중시하였다. 사랑으로 맺어진 가정 속에서 희로애락을 함께하는 생활이야말로 참된 교육으로, 가정에서의 어머니는 어린이를 품에 안는 순간부터 가르치고 있으며, 훌륭한 교사가 된다. 아이들은 어머니에게서 사랑과 도덕, 종교 감각을 배우고 능력과 소질을 키운다. 또한 가정은 영유아로 하여금 바른 성장을 이끄는 곳으로 생생한 교육이 이루어지는 체험 학습의 장이다. 가정에서의 부모는 교육에 있어 참 교사로서의 인적 자원으로 중요한 역할을 한다.

페스탈로치는 그의 저서 「린하르트와 겔트루드」에서 가정을 다음과 같이 설명한다.

첫째, 가정에는 질서와 순서가 있다. 자연에 질서가 있듯이 가정에서도 질서에 따라 어린이의 발달을 돕는다. 부모는 어린이의 욕구와 충동 그리고 흥미를 존중하고 어린이의 감정을 중요하게 여겨야 한다. 둘째, 가정은 순수한 마음이 길러지는 곳이다. 부모와 자녀 사이에서 싹트는 사랑, 믿음, 순종, 신뢰 등과 같은 순수한 마음은 이웃과 신에 대한 마음으로 발전할 수 있다. 셋째, 가정은 기초교육이 다져지는 곳이다. 기초교육이란 읽기, 쓰기, 셈하기뿐 아니라 도덕과 생활에 필요한 기본적 소양을 기르는 교육으로, 생활에 필요한 기본적 소양을 기르는 데 중요한 노작교육이다. 노작의 목적은 어린이들에게 단순히 경제적 가치를 전달하기보다 정신적 가치를 실현하는 데 있다. 넷째, 가정은 모든 교육의 터전으로 실물 교수의 장이다. 문자를 통해서 가르치는 곳이 아닌 실물을 통해 삶을 직접 익히는 곳으로, 가정은 아동 자신의 생활 속에 전개되는 대상을 통해 직관적으로 가르쳐지는 교육의 장이다. 페스탈로치는 가정교육의 목적을 전인적인 인간 양성에 두어, 인간의 정서, 지성, 신체의 조화로운 발전이 이루어질 수 있도록 어머니의 특별한 배려 가운데 교육되어야 함을 말한다. 지, 덕,체의 조화로운 발달을 이루는 전인적 인간 발달의 목적 아래 교육은 학습의 완성이기보다는 생활에 대한 준비를 강조한다. 교사는 자연의 법칙에 따르면서, 각 식물의 독특한 특성을 살려가며 식물을 키우는 정원사처럼, 아이를 낳는 것을 도와주는 산파처럼 영유아의 선천적 소질을 고려하여 도덕적, 인지적, 신체적 능력이 조화롭게 발달할 수 있도록 돕는 것이다.

페스탈로치의 교육 원리는 직관, 자발성, 조화, 친근성의 원리로 설명할 수 있다 (하동수, 2001). 첫째, 직관의 원리이다. 직관은 간접적 개념을 인지하거나 추상적 사물을 인지하는 것이 아닌 사물을 직접적으로 보는 것이다. 직관을 모든 인식의 절대적 기초로 보았다. 지식을 주입하기보다 사물과 직접 접하는 경험을 통해 학습하는 것이 중요하다고 보고, 실물 학습과 감각에 호소하여 학습하는 것을 중요하게 생각하였다. 사물을 정확히 인식하는 수단과 과정을 수(數), 형(形), 어(語)에 두었고, 이 세 가지는 모든 지식을 구성하는 가장 기본적인 요소가 된다. 직관을 통해 명확하게 인식된 대상을 논리적으로 인식하게 되는 힘은 실제로 계산하거나 측정하는 경험을 통해 신장된다고 보았다.

둘째, 자발성의 원리이다. 자발성의 원리는 인간의 내부에 존재하는 자아를 스스로 발전시키는 것으로, 인간의 잠재적인 능력을 자발적으로 발전시켜 나가는 과정에서 외적 자연보다 내적 자연을 중요하게 보았다. 교육의 성공과 실패는 변화하기 쉬운 외적 자연이 아닌 자발적인 발전에 의해 결정된다고 보았다. 모든 교육적인 교수는 아이들이 스스로 내면에서부터 이끌어 내는 활동으로, 그 밖의 것은 모두 비교육적인 것이라 생각하였다. 자발성은 창조 활동의 근원이고 모든 사고와 행동의 원동력이며, 영유아의 내면에 잠자고 있는 능력을 발전시키는 작용을 한다. 스스로 자신을 발전시키고 자율적으로 자기를 형성하는 것이다. 그러므로 될 수 있으면 영유아가 스스로 찾고 탐구할 수 있도록 도와주어야 하며, 자율성, 자발성, 흥미, 욕구를 고려하여 선한 자연의 힘을 발전시켜 내면의 힘을 키워 갈 수 있어야 한다.

셋째, 조화의 원리이다. 인간은 신체적, 지적, 도덕적 힘을 계발할 수 있는 가능성을 가지고 있으며, 교육은 지력과 정신력, 심정력이 조화 있게 발달하도록 도와야 한다. 머리와 가슴 그리고 손이 분리될 수 없는 밀접한 관계를 맺고 있는 것처럼, 지력, 도덕, 신체적 능력은 서로 결합하여 조화와 균형을 이루면서 발달한다. 그것은 실제적이고 참되며 합자연적인 교육으로, 만일 인간 도야의 수단으로써 이 세 가지 중 어느 하나를 소홀히 한다면 그것은 헛된 교육이다.

넷째, 친근성의 원리이다. 교육은 생활을 영위하도록 배우는 것으로, 가장 가까운 생활권에서 비롯하여 점차로 확대되어 가는 것이다. 이것은 일상생활의 대상물에 대한 사실적인 지식을 통해 진리와 지혜로 이끄는 것이다. 말과 소리, 글을 바탕으로 인간의 정신을 지도하거나 여러 능력의 기초를 도야하려 한다면 인간은 본성의 평안과 조화를 잃게 된다. 생활 속의 경험을 통해 아이들의 관념은 명백해지고, 나아가 정신력과 심정력이 결합되어 기술력으로 발전하며, 실천과 행동을 통해 이를 생활에 응용하게 된다. 모든 지식의 절대적인 기초는 생활경험의 인식에서 출발하는 것으로, 생활경험과 따로 떨어진 지식은 무익하다. 이러한 생활경험의 원리가 친근성의 원리로 발전해 가는 것으로, 친근성의 원리를 현실생활에서 발견하고 자기 자신과 주변생활에 근접해 있는 것부터 먼저 개선해야 한다. 가까운 관계에서부터 길러진 힘은 반드시 먼 관계에 대한 지혜와 힘의 원천이 된다. 언어를 배우는 것보다 먼저 생활에서 경험한 것이 진리를 얻는 데 중요하므로, 그는 현실생활과 관련 있는 직관적 경험을 통한 교육을 필수적으로 보았다.

페스탈로치는 유아의 내면에는 아직 피지 않은 꽃봉오리처럼 인간의 모든 능력이 내재되어 있기에, 유아가 가진 잠재적 능력과 소질을 일찌감치 발견해 이것을 조화롭게 발전시킴으로 인간교육의 기초를 다져야 한다고 보았다. 교육은 아동이 본래 가지고 있는 힘을 억압하지 않고 키워 나갈 수 있도록 도와주는 것이며, 인간 형성의 기초가 가정교육에 있다는 것을 강조하였고, 가정생활에서 어머니의 모성애를 교육자의 조건으로 보았다.

이와 같은 페스탈로치의 보육 사상은 이후 프뢰벨 같은 경험 중심 교육사상가들에게 영향을 주었다. 모든 어린이의 타고난 능력들과 자연적인 잠재 가능성에 기초하여, 교육은 개인적인 차원에서 인간의 행복에 기여하고 사회의 유용한 구성원으로 만들어 가는 데 보편적인 목적이 되어야 한다. 그는 교육만이 인간을 구제하고 사회를 개조할 수 있다고 믿었다.

일찍이 그리스시대 이래 동서를 막론하고 교육은 모두 지배계급의 특권으로 지배를 위한 수단이었다. 근세에 들어와 이러한 옛날의 교육 이념을 지양하고 국민 대중의 교육에 눈을 돌린 두 가지 움직임이 있다. 하나는 종교개혁의 사상에서 비롯된 루터의 초등학교 의무화에 대한 이념이고, 또 하나는 산업혁명에서 비롯된 서민층 자녀를 위한 직업교육의 이념이다. 이러한 사회적 배경들은 교육 이념에 있어 코페르니쿠스적인 전환으로, 교육이 '위에서의 교육' 및 '겉치레의 교육'에서 '아래에서의 교육' 및 '안에서의 교육'으로 크게 전환되었다. 페스탈로치는 이론과 실천을 통해 이러한 전환을 교육학적으로 촉진시켰다(김정환, 1999).

페스탈로치의 아동에 대한 관점은 현대교육의 교육 원리나 유아에 대한 교육 이념에 영향을 주었다. 자연주의 유아교육 사상과 보육에서 보다 새로운 발전의 계기가 되었으며, 이는 아동중심 교육의 중요한 바탕이 되고 있다. 자연주의 유아교육은 인간의 타고난 본성을 따르는 것으로, 자연으로부터 얻는 지혜를 인간교육에 적용하고 자연에서 교수학습의 기초를 찾아 가면서 자연의 변화에 따른 일정표대로 유아 개개인의 정의적, 정신 운동적 영역을 총체적으로 이루어 가도록 하고 있다. 페스탈로치의 교육 사상과 교육 원리들은 지금 현대 유아교육현장에서 유아들이 건강한 삶을 살아갈 수 있도록 돕는 기초적인 역할을 충분히 수행하였다고 본다.

② 프뢰벨(Fröbel, 1782~1852)

독일의 철학자이며 유아교육의 아버지라 불리는 프뢰벨은 유치원의 창시자로서 인간교육과 유아교육 사상에서 주목하게 된다. 유치원 교육은 프뢰벨에서 비롯되었고, 코메니우스, 루소, 페스탈로치, 프뢰벨로 이어져 내려오는 자연주의 교육관과 교육 원리들은 근대교육 사상의 기초를 이룬다. 프뢰벨은 '킨더가르텐(Kindergarten)'을 창시하여 전 세계에 유치원 운동이 일어나는 데 공헌하였고, 유아기 인간교육의 중요성을 알리면서 그의 세계관, 인간관, 유아관, 교육관은 당시 철학이나 종교, 예술에 토대가 되었다. '킨더가르텐(Kindergarten)'은 '어린이 정원'이라는 뜻으로, 모든 식물이 건강하게 성장하듯 인생 초기에 많은 가능성을 잠재적으로 가지고 있는 유아는 자연과 신이 조화를 이루면서 경험이 풍부한 정원사인 교육자의 돌봄을 받아야 한다는 의미이다. 이곳에서 유아들은 자신들의 특성에 맞게 그들의 본질, 소질, 내재된 능력, 힘을 전 방향으로 발현하고 그들 본래의 인성을 완전히 인정받도록 교육받는다. 자신의 내면과 외부 모두 독립적이고 특색 있는 자유로운 인간으로 발전하도록 교육받는 것이다. 유아의 내면에 있는 신성을 표현하는 것은 프뢰벨 유아교육이 지향하는 것으로, 그는 인간과 자연이 같은 원천에서 출발하며 동일한 법칙이 작용하고 있다고 믿었다(염정은, 2018). 유아들이 놀이를 통해 배울 수 있는 장소를 유치원으로 구상한 프뢰벨은 유아를 위해 구조화되고 계획된 프로그램을 개발한 최초의 교육자이다. 학습의 중심에 유아가 있고 그 기반이 놀이라는 것이 당시에는 매우 혁신적이고 받아들여지기 어려웠다. 프뢰벨 이전까지 대부분의 유아는 어머니에 의해 집에서 교육을 받아왔기에 집 외부의 특별한 장소에서 그룹으로 유아들을 교육한다는 생각은 혁명적이었다.

20세기 초 영국에서 일어난 신교육운동의 사상적 배경에도 프뢰벨의 교육철학이 영향을 주었다(박용석, 2016). 프뢰벨의 교육 사상은 신, 인간, 자연의 불가분 관계를 주장한다는 점에서 루소, 페스탈로치와 공통점을 갖는데, 루소의 사상은 자연성, 페스탈로치는 인간성이 중심인 반면, 프뢰벨 사상의 중심은 신성이다. 프뢰벨에게 있어 신은 우주를 지배하는 영원한 법칙의 주체로 해석할 수 있다(곽노의, 1990). 페스탈로치는 유아를 신의 경지에 도달시키기 위한 계몽의 대상으로 파악한 반면, 프뢰벨은 유아를 신과 동등한 입장에 놓는다. 모든 신의 원천이 놀이에 있듯 유아들의 놀이도 단순한 장난이 아닌 신이 세상을 창조한 것과 동일하게 그들의 미래를 만들어 가는 것이다(문지영, 2017).

프뢰벨은 인간에 대한 깊은 탐구를 기초로 유아기의 인간을 이해하였는데, 그에 의하면 유아는 무한한 자연과 우주에 대해 본능적 감정과 직관을 통해 자신의 내면에 내재된 신성을 발현하며 끊임없이 발달하는 존재이다. 그의 교육 원리는 유아의 본성과 인간발달에 대한 본질적인 이해에 기초하여 유아의 내면에 잠재한 능력을 자기활동의 원리에 따라 자연스럽게 밖으로 표현하기 위해 놀이와 작업 등을 고안하였다. 프뢰벨은 인간 내면의 신성을 실현할 목적으로 신적 정신의 표현물인 은물(Spielgabe)을 창안하였다. 유아에게 있어 놀이가 자기 활동의 표현일 때 은물은 그 표현이 실현되는 매개체가 되는 것으로, 은물에는 신적 정신이 들어 있고 표현되어 있다.

프뢰벨은 유아에게서 신, 인간, 자연의 합일이 나타나고, 유아는 신의 축복을 받은 완전한 존재라 생각하였다. 인간을 만물 중에 신에 가장 가까우며 신이 구체화된 형태로 보았고, 그의 아동관과 교육관은 깊은 신앙에 근거한다. 인간은 이미 태어날 때부터 어떤 독자적인 능력을 가진 신의 본성을 지닌 존재이다. 교육의 목적은 인간 내부에 들어 있는 신성을 계발함으로 자유롭게 사고하는 독립된 인간을 키우는 데 있다. 모든 것이 신적인 것, 또는 신으로부터 나오기에 모든 것의 유일한 근원은 신앙에 있다. 인간은 먼저 자신의 신적인 본질을 인식하는 것이 필요하고, 신적인 것을 실현하는 것이 인간의 사명이다. 이러한 인간의 사명에 대한 이유는, 인간이 신에 의해 창조되었고 모든 것의 존재 근원이 신이기 때문이다(황미경, 2006).

모든 만물에 신성이 내재되어 있고 영유아들도 각자 개인마다 내재된 신성이 있어 이 신성을 창조적 자기활동을 통해 외부로 표현해 내는 것이 보육의 목적이다. 자연과 인간은 신을 중심으로 통일을 이루며 모든 것은 신에 의해 작용된다. 창조주인 신은 정원의 교육자이고 빛과 영양을 공급하여 생명력을 제공하는 절대자이다. 종교는 인간의 정신이 신과 합일하려는 노력이며, 인간의 영혼은 신과 하나의 것이었다는 명확한 의식과 더불어 깨끗하고 진실된 삶을 추구하는 것이다(김숙이, 2002). 종교로서의 신과 교육의 이념으로서의 신성은 인간을 매개로 결부되어 종교와 교육이 직접적, 무매개적으로 결합되고, 인간이 내재된 신성을 발현하여 신과 더 가까워지려고 노력하는 것이 곧 인간의 사명이다. 자연은 절대적이며 지혜로운 선생님으로, 인간은 자연으로부터 자신이 삶 속에서 해야 할 본분을 확실하게 배우고 그에 따라 행동하면서 주어진 사명을 다할 수 있다.

프뢰벨은 「인간교육」에서 모든 자연물 중 '나무'를 가장 완전하고 진실한 자연의 선생님으로 설명하였는데, 우리는 나무의 삶을 통해 개별적 인간의 삶의 모습과 현상을 발견할 수 있다. 유아는 자연 속에서 태어나며, 자연과 함께 성장한다. 자연과 유기체적으로 연결된 유아가 자연 속에서 성장해 나갈 때 자연적 개화를 이루어 낼 수 있다(염정은, 곽노의, 2017). 프뢰벨의 교육은 인간의 내적 본성을 개화하는 것, 인간 내부에 잠재된 것들을 밖으로 이끌어 내는 것이다. 그에게 있어 교육의 목적은 인간에게 내재된 신성을 발현하는 것으로 신, 인간, 자연이 조화를 이루게 될 때 비로소 참다운 교육을 이룰 수 있다.

프뢰벨의 교육 사상에 바탕이 되는 네 가지 교육 원리인 통일의 원리, 자기활동의 원리, 연속적 발달의 원리, 놀이의 원리에 대해 살펴보고자 한다(조유리, 2012).

첫째, 통일의 원리이다. 프뢰벨에 의하면, 만물 가운데 영원한 법칙이 깃들어 있고 이것이 세상을 지배한다. 우주의 모든 형성 작용의 근저에는 하나의 통일인 신이 깃들어 있다. 통일의 원리는 신성을 표현하는 것으로 놀이와 작업을 강조하였고, 놀이와 작업을 통해 신과 자연과 연결시켜 완전한 하나가 되어 통일된 조화로운 인간 형성을 이루는 것을 목적으로 삼았다.

둘째, 자기활동의 원리이다. 자발성은 자기 자신의 내적인 동기를 기초로 하고, 자기 흥미와 자기의 힘에 지탱되는 활동을 의미한다. 창조적 자기활동을 어떻게 가르칠까보다는 어떠한 것을 통해 어린이 스스로 배우게 할 수 있을까에 관심을 둔 것이다.

프뢰벨은 신성을 인간의 본성으로 보았는데, 신성의 본질은 우주 만물을 지배하는 주인이고 이 본질은 창조되고 활동한다. 그에 의하면 신성은 인간의 본성이다. 인간은 태어나면서 활동 충동, 표현 충동, 창조 충동을 가지고 태어나는데, 이런 맥락에서 어린이의 활동은 모두 창조적인 활동이다. 창조적인 활동은 동시에 자기 속에 내재되어 있는 표현 충동의 발로이며 자기활동적인 것이다. 프뢰벨이 말하는 자기활동의 원리는 영유아들의 자연스러운 자기표현 방식으로 나타내는 놀이를 중요시하는 교육을 가능하게 한다. 즉, 자기활동을 중시하는 교육은 아동의 흥미를 중요시하는 교육이고 놀이를 중요시하는 교육이다. 놀이는 영유아의 흥미 대상이고 그들의 생활은 구체적인 놀이가 되는 것을 볼 때, 자기활동은 프뢰벨 교육의 핵심 원리가 된다.

셋째, 연속적 발달의 원리이다. 이는 발달의 과정이 연속적임을 의미한다. 인간을 고정적이고 완결된 존재로 보지 않고 계속 전진 · 발전하는 존재로 본 것으로, 인간의 생활 성장에는 각 단계에서 끊임없는 연속과 계속이 있으며 단절이나 비약이 없다. 특히, 영아기와 유아기의 발달 단계를 중요하게 생각하였는데, 두 단계에서의 학습이 앞으로의 한 어린이의 삶이 진보하는 방식과 목적을 결정하며, 가정에서 시작하여 학교로 이어지는 소년기의 학습에 많은 영향을 미치기 때문이다. 연속적 발달의 원리는 어린이가 외부의 현상에 관심을 갖고 창조적인 자기활동의 결과에 더욱 흥미를 느끼면서 점차 실생활에까지 확대되어 계속적으로 발전하는 것이다. 특히 인간발달 단계 중 영아기나 유아기의 발달을 중요시한 것은 이 시기가 갖는 놀이의 중요함을 시사한다.

넷째, 놀이의 원리이다. 프뢰벨은 페스탈로치의 노작교육 사상을 계승하고 발전시켰는데, 이는 현대 유아교육의 중요한 특색이며 기초라고 볼 수 있는 노작교육에 새로운 가치를 부여하였다. 프뢰벨에 의하면 인간의 사명은 행동을 통해 신성을 표현하는 것으로, 영유아의 본성에 내재된 신성은 노작을 통해 자연의 내적 본질과 구체적 신성을 표현하게 된다. 노작을 어떤 목적을 달성하기 위한 수단으로 보지 않고 노작 그 자체에 목적을 두었다. 영유아에게 노작은 곧 놀이이다. 놀이는 신성의 표현으로 프뢰벨은 노작을 놀이와 같은 개념으로, 어린이의 생명활동으로 보았다. 프뢰벨은 놀이교육을 창조적인 자기활동으로 단순히 신체나 손발의 감각을 키우는 것이 아닌,

심성의 발달과 정신 도야, 내적 감각을 일깨워 줄 수 있는 중요한 교육 원리로 보았다. 현대교육에서 놀이의 원리는 인간의 내적 표현을 알 수 있는 방법과 깊은 연관이 있으며, 이러한 점에서 프뢰벨의 놀이 원리가 갖는 교육적 의의는 상당히 크다. 프뢰벨의 교육에 대한 기본적인 견해와 원리는 놀이의 중요성과 의미를 밝히는 데 중요한 기초가 된다.

프뢰벨의 교육철학은 인간교육과 유아교육 사상에서 주목하게 되는데, 코메니우스, 루소, 페스탈로치, 프뢰벨로 이어져 내려오는 자연주의 교육관과 교육 원리들이 근대 교육 사상의 기초를 이루고 있다. 신성을 내재한 유아의 본성을 중시하며, 자기 활동에 따른 놀이와 작업을 통해 교육해야 함을 주장하였고, 유아교육 사상의 기초가 되는 근거로, '킨더가르텐(Kindergarten)'과 유치원 교육과정의 기초를 이룬다. 프뢰벨은 아동이 자주적 존재라는 인식에서 출발하여, 아동이 부모에게서 태어났지만 독립적이고 자주적인 존재라는 아동중심적인 아동관을 가지고 있다. 인간과 아동은 신적인 본질과 독자적인 능력, 창조의 충동을 타고난 존재로서 인간의 본질에 따르는 추종적인 교육을 주장한다. 이러한 교육 사상과 교육 원리들은 인간과 유아의 본질을 심층적으로 이해하고 유아교육이 지향하는 방향을 설정하는 데 지속적으로 영향을 미치고 있다. 프뢰벨의 유아기 인간에 대한 존중과 이해는 교육의 출발로서, 이후 듀이로 이어지는 아동중심교육의 개념적 준거와 실천 원리를 제공한다.

4) 현대사회의 보육

20세기에 들어 아동의 본성에 대한 이해가 시도되었고 20세기 후반에 프로이트(Freud), 에릭슨(Erikson), 스키너(Skinner), 피아제(Piaget) 등과 같은 발달심리학자들의 체계적인 연구 결과들에 따라 아동기의 중요성이 크게 부각되었다. 1920년대 진보주의 교육의 주창자인 듀이(Dewey, 1859~1952)는 아동의 개성 존중, 자유로운 활동 존중의 아동중심 사상을 발전시키면서 현대에 이르러 아동중심 사상의 기틀을 마련하였다. 아동에 대한 보육과 복지의 국가적 책임이 강조되기 시작하면서 아동보육의 대상을 일반아동으로 확대하는 보편적인 제도들이 도입되었다. 1979년에는 '세계 아동의 해'

로 지정하였고, 1989년에는 아동권리 보장을 위한 적극적인 노력으로 아동권리에 관한 국제협약을 통과시키는 등 아동에 관한 문제들을 보다 세분화하여 전문적인 보육의 대상으로 인식하는 변화들이 있었다. 보육 서비스들도 분화된 다양한 서비스와 전문적인 서비스로의 변모를 보이면서, 현대적 보육의 접근들은 아동 개인에 초점을 두었던 부분적 접근에서 가족체계를 지원해 주는 포괄적인 접근으로 확대되고 발전되었다.

아동을 인간의 존엄성과 타고난 잠재성을 가진 존재로 보는 현대적 관점에서의 아동에 대한 개념을 살펴보면 다음과 같다(조성연, 이정희, 천희영, 심미경, 황혜정, 나종혜, 2005).

- 발달하는 존재로서의 아동 : 아동은 살아 있는 유기체로서 계속 변화, 성장, 발달해 가는 존재이다. 아동발달의 다양한 영역은 상호의존적이며, 발달은 이전 단계에 획득한 성숙에 연이은 과정이다. 아동에게 성장, 발달의 힘이 잠재되어 있다 하더라도 그 잠재력이 최대한 발휘하기 위해서는 성장을 보장할 수 있는 환경이 시기 적절하게 조성되어야 하는데, 특히 가정은 아동 보호와 사회화의 시발점이 된다.

- 전인으로서의 아동 : 통합된 전체로서 아동은 신체, 운동, 사회, 정서, 인지, 언어발달이 분리된 것이 아닌 역동적으로 상호 밀접한 관련성을 가지고 성장한다. 지능발달 또한 모든 발달 영역과 관련되므로 지적인 부분에서의 발달만을 강조할 경우 바람직한 교육적 효과를 기대할 수 없다.

- 독립된 인격체로서 권리의 주체인 아동 : 아동은 성인이나 부모에게 예속된 존재가 아닌 독립된 인격을 가진 권리의 주체이다.

- 독자적 존재로서의 아동 : 모든 아동은 발달하는 속도, 능력, 성격 등이 각기 다른 독자적인 존재로서, 이러한 아동의 독자성은 자기다움을 나타내는 것으로

다른 아동과 비교하여 우열을 따져서는 안 된다. 아동에게 도움을 제공할 때도 모든 아동의 개인적 특수성들을 파악하여 개별화가 이루어져야 한다.

(1) 20세기 이후 현대 보육 사상

① 듀이(John Dewey, 1859~1952)

프뢰벨의 교육 사상으로부터 영향을 받은 듀이는 놀이를 통해 아동이 지적 성장을 한다고 보았으며, 인간의 성장이 사회적 상호작용을 통해 이루어지는 잠재력 개발이고 놀이가 아동을 계속 성장하게 한다고 보았다. 20세기를 대표하는 미국의 철학자이자 교육학자인 듀이는 인간과 환경과의 상호작용 개념을 제시하였다. 경험론적 자연주의자로서 실용주의에 바탕을 두고, 1896년 4세에서 14세 아동을 위해 시카고대학교 부속 초등학교인 실험학교를 창설하였다. 1898년 4~5세 유아를 위해 실험학교 내 유아학급(sub-primary)을 설치하여 자신의 주장을 실천에 옮길 수 있는 교육의 장을 만들었다(곽노의, 1990). 듀이는 아동을 바라보는 관점을 '미성숙'의 의미를 통해 설명하고 있다. 우리가 흔히 생각하는 아동의 미성숙은 어떤 비교 대상에 비해 모자람을 의미하겠지만, 이러한 관점은 아동을 성인에 대한 비교 대상으로 아동을 바라보므로 아동 자체에 내재된 잠재능력이나 발달 가능성을 생각하지 않은 결과라 하였다. 듀이는 이런 비교적 관점을 절대시한다면 어린아이에 대해 부당하고 오만한 가정을 하는 것이라고 비판한다. 그는 오히려 도덕적인 면이나 창의적인 면, 지적인 면에서는 어른들이 아이들에게 배울 점이 있다고 설명한다(Dewey, 1916). 듀이는 미성숙을 성장할 수 있는 힘, 성장 가능성을 뜻하는 것으로, 아동을 하나의 성장 단계를 특정 짓는 고유한 힘을 지닌 존재로 본 것이다. 아이에게서 어떤 적극적인 활동이나 구체적인 결과물을 억지로 뽑아낼 필요는 없으며, 아동의 삶이 있는 곳에는 이미 열렬하고 헌신적인 아동만의 활동이 있으므로 교육현장에서 아동의 성장을 자연스럽게 이뤄 줄 수 있어야 한다.

듀이의 교육은 흔히 '행함으로써 배운다(learning by doing)'로 표현되는 경험중심 교육론이다. 당시 교육의 문제점 가운데 하나는 학교교육과 아동의 생활이 분리되고 있다는 것이다. 학교에서 배운 지식과 아동의 삶과의 분리 문제를 해결하는 것에 관심을 기울이며 그가 주목한 것은 자발성과 활동성으로 이는 아동의 본질이다. 그의 저서 「민주주의와 교육」에서 보면 경험은 능동적 요소와 수동적 요소의 특수한 결합으로 이루어졌으며, 능동적 요소로서의 경험은 해 보는 것을 뜻하고 수동적 측면에서의 경험은 당하는 것을 뜻한다. 즉, 경험은 무엇을 시도하는 능동적 요소와 무언가를 받는 수동적 요소로 이루어지며, 두 측면이 어떤 방식으로 연결되어 있는가에 따라 경험은 달라진다. 하나는 사람이 보고, 듣고, 믿고, 원하고, 싫어하는 행위의 측면으로 주체적인 면이고, 다른 하나는 사람에 의해 보여지고, 들려지고, 믿어지고, 소원되고, 미움을 받는 대상으로 객체적인 면이다. 단순한 활동만을 의미하지는 않는다. 듀이는 경험의 중요성을 강조하여 자신의 교육철학을 '경험의, 경험에 의한, 경험을 위한 철학'이라 규정하기도 하였다. 경험에 의해 의미를 증가시키고, 경험의 방향을 잡아 경험을 개조, 또는 재구성하여 바람직한 성향을 형성한다. 이는 경험의 질적 성장을 말한다.

듀이는 경험의 원리로 계속성과 상호작용의 원리를 이야기한다. 계속성의 원리는, 모든 경험은 앞에서 이루어진 경험에서 무엇인가를 받아 가지는 동시에 뒤따르는 경험의 질을 어떤 방식으로든 변형시킨다는 것을 의미한다. 인간의 삶은 경험의 연속이라 할 수 있고, 인간이 성장한다고 하는 것도 경험의 계속성의 원리를 보여주는 하나의 예가 된다. 과거의 경험에서 어떤 점을 취해 그것을 근간으로 후속 경험을 구성해 가는 것으로 단순히 과거의 반복을 의미하는 것은 아니다. 인간의 삶은 과거와 현재와의 연관작용 가운데 미래와 연관되어 가게 되는 것으로, 선행의 경험과 후속하는 경험의 연속적인 작용 안에서 경험은 끊임없이 재구성, 재구조화되어 가면서 인간의 삶이 구성된다(정광희, 2002). 계속성의 원리가 경험의 시간적 측면을 보여주고 있다면, 경험의 또 다른 원리인 상호작용의 원리는 경험의 공간적 측면을 보여준다. 상호작용은 인간의 경험이 물리적, 사회적 환경과 상호 교섭 속에 있다는 사실에 대한 원리이다. 경험은 단편적이고 독립적으로 존재하는 것이 아니고 상호작용 속에서 형성된다. 이것은 경험의 역동적인 관계성을 의미하며, 객관적 세계와의 상호작용 속에서 상호

변용의 과정을 거치면서 질적 성질을 높여 가는 것이다. 경험에 내재되어 있는 계속성과 상호작용의 원리에서 듀이는 삶이란 경험의 연속이며, 교육은 아동의 경험의 과정을 돕는 것이라는 사실을 말하고자 하였다.

계속성의 시간적 측면과 상호작용의 공간적 측면으로 경험들 간에 관련짓는 과정에서 '사고'가 작용하게 된다. 사고는 경험들 사이에 작용하여 질적으로 높은 경험을 재구성해 가게 하는 데 꼭 필요한 요소이다. 듀이는 사고를 경험 속에 들어 있는 지적요소라 하였고, 사고의 과정은 처음에는 단순하게 시작하여 점차 복잡한 형태로 바뀐다. 아동의 놀이과정에서 아이디어가 점점 정교해지는 형태로 발달하고, 놀이과정에서 흥미가 지속되는 원동력이 되는 것이다. 놀이가 익숙해지면 지금 하고 있는 놀이보다 더 신나는 것이 없을까 고민하고 다른 놀이에 대해 생각해 보게 되면서 그 과정에서 더 복잡한 사고가 이루어지는 것이다. 이런 맥락에서 듀이는 아동이 전에 없던 새로움을 상상하고 정교하게 창의적인 발상을 할 수 있는 사고의 힘으로 놀이를 이끈다고 보았다(조유리, 2012).

유아교육에서 놀이는 유아발달의 주도적인 형태로서 발달의 자원으로 본다. 놀이를 통해 능동적 학습을 하게 되는데, 듀이도 놀이를 교육활동에 적극 도입하였고 놀이가 유아를 계속 성장하게 하는 활동이라고 보았다. 그가 놀이의 교육적 가치를 발견하였다고 볼 수 있다. 아동들이 자유롭게 새로운 생각들을 놀이 안에 녹여들게 하면서 다양하고 창의적인 생각을 할 수 있도록 충분한 놀이시간을 제공해 주어야 한다. 뿐만 아니라 교육자들은 아동이 놀이를 하면서 그 의미를 깨달을 수 있도록 자유롭고 허용적인 놀이 분위기를 조성하는 안내자의 역할을 할 수 있다. 듀이는 놀이가 왜 필요하고 어떻게 적용될 수 있는지에 대한 방향을 제시하였다.

교육을 성장으로 보는 듀이의 교육론에 있어서 의도적 교육기관인 학교는 지식을 전수하는 곳이라기보다 교육과정의 내용을 통해 유아가 바람직한 지적, 정서적 성향 형성이 가능하도록 환경을 조성하고 형성된 성향에 의미를 부여해 주는 상호작용을 하는 곳이다. 그렇기에 유아에게 지식을 가르친다는 것은 바람직하지 못한 일로 여겼다. 듀이는 절대적이고 고정된 지식을 부정하여, 지식 그 자체가 목적이 아니라 경험과정에 사용되는 도구이고 탐구를 통해 계속 변화하는 것으로 보았다. 듀이가 말하는 지식은 반성적 사고에 의해 확실성을 검증한 탐구의 결과이다. 교육 내용으로서 교과는 경험의 소산이고 경험을 통해 유아가 성장하도록 한다. 교과는 유아가 성장하도록 해 주는 도구가 되어야 한다는 의미로 교과를 경험이 체계화된 것으로 보았다. 교과가 단순히 학생들이 해야 할 과목으로서 제시된다면 학습은 인위적이고 비효율적이 될 것이므로 유아의 현재 삶과 관련성이 있어야 한다. 교과가 학습자의 생활 경험과 아무런 관련을 맺지 못할 때 교육적 문제가 나타난다고 보았다. 즉, 교과는 유아의 현재 삶과 연관된 구체적 상태에서 출발하여 체계적인 교과로 성장해야 한다. 교육 내용으로서의 교과는 유아의 현재 경험과 능력을 바탕으로 유아의 사회적 성장이 고려되어야 하며, 유아의 사회생활 경험과 연관된 놀이와 활동으로 시작하여 점진적으로 발전해야 한다.

유아는 자신의 지식을 생활에 적용하면서 사회에 대한 통찰력과 흥미를 발전시키고, 그 가운데 학교와 사회, 지식과 경험이 통합될 것이다. 유아의 경험과정 내에서 목적, 교과, 유아의 활동은 통합된다. 유아교육에서 유아가 어떻게 흥미를 갖고 적극적으로 활동하도록 하는가를 중요한 문제로 본 듀이는, 전통적인 교육에서의 흥미중심 교육이 무목적적이어서 체계적이고 효율적인 교육이 이루어지지 못했다고 지적한다. 듀이는 흥미가 유목적적인 경험 안에서 사물이 우리의 마음을 움직이는 힘이고, 예견되는 목적을 실현시키기 위한 활동을 유지하도록 하는 힘이라고 하였다. 흥미는 유아의 외부에서 주어지는 것이 아닌, 유아의 자아와 외부의 사물이나 사태가 연결되어 표현되는 활동으로 보았다. 흥미는 노력을 통해 활동하는 사람이 목적을 추구하는 활동을 시작하도록 해 준다. 듀이는 교육과정 운영에서 유아의 충동과 흥미를 잘 이용해야 한다고 하였다. 교육활동에서 유아의 충동은 활동이 일어나게 하는 에너지로서, 사회적 충동, 구성 충동, 탐구 충동, 표현 충동이 발현할 수 있도록 지적 통제를 거쳐 흥미가 유발되게 지도해야 한다(나성식, 2004).

유아교사는 유아의 현재 경험 상태를 고려하여 유아가 반성적 사고 과정을 거쳐 교육적 경험을 하도록 한다. 배울 것을 주는 것이 아닌 사고가 필요한 할 일을 주는 것으로, 유아의 경험과 계속성을 유지하며 반응을 일으킬 수 있는 활동을 제공하는 것은 좋은 교수 방법이다. 듀이는 유아교육이 아동중심교육을 기초로 이루어져야 하며,

교육에 있어 아동이 흥미를 갖지 않는다면 그 어떤 교육도 효율적으로 이루어질 수 없음을 강조한다. 듀이의 교육관은 아동으로 하여금 자발적으로 노력하도록 하며 그들의 경험을 통합하는 것으로 교육을 보다 체계적으로 접근해 가고 있다.

② 몬테소리(Maria Montessori, 1870~1952)

몬테소리는 이탈리아 최초의 여성 의학박사로, 1906년에 슬럼가에 사는 노동자 자녀인 3~6세 영유아를 대상으로 '어린이집'을 설립하여 '몬테소리 교육법'에 의한 교육을 실시하였다. 영유아는 연약하지만 출생 순간부터 이미 정신적인 삶을 영위할 수 있는 스스로 성장하고 발달시키는 힘을 가지고 태어난다고 하여, 교사들의 권위적인 교육에 반대하면서 아이들의 능력과 의사를 존중하였다(강란혜, 2020).

몬테소리 교육 사상의 기초는 개혁교육학 운동으로 '어린이로부터의 교육학'과 '새 교육운동'이다. '어린이로부터의 교육학'은 스웨덴 출신의 여류문필가이자 교사인 엘렌케이(Key, Ellen Karolina Sofia, 1849~1926)의 저서 「어린이의 세기」에서 비롯된 교육운동이다. 어린이에 대한 관점은 이전과 달리 인간학적인 차원에 파악되었는데, 개개의 어린이는 개성적인 자질과 성격, 각기 다른 발달 속도를 지니고 있는 존재로, 교육은 어린이들이 자신에게 가장 적합한 발달의 리듬과 적성을 발견하여 최적의 환경을 조성하는 것이다(연세대학교 교육철학 연구회편, 2002).

몬테소리의 유아교육 사상은 이에 더 나아가 아동의 자기주도적 교육활동을 강조하였고, 당시 이탈리아의 혼란한 사회 분위기에서 외면되기 쉬운 장애아와 유아의 교육문제에 특히 온 힘을 기울였다. '새 교육운동'은 몬테소리의 아동중심 사상과 같은 맥락으로, 주입식, 권위적 교육 방법에서 벗어나 자유로운 활동과 창조적 사고로 스스로 생활을 개척하는 인간 형성을 목표로 한다. 교육 내용과 방법을 개선하여 경험적인 학습을 중시하고, 교사와 아동 간 인간적 결합을 통해 정의적 생활의 순화를 지향하였다. 아동의 내적 동기를 존중하고 개인의 발달을 강조하므로, 아동을 수동적이고 외부로부터 채워 주어야 할 빈 그릇으로 인식하던 전통주의적 관점이 아닌, 인간을 출생부터 정신적 생명을 간직한 독립된 인격체로서 인식하였다.

몬테소리는 유아의 내면의 발달 단계에 따른 성장과 속도에 개인차를 인정하여, 유아가 특정 행동에 감수성이 예민하여 쉽게 배울 수 있는 민감기가 있음을 지적하였고, 특수교육에 많은 영향을 주었다(송승원, 2005). 모든 교육은 어린이로부터 시작되어야 함을 주장한 몬테소리는 이미 내면에 결정된 내적 형성 법칙에 따라 유아도 스스로 자기를 형성해 가는 주체가 될 수 있다고 보았다. 그렇기에 일방적이고 훈육적인 교육을 반대하였고, 교육의 목표는 인간 안에 있는 잠재력을 개발하는 것에 초점을 맞추어 아동 본성을 자발적으로 발현해 나가는 것이었다. 유아기 교육은 흡수정신을 통해 이루어지므로 많은 학습 내용을 주입하는 것은 적절하지 않고, 주위환경의 구조를 익히면서 정신의 내적 구조를 더 세밀하고 질서정연하게 성장하도록 해야 한다고 보았다.

몬테소리는 유아의 활동을 돕는 '준비된 환경'을 언급하였다. 유아의 올바른 성장과 발달을 이끌 자극을 줄 수 있는 교육적 환경으로 유아에게 건설적인 활동의 동기를 줄 때, 유아는 스스로 과제를 선택하고 선택한 작업을 반복, 몰두하게 되며 마침내 모든 에너지가 통일되어 집중하는 현상이 생기게 된다(곽노의, 홍순정, 2000). 그러나 환경 그 자체가 전부일 수는 없으며, 유아는 환경 속에서 우연히 존재하여 성장하는 것이 아니므로, 아동 내부의 잠재적 생명력이 환경과 상호작용할 때 준비된 환경이 그 의미를 갖는다. 준비된 환경은, 들판에 다양한 꽃들이 여기 저기 피어 있지만 자기 마음에 들거나 좋아하는 꽃을 선택하는 것처럼, 유아가 자유로이 선택할 수 있고 자유로이 사용할 수 있는 것이다. 이는 유아의 내적 필요에 적합한 것으로 그것을 혼자 할 수 있도록 도와주어야 한다는 의미를 갖는다. 이것은 어떠한 직접적인 도움을 말하는 것이 아닌 유아 스스로 자율적으로 할 수 있는 환경을 마련해 주어야 함을 의미한다.

몬테소리 교육과정은 1907년에 세워진 노동자 자녀를 위한 '어린이 집'(Casa dei bambini)에서 실천되었다. 그녀는 현대 유아교육의 시작이며 대표적인 사상가로서 유아들의 권리와 존중을 주장하였고, '어린이 집'을 유아들을 위한 공간으로 구성하여 다양한 계층의 유아들을 대상으로 하는 몬테소리 교구를 창안하는 과학적인 교육 방법을 제시하였다. 몬테소리는 교구를 고안할 때 '아름다운 꽃에서 꿀을 나르는 벌의 본능'처럼 유아들을 교구들이 유혹하고 있다고 하면서, 유아들을 매혹시킬 만큼 매력 있는 교구를 많이 준비해야 한다고 제안하였다. 교구에는 당시의 신인문주의 사상이 잘 드러나는데, 인간의 감성적인 측면과 심미적인 측면을 강조하였다. 몬테소리 교구는 다양한 색상과 크기로 유아의 발달에 적합하도록 만들어져 있으며 유아가 직접 감각적인 경험을 할 수 있다. 스스로 집중적 활동을 통해 개념의 이해가 이루어지도록 하였고, 자신의 실수 또는 오류를 발견하는 자기 교정적 교구가 되게 하므로 기관에서는 몬테소리 교구를 갖출 준비된 환경을 마련하는 것이 필요하다.

몬테소리는 교구들을 일반 유아에게 주었을 때 유아들의 반응에서 주요한 교육 원리인 '정상화'를 발견하였다. 일반 유아가 어떤 교구에 대혹되었을 때 자기의 모든 주의를 교구에 집중하였고, 상당히 오랫동안 몰입하면서 행복해 보였고 자발적으로 작업을 마친 후에는 만족감으로 빛나는 눈에서 편안한 느낌을 읽을 수 있었는데, 이는 지적 장애아들과 다른 점이라고 하였다. 몬테소리는 이 상태를 '정상화'라 하였다. 정상화는 준비된 환경에서 유아들이 스스로 선택한 작업에 집중하고 반복적으로 활동하는 것에서 이루어진다. 작업을 하면서 제멋대로인 유아들이 변화되는 과정을 보면서 유아들 스스로 정상적인 조건으로 되돌아가는 정신적인 치유를 한다고 보았다. 그는 내면에 잠재되어 숨겨져 있는 신비한 유아들의 본성을 인식하고 자라도록 해 주어야 한다고 말한다. 교구의 목적은 유아들이 작업하는 가운데 새로운 것을 시도하고 생각하도록 하는 훈련으로, 유아들의 정신을 받아들이고 즐겁게 하는 것이며, 자연적이고 자유로운 상태에서 가장 재미있는 방법으로 탐색해 가고 결과에 도달하여 결국에는 교구 없이도 작업 목적에 도달하게 된다(박현진, 2008).

개인의 발달 가능성을 최적으로 이끄는 것을 의미하며 전인적 발달을 도와주는 '정상화'는 몬테소리 교육의 목적이라 볼 수 있다. 유아의 정상화는 특별한 성향에 대해 민감성을 보이는 민감기, 환경을 받아들이며 구성하는 흡수정신, 끊임없는 내적 훈련 등을 통해 이루어지며, 스스로 선택한 작업을 집중 반복하고 환경 속에 내재한 질서를 내면화하는 과정에서 이루어진다. 유아에게 부여된 자유는 유아의 정상화에 매우 중요한 역할을 한다. '정상화'는 몬테소리교육이론에서 어린이 존중과 함께 핵심으로 꼽는다. 준비된 환경 내에서 아동이 자기 자신의 내면적인 발달 속도에 따라 환경을 접하여 그 의미를 파악하는 것으로, 정상화된 어린이는 독립적인 인격을 형성시킬 수 있는 능력이 있고, 자신의 소질, 관심, 장점을 펼쳐 나가는 데 자유로운 어린이를 말한다. 정상화된 어린이는 독립적으로 자기 인격을 만들어 나갈 수 있는 능력이 있으며 자기의 관심과 능력을 계발할 수 있는 자유를 지닌 어린이를 말한다.

몬테소리의 교육 내용으로, 몬테소리는 자신이 만든 교구를 통해 어린이들로 하여금 교구의 특성을 감각적으로 지각하게 하였다. 유아의 감각기관을 통해 받아들여지는 많고 다양한 인상들을 유아들이 분류하고, 세계에 대한 인식을 확장시켜 주며 감각을 세련되게 해주는 감각교구를 통한 감각교육은 인간의 정신자세의 근본이라 생각하였다. 몬테소리 교구는 체계적으로 조직되어 있고, 어린이가 자발적이고 감각적으로 움직이고 싶어 하는 충동을 채워 주며, 스스로 교구의 법칙들과 규칙을 익히면서 창조력을 키우도록 한다. 몬테소리는 유아가 사물을 감각을 통해 지각하는 것에 의미를 두어 자신의 교구의 특성을 우선 감각적으로 지각하도록 하였다. 몬테소리는 자신의 감각교구를 '세계로의 열쇠'라 하였다(곽노의, 이명환 역 1997).

유아들에게 구조화되고 계열화된 체계적인 몬테소리 교구는, 유아들에게 교구가 무엇인가를 가르치고 알게 하는 준비된 것임을 알게 해 준다. 교사는 유아들에게 적절한 사용을 안내하면서 그들의 호기심과 흥미를 유지해 주어야 한다. 이에 대해 몬테소리는 교구를 소개하는 '3단계 학습법'을 소개한다(서인숙, 1997). 제1단계는 대상물을 제시하고 사물의 이름을 설명 없이 단순하게 구성해 주는 것이다. "이것은 …이다"라고 말해 주는 단계로, "이것은 빨강이야"라고 말해 주면서 빨간색을 보여주는 것이다. 제2단계는 유아의 마음에 이 추상적인 인상이 연관되어졌는지 시험해 보는 단계이다. "…을 보여 줄 수 있겠니?" "…을 줄 수 있겠니?" 같은 말을 해 주는 단계이다. 제3단계는 유아에게 대상물의 명칭을 기억시키고 말해 보게 하는 단계이다. "이것은 무엇이니?"라고 묻는 단계로, "이것은 무슨 색이니?"라고 물어보는 것이다. 이 단계에서 교사는 유아들이 그들의 생활환경 속에서 자발적인 관찰자가 되도록, 아동들이 새로운 감각을 탐구하도록 해야 하고, 유아 스스로 만족감과 자기존중감을 갖도록 도와주어야 한다. 이러한 교수법은 설명보다 교구 자체가 갖는 언어와 시각을 통해 스스로 자연스럽게 배울 수 있도록 교구의 올바른 사용을 중재하는 데 목적이 있다.

몬테소리는 루소, 듀이 등을 통해 흐르는 인간교육의 원점을 강조하여 유아와 어린이는 스스로 내면적인 에너지에 의해 학습하는 능동적 존재로 보았기에, 자신의 실수나 오류를 발견하여 자동적으로 학습할 수 있는 '자기교육의 원리'를 주장하였다. 다른 누구의 힘에 의해 교육이 이루어지는 것이 아닌 유아 스스로가 교수할 수 있다는 것이다. 몬테소리는 유아의 정신발달이 우연적인 것이 아니라 계획적인 발생이라고 생각하였다. '흡수정신'과 '민감기'라는 중요한 내적 요인이 유아의 정신발달을 이끈다고 보았다. 몬테소리는 약자와 가난한 자의 편에서 그들과의 직접적인 만남을 통해 교육학적 확신을 얻게 되었고, 유아 스스로도 자신을 표현할 수 있으며, 놀이를 통한 작업이 유아의 욕구를 충족시켜 주며 집중과 반복을 통해 학습이 이루어진다고 관찰하였다. 유아의 존엄한 정신을 인정하면서 동시에 이를 계발하기 위한 감각적 교구를 만들어 몬테소리 어린이집을 통해 실천해 갔다. 몬테소리교육은 인간에 대한 이해에서 출발하므로, 인간 본성을 회복하고 인간 존중을 핵심으로 하는 인간 본성에 근거한 교육적 관점을 가진다. 유아의 타고난 정신과 능력을 존중하는 교육은 인간 개개인의 본질을 이해하고 인간의 존엄성을 발휘하여 삶의 질을 이끌어 가는 과정이 될 것이다(박현진, 2008).

몬테소리의 체계적이고 규격화된 교구의 사용은 유아교육에서 교구의 의미가 학습의 보조도구로서의 소극적인 의미보다는 교과 내용으로서의 지식을 구체물로 나타낸 적극적인 의미로 볼 수 있다. 유아들을 위해 특별히 개발된 몬테소리 교구는 직접 조작하고 활용하는 자발적인 활동을 통해 지식이 구성되는 경험을 갖게 하며, 교육 내용이 담겨져 있는 교구는 유아들의 자유로운 활동을 유도한다. 교구 사용으로 발생하는 오류를 스스로 발견해 내면서 문제해결의 확인을 가능하게 하는 것도, 유아들의 내적 사고의 변화를 이끌게 함으로 인지발달도 기대할 수 있게 한다. 유아들에게 무엇을 어떻게 가르쳐야 하는지에 대한 현대적인 관점에서의 교육 실천을 엿볼 수 있다. 인간은 스스로의 자유로운 사고과정을 거쳐 얻게 되는 지적 쾌락을 누릴 수 있어야 하는데, 이러한 사고의 자유로움은 교육을 통해 가능하다. 교육은 인간 사고의 자유로움과 탐구를 위해 존재하므로, 영유아의 선택을 존중하여 타고난 성향과 능력에 따라 교육이 이루어질 수 있어야 한다. 교육이 단지 지식의 습득에 있는 것만은 아니며, 인간 개개인의 본질을 이해하여 삶의 질을 이끌어 가는 과정이다. 자연스러운 삶 자체가 교육의 과정이고, 그 과정을 통해 교육의 목표가 실현될 것이다. 삶의 과정 속에서 교육이 파악되어야 한다.

몬테소리 교육은 유아 내부의 움직임과 감각적 호기심을 충족시켜 주므로 교사는 유아의 자유놀이를 통해 민감기를 알아차리고 이에 맞는 준비된 환경을 조성해 주어야 한다. 몬테소리 교육 이론과 실천은 현재 유아교육에도 시사하는 바가 크므로, 우리가 직면하고 인식한 교육적 문제들에 대해 거듭된 반성적 실천이 필요하다. 이를 전제로 다양한 교육적 실천으로 새로운 방향들을 모색하고 유아교육과 보육의 장면들을 구성해 갈 수 있어야 할 것이다.

<생각 나누기>

1. 고대 그리스부터 현대까지 보육 사상의 역사를 보면 아동에 대한 관점의 변화를 알 수 있다. 개인적으로 나는 아동에 대해 어떤 관점을 가지고 있는지, 인간의 본성을 토대로 아동관에 대해 생각해 보자.

CHAPTER 3

영유아의 발달과 보육

1. 발달의 개념과 원리
2. 발달의 이론
3. 영유아 발달 특징과 보육

보육을 실천함에 있어 영유아의 신체, 인지, 언어, 사회, 정서발달이 언제, 어떤 방식으로 이루어지는가와 같은 발달과정과 원리의 이해는 보육과정의 운영에 많은 시사점을 준다. 또한 인간은 태아에서 영아, 유아, 아동, 청소년, 성인기를 거치며 계속적으로 성장과 발달을 하며, 그 과정에서 영유아는 주변환경과의 건강한 상호작용을 통해 사회적 발달이 형성되고 발달하게 된다. 이는 영유아의 발달을 이해하기 위한 지표가 되어 영유아를 대상으로 하는 보육 목표, 내용, 방법, 교수매체를 결정하는 데 있어 보다 효과적인 보육과정을 수립하는 데 도움을 줄 수 있다. 그러므로 본 장에서는 효과적인 보육과정 수립의 기본 요소라 할 수 있는 발달의 개념과 원리, 발달의 이론과 함께 영유아의 연령별 발달 특징을 살펴보고자 한다.

1. 발달의 개념과 원리

1) 발달의 개념

발달이란 수정에서부터 사망할 때까지 개인에게 일어나는 체계적인 연속성과 변화를 의미한다(곽노의, 김경철, 김유미, 박대근, 2011; Shaffer, 1999). 즉, 발달은 '변화(change)'라고 할 수 있으며, 일시적인 기분의 변화나 외모, 생각이나 행동의 변화들을 뜻하는 것이 아니라, 발달 변화 과정에 정해진 순서와 특정한 양상이 있으며 비교적 지속적이고 체계적인 변화를 뜻하는 것이다. 발달에는 사람의 변화와 관련된 여러 범주의 개념들이 포함된다. 성숙이나 유전에 의한 변화, 학습이나 환경에 의한 변화, 성장 등에 의한 변화를 포함하며, 양적인 변화와 질적인 변화 모두를 포함한다. 따라서 발달이란 유전(성숙) 혹은 환경(학습)에 의한 변화와 양적 혹은 질적 변화를 의미한다.

발달의 의미를 좀 더 잘 이해하기 위해서는 발달과 관련된 개념들을 함께 살펴보고 이해해야 한다. 발달과 관련하여 발달을 설명하거나 발달의 개념에 구성요소로 포함되는 성장, 성숙, 학습 등에 대한 용어를 살펴보면 다음과 같다(곽노의 외, 2011).

- 성장(growth) : 경험이나 환경적 조건에 크게 영향을 받지 않는 양적인 변화를 의미하며, 일정한 시기가 되면 자연적으로 발생되는 신장, 체중, 체격, 치아, 성장들에 대한 발달을 뜻한다. 예를 들어, 키나 몸무게의 증가를 의미하며, 발달과 동의어라기보다는 발달의 한 측면에 속한다.

- 성숙(maturation) : 학습에 의한 것이 아니라 유전적 요인에 의해 발달적 변화들이 통제되는 생물학적 과정으로, 성장을 기초로 해서 나타나는 질적 변화를 의미한다. 즉, 성숙은 신체적 · 생리적 변화만을 뜻하는 성장을 바탕으로 보편적인 순서의 생물학적 변화를 경험하는 것을 의미한다. 예를 들면, 영아가 걷기 전에 서고, 두 단어를 말하기 전에 한 단어를 말하며, 사춘기가 되면 2차 성징이 나타나는 것과 같은 신체구조, 운동기능, 인지발달, 정서 등에서의 질적인

변화이며, 유전에 의한 질적인 변화를 의미한다.

- 학습(learning) : 직접 또는 간접 경험의 산물로 훈련이나 연습에 의한 발달적 변화를 말하며, 그 결과는 매우 개별적이고 특수하다. 예를 들어, 외국어의 습득이나 운전기술의 습득 등과 같이 신체기능의 향상이나 능력의 변화처럼 눈에 보이는 행동적 변화도 있고, 습관 및 태도, 가치관 등 눈에 보이지 않는 정신적 변화도 있다.

인간의 발달은 성장, 성숙, 학습의 세 과정이 함께 상호작용할 때 이루어진다. 즉, 일생을 통하여 성장, 성숙, 학습에 의해 이루어지는 변화과정이 바로 인간의 발달이다(정옥분, 2004).

2) 발달의 원리

발달은 모든 인간에 관한 것이고, 동시에 개개인에 관한 것이기 때문에 인간발달 원리는 어느 하나의 원리에 의하여 설명할 수 없다. 하지만 인간의 발달은 몇 개의 기본적인 원리에 의해서 일련의 패턴에 따라 질서 정연하게 이루어진다. 인간발달의 원리를 요약하면 다음과 같다(김정원 외, 2019; 심성경 외, 2011; 양애경, 최희양, 장원동, 2020; 정옥분, 2004).

(1) 성숙과 학습이 상호 영향을 미친다

인간이 출생 시 보이는 생물학적인 성장 변화는 성장 과정에서 선천적으로 결정된 성장과 함께 환경 속에서 부딪히는 경험과의 상호작용을 통해서 이루어진다. 따라서 발달의 모든 측면에서 성숙과 학습의 효과가 분명히 구분되지 않고 오히려 이들의 영향이 상보적으로 작용하는 경우가 많다. 예를 들어, 아이가 혼자 서게 되는 것은 다리 근육의 성숙이 선행되어야 하지만, 어른이 가끔 손을 잡고 연습을 시키면서 빨리 서게 되는 것이다. 이와 같이 성숙과 학습은 발달에 상호 영향을 준다. 또한 성숙과 학습을 결합시킨 좋은 예로 영아와 양육자 간의 애착행동을 다룬 보울비(Bowlby, 1969)와 에인스워스(Ainswort, 1979)의 연구를 들 수 있다. 에인스워스는 생의 초기에 특정한 사람과 애착을 형성하는 발달적 경향이 있다고 보았다. 이러한 경향은 유전적 계획표에 기인한 것으로 생각되며 성숙과정의 일부분으로 간주된다. 그러나 애착 대상을 선택하는 것은 매우 특별하며, 많은 경우에 상황적으로 결정된다(Salkind, 1985).

(2) 유아의 발달은 일정한 순서를 따른다

발달은 일정한 순서에 따라 질서 있는 형태로 일어난다. 예를 들어, 운동발달의 경우 앉을 수 있게 된 다음에 비로소 설 수 있게 되고, 선 다음에 걷고, 목표를 향해 손을 움직이기 시작하면서 물건을 잡을 수 있게 된다. 이러한 순서는 단순한 행동으로부터 좀 더 세분화 되고 복잡한 행동으로 발달한다. 즉, 위에서 아래로, 중심에서 말초로, 그리고 전체 활동에서 특수한 활동으로 분화 발달한다. 예를 들어, 머리에서 발로, 팔에서 손이나 손가락으로, 그리고 걷기 시작한 영아의 경우에 점차 걷기에 필요한 근육과 다리만을 사용하게 된다. 그 밖에 생후 3개월에 옹알이를 시작하여 점차 한 단어, 두 단어, 세 단어를 말하는 언어발달도 마찬가지이다.

(3) 발달은 계속적인 과정이나 발달의 속도는 일정하지 않다

발달의 과정은 일생을 통해 쉬지 않고 진행된다. 그렇지만 발달의 각 측면을 살펴보면 특정한 발달이 매우 급속도로 이루어지는 시기가 있는가 하면, 어떤 발달은 잠시 속도를 늦추었다가 진행되기도 한다. 또한 특정한 측면의 발달에 있어서도 발달단계에 따라 그 속도가 일정하지 않다. 예를 들어, 언어발달의 경우 15개월이 되면 10여 개의 단어, 20개월에는 300여 개의 단어, 36개월에는 1,000여 개의 단어를 말할 수 있게 되는 것처럼, 다른 어떤 시기에 비해 유아기에 어휘력이 급속하게 발달한다. 그러나 논리적, 추리적인 사고의 경우에는 아동기를 지나 청년기에 현저하게 발달한다.

(4) 발달에는 결정적인 시기가 있다

발달은 어느 시기에나 이루어지는 것이 아니라 개인이 살아가는 데 필요한 행동양식의 중요한 변화가 일어날 수 있는 최적의 시기가 있다. 특히 유아들은 다른 시기보다 긍정적, 부정적인 환경의 영향에 민감한다. 이 시기에 경험이나 자극의 부족으로 적절한 행동양식을 습득하는 시기를 놓치게 되면 이후 발달에 지속적인 영향을 미치게 된다. 예를 들어, 영아가 발달 초기에 부모와 따뜻하고 적절한 대인관계를 형성하지 못했을 경우 성인이 된 후에도 원만한 대인관계를 형성하지 못하고 사회적으로 부적응을 가져오기도 한다(한국교육심리학회, 2000).

(5) 발달은 연속적이며 점진적이다

발달은 기초적인 발달에 근거하여 이루어지는 점차적인 분화의 과정이다. 과거, 현재, 미래가 상호 관련되어 연속적이고 점진적인 과정을 통해서 형성된다. 새로운 능력과 이해로부터 파생되고 정교화 된다. 예를 들어, 유아가 자기 자신을 언어로 표현할 수 있는 발달의 근원은 초기의 옹알이에서 근거한다는 것을 알 수 있다. 또한 이러한 발달은 현 단계에서 다음 단계로 연속성을 제공하면서 생의 전 기간을 통해서 지속적으로 발달한다.

(6) 발달은 분화 · 통합적으로 이루어진다

초기 발달은 미분화되어 전체적으로 반응을 하던 것보다 특수적이고 부분적인 반응으로 분화되며, 이것은 다시 전체적인 연관성을 가지면서 복잡한 형태로 통합되어 나간다. 예를 들어, 유아가 컵이라는 물건을 집어 들기 위해서는 먼저 대상을 바라볼 수 있도록 시각이 발달해야 하고, 그 후에 물건을 잡을 수 있는 손과 손가락과 같은 소근육 운동기술이 발달하고 눈과 손의 협응력이 이루어지면서 컵이라는 것을 인식할 수 있는 인지발달이 통합적으로 이루어져야 한다.

이렇듯 유아의 발달은 신체, 인지, 정서, 언어, 사회발달의 모든 영역이 상호 관련하여 통합적으로 이루어져야 하며, 어느 한 측면만이 강조될 때 발달은 균형 있게 이루어지지 못한다는 것을 인식해야 한다.

(7) 발달은 개인차가 있다

모든 사람이 보편적인 발달 순서에 따라 성장해 나가지만, 개개인의 발달에는 차이가 있다. 어떤 영아는 돌이 되기 전에 말을 하기 시작하고, 어떤 영아는 세 돌이 될 때까지도 말을 하지 못한다. 또 어떤 아이는 청소년기에 성장이 멈추는 아이도 있고 성인이 되어서도 성장이 계속되는 경우도 있다. 이와 같이 실제 인간의 발달에는 개개인의 발달의 차이가 크다고 할 수 있으므로 똑같은 연령의 영유아라 하더라도 매우 다른 행동과 이해를 나타낸다는 것을 알아야 한다. 또한 영유아의 발달이 표준치와 너무 많은 차이가 나게 늦을 경우 지체(retardation)인지 아니면 개인차(difference)인지를 가려내려는 노력을 해야 한다(김정원 외, 2019).

2. 발달 이론

발달 이론이란 발달과 관련된 심리적 법칙이나 이론적 체계를 말하며, 영유아의 발달과 능력에 대해 설명하는 다양한 이론들은 각 학자마다 인간관이 다르고 관심 영역도 다르기 때문에 하나의 이론으로 인간이 일생 동안 경험하는 다양한 행동을 포괄적으로 설명하는 데는 한계가 있다. 영유아의 발달에 있어서도 학자에 따라 다르게 접근하고 있으나 발달에 대한 보편적이고 객관적인 틀을 제시하고 있다. 본 장에서는 대표적인 발달 이론인 성숙주의 이론, 정신분석 이론, 행동주의 이론, 구성주의 이론, 생태체계 이론을 중심으로 영유아의 발달을 설명하고 이들의 이론을 근거로 보육에의 적용점을 모색해보고자 한다.

1) 성숙주의 이론

성숙주의 이론은 영유아 발달 이론 중에서 가장 오래된 것으로, 영유아 발달에 주도적으로 영향을 미치는 요인이 환경이 아니라 타고난 유전적 요인에 의해 결정된다고 보는 관점이다(조유나, 박금희, 정정란, 황성원, 홍은숙, 2019). 성숙주의 이론의 초점은 보편적인 발달 패턴을 토대로 예정된 단계에 거쳐 발달이 전개된다는 것으로, 홀(Hall)과 게젤(Gasell)에 의해 발전된 이론이다. 즉, 인간의 발달은 유기체 내부에서 자연스럽게 이루어지는 것이며, 환경은 행동을 변화시키는 2차적 역할을 한다는 입장이다(정옥분, 2004). 따라서 성숙주의적 관점은 인간발달의 보편성에 관심을 두고 유아 자신의 속도에 맞는 발달을 위해 양육환경을 제공할 것을 강조한다.

홀(Hall)은 20세기 초 가장 영향력 있는 미국 심리학자로, 질문지법, 일화기록법, 관찰법 등 객관적이고 과학적인 아동연구법을 제시하였다. 그는 영유아기 발달 단계를 연속적인 인간 진화의 반복적인 발달이라고 주장하였으나, 인간은 똑같은 상태로 존재하는 것이 아니고 시간의 경과에 따라 변화한다는 다윈의 진화론을 잘못 적용하였다. 그로 인해 그가 주장하는 반복적 발달에 대한 개념은 널리 인정받지 못하였다(김미영, 2017).

게젤(Gesell)은 성숙주의의 대표적인 학자로, 인간의 발달이 유전에 의한 발달 단계와 순서에 따라 발달한다는 유전적 결정론을 제시하였다. 게젤(Gesell)은 유아 관찰, 검사, 부모와의 면담을 통해 출생에서 청년기까지의 행동의 표준을 수립하여 '표준행동목록(behavior norms)'을 만들었다. 게젤은 영유아의 '생물학적 준비도'가 영유아 학습 능력의 최우선적인 요인이며(weber, 1984) 발달과 학습에 있어 영유아의 성숙 수준과 준비도가 중요하다고 강조하였다. 이와 같이 영유아의 성숙 수준과 준비도 개념(예: 성장은 머리에서부터 꼬리로 진행된다는 것, 몸 중앙에서부터 손과 발 같은 말단으로 진행된다는 것 등)은 연령 수준에 따라 보육과정을 설계하는 데 정보를 줄 뿐만 아니라 유아교사들과 부모들에게 유아의 발달에 대한 기본 정보자료로 이용되고 있으며, 오늘날까지 발달의 중요한 원리로 남아 있다.

게젤(Gesell)은 각 연령마다 나타나는 발달적 흥미와 요구를 중요시하였고, 이것을 그대로 수용하여야 한다고 하였다. 또한 환경의 역할도 중요하나 유전적으로 신체적 기능이 준비되기 전에는 어떠한 훈련이나 학습도 성과를 거두기 어렵다고 주장하였다. 따라서 성숙주의 관점에서 유아는 연령이 증가함에 따라 성장할 수 있는 능력을 가지고 태어났기 때문에 발달 수준에 적합하지 않은 경험이나 특정한 학습을 하도록 강요해서는 안 된다. 이와 함께 유아의 흥미와 요구에 맞는 활동을 할 수 있도록 충분한 시간과 허용적인 환경을 제공하고, 교사는 적절히 반응해 줄 수 있도록 지지적인 역할을 해 주어야 한다.

2) 정신분석 이론

정신분석 이론에 의하면, 발달은 무의식적인 것이며 우리의 행동은 단지 표면상 나타나는 특성일 뿐이다. 영유아 발달을 제대로 이해하기 위해서는 행동의 상징적인 의미를 분석해야 하고, 마음속에서 무슨 일이 일어나는지 이해해야 한다. 영유아가 부모 앞에서는 새로 생긴 동생을 예뻐하다가 부모가 자리에 없으면 몰래 꼬집는 행동, 교사가 하지 말라는 행동을 교사의 눈치를 보며 하는 문제행동 등에도 무의식적이고 심리적인 이유가 있음을 아는 것이다. 정신분석학적 관점에서 영유아의 행동을 이해하면 행동 자체에 초점을 두어 벌을 주거나 야단치거나 하는 표면적인 훈육보다는 무의식에 억압된 감정을 들여다보려 노력하고 억압된 감정이나 결핍을 메꾸어 주려는 노력을 교사나 부모가 할 수 있다. 그러므로 정신분석 이론 관점에서 놀이치료, 음악치료, 그림치료 등의 상담 활동은 영유아의 문제행동을 이해하고 돕는 접근이라고 할 수 있다. 정신분석 이론의 대표적인 이론으로 심리성적(psychosexual) 이론이라고 불리는 프로이트(Freud)의 정신분석 이론과 심리사회적(psychosocial) 이론으로 불리는 에릭슨(Erikson)의 정신분석 이론이 있다.

(1) 프로이트(Sigmund Freud, 1856~1939)

프로이트는 처음으로 성격에 관한 정교한 이론을 제시한 사람이다. 프로이트는 의사로서의 오랜 치료 경험을 토대로 하여 인간의 정신구조와 역동의 발달과정을 체계적으로 정리하였다. 그가 세운 정신분석학은 이후 심리학 전반에 커다란 영향을 미쳤다. 그가 펼치는 이론에 있어서 중심 개념은 의식과 무의식의 차원을 강조하고 있다. 이 무의식은 성적 본능의 지배하에 발현하는 것으로 보았으며, 이를 토대로 그는 단계적인 심리성적 이론을 발전시켰다.

프로이트는 성격의 구조를 원초아(id), 자아(ego), 초자아(superego)로 구분하였다. 심리성적 에너지가 어떻게 억압되었는가에 따라 원초아, 자아, 초자아의 크기가 달라지며, 이로 인해 한 개인의 성격적 특성이 형성된다고 하였다. 예를 들어, 교사는 교실 탁자 위에 과자를 올려놓으며 유아에게 친구들과 나누어 먹자고 이야기하고 교실 밖으로 나간다. 이때 유아는 내적 갈등이 생긴다. 선생님이 친구들과 과자를 나누어 먹자고 했으니 기다려야 할지(초자아), 아니며 그냥 먹어버려야 할지(원초아), 이러한 갈등 속에 자아는 결정과 판단을 내린다. 만약 과자를 먹지 않고 기다리기로 결정했다면 초자아가 강한 유아이고, 기다리지 않고 과자를 먹기로 결정했다면 원초아가 강한 유아일 것이다.

[그림 3-1] 원초아, 자아, 초자아 간의 갈등상황

자아(ego)는 출생 2년 후부터 나타나는 것으로, 현실의 원리에 따라 현실적 여건을 고려하고 이성적인 것을 추구하며 원초아(id)와 초자아(superego)를 중재하는 역할을 한다. 마지막으로 초자아(superego)는 생후 3~4년이 되면서 발달하기 시작하는 것으로, 우리가 흔히 말하는 양심이라 부르는 자아 이상의 것으로 존재하며 도덕적 가치나 사회적 규범의 내면화를 추구한다. 한 개인의 성격은 훨씬 더 복잡한 심리적 역동을 갖지만, 3개의 성격 구조를 중심으로 단순화해 표현하면 원초아가 더 강하게 작용하는 유아는 충동적으로 반응하게 되고, 초자아가 더 강한 유아는 이성적이고 도덕적으로 반응하게 된다. 자아가 강하게 작용하는 유아라면 이성적이고 객관적인 반응을 좀 더 빈번히 하게 된다.

프로이트는 인간의 발달 단계를 구강기, 항문기, 남근기, 잠복기, 생식기의 5단계로 구분하였다. 프로이트는 성장과정에서 리비도가 집중되는 신체부분이 달라지며, 각 단계의 욕구가 충족되어야 다음 단계로 원만하게 발달할 수 있다고 보았다. 그러나 매 단계별로 개인의 욕구가 충분히 만족되지 못하거나 지나치게 충족되면 성숙하지 못한 '고착' 행동이 나타날 수 있다. 여기서 고착(fixation)이란 이전 단계의 문제점이나 쾌락에 계속 집착하는 것을 의미하며, 영유아의 욕구나 욕망을 잘 다루어 그 시기에 고착되지 않도록 환경을 만드는 것이 중요하다.

① 구강기(oral stage, 출생~18개월)

영아의 성적 에너지가 구강에 집중되는 시기로 입과 구강 부위가 쾌락의 원천이 된다. 이 시기의 영아는 구강적 만족감을 탐닉하게 되고, 이는 수유과정을 통해 주로 이루어진다. 만약 빨고자 하는 욕구가 충분히 만족되지 못할 경우 다음 발달 단계로 이행하지 못하고 구순 고착이 나타나 이후 성격발달에 영향을 미치게 된다. 그 예로 손톱 깨물기, 엄지손가락 빨기, 지나친 흡연, 남을 헐뜯거나 비꼬는 행동, 공격적 애정 요구, 음식에 대한 집착 등이 있다.

② 항문기(anal stage, 18개월~3세)

리비도가 항문에 집중되어 배설물의 보유와 배설을 통하여 만족감을 얻는 시기이다. 이 시기에는 부모의 배변훈련에 대한 방법과 태도가 성격 형성에 중요한 영향을 미치게 된다. 양육자가 유아의 요구에 맞추어 칭찬과 격려로 배변훈련을 하지 않고 너무 조급하거나 지나치게 억압을 하게 되면, 고착현상으로 항문 강박적 성격 혹은 항문 폭발적 성격이 형성될 수 있다.

③ 남근기(phallic stage, 3~6세)

리비도가 항문에서 성기로 이동하는 시기이다. 이 시기에 유아는 서로 간의 생식기에 관심을 갖고 자신의 성정체감을 형성하게 된다. 남아는 오이디푸스 콤플렉스를 느끼게 되고, 여아는 엘렉트라 콤플렉스를 느끼게 되는데, 이를 통해 이성의 부모에 대한 선망이 생기고, 이룰 수 없는 선망에 대한 대안으로 동성 부모 모방을 통해 이성 부모가 좋아하는 사람이 되고자 한다. 콤플렉스를 극복하는 과정에서 남아는 거세불안을, 여아는 남근선망을 갖게 되며, 남아와 여아는 각자의 콤플렉스를 극복하기 위하여 동성의 부모를 동일시 대상으로 여김으로써 자신의 성에 맞는 행동과 역할을 배우고, 도덕적 태도 및 가치를 내면화하면서 초자아의 양심과 이성을 발달시킨다.

④ 잠복기(latency stage, 6~11세)

리비도가 드러나지 않고 잠재되어 있는 시기로, 동성 친구들과 상호작용을 통해 학교과업이나 운동, 놀이, 게임 등 사회적으로 인정되는 활동을 통해 리비도를 발산시킨다. 그러나 사춘기의 성적 변화와 함께 잠복기는 끝나게 된다.

⑤ 성기기(genital stage, 12세 이후)

성격발달 단계 중 가장 긴 시기로 사춘기에 접어들어 성호르몬이 분비되면서 성기기가 시작된다. 이 시기는 자신이나 동성친구로 향하던 관심이 이성을 향한 애정으로 표현되기 시작된다.

(2) 에릭슨(E. H. Erikson, 1902~1994)

프로이트의 정신분석 이론은 발달을 성적 에너지에만 집중하여 설명하고 있어 인간발달에 대한 지나친 단순화라는 비판을 받았다. 반면 에릭슨은 프로이트의 심리성적 발달 단계를 생의 마지막 순간인 노년기까지 확대시켜 사회적 과업을 중심으로 8단계 이론을 정립하였다(Erikson, 1950). 프로이트의 정신분석은 초기 아동기에 부모와의 경험을 가장 중요한 상호작용으로 보지만, 에릭슨의 이론은 그보다 넓은 사회적 경험들, 가족 외의 사람들과 맺는 인간관계의 경험들도 자아의 발달에 중요한 영향을 미친다고 한 점이 두 이론의 가장 큰 차이점이다(하지연, 2016). 에릭슨은 각 단계를 성공적으로 완수하면 정상적이고 건강한 개인으로 발달해 나갈 수 있지만, 어느 단계에서 실패하면 그 단계와 관련하여 정서적이거나 사회적 어려움을 겪는다고 하였다. 그러므로 각 단계에서 나타나는 위기 상황을 어떻게 극복하느냐에 따라 성격발달 양상이 달라진다고 할 수 있다. 따라서 영유아기 시기에 해당되는 각 시기에 영유아가 긍정적 정서를 형성할 수 있도록 상호작용하고 관계를 형성하도록 하는 것은 유아교육의 중요한 방향이라고 할 수 있다(조형숙 외, 2020).

① 1단계 : 기본적 신뢰감 대 불신감(Trust vs. Mistrust, 출생~1세)

이 단계는 프로이트의 구강기에 해당되는 시기로, 세상을 안전하고 믿을 수 있는 곳이라 생각하는 기본적인 신뢰감이 형성된다. 이것은 생의 의욕과 긍정적 세계관을 기르는 데 기초한다. 그러나 만약 영아의 욕구가 제대로 충족되지 않는다면 영아는 세상에 대한 불신감을 형성하게 된다. 에릭슨은 완전한 신뢰감보다는 신뢰와 불신 간의 적당한 균형이 오히려 바람직하다고 보았으나, 신뢰감이 기본정서로 자리잡아야 건강한 정서적 발달을 이루게 된다고 하였다.

② 2단계 : 자율성 대 수치심 및 회의감(Autonomy vs. Shame and Doubt, 1~3세)

이 단계는 프로이트의 항문기에 해당되는 시기로, 자율성과 수치심이 형성되는 시기이다. 이 시기의 영아는 무엇이든 혼자 하려고 하는 성향이 강해지고 자기주장이 많아지는데, 이 때 성인이 너무 많은 통제를 하거나 영아의 시도를 억제한다면 영아는 자신의 동기에 부끄러움을 느끼게 되고 자율감을 포기하게 된다. 특히 주요 발달과업의 하나인 배변훈련의 과정을 어떻게 겪는가는 영아의 자율감 형성과 매우 깊은 상관이 있다.

③ 3단계 : 주도성 대 죄의식(Initiative vs. Guilt, 3~6세)

이 단계는 프로이트의 남근기에 해당하는 시기로서, 유아가 점차 활동 반경이 넓어지면서 새로운 환경에 대한 호기심이 왕성해지는 시기이다. 그러므로 유아가 스스로 할 수 있는 것을 허용하고 격려하며 자율성을 형성할 수 있도록 하며, 이는 독립심과 존중감을 기르는 데 기초가 된다. 한편 부정적인 행동에 대해서는 적당한 감독과 제재가 필요하지만, 성인의 지나친 꾸짖음은 유아의 주도성을 위축시키게 되고 유아는 자신의 행동에 대해 죄의식을 느끼게 된다.

④ 4단계 : 근면성 대 열등감(Industry vs. Inferiority, 6~11세)

이 단계는 프로이트의 잠복기에 해당하는 시기로, 프로이트는 이 단계를 비활동적인 시기로 본 반면, 에릭슨은 이 시기가 아동이 학교교육을 통해 다양한 사회적 기술을 습득하는 시기이기 때문에 역동적이고 활동적인 시기로 보았다. 이 시기에 아동은 자신의 능력에 대한 효율감과 자신감을 갖게 된다면 근면성을 발달시키게 되지만 반대로 자신의 능력에 대해 무력감이나 무능감을 가지게 되면 열등감을 발달시키게 된다.

⑤ 5단계 : 정체성 대 역할 혼미(Identity vs. Identity Confusion, 12~20세)

이 단계는 프로이트의 생식기에 해당하는 시기로, 자신이 어떤 사람이 될 것인가에 대해 깊은 관심을 갖게 된다. 에릭슨은 자아정체감을 형성하는 것이 청소년기 이후의 삶을 위해 매우 중요하다고 하였다. 이 시기에 청소년들은 끊임없는 자기 질문을 통해 자신에 대한 통찰과 자아상을 찾기 위해 노력한다. 그러나 자아정체감의 형성에 실패한 경우 정체감 혼미를 경험하게 되며, 뚜렷한 인생의 목적이나 자신의 주관이 없기 때문에 다른 사람의 의견에 지나치게 의존하게 되고, 때로는 극단적으로 다른 사람의 견해를 아랑곳하지 않기도 한다. 또한 직업 선택이나 성 역할 등에 대한 혼란 및 인생관과 가치관의 확립에 심한 갈등을 야기하기도 한다.

⑥ 6단계 : 친밀감 대 고립감(Intimacy vs. Isolation, 20~40세)

이 단계는 성인기가 시작되는 단계로, 타인과의 관계에서 친밀감을 형성하는 일이 중요한 발달과업이다. 청소년기에 자아정체감이 확립되면 자신의 정체성을 타인의 정체성과 융합시키려 노력하게 된다. 자신의 고립을 배우자, 부모, 동료 등 사회의 여러 다른 성인들과의 친밀감으로 극복하고자 한다. 그러나 정체감을 확립하지 못한 사람은 다른 사람과의 관계에서 위축되는 경향이 있는데, 이것은 결국 고립감을 낳게 된다. 친밀감을 형성해야 하는 관계 중 가장 근본적인 것이 배우자와의 관계이다. 자아정체감을 제대로 형성시키지 못한 경우의 성인들이 만나 결혼을 하였을 경우에는 행복한 결혼생활이 지속되기 어렵다고 볼 수 있다.

⑦ 7단계 : 생산성 대 자기 침체감(Generativity vs. Stagnation: 40~65세)

다른 성인들과 원만한 관계가 성취되면 중년기에는 자신에게 몰두하기보다 생산적인 일에 몰두하고 자녀양육에 몰두한다. 이것이 원만하지 못하면 어릴 때와 마찬가지로 자신에게만 몰두하고 사회적, 발달적 정체를 면하지 못한다. 또한 매사에 불평불만을 일삼으며 인생이 지루하고 따분하다고 느끼며, 늘 비판적이고 냉소적인 경향을 보인다.

⑧ 8단계 : 자아통합감 대 절망감(Ego Integrity vs. Despair : 65세 이후)

대부분의 경우 노년기에 들어서면 자신이 지금까지 살아온 생애를 돌아보면서 자신의 생애가 가치 있는 삶이었는지를 음미해 보게 된다. 자신의 삶을 얼마만큼 긍정적으로 평가하는가의 여부는 자아통합감을 위해 중요하다. 즉, 자신의 전 생애를 돌아보며 긍정적인 삶뿐 아니라 어려웠던 삶도 자신의 삶의 일부임을 인정하며 통합감을 경험한다. 반면 삶에서 의미를 찾지 못한 경우 절망감을 느끼게 된다.

3) 행동주의 이론

행동주의 이론은 인간의 모든 행동이 학습과 경험에 의한 것으로, 인간의 발달에 영향을 미치는 주요인을 환경에서 찾는다. 인간은 백지와 같은 상태로 태어나기 때문에 환경적으로 어떤 자극을 받고 어떻게 반응했는가의 여부가 그 사람을 형성하는 데 결정적인 영향을 준다고 믿는다. 즉, 행동주의에서는 자극에 대한 반응을 통해 학습이 이루어진다고 보고 자극(외적) 요인의 중요성을 강조하기 때문에, 적절하고 단계적인 외적 경험을 제공함으로써 영유아의 바람직한 행동과 학습이 이루어질 수 있다고 본다(Santrock, 2002). 부적응 행동도 내면적 갈등의 산물이 아니라 부적절한 반응을 하도록 학습되었거나 바람직한 반응을 전혀 학습하지 못했기 때문이라고 본다. 그렇기 때문에 유아의 흥미나 내적 동기보다는 외형적으로 관찰 가능한 행동에 관심을 가지면서 외부적인 환경의 요인을 잘 조직하고 변화시킴으로써 유아의 행동을 바람직하게 촉진시키고, 바람직하지 않은 행동은 감소하거나 소거할 수 있다고 보았다. 대표적인 이론으로는 파블로프(Pavlov)의 고전적 조건화 이론, 스키너(Skinner)의 조작적 조건화 이론, 반두라(Bandra)의 사회학습 이론이 있으며, 이를 구체적으로 살펴보면 다음과 같다.

(1) 파블로프(Pavlov)의 고전적 조건화 이론

자극과 반응의 관계를 연구한 파블로프는 개의 반사기능을 이용하여 어떻게 조건이 형성되었는가를 실험하였다. 개에게 매번 식사 전 종소리를 울리며 종소리(중립자극)와 함께 음식(무조건자극)을 주다가, 개에게 음식을 주지 않고서 종소리만 들려줘도 침(무조건반응)을 흘린다는 사실을 밝혀냈다. 즉, 음식이라는 자극에 의해 보여지던 개가 침을 흘리는 반응을, 음식을 줄 때 울리던 종소리만으로도 개에게서 침 흘리는 반응을 유도할 수 있다는 이론이다.

조건형성 전	→	조건형성 과정	→	조건형성 후
• 먹이(무조건자극) → 침(무조건반응) • 종소리(중성자극) → 무반응		• 종소리(중성자극) → 먹이(무조건자극) → 침(무조건반응) • 위 과정의 반복		• 종소리(조건자극) → 침(조건반응)

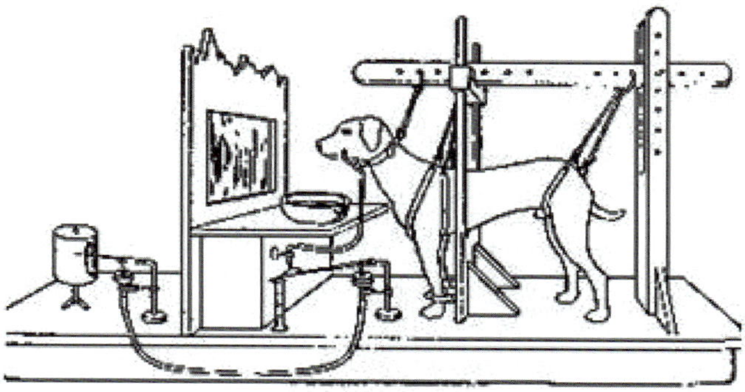

[그림 3-2] 파블로프의 고전적 조건형성 실험

파블로프는 종소리가 아닌 불빛으로 한 실험에서도 같은 결과를 얻었다. 어두운 방에 개를 묶어 두고 30초가 지나 음식을 주었더니 개는 침을 분비하였다. 이후 불이 켜질 때마다 음식을 주는 과정을 몇 차례 반복하였더니 불만 켜져도 개는 침을 분비했다. 종소리와 마찬가지로 불빛이 조건자극이 되어 침 분비라는 조건반응을 일으키는 원인이 되었다(조형숙 외, 2017).

(2) 왓슨(Watson, 1878~1958)의 고전적 조건화 이론

왓슨은 파블로프의 연구를 인간을 대상으로 진행하며, 인간 역시 반복된 학습에 의해 특정 반응이 유도될 수 있다고 보았다. 유아의 정서반응은 고전적 조건형성을 통한 학습에 영향을 받기 쉽다고 하였으며, 이를 증명하고자 9개월 된 알버트를 대상으로 흰쥐를 만질 때마다 큰 소리가 나는 쇠망치를 두드리는 실험을 하였다. 처음에 흰쥐를 두려워하지 않던 알버트는 큰 소리(무조건자극)와 흰쥐(중립자극, 조건자극)를 동시에 제시한 결과 흰쥐만 보고도 공포반응(조건반응)을 보였다. 심지어 흰쥐뿐 아니라 토끼나 강아지, 산타클로스 가면을 보아도 공포반응을 보였는데, 이것이 바로 고전적 조건형성에서 나타나는 자극 일반화 현상이다.

왓슨이 자신의 실험에 확신을 갖고 "나에게 건강한 유아 12명이 주어지면, 고전적 조건형성 실험을 통해 그들의 재능, 성격, 인종 등에 관계없이 내가 원하는 사람, 즉 변호사나 의사, 대통령, 예술가뿐만 아니라 도둑이나 심지어 살인자까지도 되도록 키울 수가 있소."라고 제안한 일화는 유명하다. 인간을 대상으로 한 왓슨의 공포실험 등은 이후 한 개인의 존엄과 건강한 성장을 무시했다는 점에서 비윤리적 연구로 비판받았다(조형숙 외, 2020).

(3) 스키너(Skinner, 1904~1990)의 조작적 조건화 이론

스키너는 행동의 결과에 따라 자극과 반응이 연결되는 양상이 달라진다고 하였다. 파블로프가 동물의 무의식적인 반사(reflex)를 대상으로 연구하였다면, 스키너는 동물의 의식적인 행동(behavior)을 대상으로 연구한 점에서 차이가 있다. 그는 스키너 상자를 고안하여 상자 안에 자유롭게 돌아다니던 쥐가 우연히 지렛대를 누르면 먹이가 나오게 하였다. 이를 반복하게 하면 쥐는 지렛대를 누르면 먹이가 나온다는 것을 학습하고 의도적으로 지렛대를 누르게 된다. 여기에서 지렛대 누르기와 같이 어떤 행동이 증가하도록 하는 과정을 '강화'라고 한다. 이때 주어지는 먹이는 '보상'이 된다. 반대로 지렛대를 눌렀을 때 전기 충격과 같은 부정적 반응이 반복되면 이는 '벌'이 되어 동물의 지렛대 누르는 행동을 감소시킨다. 이와 같이 스키너는 적절한 행동과 바람직한 학습을 위해 보상, 강화, 소거의 개념을 강조했으며, 이 개념들은 오늘날 모든 학습환경에서 활용되고 있다. 스키너는 부정적인 행동을 없애고자 할 때 유아를 벌주는 방법보다는 소거시키고 바람직한 행동에 대한 정적인 강화를 결합시켜 유아의 행동을 수정해야 한다고 보았다. 그러나 스키너의 조작적 조건형성 이론은 인간은 실험실처럼 완벽하게 세팅된 환경에서 살아가는 수동적 존재가 아니라는 점, 인간이 지니고 있는 주도성과 창의성을 고려하지 않는다는 점에서 비판을 받는다.

(4) 반두라(Bandura, 1925~)의 사회학습 이론

반두라는 스키너와는 달리 직접적인 외적 강화 없이 관찰이나 모방을 통해서도 새롭고 바람직한 행동이 학습되기 때문에 모델링을 관찰하거나 대리적(간접적) 강화를 통해서도 새로운 행동을 하도록 할 수 있다고 보았다. 반두라가 진행한 관찰 및 모방행동 실험은 사회학습 이론을 뒷받침하는 유명한 실험이다. 두 그룹의 유아를 나누어 한 그룹의 유아에게는 자연 다큐를, 다른 한 그룹의 유아에게는 폭력적인 장면이 나오는 영상을 보여주었다. 누구도 그들에게 어떤 행동을 학습시키거나 이를 조건화한 자극을 주지 않았는데도 불구하고, 폭력적 영상을 시청한 유아들은 관찰만으로 폭력적 행동을 모방하여 학습함으로써 재연하는 모습을 보였다.

행동주의 이론은 영유아의 행동 지도를 위한 구체적인 실제를 제시하고 있다는 점에서 의미를 갖는다. 유아교육기관에서도 한때 유아의 긍정적 행동에 대해 스티커, 칭찬, 미소 등 다양한 보상을 활용하여 유아의 바람직한 행동을 강화하거나 문제행동을 소거하는 데 활용했다. 반두라의 이론 역시 관찰과 모방의 중요성을 통해 교사나 부모의 행동, 나아가 지역사회가 영유아에게 어떤 환경이 되어야 하는지에 대한 의미있는 결과를 보여주었다. 그러나 행동주의 이론은 환경의 영향을 지나치게 강조하여 영유아의 내적 동기나 인지적 요소를 소홀히 다루었다는 데 한계가 있다.

이번 'U+아이들나라'를 활용한 국내 최초 AI 실험에서 실제 사례자인 5세 아이를 3D 모델링 기술로 복제하고, 인공지능 음성합성 기술로 대화가 가능한 두 명의 AI 아이 아바타를 구현했다. 두 아이에게 각각 일반 영상 플랫폼에서 노출되는 무분별한 영상 콘텐츠 약 34만 어절, U+아이들나라의 '책 읽어 주는 TV' 콘텐츠 약 34만 어절을 8주간 시청하게 했다.

그 결과 U+아이들나라 콘텐츠를 접한 AI는 동화책 언어를 활용해 "구름빵을 먹으면 훨훨 날 수 있어요."와 같이 5세 아이에게 적합한 창의적의고 올바른 언어를 사용했다. 하지만 무분별한 콘텐츠 환경에 노출된 AI는 "유치원에 찌질한 애들뿐이라 노잼이야.", "엄마 개짜증나."와 같이 상대방을 무시하는 어휘와 어른들이 사용하는 비속어를 구사했다.

출처 : 인공지능신문(http://www.aitimes.kr)

4) 인지발달 이론

인지주의적 관점은 인간이 주변환경과의 능동적 상호작용을 통해 인지구조의 양적, 질적 변화가 이루어져 전인적 · 통합적 발달을 이룬다고 주장하는 입장으로 상호작용주의라고도 한다. 즉, 인지주의 관점은 인간의 성숙과 순서적이고 자연스러운 성장과정을 수용하면서 이에 반응하는 적절한 경험과 환경의 자극이 인간발달을 더욱 촉진한다고 여긴다. 그러므로 영유아의 의미 있는 인지발달은 그들이 속한 환경과의 상호작용을 통하여 인지구조가 확장되고, 사물과 사건의 논리적인 내적 조작에 의해 영향을 받게 되는 것이다(이기숙, 2000). 이 이론의 대표적인 학자로는 피아제(Piaget)와 비고스키(Vygotsky)가 있으며, 이를 구체적으로 살펴보면 다음과 같다.

(1) 피아제(Piaget, 1896~1980)의 인지발달 이론

피아제는 인간을 잠재 가능성을 토대로 환경에 능동적으로 반응하는 존재로 보고, 영유아의 인지발달은 성숙과 환경의 끊임없는 상호작용의 결과라 주장한다. 영유아는 자발적으로 환경과 계속적인 상호작용을 하면서 포괄적인 인지구조를 능동적으로 형성해 나간다. 피아제에 의하면 인간은 기존에 만들어진 지식의 덩어리인 도식을 기반으로 '동화(assimilation)', '조절(accomodation)', '평형화(equilibration)'의 과정을 통해 지식을 확장적으로 구성해 나간다. '동화'는 새롭게 나타난 지식을 기존 도식에 맞추어 이해하는 과정이며, '조절'은 새로운 정보가 기존 도식에 맞지 않을 때 기존의 도식을 세분화하여 이해하거나 새로운 도식을 만들어 가는 과정이다. '평형화'는 동화, 조절의 과정을 거치면서 새로운 도식을 형성하여 기존 도식과 새롭게 만들어진 도식이 충돌 없이 안전하게 공존하는 상태이다. 즉, 동화와 조절을 통해 균형에 이르렀을 때 학습이 일어나며 이러한 상태를 평형(equilibrium)이라고 한다. 예를 들어, '강아지'라는 도식을 가지고 있는 영아가 새로운 도식인 '고양이'를 처음 본 경우에 영아는 '고양이'를 '강아지'라고 인식한다. 이때 부모나 교사는 영아에게 고양이와 강아지의 차이를 설명해 주기도 하고, 소리의 차이를 구분해 표현하기도 하며, 다양한 그림책이나 영상자료를 통해서도 두 동물의 차이를 반복적으로 설명한다. 영아는 이 과정을 통해 두 동물의 차이를 서서히 인식해 가는데, 이 과정을 조절이라고 한다. 이런 경험이 축적되면 영아는 네 다리가 있고 털이 있다는 점에서 비슷하지만 소리, 미세한 생김새 등의 차이를 인식하여 강아지와 고양이를 구분할 수 있게 되는데, 이 상태를 평형화라고 한다.

피아제는 인간이 반복적인 동화와 조절을 통해 인지구조의 질적인 변화가 일어나게 되는데, 이 과정에서 감각운동기, 전조작기, 구체적 조작기, 형식적 조작기 등 4단계를 거치면서 발달한다고 하였다.

〈표 3-1〉 피아제의 인지발달 단계

단 계	시 기	내 용
감각운동기	0~2세	• 신체적 운동과 감각으로 인지하고 탐구 • 대상영속성의 개념을 이해 • 반사행동에서 점차 목표지향적 사고로 이동
전조작기	2~7세	• 가상놀이가 시작되고 다른 사물을 상징화하기 시작 • 자기중심적이며 모순적인 사고를 함
구체적 조작기	7~11세	• 탈자기중심성 • 분류, 서열화, 부분과 전체의 개념의 발달 • 보존개념 이해
형식적 조작기	11세 이후	• 추상적 원리와 개념 이해 • 논리적 추론

(2) 비고스키(Vygotsky, 1896~1934)의 인지발달 이론

비고스키는 '영유아 스스로 지식을 구성한다'고 보는 입장에서 인지발달에 있어서 구성주의 입장을 취하지만, 피아제와는 달리 영유아의 사회적 상호작용이 학습에 중요한 역할을 한다고 보았다. 비고스키는 영유아의 학습을 돕기 위해서는 유아의 현재 발달 수준과 성인의 도움을 받아 성취할 수 있는 수준인 잠재적 발달 수준 사이의 거리, 즉 근접발달지대(ZPD: Zone of Proximal Development)를 파악하여 비계설정(scaffolding)해 줄 것을 주장하였다. 여기서 비계설정이란, 영유아의 학습과 인지발달을 지원하기 위한 교사나 부모, 또는 유능한 또래의 모든 활동을 의미한다. 효과적인 비계설정은 학습자가 어려움에 직면했을 때 많은 도움을 주고, 스스로 과제를 해결하게 됨에 따라 서서히 도움을 줄이는 것이다. 예를 들어, 영유아는 혼자서 단순한 블록을 쌓을 수는 있지만 좀 더 복잡한 구성물을 만드는 데는 어려움을 느낄 수 있다. 이때 블록으로 구성물을 잘 만드는 또래나 성인의 도움을 받는다면 복잡하고 정교한 구성물을 구성할 수 있게 될 것이다. 따라서 교사는 영유아의 실제 발달 수준을 이해하고 교수 자료 및 교수 방법, 교재 · 교구, 영유아를 지원할 다양한 경험 등을 제공하여 근접발달지대를 지원함으로써 잠재적 발달 수준으로 나아갈 수 있도록 해야 한다.

5) 생태체계 이론

생태체계 이론은 발달이 인간, 환경, 문화와 역사적 맥락 속에서 서로 끊임없이 영향을 주고받으며 이루어진다고 보았다. 특히 환경적 맥락이 영유아의 발달과 양육에 가장 많이 영향을 미치고 있으며, 영유아는 그들을 둘러싸고 있는 복잡한 수준의 체계와의 관계 속에서 이해되어야 함을 강조하였다.

대표적인 생태체계 이론은 브론펜브레너(Bronfenbrenner)의 생태학적 체계 이론이다. 브론펜브레너는 인간발달에 영향을 미치는 사회문화체계를 미시체계, 중간체계, 외체계, 거시체계로 구조화하여 설명하였다. 생태학적 환경인 사회문화체계는 아동을 중심으로 동심원적 구조로 이루어져 있으며, 아동에게 직접적, 간접적으로 영향을 미친다고 하였다. 또한 이러한 환경체계가 획일적인 방법으로 영유아발달에 영향을 미치는 것이 아니라 상호의존적인 연결망을 형성하고 변화하면서 영향을 미친다고 하였다.

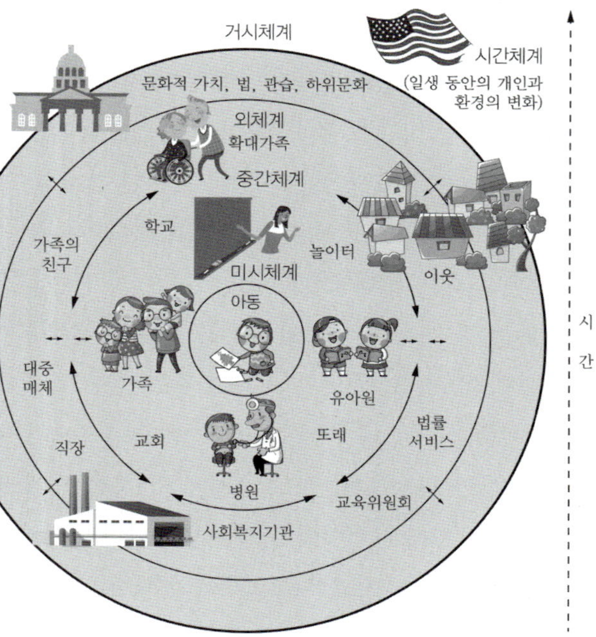

[그림 3-3] 브론펜브레너의 생태학적 모형

출처: Sfaffer, D. R.(1999). *Developmental Psychology: childhood Adolesence*(5th ed.).

3. 영유아의 발달 특징과 보육

1) 영아기(0~2세) 발달 특징과 보육

영아기는 전 생애 발달과정 중 발달 속도가 그 어느 시기보다 빠르고, 변화의 폭이 큰 시기이다. 특히 신체발달의 경우 생후 2년 동안 매우 급속도로 발달한다.

영아는 생후 4개월이 되면 출생 시 몸무게의 2배 정도가 되며, 첫돌이 되면 3배 정도가 되고 첫돌이 되면 출생 시 키의 1.5배가 된다. 2세경이 되면 발달 속도는 초기에 비해 다소 감소하지만 이때 몸무게는 성인이 되었을 때 몸무게의 1/5에 달하게 된다. 2세경 영아의 키는 성인의 약 1/2만큼 자라게 된다(보건복지부, 2007).

영아는 생후 2년 동안 대 · 소근육에서도 급속적인 발달이 이루어지게 된다. 영아는 신체통제력이 없는 존재에서 목을 가누고, 앉고, 뒤집고, 기고, 서고, 걷는 등 이동의 자유로움을 갖게 된다. 소근육 발달에 있어서도 팔, 손, 손가락 순으로 발달하며, 눈과 손의 협응력과 손가락 움직임이 정교해지면서 양손을 자유롭게 움직이고, 일상에서 스스로 원하는 활동을 할 수 있게 된다. 이 시기에는 성장이 급격하게 진행되는 시기이므로 충분한 수면과 영양 공급, 안정적인 돌봄이 가장 중요하다고 할 수 있다. 각 영아마다 발달에 있어 개인차가 있을 수 있어 이를 이해하고 관찰하는 것이 좋다. 또한 점차 신체 이동이 활발해지므로 영아 주변의 위험 요소들을 제거해 주어야 하며, 호기심이 왕성하고 안전개념이 없는 영아를 사고로부터 보호할 수 있어야 한다. 특히 낙상에 의한 사고가 많은 시기이기때문에 높은 곳에 올라가거나 계단을 내려갈 때를 대비한 안전교육이 필요하다.

영아기 인지발달은 감각적 경험과 운동을 통하여 환경탐색을 시도한 결과로 이루어진다. 따라서 영아의 탐색활동을 격려해 줄 수 있는 충분한 공간과 안전한 환경을 구성하고, 오감각을 자극시키고 감각적 놀이 활동이 가능한 놀잇감과 소근육 발달을 향상시킬 수 있는 조작 놀잇감을 제공해 주어야 한다. 특히 이 시기의 영아들은 놀잇감을 나누어 노는 것이 어려우므로, 양보나 기다리기와 같은 무리한 요구를 하지 않는 것이 좋으며, 놀잇감의 개수를 충분히 제공하여 갈등을 예방하는 것도 좋은 방법이 될 수 있다.

영아의 언어발달은 울음–옹알이–모국어의 음소 획득–첫 단어 출현–두 단어 시기의 순으로 발달하게 된다. 더 크게 나누어 말하면 말하기 이전의 시기인 언어 이전 시기와 언어 이후 시기로도 구분될 수 있다. 언어 이전 시기에는 공통적으로 울음을 통해 자신의 욕구를 표현하고, 쿠잉과 옹알이의 과정을 거치면서 언어를 습득하게 된다. 이 시기에 성인은 영아의 다양한 형태의 언어에 민감하게 반응하고 언어로 반응해 줌으로써 언어발달을 보다 적극적으로 도와줄 수 있다. 영아는 이 시기 동안 언어 이후 시기의 기초가 되는 모국어에서 사용하는 발음, 문법적 규칙, 의사소통에 필요한 규칙을 이해해 나간다(김희진 외, 2004). 대개 18~20개월이 되면 어휘 수가 급속도로 증가하기 시작하며, 14개월에서 18개월 사이에는 두 단어를 조합하여 문장을 만드는 이어문을 나타낸다. 또한 이 시기가 되면 사회적 상황에 대한 인지가 가능해지면서 사회적 상황에 따라 적절한 말(사과하기, 약속하기, 거짓말하기, 요청하기 등)을 효과적으로 구사할 수 있게 된다. 그러므로 이 시기에 교사는 영아에게 짧고 간결한 어휘를 반복적으로 사용해 주고, 일상생활 속에서 영아가 접하는 사물의 이름이나 행위를 묘사하는 어휘들을 반복적으로 얘기해 줌으로써 어휘를 확장시켜 주어야 한다. 또한 다양한 그리기 재료와 환경을 제공해 주어 긁적거리기와 창의적인 쓰기 활동을 하도록 격려해 주어야 한다.

영아는 태어나면서 부모나 주 양육자와의 상호작용을 통해 사회적 관계를 맺으며 사회성을 배우게 된다. 영아는 사회적으로 자신이 누구인지에 대한 인식이 생기면서 자신이 생각과 행동 면에서 타인과 어떻게 다른지에 대한 개념을 서서히 형성하며, 타인과 상호작용하는 기본적인 기술을 익히게 된다. 0세 시기에는 양육자의 온전한 보살핌 안에서 주 양육자와 신뢰적, 애정적 관계를 형성하게 되는데 이를 애착(attachment)이라고 한다. 이 시기의 애착발달은 이후 자기 인식에 밀접한 영향을 미치고 성격발달과 사회성발달에도 연결된다. 그러므로 교사는 영아의 기질적 특성에 맞게, 민감하고 긴밀하게 상호작용하여 안정애착을 형성하여야 한다. 영아의 사회성은 만 1세 이후 혼자 걸을 수 있는 능력이 발달하면서 점차 또래 영아와 접촉할 기회를 갖게 되어 또래와의 상호작용을 발달시킨다. 또한 사회적 참조 능력이 발달하면서 익숙하지 않은 상황이나 모호한 상황에서 부모의 얼굴 표정을 살피고 자신의 행동을 결정하게 된다. 이처럼 이 시기 영아는 사회적 참조를 통해 옳고 그름을 판단하는 타율적 도덕관을 보이므로, 교사가 솔선수범하여 옳고 그름을 판단하는 데 좋은 모델링이 되어 주도록 한다. 또한 친구에 대한 관심이 증가하고 친구를 찾는 시기이므로, 또래와 함께 놀이할 수 있는 기회를 많이 제공해 주는 것이 좋다.

2) 유아기(3~5세) 발달 특징과 보육

유아기에는 영아기에 비해 속도는 완만하지만 꾸준한 성장을 보인다. 유아기는 신체 및 운동기능의 발달에 의해 활동량이 증가하고, 주변환경에 대해 활발한 탐색을 하게 되고 놀이 활동과 상상력이 풍부해지는 시기이다. 놀이 세계를 통해 점차 더 많은 시간을 또래와 상호작용하며 다양한 발달을 이루고 부모와의 다양한 경험을 늘려가게 된다. 언어발달이 이뤄져 다른 사람과 보다 완성된 의사소통이 이루어지고, 자기주장이 강하게 나타나며 전조작기 사고의 한계를 보이기도 한다.

유아기에 나타나는 가장 큰 신체 변화는 신체의 크기나 모습에서의 현저한 변화이다. 즉, 영아기의 신체적 특징이던 큰 머리, 둥글고 통통한 얼굴, 볼록 나온 배, 짧은 사지 등은 더 이상 유아에게서 찾아볼 수 없는 모습이다. 또 다른 변화는 눈에는 잘 보이지 않지만 신경계의 성숙이다. 뇌의 신경계의 성숙으로 유아는 새로운 운동기술과 인지능력을 발달시키게 된다(정옥분, 2009).

유아기는 영아기만큼 폭발적이지는 않지만 신장과 체중이 꾸준히 증가한다. 매년 신장 5~7cm, 체중 2~3kg씩 증가하여 5세가 되면 유아는 평균 신장이 115cm, 체중 20kg 정도가 된다. 운동기술에 있어서는 급속도로 향상되는 시기로 대 · 소근육의 발달과 협응도 함께 발달한다. 즉, 유아는 달리고, 구르고, 기어오르고, 뛰어오르는 등의 다양한 대근육 운동능력을 나타낼 뿐만 아니라, 소근육 운동영역에서도 그림 그리기, 찢고 오리고 붙이기, 끼우기 등 여러 가지 조작능력이 가능해진다. 이처럼 유아기는 활동량이 증가하는 시기이므로 균형 잡힌 식사와 간식으로 영양을 공급해 주어야 하며, 다양한 실외 활동을 통해 대 · 소근육이 균형 있게 발달하도록 도와야 한다.

유아기는 피아제의 인지발달 단계 중 전조작기에 해당하는 시기로, 언어와 놀이에서 상징적 사용능력이 발달한다. 또한 이 시기 유아들은 전조작기 사고의 특징인 자기중심성, 물활론, 중심화와 같은 비논리적인 사고를 나타낸다. 따라서 교사는 다양한 인지적 자극을 위해 구체적인 사물과 경험을 통한 직접적 상호작용을 해 주어야 하며, 논리적인 사고가 발달하기 이전 단계임을 이해하고 유아의 관점에서 상호작용하는 태도를 갖도록 노력해야 한다.

유아기는 어휘수가 급격하게 증가하면서 문장의 사용이 능숙해진다. 언어 사용에 있어서 자신이 습득한 문법적 형태소를 적용시킬 수 없는 상황에까지 확대 적용시키는 과잉일반화, 그리고 반복, 혼잣말, 집단적 혼잣말과 같은 자기중심적 언어가 나타난다. 유아기의 언어발달에 있어 환경은 매우 중요한데, 그중 부모나 교사와 같은 성인의 상호작용 방법과 언어적 모델로서의 역할이 중요하다고 할 수 있다. 따라서 교사는 유아의 어휘 확대를 위하여 가능한 한 올바른 문장으로 대화하되, 유아의 말하기 증진을 위하여 말할 기회를 자주 제공하고, 적극적으로 경청하는 태도를 가질 수 있도록 올바른 듣기 모델이 되어 주어야 한다.

유아기는 자기인식이 보다 정확해지고 언어능력이 발달하면서 타인의 사고와 감정을 이해하고 소통하는데 능숙해지는 만큼 또래와의 상호작용 기술 또한 향상된다. 반면 또래 간의 다툼이나 따돌림 등 정서적 갈등도 빈번하게 일어난다. 정서적 갈등 상황에 대한 교사의 대처는 유아의 자존감과 문제해결력, 사회적 능력 발달에 중요한 영향을 미치게 된다. 따라서 교사는 유아의 행동을 지도할 때 긍정적인 언어 유형을 사용하고, 이타행동에 대한 바람직한 모델이 되어 자연스럽게 긍정적인 사회성을 발달시킬 수 있도록 해야 한다. 또한 이 시기의 유아는 주도성과 자아존중감이 발달하여 실제 자신의 능력을 과대평가하는 경향이 있다. 그러므로 유아가 자신의 의견을 주장하면서 다른 사람의 의견도 경청하고 받아들일 수 있도록 지도해야 한다.

<생각 나누기>

1. 아동발달의 원리 중 보육교사가 되었을 때 가장 중요하게 고려해야 할 원리를 한 가지 선택하여 그 이유를 설명하고, 유아를 보육할 때의 적용점에 대해 생각해 보자.
2. 반두라가 진행한 관찰 및 모방행동 실험에 대해 설명하고, 보육기관에서 영유아의 행동 지도를 위한 지도 방법에 대해 생각해 보자.

CHAPTER 4

보육의 유형

1. 「영유아보육법」에 따른 유형
2. 보육 운영시간에 따른 형태
3. 보육 대상에 따른 형태

현대사회의 변화와 함께 기혼여성의 취업률이 급격히 증가하면서 보육 서비스에 대한 욕구가 증대되었다. 보육 서비스는 어느 특정 계층을 위한 보육에서 벗어나 모든 계층에게 필요한 보육 서비스로 접근되고 있다. 현재 보육은 이미 개인적 책임을 넘어 사회와 국가의 공동책임으로 질 높은 보호와 교육 서비스로 변화되고 있다. 뿐만 아니라 각 유아의 개별성을 존중하고 보육 대상의 연령에 맞는 수준별 보육과 부모의 상황에 맞는 다양한 보육 서비스에 대한 관심이 증가하고 있다. 이처럼 보육 서비스에 대한 다양한 욕구를 충족시키기 위해 보육의 유형도 보다 세분화되고 다양해지고 있다. 따라서 이 장에서는 보육 서비스의 유형을 「영유아보육법」에 따른 유형, 보육 운영시간에 따른 유형, 보육 대상에 따른 유형으로 나누어 살펴보고자 한다.

1. 「영유아보육법」에 따른 유형

1991년 제정된 「영유아보육법」에서는 현재 국공립어린이집, 사회복지법인어린이집, 법인 · 단체 등 어린이집, 민간어린이집, 직장어린이집, 가정어린이집, 협동어린이집으로 구분하여 제시하고 있다.

1) 국 · 공립어린이집

국 · 공립어린이집은 국가와 지방자치단체가 설치 · 운영하는 어린이집을 말하며, 국 · 공립어린이집의 설치기준은 도시 저소득층 밀집지역, 농어촌지역 등 취약지역과 산업입지 및 개발에 따른 산업단지 지역에 우선적으로 설치한다. 정부보조로 운영되기 때문에 비교적 보육료가 저렴하고, 프로그램, 교사, 교사와 영유아의 비율 등을 기준에 맞추도록 정부가 지도 · 감독하므로 보육의 질이 보장되어 있어 학부모들이 선호하는 보육 유형이다.

- 지역주민 자녀를 보육아동 정원의 50% 이상 보육하는 시설이다.
- 상시 영 · 유아 11인 이상을 보육하여야 한다.
- 명칭은 "00어린이집"으로 하여야 한다.
- 국가 및 지방자치단체의 장의 인가절차 없이 직접 설치한다.
- 보육시설 수급계획 등을 포함한 보육계획을 사전에 수립하여야 한다.
- 지방자치단체 외의 각급 정부기관은 지방자치단체의 수급계획이 반영될 수 있도록 관할 시 · 군 · 구청장과 협의하여야 한다.
- 지방자치단체의 경우 설치 시 지방보육정책위원회의 심의를 거쳐야 한다.

2) 사회복지법인어린이집, 법인 · 단체 등 어린이집, 민간어린이집

「영유아보육법」(제10조)에서 사회복지법인어린이집은 「사회복지사업법」에 의한 사회복지법인이 설치 · 운영하는 어린이집이며, 법인 · 단체 등 어린이집은 사회복지법인을 제외한 비영리 각종 법인이나 단체 등이 설치 · 운영하는 어린이집이다. 즉, 비영리기관의 지원을 받아서 운영되는 법인어린이집은 대학이나 사립학교, 복지관, 종교단체 등 다양한 운영주체로 이루어진다. 종교단체에서 운영하는 보육어린이집은 특정 종교의 기본 철학에 영향을 받은 보육 프로그램으로 운영되며, 종교기관 내에 위치하는 경우가 많고 종교단체로부터 재정적 지원과 인력을 지원받아 운영하는 경우가 많다. 대학에서 운영하는 어린이집은 질 높은 다양한 교육 프로그램으로 운영되기 때문에 부모들의 선호도가 높다는 특징을 지니고 있다. 그리고 민간어린이집은 개인이 설치 · 운영하는 어린이집을 말한다.

- 영 · 유아 21명 이상을 보육하여야 한다.
- 명칭은 “00어린이집”으로 한다.
- 관할 시장 · 군수 또는 구청장에게 사전에 인가를 신청하여야 한다.
- 배치기준은 지역보육 수요와 어린이집의 공급 현황 등을 감안하여 지역별로 균형 있게 배치되도록 하여야 한다.

3) 직장어린이집

직장어린이집은 1988년 「남녀고용평등법」 제12조에 사업체의 직장 보육사업을 법적으로 명시하여 직장에 다니는 취업모들의 가장 큰 문제인 자녀양육 문제를 지원하고자 정책화되었다. 직장어린이집은 훌륭하고 전문적인 교사와 직원을 채용하고 좋은 시설을 갖출 수 있는 양질의 보육을 제공하며, 부모에게 아동의 보호와 교육에 대한 심리적 안정감을 제공해 주는 장점이 있다. 그러나 아이를 데리고 출퇴근하는 것이 용이하지 않다는 어려움이 있다. 그리고 집과 어린이집의 거리가 멀게 될 가능성도 있다. 또한 사업주는 직장어린이집을 운영 · 관리하는 데 심리적 · 재정적으로 부담이 될 수 있다.

- 사업주가 사업장의 근로자를 위하여 단독 또는 공동으로 사업장 내 또한 그에 준하는 인근지역과 사원주택 등 사업장 근로자 밀집 거주지역에 설치 · 운영하는 시설(국가 또는 지방자치단체의 장이 소속 공무원 및 국가나 지방자치단체의 장과 근로계약을 체결한 자로서 공무원이 아닌 자를 위하여 설치 · 운영하는 어린이집을 포함한다)이다.
- 의무사업장의 사업주가 직장어린이집을 단독으로 설치하기 어려운 경우에는 사업주 공동으로 직장어린이집을 설치 · 운영하거나 지역의 어린이집과 위탁계약을 체결하여 근로자의 자녀보육을 지원하여야 한다.
- 상시 영유아 5인 이상을 보육하여야 하며, 명칭은 "00어린이집"으로 하여야 한다.
- 직장어린이집은 「영유아보육법」상의 설치기준을 모두 갖추어야 한다. 다만, 직장어린이집을 직장 내에 설치하는 경우에 한하여 안전사고 및 재난에 대비한 시설을 갖추어 사옥 내 5층까지 보육실을 설치할 수 있다.
- 산업단지관리공단 · 입주기업협의체 · 한국산업단지공단이 산업단지 내에 해당 기관 및 산업단지 입주기업체 · 지원기관의 근로자를 위해 공동직장어린이집을 설치 · 운영할 경우 산업단지에 있는 건물의 5층까지 설치가 가능하다.
- 직장어린이집을 설치하고자 하는 자는 관할 시장 · 군수 또는 구청장에게 사전에 인가를 신청하여야 한다.
- 상시 영유아 20인 이하를 보육하는 직장어린이집은 가정어린이집을 설치할 수 있는 곳에도 설치할 수 있다.
- 「영유아보육법」 제14조 제1항의 규정에 의하여 "사업주가 직장어린이집을 설치해야 하는 사업장은 상시 여성근로자 300인 이상 또는 근로자 500인 이상을 고용하고 있는 사업장"의 사업주는 직장어린이집을 설치하여야 한다.

4) 가정어린이집

가정어린이집은 개인이 가정 또는 그에 준하는 곳에 설치 · 운영하는 어린이집을 말하며, 가정과 유사한 환경으로 주로 영아보육이 이루어지고 있기 때문에 영아들에게 정서적 안정을 제공할 수 있다. 가정보육의 장점은 어린이집이 영유아의 가정과 인접한 곳에 위치하고 있어서 이용이 용이하고, 양육자와 영유아 가정의 가정공간 및 생활양식이 유사하여 영유아가 문화적 차이를 크게 겪지 않아도 된다(양옥승 외, 1999). 그리고 20인 이하의 영유아를 보육하므로 개별아동의 요구를 즉시 반영할 수 있어서 보육에 대한 학부모의 만족도가 높다. 그러나 가정어린이집은 보육환경이 다소 협소할 수 있어서 영유아의 다양한 활동을 위한 공간 제공에 한계가 있을 수 있다.

- 영 · 유아 5명 이상을 보육하여야 한다.
- 명칭은 "00어린이집"으로 한다.
- 관할 시장 · 군수 또는 구청장에게 사전에 인가를 신청하여야 한다.
- 배치기준은 지역 보육 수요와 어린이집의 공급 현황 등을 감안하여 지역별로 균형 있게 배치되도록 하여야 한다.

5) 협동어린이집

부모협동어린이집은 부모가 운영주체가 되어 보호자 15인 이상이 상호 출자하여 공동으로 설치 · 운영하는 어린이집을 말하며, 부모들이 조합을 설립하여 공동자금을 마련하고, 보육시설 임대 및 교사 채용, 교육과정의 계획 및 운영에도 공동으로 참여한다.

협동어린이집의 장점은 자치적 운영으로 운영 전반에 대한 부분이 투명하고, 재정운영의 효율성이 있다. 그리고 부모, 교사 간 일상적 교류가 원활하며, 보육제도 안에서 실행하기 어려운 다양한 대안적 프로그램 운영이 가능하다. 그러나 공간과 출자금 확보가 어렵고, 관리 및 운영이 지속적으로 이루어지기 어려울 수 있으며, 부모의 적극적 참여가 요구되므로 시간을 내기 힘든 부모에게는 부담이 될 수 있다.

- 영유아 11인 이상을 보육하여야 한다.
- 명칭은 "00어린이집"으로 한다.

- 설치 절차 : 관할 시장 · 군수 또는 구청장에게 사전에 인가를 신청하여야 한다.
- 상시 영유아 20인 이하를 보육하는 협동어린이집은 가정어린이집을 설치할 수 있는 곳에도 설치할 수 있다.
- 조합원은 영유아의 보육의 필요성이 없어지거나 기타 조합계약으로 정하는 시기에 탈퇴할 수 있으며, 출자금은 탈퇴 당시 조합의 재산 상태 및 지분에 의하고, 부득이한 사유 없이 조합의 불리한 시기에 탈퇴하지 못한다.
- 협동어린이집 대표자는 조합원 중에서 선임하고 어린이집 운영에 관한 통상 사무는 원장이 전임하며, 주요사항은 조합원 과반수 이상의 찬성으로 결정한다. 조합원이 최대한 보육과정 및 의사결정에 참여하여 소기의 설립 목적을 달성하도록 노력해야 한다(보육사업안내, 2021).

2. 보육 운영시간에 따른 형태

영유아가 하루에 몇 시간이나 어린이집에서 보육을 받느냐에 따라 보육 형태를 종일제보육, 시간연장보육, 24시간보육, 휴일제보육 등 수요자 중심의 보육 서비스를 제공하고 있다. 그러므로 영유아의 보육과 부모들의 사회 · 경제적 활동을 원활하게 지원하기 위하여 기본보육시간 내에 귀가할 수 없는 영유아에게 보육시간을 연장하여 제공할 뿐만 아니라 영유아를 가정에서 양육할 때에도 보육이 필요할 경우 어린이집을 시간단위로 이용할 수도 있다. 이에 기본보육과 연장보육, 시간제보육, 야간연장보육, 24시간보육, 휴일제보육, 방과 후 보육으로 나누어 살펴보고자 한다.

1) 기본보육과 연장보육

어린이집의 질 높은 보육 서비스를 위하여 기존의 보편적인 보육시간인 종일제보육의 오전 7시 30분부터 저녁 7시 30분까지 12시간 보육을 원칙으로 유지하되, 기본보육시간(오전 9시부터 16시까지)과 연장보육시간(16시부터 19시까지)으로 구분하여 2021년

3월부터 어린이집에서 보육 서비스를 제공하고 있다.

기본보육시간(오전 9시부터 16시까지)에는 어린이집을 이용하는 모든 영유아를 대상으로 영아의 경우 표준보육과정, 유아의 경우 유아 · 놀이중심 누리과정을 기본보육 전담 담임교사가 운영하며, 보육교사는 기본보육시간이 끝난 후에 기타업무를 할 수 있도록 휴게시간이 제공된다. 그리고 연장보육시간(16시부터 19시까지)에는 별도의 전담교사 배치를 통해 영유아들을 보육하게 된다.

2) 야간연장보육

야간연장보육은 시간을 연장하여 보육 서비스를 제공하는 보육이다. 부모의 출퇴근 시간에 맞추어 밤늦게까지 영유아를 돌봐주는 보육으로 야근이 많고 늦게 퇴근하는 부모를 위해 기준보육시간(07시 30분부터 저녁 17시 30분)을 경과하여 최대 24시까지 시간을 연장하여 보육하는 것을 말하며, 야간연장보육은 영유아가 장시간 어린이집에서 생활하므로 탄력적인 일과운영과 정서적 안정, 안전사고에 세심한 배려가 있어야 한다. 야간연장보육의 교사 대 아동 비율은 매일 1:5를 원칙으로 하되, 0세 장애아의 경우는 보육교직원의 업무량을 고려하여 일부 달리 적용할 수 있고, 유아로만 반구성이 될 경우 1:7까지 조정하여 운영할 수 있다. 야간연장 보육교사의 근무시간은 저녁 19시 30분부터 21시 30분을 포함하여 그 시간 전후로 연속하여 총 6시간 이상 8시간 이내 근무가 가능하다.

3) 시간제보육

시간제보육이란 어린이집, 유치원 등을 이용하지 않고 양육수당을 지원받는 영아(6개월에서 36개월 미만)의 부모에게 긴급한 사정이 생겼을 경우 하루의 일부분을 비정기적으로 잠시 동안 필요한 시간만큼 영유아를 맡길 수 있는 보육이다. 즉, 지정된 어린이집에서 시간단위로 보육 서비스를 이용한 시간만큼 보육료를 지불하는 보육 서비스를 말한다. 지원시간은 월 80시간이며, 보육시간은 월요일~금요일(오전 9시부터 저녁 18시)까지이며, 주말 및 공휴일은 제외된다(보육사업안내, 2021). 부모의 요구에 따라 보육 서비스를 제공하기 때문에 쇼핑, 운동, 여가선용, 필요한 용무 등을 보기 위해 낮 시간 동안 아이들을 시간제로 맡길 수 있다.

4) 24시간보육

24시간 연장보육의 보육환경은 지역 내 있는 어린이집에서 조 · 석식을 포함하여 야간 급 · 간식 제공이 가능하고 자체 야간 보육 프로그램을 구비하고, 영유아가 수면하기에 적합한 시설을 갖추고 있는 어린이집이 이에 해당된다. 부모의 직업의 특성상 야근을 하는 경우가 잦은 직업, 주말에만 자녀를 돌볼 수 있는 직업의 경우, 특히 이혼, 사별, 별거, 조손가정 등의 사유로 영유아들에게 지적, 정서적, 신체적으로 최적의 교육의 기회가 주어질 수 있도록 돕는 주간(오전 07시 30분부터 저녁 19시 30분)과 야간 보육(저녁 19시 30분부터 다음날 07시 30분)을 모두 이용하는 보육형태를 말한다.

지역 내 야간 및 24시간보육 수요를 고려하여 정부지원시설 및 직장어린이집을 24시간 어린이집으로 운영할 수 있다. 시 · 군 · 구청장은 반기별로 야간 12시간 및 24시간보육 영유아의 적절성 여부를 점검해야 한다. 이에 부모 및 보호자는 다음과 같은 준수사항을 유념해야 한다.

- 24시간보육 영유아의 부모 및 보호자는 최소한 주 3회 이상 전화 또는 방문 등의 방식으로 영유아와 접촉하여야 한다.
- 최소한 주 1회 이상 영유아를 가정에 데려가 보호하여야 한다.
- 부모 및 보호자는 상시적으로 어린이집과 연락체계를 유지하여야 한다.
- 1개월 이상 영유아의 보호의무를 하지 않거나 연락이 안 될 경우 시 · 군 · 구청장이 「아동복지법」 상 보호조치를 취할 수 있다.

5) 방과 후 보육

맞벌이 부부의 자녀 등 방과 후 보호가 필요한 초등학교 저학년(1~3학년) 아동을 중심으로 보육 서비스를 제공하는 보육형태이다. 부모가 직장에 나가 있는 동안 성인의 보호 없이 지내는 아동을 위험하고 유해한 환경으로부터 안전하게 보호하는 것으로, 정규수업 후 제공되는 보육뿐 아니라 학교수업이 시작되기 전이나 공휴일 또는 방학기간 동안 제공되는 보육 서비스도 방과 후 보육에 포함한다. 보육내용은 학습지도, 인성교육, 특기교육 등이 이루어지며, 방과 후 보육 제공 시간은 4시간 이상(학교 정규교육이 끝나서부터 저녁 17시 30분)이다.

6) 휴일제보육

보육기관이 운영을 하지 않는 일요일과 공휴일에 출근을 하거나 질병, 출산 등 여러 사유로 가정에서 부모가 자녀를 보육할 수 없는 경우 어린이집에서 보육하는 것을 말한다. 휴일제보육의 교사 대 아동 비율은 1:5를 원칙으로 하되, 0세 장애아의 경우 보육교직원의 업무량을 고려하여 일부 달리 적용할 수 있으며, 유아로만 편성될 경우 1:7까지 조정할 수 있다.

3. 보육 대상에 따른 형태

보육형태는 보육 대상에 따라 영아전담어린이집, 장애아통합어린이집, 장애아전문어린이집으로 나누어 살펴보고자 한다.

1) 영아전담어린이집

0~3세까지의 영아만을 대상으로 20명 이상을 보육하는 것을 원칙으로 영아만 전

담하여 보육하는 어린이집을 말하며, 예외적으로 시설 정원 범위 내 40%까지 유아를 보육할 수 있다(보육사업안내, 2021). 영아전담어린이집은 영아의 발달 특성상 수유, 기저귀 갈기, 취침 문제가 중요하게 고려되어져야 하므로, 이와 관련된 기본 설비를 갖추어야 하며, 건강 및 안전에 특히 주의를 기울여야 한다.

2) 장애아전문어린이집

「장애아동복지지원법」 제32조에 따라 장애영유아만을 보육하기 위한 시설 및 설비를 갖추고 12명 이상의 영유아를 보육하는 어린이집을 말하며, 교사 대 아동 비율은 1:3을 전제로 하여 지정받고 보건복지부장관이 인건비 지원을 승인한 어린이집이 이에 해당된다. 장애아전문어린이집은 장애아전문 · 통합어린이집 또는 장애인복지관과 연계하여 특수교육진단평가, 개별화교육(IEP)프로그램 등을 시행하여 장애영유아가 보호 서비스를 받을 수 있도록 제공하여야 한다(보육사업안내, 2021). 중증의 장애아를 주 대상으로 하는 장애아전문어린이집의 교직원은 전문적인 특수교육을 받은 교사와 언어치료사와 물리치료사 등의 전문적인 치료사들이 장애아에게 필요한 서비스를 전문적으로 제공해 준다. 특수교사, 장애영유아를 위한 보육교사 등의 자격을 갖추지 않은 보육교사가 장애아반을 전담하고자 하는 경우, 반드시 장애아보육 직무교육과정을 이수해야 한다. 또한 장애아전문어린이집에서는 장애아 부모에 대한 부모교육과 더불어, 장애아의 가족을 돕기 위한 다양한 가족 지원 서비스가 동시에 실시된다.

3) 장애아통합어린이집

장애영유아와 비장애영유아를 함께 통합하여 보육하는 형태로, 장애아를 시설 정원의 범위 내에서 3명 이상 통합할 수 있다. 통합어린이집은 설치를 희망하는 민간어린이집과 국 · 공립어린이집 중에 가능한 정원이 100명 이상인 시설을 시범으로 지정하여 운영하도록 하고 있다. 통합보육을 통해 장애아는 정상적인 발달을 보이는 또래들과 함께 생활함으로써 비장애영유아의 적절하고 나이에 맞는 행동을 관찰하고 학습하게 되며, 비장애영유아는 장애아와의 상호작용을 경험하면서 한 사람의 개인으로서 수용하는 태도를 기르게 된다.

<생각 나누기>

1. 「영유아보육법」에 따른 유형에 대해 구체적으로 구분해 보고 공통점과 차이점에 대해 생각해 보자.
2. 보육 운영시간에 따라 기본보육과 연장보육, 시간제보육, 야간연장보육, 24시간보육, 휴일제보육, 방과 후 보육으로 나눌 수 있는데, 보육 운영시간에 따라 어떻게 차이가 있는지 생각해 보자.

CHAPTER 5

영유아보육과정 (표준보육과정, 누리과정)

1. 영유아보육과정의 개념과 구성 요소
2. 영유아보육과정의 구성과 내용

국가는 생애 출발선에서 공정한 교육 기회를 보장하고 질적 수준을 유지하기 위해 국가수준의 보육과 교육과정인 어린이집 표준보육과정과 누리과정을 마련하였다. 이는 어린이집에서 영유아를 어떻게 돌보며 어떤 경험과 활동을 제공할 것인가에 대한 기준이 되는 것으로서, '영유아를 건강하고 안전하게 보호 · 양육'하는 측면과 '영유아의 발달 특성에 맞는 교육'을 제공하는 측면에서 다루어져야 한다. 이에 본 장에서는 보육과정의 개념과 구성요소 및 2020 개정 표준보육과정인 제4차 어린이집 표준보육과정과 2019 개정 누리과정의 성격, 구성 방향, 운영, 영역별 목표 및 내용을 살펴보고자 한다.

1. 영유아보육과정의 개념과 구성 요소

1) 보육과정의 개념

보육(early childhood care and education)이란 어린 생명을 보호, 육성하는 것의 의미와 유아를 보호, 교육하는 두 가지의 의미를 갖고 있다(한국유아교육학회, 1996). 이는 보육이 영아기 및 유아기 아동을 위한 보호와 양육, 교육을 포괄하는 개념임을 의미한다. 보육을 실제로 수행하기 위해서는 전반적인 계획의 틀이 필요한데, 이를 보육과정이라고 한다. 2004년 개정된 「영유아교육법」에서는 보육을 '영유아를 건강하고 안전하게 보호, 양육하고 영유아의 발달 특성에 적합한 교육을 제공하는 사회복지 서비스'로 규정한 바 있다. 이러한 정의를 바탕으로 하면 넓은 의미에서 보육과정이란 영유아를 보호하고 양육하며 영유아에게 적합한 교육을 제공하기 위한 종합적인 계획과 틀이라고 할 수 있다(정옥분 외, 2017).

보육과정에 대해, NAEYC와 NAECSSDE에서는 "영유아가 학습하는 내용, 명시된 보육과정이 목적을 영유아가 성취해 나가는 과정, 영유아가 이 목적들을 성취할 수 있도록 돕기 위해 교사가 하는 모든 것, 교수학습이 발생하는 상황 등에 대해 서술한 조직화된 틀"이라고 정의하였다. 서영숙 외(2012)는 "보육과정이란 영유아의 잠재성 발달을 촉진하기 위해 아동중심의 보육 철학을 토대로 발달에 적합한 보육환경, 보육 목적, 보육 방법, 보육평가가 포함되는 영유아의 경험과 학습환경을 최적화하기 위한 기준"이라고 하였다. 또한, 이순형 외(2013)는 보육과정을 "어린이집에서 영유아를 돌보는 틀이자 기준으로, 추구하려는 보육 목적을 효과적으로 달성할 수 있는 구체적 접근양식이며, 보육 목적, 보육 철학, 보육 방법 또는 보육 프로그램으로 구성되는 것"으로 설명하였고, 김지은 외(2014)는 "어린이집에서 영유아를 어떻게 돌보며 어떤 경험과 학습활동을 제공할 것인가에 대한 기본 틀이자 기준으로, 보육활동 전반에 대한 체계적인 계획"이라고 정의하였다.

이와 같이 학자들의 정의를 종합해 보면 보육과정은 영유아들에게 무엇을 가르칠 것인가에 대한 보육 내용, 목표를 달성하기 위해서 어떻게 가르칠 것인가의 학습 방법, 영유아 개개인이 보육 내용에 따른 학습 방법을 통해서 획득할 수 있는 성과들을 평가하는 보육평가의 과정이 포함되어야 한다. 실제 보육과정은 이러한 과정이 순환적으로 이루어지도록 운영하는 데 초점을 두어야 하며, 즉흥적인 것이 아니라 의도성과 계획성의 전제 하에 이루어져야 할 것이다.

2) 보육과정의 구성 요소

보육과정의 계획이 질적으로 우수할 때 어린이집에서의 영유아의 생활이 보다 행복해질 수 있을 것이다. 보육과정이라는 것은 영유아가 언제, 어디서, 무엇을, 어떻게 의미 있는 놀이 활동을 할 수 있는지에 대한 의도성 있는 사전계획 활동이기 때문이다. 보육과정을 구성하는 기본 요소에는 일반적으로 교육의 목적과 목표, 교수 내용, 교수-학습 방법, 교육평가 등의 네 가지 요소를 들 수 있다.

(1) 보육과정의 목표

보육과정의 목표는 계획된 보육과정을 통해 영유아가 얻게 될 핵심적인 보육의 결과를 의미하며, 보육과정을 계획할 때 가장 먼저 교육의 목적과 목표를 설정하는 것으로부터 시작된다. 교육 목적을 설정할 때에는 보육대상자의 특징과 요구, 사회적 기대와 가치를 고려하여야 하며 실현 가능하여야 한다. 특히 보육 목표는 달성 정도가 평가될 수 있도록 영유아가 경험하게 될 행동이나 성취하게 될 행동을 구체적으로 기술하는 것이 바람직하다.

(2) 보육과정 내용의 선정과 조직

보육의 목적과 목표가 설정되면 영유아를 위한 학습경험과 활동을 선정할 때 연령별 특성, 개별 적절성, 그리고 사회문화적 배경을 고려하여 목적과 목표를 달성하기 위한 구체적인 교육 내용을 계획해야 한다. 이때 0~2세 개정 표준보육과정과 개정 누리과정의 각 영역들의 내용이 통합적이고 균형적으로 잘 조직되어 선정되어야 하며, 목표 설정과 마찬가지로 영유아의 발달 수준, 학부모, 교사, 국가의 요구조사와 이론에 근거하여 구성되어야 한다. 영유아를 위한 보육 내용 선정 시 고려해야 할 사항은 다음과 같다(조유나 외, 2019).

첫째, 보육 내용은 목표와 관련이 있는 내용이어야 한다.
둘째, 영유아의 발달에 유용한 내용이어야 한다.
셋째, 영유아의 생활 속에서 경험할 수 있는 내용이어야 한다.
넷째, 영유아의 흥미를 반영한 것이어야 한다.
다섯째, 편견이 없고 다문화적인 내용이어야 한다.

보육 내용을 선정한 다음에는 이를 효과적인 보육이 이루어지도록 체계적으로 조직해야 한다. 표준보육과정에서는 보육 내용을 연령집단별로 구분하여 각 영역의 연령별 목표와 내용을 기술하고 있으며, 세 연령집단의 보육 목표와 내용을 계열성 있게 경험하도록 조직하여 제시하고 있다. 또한 각 연령집단별 보육 내용은 연령, 발달, 개인차를 고려하여 조직하고 영역별 교사 지침을 마련하여 연령별 보육 목표와 내용뿐만 아니라 교사가 각 영역에서 알아야 할 내용을 제시하고 있다. 영유아보육과정에서 강조되고 있는 보육 내용의 조직 원리를 살펴보면 다음과 같다.

- 계속성의 원리 : 학습경험을 반복적으로 제시하는 것으로, 손 씻기, 식습관 지도, 생활안전, 소방대피훈련 등과 같은 교육을 말한다. 즉, 학습경험을 동일한 수준에서 반복하는 것이다. 연령 및 수준별 교육 내용, 연간 교육계획, 주제의 전개에서부터 마무리 단계까지의 학습경험 등이 있다.

- 계열성의 원리 : 영유아교육에서 계열성을 고려하여 조직하기 위해 구체적인 것에서 추상적인 것으로, 가까운 것에서 먼 것으로, 부분에서 전체로, 단순한 것에서 복잡한 것으로 점진적으로 조직하는 것을 말한다. 즉, 내용의 수준을 점차

적으로 높이고 확대하면서 심화해 나가도록 조직하는 것이다.

- 통합성의 원리 : 여러 영역의 학습내용들이 서로 연결되고 통합될 수 있도록 조직하는 것을 말한다. 특히 영유아보육과정에서 이 원리가 중요한 것은 영유아의 발달 특성상 친숙하지 않거나 추상적인 것을 지식으로 습득하기 어렵기 때문이다.

(3) 보육과정의 교수-학습지도

보육과정의 목표와 내용을 선정하고 조직한 후 이를 실제로 실행하기 위해서는 무엇보다 교수–학습방법을 구체적으로 계획해야 한다. 교수–학습방법이란 보육과정의 내용을 영유아가 효과적으로 탐색하고 발견할 수 있도록 돕는 것으로서, 보육과정의 목표와 내용이 영유아의 발달과 학습에 대한 관점과 부모와 지역사회와의 요구 등에 따라 다양하게 적용될 수 있다. 무엇보다 교수–학습방법을 극대화하기 위해서는 영유아들에게 학습 동기를 이끌어 내거나 보육과정의 목표를 성취할 수 있도록 교사는 영유아들을 안내하는 중요한 역할을 해야 한다(박찬옥 외, 2017). 영유아에게 바람직한 교수–학습 원리에 대해 살펴보면 다음과 같다(이기숙, 1999; 이순형 외, 2005; 이원영 외, 1991).

- 구체적인 활동 제공 : 영유아 학습을 하기 위해 교사는 구체적이고 단순한 활동을 제공하지만, 점차 추상적이고 복잡한 활동을 접하도록 조직한다. 또한 영유아들이 익숙하거나 알고 있는 내용에서 점차 낯설고 새로운 내용을 제공한다. 영유아에게 자신의 생각을 인정받고 수용된다는 성취감을 느낄 수 있는 경험을 제공한다.
- 다양한 교수 방법과 자료를 제공 : 교사는 연령에 따라 영유아들의 흥미나 능력에 맞는 다양한 교육환경을 마련해 주어야 한다. 영유아 개인에 맞는 보육 활동을 선택하도록 교수자료와 교수전략을 다양화시키는 것이 필요하며, 보육 내용은

영유아가 학습 활동에 자발적으로 참여할 수 있는 다양한 기회가 제공될 수 있도록 선정되어야 한다.

- 영유아의 선택 경험 : 교사는 영유아에게 선택할 수 있는 경험을 제공하기 위하여 첫째, 유아들이 선택할 수 있는 다양한 활동과 교구를 준비한다. 둘째, 소집단 활동이나 개별 활동에 참여하도록 선택권을 준다. 셋째, 스스로 쉽게 활동을 선택할 수 없는 유아를 도와준다. 넷째, 스스로 선택한 활동을 통해 유아가 주도하고 실험해 보는 경험을 제공해야 한다.

- 통합적인 보육 : 교사는 통합적인 보육이 이루어질 수 있도록 보육 활동을 제공할 때 영유아의 사회적 · 정서적 · 인지적 · 신체적 발달이 통합적으로 이루어지며 생활 영역 간의 통합이 이루어지도록 계획한다. 그리고 활동 영역 간에도 영유아가 계획한 활동들에 의해 서로 연결되어 통합되도록 한다. 그 외에도 학교와 지역사회가 연결되어 영유아들이 기관 안팎의 경험을 모두 해 볼 수 있도록 한다.

- 보육 활동 간의 균형성 : 보육 활동은 하루 일과 속에서 활동들 간 균형이 이루어지도록 도와주어야 한다. 예를 들면, 활동적인/조용한 활동, 실내/실외 활동, 개인/대소집단 활동, 교사 선택/영유아 선택 활동 간의 균형이 이루어져야 한다.

- 능동적인 상호작용 : 어린이집에서는 하루 일과 속에서 영유아가 능동적인 활동과 상호작용이 일어나도록 해야 한다. 이를 통해 영유아는 탐색과 자기 발견을 통해 주변 세계를 배운다. 따라서 교사는 지시적이고 훈련을 강조하기보다 영유아가 적극적으로 상호작용을 하도록 도와준다.

- 자발적인 동기 유발 : 교사는 영유아의 자발적인 동기 유발이 일어나도록 교수 활동 자료를 제공해야 한다. 영유아에게 친숙하고 흥미를 자극하는 활동과 자료를 제공함으로써 이들의 창의성이 증진되고, 호기심을 유발하며, 내적 동기를 유발시킨다. 그러므로 교사는 놀이를 통한 지식 습득 방법으로 영유아로 하

여금 자연스럽고 자발적인 학습이 이루어지도록 도와준다.

보육과정에 있어 교수-학습 원리는 영유아의 전인적 성장과 발달을 돕기 위해서 보육 프로그램에 있어서 '무엇을 가르칠 것인가?'라는 보육 목표를 설정하고, 그 목표를 달성하기 위해서 '어떻게 가르쳐야 하는가?'의 학습경험을 하고, 그 결과를 '어떻게 평가하여 활용하고 적용해 나가는가?' 하는 평가의 과정을 통해 교수-학습경험을 체계적으로 구성할 수 있어야 한다(박찬옥 외, 2017).

(4) 보육과정의 평가

보육평가란 실행된 보육과정의 목표 달성 여부와 영유아의 긍정적인 발달 결과를 알아보기 위한 것이다. 보육과정 평가에서 중요한 것은 올바르게 평가의 결과를 해석하고 활용하는 것이며, 평가 결과를 본래 목적 이외의 다른 용도로 사용되지 않도록 주의해야 한다. 따라서 교사는 평가 결과를 적절히 활용하고 정리 보관하도록 한다. 현재 우리나라 영유아보육의 평가는 국가수준의 기관 평가로 이루어져 있으며, 보건복지부 주관으로 현재 통합지표에 의해 이루어지고 있다.

보육평가는 보육평가의 대상에 따라 영유아 평가, 보육과정 평가로 구분할 수 있다. 먼저 영유아의 발달 평가는 영유아의 발달과 학습 과정을 관찰, 기록, 문서화하는 과정으로, 교사는 영유아의 성장과 발달의 변화를 이해하고 보육과정 계획과 운영에 반영하여 부모에게 자녀의 성장을 안내하기 위해서 개별 영유아의 행동을 잘 관찰하여 기록하고 평가해야 한다. 다음 보육과정 평가는 보육과정을 구성하는 보육 목표와 보육 내용, 교수-학습방법 및 보육평가에 대한 평가를 말한다. 평가 결과를 통해 교사의 역할과 교수 방법들을 점검하여 교사의 전문성을 높이고 교사 자질을 향상시키는 데 사용된다. 우리나라에서는 2005년 이후 어린이집 평가인증제가 도입되었고, 더 강화된 평가인증제의 실행으로 보육과정을 포함해 어린이집 운영 전반에 대한 평가가 이루어지고 있다.

2. 영유아보육과정의 구성과 내용

보육과정은 보육의 목적을 달성하기 위해 어린이집에서 영유가 경험할 내용과 목적을 성취해 가는 과정이며, 보육환경과 교사 역할 등에 대한 기본 틀로서, 영유아가 어린이집에서 어떤 경험을 하는가를 예측할 수 있는 중요한 단서가 된다. 이에 국가에서는 어린이집에서 영유아에게 제공하는 교육의 내용을 표준화하여 제공하고 있다. 영유아를 위한 국가수준의 보육과 교육과정은 표준보육과정과 누리과정으로 구분할 수 있다. 어린이집의 0~2세 영유아들에게 제공되는 표준보육과정은 보편적이고 공통적인 보육의 목표와 내용을 제시한 것으로 0~1세 보육과정, 2세 보육과정으로 구성되어 있다. 3~5세 영유아들에게 제공되는 누리과정은 2019년에 개정되어 어린이집과 유치원의 3~5세 유아에게 적용되는 교육과정이다.

어린이집 보육과정은 「영유아보육법」에 의거하여 2007년 제1차 표준보육과정부터 보급되기 시작하여 2012년 제2차 표준보육과정이 고시되고, 이듬해 2013년 3~5세의 연령별 누리과정을 포함한 제3차 표준보육과정이 고시되었다. 이후 3~5세 연령별 누리과정은 2019 개정 누리과정으로 새롭게 고시되어 2020년 3월부터 3~5세 유아를 대상으로 어린이집에 적용되었고, 이에 따라 표준보육과정도 2020년 3월 개정안이 발표되어 제4차 어린이집 표준보육과정이 2020년 9월부터 적용되었다.

이 장에서는 어린이집에서 영유아에게 적용되고 있는 보육과정인 2020 개정 표준보육과정인 제4차 어린이집 표준보육과정과 2019 개정 누리과정에 대해 구체적으로 살펴보고자 한다.

1) 표준보육과정의 구성 방향 : 「제4차 어린이집 표준보육과정」

「제4차 어린이집 표준보육과정」의 성격, 구성 방향, 운영, 영역별 목표 및 내용을 살펴보면 다음과 같다(보건복지부 고시 제 2020-75호).

(1) 표준보육과정의 성격

어린이집 표준보육과정(이하, '표준보육과정' 이라 함)은 0~5세 영유아를 위한 국가수준의 보육과정이며 0~1세 보육과정, 2세 보육과정, 3~5세 보육과정(누리과정)으로 구성한다.

가. 국가수준의 공통성과 지역, 기관 및 개인 수준의 다양성을 동시에 추구한다.
나. 영유아의 전인적 발달과 행복을 추구한다.
다. 영유아 중심과 놀이 중심을 추구한다.
라. 영유아의 자율성과 창의성 신장을 추구한다.
마. 영유아, 교사, 원장, 부모 및 지역사회가 함께 실현해 가는 것을 추구한다.

(2) 표준보육과정의 구성 방향

① 추구하는 인간상

표준보육과정이 추구하는 인간상은 다음과 같다.

가. 건강한 사람
나. 자주적인 사람
다. 창의적인 사람
라. 감성이 풍부한 사람
마. 더불어 사는 사람

② 목적과 목표

표준보육과정의 목적은 영유아가 놀이를 통해 심신의 건강과 조화로운 발달을 이루고, 바른 인성과 민주 시민의 기초를 형성하는 데에 있다. 이를 실현하기 위한 목표는 다음과 같다.

가. 0~2세 보육과정 목표

- 자신의 소중함을 알고, 건강하고 안전한 환경에서 즐겁게 생활한다.
- 자신의 일을 스스로 하고자 한다.
- 호기심을 가지고 탐색하며 상상력을 기른다.
- 일상에서 아름다움에 관심을 가지고 감성을 기른다.
- 사람과 자연을 존중하고 소통하는 데 관심을 가진다.

나. 3~5세 보육과정 목표

- 자신의 소중함을 알고, 건강하고 안전한 생활 습관을 기른다.
- 자신의 일을 스스로 해결하는 기초능력을 기른다.
- 호기심과 탐구심을 가지고 상상력과 창의력을 기른다.
- 일상에서 아름다움을 느끼고 문화적 감수성을 기른다.
- 사람과 자연을 존중하고 배려하며 소통하는 태도를 기른다.

③ 구성의 중점

표준보육과정 구성의 중점은 다음과 같다.

가. 영유아는 개별적인 특성을 지닌 고유한 존재임을 전제로 구성한다.
나. 0~5세 모든 영유아에게 적용할 수 있도록 구성한다.
다. 추구하는 인간상 구현을 위한 지식, 기능, 태도 및 가치를 반영하여 구성한다.
라. 표준보육과정은 다음의 영역을 중심으로 구성한다.

- 0~1세 보육과정과 2세 보육과정은 기본생활, 신체운동, 의사소통, 사회관계, 예술경험, 자연탐구의 6개 영역을 중심으로 구성한다.
- 3~5세 누리과정은 신체운동 · 건강, 의사소통, 사회관계, 예술경험, 자연탐구의 5개 영역을 중심으로 구성한다.

마. 0~5세 영유아가 경험해야 할 내용으로 구성한다.
바. 초등학교 교육과정과의 연계성을 고려하여 구성한다.

2) 표준보육과정의 운영

(1) 편성 · 운영

다음의 사항에 따라 표준보육과정을 편성 · 운영한다.

가. 어린이집의 운영 시간에 맞추어 편성한다.
나. 표준보육과정을 바탕으로 각 기관의 실정에 적합한 계획을 수립하여 운영한다.
다. 하루 일과에서 바깥 놀이를 포함하여 영유아의 놀이가 충분히 이루어지도록 편성하여 운영한다.
라. 성, 신체적 특성, 장애, 종교, 가족 및 문화적 배경 등에 따른 차별이 없도록 편성하여 운영한다.
마. 영유아의 발달과 장애 정도에 따라 조정하여 운영한다.
바. 가정과 지역사회와의 협력과 참여에 기반하여 운영한다.
사. 교사 연수를 통해 표준보육과정의 운영을 개선할 수 있도록 한다.

(2) 교수 · 학습

교사는 다음 사항에 따라 영유아를 지원한다.

가. 영유아의 의사 표현을 존중하고 민감하게 반응한다.
나. 영유아가 흥미와 관심에 따라, 놀이에 자유롭게 참여하고 즐기도록 한다.
다. 영유아가 놀이를 통해 배우도록 한다.
라. 영유아가 다양한 놀이와 활동을 경험할 수 있도록 실내 · 외 환경을 구성한다.

마. 영유아와 영유아, 영유아와 교사, 영유아와 환경 사이에 능동적인 상호작용이 이루어지도록 한다.
바. 각 영역의 내용이 통합적으로 영유아의 경험과 연계되도록 한다.
사. 개별 영유아의 요구에 따라 휴식과 일상생활이 원활히 이루어지도록 한다.
아. 영유아의 연령, 발달, 장애, 배경 등을 고려하여 개별 특성에 적합한 방식으로 배우도록 한다.

(3) 평가

평가는 다음 사항에 중점을 두고 실시한다.

가. 표준보육과정 운영의 질을 진단하고 개선하기 위해, 평가를 계획하고 실시한다.
나. 영유아의 특성 및 변화 정도와 표준보육과정의 운영을 평가한다.
다. 평가의 목적에 따라 적합한 방법을 사용하여 평가한다.
라. 평가의 결과는 영유아에 대한 이해와 표준보육과정 운영 개선을 위한 자료로 활용할 수 있다.

3) 0~2세 표준보육과정의 영역별 목표 및 내용

(1) 기본생활

기본생활 영역의 목표는, 0~1세는 영아가 건강하고 안전한 일상생활을 경험하는 것이고, 2세는 영아가 건강하고 안전한 생활습관의 기초를 형성하는 것이다. 기본생활 영역의 목표 및 내용은 다음과 같다.

〈표 5-1〉 0~2세 표준보육과정 기본생활의 목표 및 내용

연 령	0~1세	2세
목 표	① 건강한 일상생활을 경험한다. ② 안전한 일상생활을 경험한다.	① 건강한 생활습관의 기초를 형성한다. ② 안전한 생활습관의 기초를 형성한다.
내용범주	내 용	
건강하게 생활하기	• 도움을 받아 몸을 깨끗이 한다. • 음식을 즐겁게 먹는다. • 하루 일과를 편안하게 경험한다. • 배변 의사를 표현한다.	• 자신의 몸을 깨끗이 해 본다. • 음식에 관심을 가지고 즐겁게 먹는다. • 하루 일과를 즐겁게 경험한다. • 건강한 배변 습관을 갖는다.
안전하게 생활하기	• 안전한 상황에서 놀이하고 생활한다. • 안전한 상황에서 교통수단을 이용해 본다. • 위험하다는 말에 주의한다.	• 일상에서 안전하게 놀이하고 생활한다. • 교통수단을 안전하게 이용해 본다. • 위험한 상황에 대처하는 방법을 경험한다.

(2) 신체운동

신체운동 영역의 목표는, 0~1세는 영아가 감각으로 탐색하고 신체활동을 즐기는 것이고, 2세는 영아가 감각을 활용하고 신체활동을 즐기는 것이다. 신체운동 영역의 목표 및 내용은 다음과 같다.

〈표 5-2〉 0~2세 표준보육과정 신체운동의 목표 및 내용

연 령	0~1세	2세
목 표	① 감각 탐색을 즐긴다. ② 신체활동을 즐겁게 경험한다.	① 감각을 활용하고, 신체를 인식한다. ② 신체활동을 즐긴다.
내용범주	내 용	
감각과 신체 인식하기	• 감각적 자극에 반응한다. • 감각으로 주변을 탐색한다. • 신체를 탐색한다.	• 감각능력을 활용한다. • 신체를 인식하고 움직인다.
신체활동 즐기기	• 대·소근육을 조절한다. • 기본 운동을 시도한다. • 실내·외 신체활동을 즐긴다.	• 대·소근육을 조절한다. • 기본 운동을 즐긴다. • 실내·외 신체활동을 즐긴다.

(3) 의사소통

의사소통 영역의 목표는, 0~1세는 영아가 의사소통 능력의 기초를 형성하는 것이고, 2세는 영아가 의사소통 능력과 상상력의 기초를 형성하는 것이다. 의사소통 영역의 목표 및 내용은 다음과 같다.

〈표 5-3〉 0~2세 표준보육과정 의사소통의 목표 및 내용

연 령	0~1세	2세
목 표	① 일상생활에서 듣고 말하기를 즐긴다. ② 읽기와 쓰기에 관련된 관심을 가진다. ③ 책과 이야기에 관심을 가진다.	① 일상생활에서 듣기와 말하기를 즐긴다. ② 읽기와 쓰기에 관심을 가진다. ③ 책과 이야기에 재미를 느낀다.
내용범주	내 용	
듣기와 말하기	• 표정, 몸짓, 말과 주변의 소리에 관심을 갖고 듣는다. • 상대방의 이야기를 들으면서 말소리를 낸다. • 표정, 몸짓, 말소리로 의사를 표현한다.	• 표정, 몸짓, 말에 관심을 갖고 듣는다. • 상대방의 이야기를 듣고 말한다. • 표정, 몸짓, 단어로 의사를 표현한다. • 자신의 요구와 느낌을 말한다.
읽기와 쓰기에 관심 가지기	• 주변의 그림과 상징에 관심을 가진다. • 끼적이기에 관심을 가진다.	• 주변의 그림과 상징, 글자에 관심을 가진다. • 끼적이며 표현하기를 즐긴다.
책과 이야기 즐기기	• 책에 관심을 가진다. • 이야기에 관심을 가진다.	• 책에 관심을 가지고 상상한다. • 말놀이와 이야기에 재미를 느낀다.

(4) 사회관계

사회관계 영역의 목표는, 0~1세는 영아가 나를 인식하고, 친숙한 사람과 관계를 맺는 것이고, 2세는 영아가 나를 알고, 다른 사람과 더불어 생활하는 경험을 하는 것이다. 사회관계 영역의 목표 및 내용은 다음과 같다.

〈표 5-4〉 0~2세 표준보육과정 사회관계의 목표 및 내용

연 령	0~1세	2세
목 표	① 나를 고유한 존재로 안다. ② 안정적인 애착을 형성하고, 또래, 교사와 함께 지낸다.	① 나를 알고 긍정적으로 여긴다. ② 다른 사람과 즐겁게 지내기 위한 태도를 기른다.
내용범주	내 용	
나를 알고 존중하기	• 나를 인식한다. • 나의 욕구와 감정을 나타낸다. • 나와 친숙한 것을 안다.	• 나와 다른 사람을 구별한다. • 나의 감정을 표현한다. • 내가 좋아하는 것을 한다.
더불어 생활하기	• 안정적인 애착을 형성한다. • 또래에게 관심을 가진다. • 다른 사람의 감정과 행동에 관심을 가진다. • 반에서 편안하게 지낸다.	• 가족에게 관심을 가진다. • 또래와 함께 놀이한다. • 다른 사람의 감정과 행동에 반응한다. • 반에서의 규칙과 약속을 알고 지킨다.

(5) 예술경험

예술경험 영역의 목표는, 0~1세는 영아가 아름다움을 느끼고 경험하는 것이고, 2세는 영아가 아름다움을 느끼고 즐기는 것이다. 예술경험 영역의 목표 및 내용은 다음과 같다.

〈표 5-5〉 0~2세 표준보육과정 예술경험의 목표 및 내용

연 령	0~1세	2세
목 표	① 자연과 생활에서 아름다움에 관심을 가진다. ② 예술적 경험을 표현한다.	① 자연과 생활에서 아름다움을 느끼고 관심을 가진다. ② 예술을 통해 자유롭게 표현한다.
내용범주	내 용	
아름다움 찾아보기	• 자연과 생활에서 아름다움을 느낀다. • 아름다움에 관심을 가진다.	• 자연과 생활에서 아름다움을 느끼고 즐긴다. • 아름다움에 관심을 갖고 찾아본다.
창의적으로 표현하기	• 소리와 리듬, 노래로 표현한다. • 감각을 통해 미술을 경험한다. • 모방 행동을 즐긴다.	• 익숙한 노래와 리듬을 표현한다. • 움직임과 춤으로 자유롭게 표현한다. • 미술 재료와 도구로 표현해 본다. • 일상생활 경험을 상상놀이로 표현한다.

(6) 자연탐구

자연탐구 영역의 목표는, 0~1세는 영아가 주변환경과 자연에 관심을 가지는 것이고, 2세는 영아가 주변환경과 자연을 탐색하는 과정을 즐기는 것이다. 자연탐구 영역의 목표 및 내용은 다음과 같다.

〈표 5-6〉 0~2세 표준보육과정 자연탐구의 목표 및 내용

연 령	0~1세	2세
목 표	① 일상에서 탐색을 즐긴다. ② 주변환경을 탐색한다. ③ 생명과 자연에 관심을 가진다.	① 일상에서 탐색하는 과정을 즐긴다. ② 주변환경에 관심을 가지고 탐색한다. ③ 생명과 자연에 관심을 가진다.
내용범주	내 용	
탐구과정 즐기기	• 주변 세계와 자연에 대해 호기심을 가진다. • 사물과 자연 탐색하기를 즐긴다.	• 주변 세계와 자연에 대해 호기심을 가진다. • 사물과 자연을 반복하여 탐색하기를 즐긴다.
생활 속에서 탐구하기	• 친숙한 물체를 감각으로 탐색한다. • 물체의 수량에 관심을 가진다. • 주변 공간과 모양을 탐색한다. • 규칙성을 경험한다.	• 친숙한 물체의 특성과 변화를 감각으로 탐색한다. • 물체의 수량에 관심을 가진다. • 주변 공간과 모양을 탐색한다. • 규칙성에 관심을 가진다. • 주변 사물을 같고 다름에 따라 구분한다. • 생활 도구에 관심을 가진다.
자연과 더불어 살기	• 주변의 동식물에 관심을 가진다. • 날씨의 변화를 감각으로 느낀다.	• 주변의 동식물에 관심을 가진다. • 날씨와 계절의 변화를 감각으로 느낀다.

4) 3~5세 개정 누리과정의 영역별 목표 및 내용

국가수준 누리과정의 3~5세 영역별 목표 및 내용은 신체운동 · 건강, 의사소통, 사회관계, 예술경험 및 자연탐구의 5개 영역을 중심으로 구성되어 있다.

(1) 신체운동 · 건강

신체운동 · 건강 영역의 목표는, 유아가 실내 · 외에서 신체활동을 즐기고, 건강하고 안전한 생활을 하는 것이다. 신체운동 · 건강 영역의 목표 및 내용은 다음과 같다.

〈표 5-7〉 개정 누리과정 신체운동 · 건강 영역의 목표 및 내용

목 표	① 신체활동에 즐겁게 참여한다. ② 건강한 생활습관을 기른다. ③ 안전한 생활습관을 기른다.
내용범주	내 용
신체활동 즐기기	• 신체를 인식하고 움직인다. • 신체 움직임을 조절한다. • 기초적인 이동운동, 제자리운동, 도구를 이용한 운동을 한다. • 실내 · 외 신체활동에 자발적으로 참여한다.
건강하게 생활하기	• 자신의 몸과 주변을 깨끗이 한다. • 몸에 좋은 음식에 관심을 가지고 바른 태도로 즐겁게 먹는다. • 하루 일과에서 적당한 휴식을 취한다. • 질병을 예방하는 방법을 알고 실천한다.
안전하게 생활하기	• 일상에서 안전하게 놀이하고 생활한다. • TV, 컴퓨터, 스마트폰 등을 바르게 사용한다. • 교통안전 규칙을 지킨다. • 안전사고, 화재, 재난, 학대, 유괴 등에 대처하는 방법을 경험한다.

(2) 의사소통

의사소통 영역의 목표는, 유아가 일상생활에 필요한 의사소통 능력과 상상력 기르는 것이다. 의사소통 영역의 목표 및 내용은 다음과 같다.

〈표 5-8〉 개정 누리과정 의사소통 영역의 목표 및 내용

목 표	① 일상생활에서 듣고 말하기를 즐긴다. ② 읽기와 쓰기에 관심을 가진다. ③ 책이나 이야기를 통해 상상하기를 즐긴다.
내용범주	내 용
듣기와 말하기	• 말이나 이야기를 관심 있게 듣는다. • 자신의 경험, 느낌, 생각을 말한다. • 상황에 적절한 단어를 사용하여 말한다. • 상대방이 하는 이야기를 듣고 관련해서 말한다. • 바른 태도로 듣고 말한다. • 고운 말을 사용한다.
읽기와 쓰기에 관심 가지기	• 말과 글의 관계에 관심을 가진다. • 주변의 상징, 글자 등의 읽기에 관심을 가진다. • 자신의 생각을 글자와 비슷한 형태로 표현한다.
책과 이야기 즐기기	• 책에 관심을 가지고 상상하기를 즐긴다. • 동화, 동시에서 말의 재미를 느낀다. • 말놀이와 이야기 짓기를 즐긴다.

(3) 사회관계

사회관계 영역의 목표는, 유아가 자신을 존중하고 더불어 생활하는 태도를 가지는 것이다. 사회관계 영역의 목표 및 내용은 다음과 같다.

〈표 5-9〉 개정 누리과정 사회관계 영역의 목표 및 내용

목 표	① 자신을 이해하고 존중한다. ② 다른 사람과 사이좋게 지낸다. ③ 우리가 사는 사회와 다양한 문화에 관심을 가진다.
내용범주	내 용
나를 알고 존중하기	• 나를 알고 소중히 여긴다. • 나의 감정을 알고 상황에 맞게 표현한다. • 내가 할 수 있는 것을 스스로 한다.

더불어 생활하기	• 가족의 의미를 알고 화목하게 지낸다. • 친구와 서로 도우며 사이좋게 지낸다. • 친구와의 갈등을 긍정적인 방법으로 해결한다. • 서로 다른 감정, 생각, 행동을 존중한다. • 친구와 어른께 예의 바르게 행동한다. • 약속과 규칙의 필요성을 알고 지킨다.
사회에 관심 가지기	• 내가 살고 있는 곳에 대해 궁금한 것을 알아본다. • 우리나라에 대해 자부심을 가진다. • 다양한 문화에 관심을 가진다.

(4) 예술경험

예술경험 영역의 목표는, 유아가 아름다움과 예술에 관심을 가지고 창의적 표현을 즐기는 것이다. 예술경험 영역의 목표 및 내용은 다음과 같다.

〈표 5-10〉 개정 누리과정 예술경험 영역의 목표 및 내용

목 표	① 자연과 생활 및 예술에서 아름다움을 느낀다. ② 예술을 통해 창의적으로 표현하는 과정을 즐긴다. ③ 다양한 예술 표현을 존중한다.
내용범주	내 용
아름다움 찾아보기	• 자연과 생활에서 아름다움을 느끼고 즐긴다. • 예술적 요소에 관심을 갖고 찾아본다.
창의적으로 표현하기	• 노래를 즐겨 부른다. • 신체, 사물, 악기로 간단한 소리와 리듬을 만들어 본다. • 신체나 도구를 활용하여 움직임과 춤으로 자유롭게 표현한다. • 다양한 미술 재료와 도구로 자신의 생각과 느낌을 표현한다. • 극놀이로 경험이나 이야기를 표현한다.
예술 감상하기	• 다양한 예술을 감상하며 상상하기를 즐긴다. • 서로 다른 예술 표현을 존중한다. • 우리나라 전통 예술에 관심을 갖고 친숙해진다.

(5) 자연탐구

자연탐구 영역의 목표는, 유아가 탐구하는 과정을 즐기고, 자연과 더불어 살아가는 태도를 가지는 것이다. 자연탐구 영역의 목표 및 내용은 다음과 같다.

〈표 5-11〉 개정 누리과정 자연탐구 영역의 목표 및 내용

목 표	① 일상에서 호기심을 가지고 탐구하는 과정을 즐긴다. ② 생활 속의 문제를 수학적, 과학적으로 탐구한다. ③ 생명과 자연을 존중한다.
내용범주	내 용
탐구과정 즐기기	• 주변 세계와 자연에 대해 지속적으로 호기심을 가진다. • 궁금한 것을 탐구하는 과정에 즐겁게 참여한다. • 탐구과정에서 서로 다른 생각에 관심을 가진다.
생활 속에서 탐구하기	• 물체의 특성과 변화를 여러 가지 방법으로 탐색한다. • 물체를 세어 수량을 알아본다. • 물체의 위치와 방향, 모양을 알고 구별한다. • 일상에서 길이, 무게 등의 속성을 비교한다. • 주변에서 반복되는 규칙을 찾는다. • 일상에서 모은 자료를 기준에 따라 분류한다. • 도구와 기계에 대해 관심을 가진다.
자연과 더불어 살기	• 주변의 동식물에 관심을 가진다. • 생명과 자연환경을 소중히 여긴다. • 날씨와 계절의 변화를 생활과 관련짓는다.

<생각 나누기>

1. 보육에 대한 개념을 설명하고 자신이 생각하는 '보육'은 무엇이라고 생각하는지 정의해 보자.
2. 보육과정의 목표와 바람직한 교수-학습 원리에 대해 알아보고, 가장 중요하게 고려해야 할 원리 한 가지를 선택하여 그 이유를 설명하고 어떻게 교육에 적용할 것인지 생각해 보자.

CHAPTER 6

외국의 보육 프로그램

1. 프로젝트 접근법
2. 발도르프 교육
3. 레지오 에밀리아 접근법

영유아를 보육하는 어린이집은 영유아, 부모, 교사 간에 밀접한 관계가 이루어지는 장소로, 영유아의 건강한 삶을 촉진하고 원활한 부모 역할 수행을 지원하는 곳이다. 따라서 영유아 보육기관은 영유아의 자발적인 학습과 잠재 가능성을 촉진할 수 있는 교육 내용과 방법을 고안하여 실행할 수 있는 곳이어야 한다. 또한 다원화, 정보화 세계 속에서 영유아들이 유능한 사회인으로 성장하기 위해서는 다양한 영유아의 교육환경과 맥락을 고려하는 다원화된 형태의 교육이 이루어져야 한다. 보육 프로그램은 목적 및 목표, 교수-학습방법, 일과 운영, 교사 역할 등과 같은 요인에서 명확한 윤곽을 가지고 있는 특정 프로그램들을 말하는 것이다. 본 장에서는 영유아의 삶이 존중되고 전인적 발달과 통합적 발달 지원을 위해 교육기관과 가정의 공동체적인 역할을 강조하는 공통된 특성을 지니고 있는 프로젝트 접근법, 레지오 에밀리아 접근법, 발도르프 교육에 대해 소개하고자 한다.

1. 프로젝트 접근법

1) 프로젝트 접근법의 발전 과정

프로젝트 접근법은 캐츠(Katz)와 차드(Chard)가 듀이(Dewey)의 이론과 킬패트릭(Kilpatrick)의 The Project Method에 근거하여 2000년에 처음으로 소개하였으며, 이후 미국과 캐나다를 중심으로 세계 각국의 유아 및 초등교육계에 널리 소개되고 있는 교수학습방법이다. 캐츠(Katz)와 차드(Chard)는 20년간 이루어진 프로젝트 활동 관련 연구들을 검토하여 프로젝트에 의한 학습 활동이 유아의 학문적, 인지적, 정서적 발달에 매우 바람직한 영향을 미치고 있음에 확신을 갖고 이를 '프로젝트 접근법(Project Approach)'이라는 용어로 재조직하여 발표하였다. 우리나라도 1990년대 중반에 프로젝트 접근법이 도입되어 유아들의 탐구능력, 사회성발달 및 통솔력을 향상시키는 데 효과가 있었으며(정선영, 2004), 교사들에게는 스스로의 배움에 대해 관심을 갖게 만들고 도전 정신을 발휘하게 하는(진혜영, 2018) 등의 긍정적인 영향을 주는 방법으로 보고되어 교육현장에서 널리 활용되고 있다.

2) 프로젝트 접근법의 정의 및 특성

프로젝트란 스스로 제기한 질문에 대한 답을 찾는 깊이 있는 탐구활동으로 특정 주제에 대한 심층적 연구를 통한 교수–학습방법이다(이기숙, 2013). 영유아교육기관에서 실시하는 프로젝트 접근법은 영유아들이 관심을 가지는 특정 주제를 중심으로 상호 협력하여 심층적으로 문제를 해결해 나가는 교육활동이다. 프로젝트 접근법은 매일의 일상적인 생활 경험에서 도입이 되고 나아가 스스로 계획하고 진행하며, 주제를 탐구하기 위하여 다양한 활동과 노력이 며칠에서 또는 몇 주 동안 지속되기도 한다. 이것은 문제에 대한 정답을 찾기보다는 그 문제를 해결하기 위해 교사와 또래들과 함께 연구하는 과정에서 주제에 대해 보다 많은 것을 학습하는 데 초점을 두는(Katz, 1994) 교수 방법으로, 프로젝트 접근법의 특성은 다음의 네 가지 방향으로 정리될 수 있다(지옥정, 2005).

첫째, 융통성 있는 진행이다. 프로젝트에 대한 영유아의 지속적인 흥미 정도가 중요한 변수로 작용하기 때문에 프로젝트 접근법은 시작에서 종결에 이르기까지의 시간이 프로젝트마다 다르다. 또한 주제의 난이도나 교사의 사전 경험 등에 의한 판단 여부에 따라서도 달라지는 등 프로젝트 실행 기간에서 융통성이 있다.

둘째, 영유아들의 깊이 있는 탐구활동이 동반된다는 것이다. 프로젝트 접근법에서 깊이 있는 탐구학습을 위해 주로 사용하는 방법은 현장학습이다. 깊이 있는 탐구활동을 위한 현장학습은 사전에 영유아들이 무엇을 볼 것인지에 대한 내용이 분명해야 한다. 따라서 현장학습을 갈 때는 영유아 자신이 알아보아야 할 것이나 알아보고 싶은 내용 등에 대한 질문 목록을 작성해 가는 것이 좋다.

셋째, 활발한 상호작용의 수반이다. 영유아들은 다른 또래들과의 상호작용을 통해 다른 사람의 관점을 이해하고 자기가 가지고 있는 개념을 수정하기도 하고 새로운 인식을 하기도 한다. 또한 영유아들은 하나의 프로젝트를 진행하면서 또래와 인지적 갈등을 경험하기도 하고 함께 대화하면서 새로운 지식을 구성하는 경험을 통해 또래와 자연스럽게 상호작용한다.

넷째, 다양한 표현 및 표상활동의 동반이다. 영유아는 자신의 생각을 가시화하는 과정을 통해 자신이 가지고 있는 이론에 허점이 있음을 발견하게 되고, 다른 가설을 구상하기도 하며, 그것을 검증하고 재조직하는 경험을 가지기도 한다. 프로젝트 접근법에서는 그림을 그리거나 만들어 보기, 비디오나 사진으로 찍어 보기, 구조물 만들기, 찰흙으로 꾸미기, 정밀 묘사 등의 다양한 표상활동을 사용한다.

3) 프로젝트 접근법의 계획과 실행

(1) 프로젝트 접근법의 교육 목적

프로젝트 접근법의 궁극적 목적은 '아동의 정신 계발'에 있으며, 프로젝트의 구체적인 효과는 다음과 같다(이명조, 배미희, 2007).

첫째, 자신이 살고 있는 주변 세계에 대한 이해를 증진시킨다.

둘째, 자발적인 참여와 능동적인 놀이 활동을 통해 학습 활동에 대한 흥미를 증진시킨다.

셋째, 상호 간 협의, 협동, 토론을 통하여 모든 학습과제를 해결하면서 공동체 사회를 경험하고 소속감과 협동심, 자유와 책임감을 증진시킨다.

넷째, 기관에서의 학습과 영유아의 삶이 분리되지 않고 실제 생활과 연결시킬 수 있다.

다섯째, 교사도 프로젝트 탐구과정을 통해 새롭게 도전받는다.

(2) 프로젝트 주제 선정하기

프로젝트 접근법에서는 기관에서의 교육 경험이 곧 영유아의 실제적인 삶과 연결되어야 한다. 또한 프로제트 접근법은 현장을 직접 견학하고 해당 전문가와 면담하는 등의 직접적인 경험이 수반되는 특성을 가진다. 따라서 프로젝트의 주제는 언어, 수, 과학 등의 교과처럼 특정 교과 영역에 제한되기보다는, 영유아의 주변에서 흔히 만날 수 있으며 다양하고 통합적인 활동이 수반되는 주제가 선정되어야 한다. 또한 영유아의 발달 수준, 경험 및 흥미를 기반으로 주제를 선정하여야 한다. 그러나 영유아들은 개개인의 환경에 따라 경험 및 흥미가 다 다를 수 있으며, 영유아들의 흥미가 발달적, 교육적인 측면과 항상 부합될 수는 없다. 따라서 교사는 교사 나름대로의 주제 선정 기준을 가지고 있어야 한다.

카츠, 차드와 코간(Katz, Chard & Kogan, 2014)은 주제 선정 준거를 11가지로 제시하고 있다(지옥정, 2017, 재인용).

- 실생활에서 영유아들의 직접적인 관찰이 가능하다.
- 대부분의 영유아가 경험한 바가 있다.
- 위험하지 않게 직접적인 조사가 가능하다.
- 지역 자원(현장, 전문가)을 얻기에 용이하고 쉽게 접근 가능하다.
- 다양한 표상활동(역할놀이, 그리기, 구성하기, 입체물 등)들이 가능하다.

- 부모가 쉽게 참여하고 기여할 수 있다.
- 일반적인 문화 차원에서 뿐 아니라 지역문화 차원에서도 잘 맞는다.
- 많은 영유아가 흥미를 가지고 있거나, 교사 판단에 흥미를 발달시킬 만한 가치가 있다.
- 학교나 지역구(교육청)의 교육과정 목적과 잘 연계된다.
- (영유아의 연령에 따라 필요한) 기초 기능을 적용할 수 있는 충분한 기회를 제공한다.
- 주제가 너무 세부적이거나(예, 특정인의 개) 너무 광범위(예, 계절)하지 않고 적절하게 구체적이다. 가끔 세부적인 주제는 바람직한 작은 프로젝트로 연결될 수 있다.

주제를 선정할 때는 영유아의 흥미와 경험, 자원 및 교육적 가치 등을 고려하여야 하며, 무엇보다도 영유아와 교사가 동기화될 수 있는 주제여야 한다. 즉, 프로젝트의 주제가 영유아의 관심은 물론이고 교사의 흥미에도 적합해야 함을 의미한다.

다음의 예는 어린이집의 일상생활 장면에서 주제를 도출한 에피소드이다. 사례를 살펴보면 영유아들이 간식시간에 접하게 된 샌드위치 빵의 가장자리 색이 다른 점을 발견하고 이에 대한 의문을 교사에게 질문한다. 교사는 영유아들의 호기심과 궁금증을 함께 해결하는 방법으로 '빵'을 프로젝트 주제로 선정하였다. 이와 같이 프로젝트 주제는 영유아들의 흥미와 경험, 교사의 관심에서 출발할 때 의미가 있다.

간식으로 나온 샌드위치를 먹던 영유아가 "선생님, 빵은 왜 여기가(식빵의 가장자리를 가리키며) 갈색이에요?" 하고 물었다. 옆에 있던 영유아가 "아, 진짜. 여기는(빵의 안쪽자리) 안 그런데." 한다. 선생님이 "그게 궁금하구나. 선생님은 그런 생각을 못 했는데, 왜 그럴까?"하고 이야기하자 여기저기서 "옆에만 태웠나 보다.", "잘라서 그럴 걸", "아, 나도 궁금하다." 등의 말들이 오고갔다.
선생님은 빵에 대한 영유아들의 관심, 현장학습의 편리함, 체험활동의 용이성 등을 고려하여 빵을 프로젝트 주제로 선정하였다.

(3) 프로젝트 접근법의 수행 과정

일반적으로 프로젝트 접근법은 1단계 프로젝트 계획 및 시작, 2단계 프로젝트 전개, 3단계 마무리 및 평가로 이루어지며, 그에 대한 구체적인 내용은 다음과 같다.

■ 1단계: 프로젝트 계획 및 시작

프로젝트 접근법에서의 첫 단계는 프로젝트를 계획하고 시작하는 것이다. 이 단계에서 제일 먼저 수행해야 할 과제는 주제를 선정하는 것이다. 주제 선정은 교사와 영유아가 협의하거나 교사에 의해 때로는 영유아에 의해 선정할 수 있다. 교사가 주제를 정할 때는 영유아들의 흥미와 관심사를 반영하여야 하며, 주제의 교육적 가치와 더불어 다양한 경험의 가능성을 고려하여 선정해야 한다. 또한 교사는 지역사회나 기관의 특성에 맞는 특별한 주제를 제안하거나 계절이나 특별한 사건과 같이 특정 시기를 놓치면 다룰 수 없는 주제를 선정할 수도 있다. 교사가 주제를 제안할 때는 직접적인 방법을 사용할 수도 있으며, 주제와 관련된 사진이나 자료를 전시함으로써 영유아의 흥미를 유발하는 간접적인 방법을 사용할 수도 있다. 주제 선정을 위한 구체적인 방법은 다음과 같다(지옥정, 2005).

- 교사가 선정하는 경우
- 영유아들이 먼저 여러 가지 주제를 뽑은 후 최종적으로 교사와 영유아가 협의하여 선정하는 경우
- 생활주제의 하위 주제들 중 영유아가 흥미 있어 하는 주제를 선정하는 경우
- 영유아들의 과거 경험에 기초해 도출해 내는 경우
- 영유아들의 일상생활 장면이나 문제 상황에서 도출하는 경우
- 영유아들이 관심 있어 하는 책 내용을 주제로 선정하는 경우

이와 같은 과정을 통해 주제가 선정되면 교사는 주제를 다룸으로써 담당학급 영유아들의 발달을 어떻게 도울 수 있는지, 어떤 교육적인 경험을 하게 되는지, 영유아들이 습득할 사회적 가치는 무엇인지 등에 대한 생각을 정리한다. 또한 프로젝트를 마쳤을 때 영유아들이 어떤 교육적 성과를 얻을 수 있을지에 대해 예측해 보고 이에 필요한 자료를 준비한다. 이를 위하여 교사는 주제와 관련된 주요 개념을 떠올리고 영유아들에게 어떤 경험을 줄 것인지, 무엇을 자료로 제공할 것인지 등을 생각하면서 예비 주제망(또는 개념 지도)을 미리 조직해본다. 이 과정에서 교사는 영유아들을 참여시

키거나 동료 교사와 협의할 수도 있으며, 이를 통해 보다 확장, 발전된 프로젝트 망을 구성할 수 있다.

구성된 예비 주제망을 중심으로 교사는 자원 목록을 작성하고 필요한 자원과 자원 확보 방법 등을 구상하고 백과사전이나 인터넷 검색을 통해 중요한 정보들을 찾아낸다. 즉, 참고 도서를 위한 정보, 현장 조사 정보 및 시청각자료 정보 등 영유아들의 관심과 흥미를 유발시키는 간접적인 자료나 실물자료 등을 수집하는 것도 미리 계획한다. 이를 통해 자원 목록을 만들고, 필요한 자원을 확보하기 위하여 교사는 학부모들에게 도움을 요청할 수 있다.

프로젝트 성공을 위해 학부모들은 중요한 자원의 하나이다. 따라서 부모들은 자신의 자녀들에게 주제와 관련된 자신의 경험담을 들려주거나 자료를 제공해 주고 현장 활동을 안내하는 등의 역할을 맡을 수 있다. 교사의 준비가 다 끝나면 교사는 영유아들과 함께 경험 나누기, 생각 모으기, 유목화, 주제망 구성, 질문 목록 작성, 흥미 유발 활동 등을 통해 프로젝트를 시작하게 된다.

- 경험 나누기 : 경험 나누기는 주제와 관련하여 영유아들의 경험이나 현재의 지식을 나누는 시간으로, 이야기, 그림, 글, 만들기, 역할극 등을 통해 표현될 수 있다. 경험 나누기를 통하여 교사는 영유아의 관심과 흥미를 읽을 수 있고, 주제와 관련되는 영유아의 지식 수준은 어느 정도인지, 그 지식은 어떤 경험에 근거한 것인지를 알게 된다. 경험 나누기의 결과물들은 교사, 영유아가 서로 공유할 수 있도록 전시한다.
- 생각 모으기 : 생각 모으기는 주제와 관련되어 생각나는 것은 무엇이든지 그리거나 적어보도록 함으로써 영유아 개개인의 생각을 모아 보는 활동이다. 생각 모으기를 통해 얻어진 단어나 그림은 같은 범주끼리 분류하여 공동 주제망을 구성한다.
- 유목화 : 생각 모으기를 통해 나온 단어들이나 경험들을 유사한 내용으로 분류하여 범주화하는 과정이다. 이 과정을 통해 주제망을 만들 수 있다.

- 주제망 : 주제망은 영유아들의 생각 모으기를 바탕으로 하는 것이며, 완성된 주제망은 프로젝트가 끝날 때까지 벽이나 게시판에 부착해 놓음으로써 프로젝트 전체 활동의 중심 역할을 하도록 한다.
- 질문 목록 : 영유아와 함께 만드는 주제망이 완성된 후, 주제망의 내용과 관련하여 질문거리들을 모아 질문 목록을 만든다. 질문 목록은 영유아들이 궁금해하는 사항들을 중심으로 구성하며, 영유아들이 생각날 때마다 자유롭게 기재할 수 있도록 질문 게시판이나 질문 상자 등을 이용하면 좋다.

[그림 6-1]은 '빵' 프로젝트 과정에서 이루어진 프로젝트 계획 및 시작 단계에서의 활동 실제 사례이다. 본 과정에서 영유아들은 빵과 관련한 궁금증을 자유롭게 말하고 교사는 이를 정리하여 함께 벽면에 게시하였으며, 그 후로도 영유아들의 질문을 계속 덧붙였다. 또한 빵과 관련하여 생각 모으기를 하고 이를 분류하고 범주화하여 주제망을 구성해 나갔다.

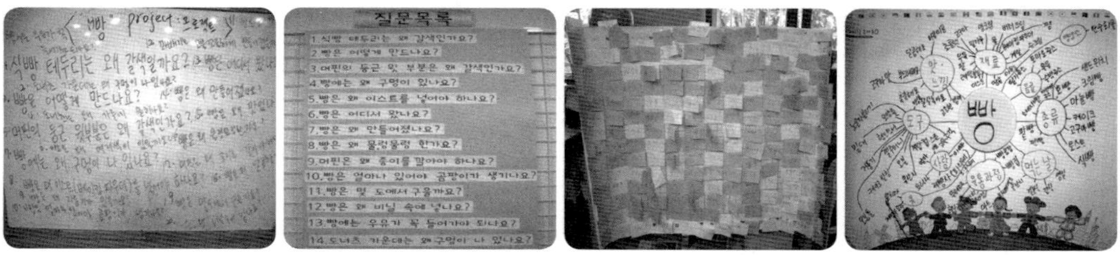

질문 모으기 생각 모으기 주제망 구성하기

[그림 6-1] '빵' 프로젝트 계획 및 시작 단계

■ 2단계: 프로젝트 전개

2단계 프로젝트 전개에서는 다양한 탐색과 표상이 이루어진다. 2단계에서 영유아들은 질문 목록에 기재된 내용을 해결하기 위한 여러 가지 활동을 진행한다. 즉, 문제해결을 모색하기 위한 예측 활동 및 문제해결 활동, 토론, 현장 견학, 전문가 초빙, 추후 활동 등을 주요 내용으로 그리기, 쓰기, 만들기, 그래프, 읽기, 극놀이 등의 방법으로 표상활동을 한다. 이러한 과정을 통해 영유아는 확실히 알지 못하거나 부족하여 더 알고 싶은 부분에 대한 지식을 재구성할 수 있는 기회를 가지게 된다. 프로젝트 전개 단계에서 일어날 수 있는 활동은 다음과 같다.

- 토론 : 토론은 학급 전체 모임, 소집단, 또는 개인 간에도 일어날 수 있다. 토론은 프로젝트 주제나 문제해결, 현장 견학지 결정, 협동작업 과정 등의 다양한 상황에서 발생될 수 있으므로 교사가 반드시 참여할 필요는 없다. 프로젝트가 진행되는 과정에서 수시로 일어나는 토론을 통해 영유아들은 이야기하는 법, 질문하는 법, 서로의 생각에 대해 논평하는 법 등을 배우게 된다.
- 현장 견학 : 현장 견학은 프로젝트 활동에서 영유아들이 구체적인 활동을 직접 경험할 수 있는 중요한 활동으로, 영유아와 교사가 충분한 대화가 이루어질 수 있는 범위 내에서 실시하는 것이 바람직하다. 효율적인 현장 견학을 위해서 교사와 영유아는 현장 견학에서 알아보고자 하는 사항들을 질문 목록을 중심으로 정리, 확인하고 궁금증 해결 방법 및 기록 방법 등을 사전에 계획한다. 현장 견학지에서는 관찰하고 조사하기, 기록하기, 견학지 현장에서 물품 수집해 오기, 현장 견학지 관계자에게 질문하기 등의 활동을 통해서 영유아들의 궁금증을 해결할 수 있다. 현장 견학 후에는 현장 견학지에서 흥미로웠던 것에 대해 토의하고, 이야기를 나누고, 질문 목록에 대한 답을 발표하는 시간을 가짐으로써 상호 간의 경험들을 재확인한다. 또한 그림 그리기, 만들기, 글쓰기, 극놀이, 수, 측정, 도표 등과 같은 활동을 통해 견학 활동이 좀 더 심화, 확장되도록 한다.
- 표상 활동 : 영유아들은 프로젝트 진행 과정에서 자신의 경험이나 지식, 질문 등을 그리기, 만들기, 쓰기, 극놀이, 그래프, 동작 등의 다양한 방법으로 표현할 수 있다. 또한 프로젝트 주제에서 가졌던 수많은 의문과 궁금증, 문제 등을 해결하는 과정에서도 영유아들의 표상활동은 다양하게 나타날 수 있다. 이때 교사는 영유아들의 다양한 표상활동이 잘 이루어지도록 지원하고 그 결과물을 상호 공유할 수 있도록 도와준다.

- 전문가 초빙 : 전문가 초빙은 현재 진행 중인 주제에 대해 직접적인 경험이 풍부한 사람(전문가, 학부모 등)을 교실에 초빙하여 영유아들과 대화하고 질문에 답변하는 활동을 일컫는다. 또한 영유아와 전문가가 함께 토론하거나 인터뷰하여 주제와 관련된 의문점이나 문제를 해결할 수도 있다. 전문가 초빙은 프로젝트를 활성화하는 데 큰 도움을 줄 수 있으므로 잘 활용하면 좋다. 여기에서의 전문가는 저명인사, 지식이 높은 사람만을 의미하는 것은 아니며, 주제와 관련하여 적절한 경험을 가진 사람, 관련된 직종에 있는 학부모 등 누구나가 전문가가 될 수 있다.

[그림 6-2]는 '빵' 프로젝트 과정에서 실시한 전문가 초빙 및 표상활동의 사례이다. 본 과정에서 영유아들은 주변의 빵집을 방문하고 파티쉐를 어린이집으로 초빙하여 질문 목록의 내용을 중심으로 자유롭게 질문하고 파티쉐와 함께 빵을 만드는 시간을 가졌다. 또한 찰흙으로 모형빵 만들기, 빵과 관련된 경험 그림으로 그리기, 포스터와 초대장 만들기, 샌드위치, 피자빵, 계란빵 만들기 등의 표상활동을 자유롭게 전개하였다.

전문가 초빙 탐색 및 표상활동

[그림 6-2] '빵' 프로젝트 탐색 및 표상활동

■ 마무리 및 평가

프로젝트의 마무리는 영유아들이 주제에 관해 관심을 잃고 있거나 그 프로젝트의 주요 활동과 그다지 연관성이 없는 주제에 관심을 나타내기 시작한다든지, 직접적인 연구와 조사를 위한 자원들이 거의 다 고갈되었다고 판단될 때 준비한다. 마무리 단계에서는 프로젝트 전 과정 동안에 이루어졌던 결과물(주제망, 주제와 관련된 질문 목록, 그림, 도표, 관찰자료, 조사자료, 조형물, 사진 등)들을 다른 사람들에게 보여주기 위해 전시를 하거나 발표회, 주제와 관련된 활동 등을 개최한다. 특히, 전시는 진행하고 있는 프로젝트에 대한 정보 제공, 프로젝트 진행 과정 기록 및 외부 사람들과의 소통 통로로서 의미를 가지는 중요한 활동이므로 프로젝트 시작에서 마무리까지 전 과정에서 이루어진다.

또한 평가는 프로젝트 진행 과정 전반에 걸쳐 실시해야 한다. 평가는 교사가 기대한 만큼 잘 진행되었는지, 영유아의 반응은 어떠했는지, 진행하면서 어려움이 없는지, 영유아에게 어떻게 동기화 되었는지, 가진 자원은 모두 잘 활용되었는지? 등을 포함한다.

평가를 통해 교사는 현 프로젝트에서 확산될 수 있는 다른 주제의 프로젝트 또는 이를 계기로 추후에 다루어 볼 수 있는 프로젝트의 과정에 대해 생각해 보고 새로운 프로젝트를 선정하는 데 참고할 수 있다.

[그림 6-3]은 '빵' 프로젝트의 마무리 및 평가 활동의 사례이다. 본 프로젝트에서 영유아와 교사들은 프로젝트 마무리 활동으로 빵가게를 개업하였다. 따라서 마지막 날에 학부모들과 다른 학급의 영유아들을 초대하여 함께 거업식을 하고 빵을 실제로 만들어 판매하였을 뿐만 아니라, 프로젝트 진행 과정을 기록한 자료들을 전시하고 함께 평가하는 시간으로 빵 프로젝트를 마무리하였다.

포스터 제작 / 초대장 제작 / 전시 및 판매 준비 / 전시 및 판매

[그림 6-3] '빵' 프로젝트 마무리 및 평가 활동

2. 발도르프 교육

1) 발도르프 교육의 발전 과정

발도르프 교육은 제1차 세계대전의 패배로 인한 독일의 사회적, 정치적, 경제적 혼돈 속에서 생겨났다. 발도르프 아스토리아 담배공장의 사장인 에밀 몰트(Emil Molt)는 공장 노동자 자녀들을 위한 학교를 설립하기 위해 당시 사회적 개혁 운동가였던 루돌프 슈타이너에게 부탁하였고, 이로써 '자유 발도르프 학교'는 시작되었다. 발도르프 학교는 개혁교육학자인 슈타이너(Rudolf Steiner, 1861-1925)의 독특한 인지학적 인간론에 기초하여 설립되었다. 슈타이너는 인간은 자유 속에서 저마다 맞는 각각의 특성을 살리면서 자기의 내면에 숨어 있는 본성을 알게 됨으로써 자기 자신에 맞는 인생을 선택할 수 있다고 보았다. 따라서 성인은 유아발달과 본성에 맞는 교육적 환경을 제공함으로써 영유아 스스로가 자신의 본성을 자각할 수 있도록 도와주어야 한다고 하였다. 최초의 발도르프 유치원은 1926년 엘리자베스 그린레스에 의해 설립되어 전 세계의 여러 국가로 확장되었으며, 2004년 유네스코로부터 세계적인 창의성 교육현장으로 인정받았을 뿐만 아니라 21세기 개혁 교육의 모델로 선정되었다.

2) 발도르프 교육의 기본 이론

발도르프 교육의 근간을 이루고 있는 슈타이너의 인지학적 인간론과 발달론, 기질론을 살펴보면 다음과 같다.

(1) 인지학적 인간론

인지학이란 그리스어 'Anthropos(인간)'과 'Sophia(지혜)'를 합성한 말로 '인간의 지혜', 또는 '인간적인 지혜'를 뜻한다. 슈타이너는 인지학을 '우리 안의 정신세계를 우주 안의 정신세계로 이끄는 인식의 길'이며 이는 고도의 정신적 인식능력을 지닌 사람만이 알 수 있는 세계로 보았다. 슈타이너의 인지학을 요약하여 살펴보면 다음과 같다(조성자, 2012).

첫째, 인지학은 세계에 대한 관념이나 세계관 또는 인간이 세계를 보는 보편적인 개념을 의미한다.

둘째, 인지학은 정신과학으로 신적인 지혜를 해명할 수 있는 학문이다. 즉, 인지학은 세계 속에 존재하는 인간의 지혜를 다루고, 우주와 정신에 관계되는 지혜를 다루는 것이다.

셋째, 인지학은 인간의 인식능력이 발달하면서 세계와 인간 사이에 존재하는 영적 본질을 연구하여 인식능력을 최대한으로 발전시키는 학문이다.

넷째, 인지학은 인간의 본질을 영혼과 정신 그리고 신체의 3가지 차원에서 해석하고 있다. 영혼과 정신은 신체 이전에 이미 존재하는 것으로, 인지학만이 세상에 존재하는 본질적인 실체와 인간의 실체를 인식할 수 있다고 본다. 슈타이너는 형태, 삶, 의식이라는 삼체성에 기초하여 인간의 본성을 육체, 영혼, 정신으로 이해하였다.

신체는 감각을 수반하며 감각적 세계를 경험하고 인식하는 수단이 되며, 영혼은 외부 세계로부터 받는 육체적 자극에 대응하여 하나의 고유한 세계를 형성해 나가는 내면세계를 의미한다. 정신은 인간이 지각한 내용이나 행동에 대해 사고하는 것이다. 인간이 감각을 통하여 인식하고 이런 육체를 통하여 자신의 세계를 가질 수 있게 하는, 육체와 영혼의 세계를 고귀한 존재로 나타나게 해주는 것이 정신의 영역이다. 인간의 육체, 정신, 영혼은 서로 통합되어 상호작용 될 때 비로소 참다운 의미의 인간 존재가 가능한 것이다.

슈타이너는 자신의 인지학적 방법으로 육체처럼 영혼과 정신의 파악도 가능하며, 인간의 발달은 외적으로 보이는 신체적인 것과 직접적으로 보이지 않는 정신적인 것이 인간의 개체를 통합하여 의식화하는 형태로 이루어진다고 보았다. 그리고 인간의 본질을 물리적 신체, 에테르체, 아스트랄체, 자아체의 4개 구성체로 구별하여 설명하였다.

- 물리적 신체 : 물리적 신체는 눈에 보이고 느끼는 신체를 뜻하며, 무기질과 자연의 요소로 구성되어 있어 관찰되어질 수 있다. 인간은 신체를 통해서 외부 대상과 관계를 형성하고, 지각되어진 것에 의해 육체를 재구성하게 된다.

- 에테르체 : 에테르체는 생명체라 일컬어지며, 물질이 아닌 눈에 보이지 않는 힘, 에너지의 작용으로 배설, 호흡, 성장, 외부자극에 대해 반응하는 것 등의 기능을 포함한다.

- 아스트랄체 : 아스트랄체는 영혼 육체 또는 감정체라 일컬어지며, 고통, 쾌락, 충동, 열정 등의 감정을 느끼게 하는 것을 말한다. 아스트랄체는 식물에게는 없으며 인간과 동물에게만 존재한다.

- 자아체 : 자아체는 동물과 구별되는 인간의 요소로 신체, 생명체, 감정체들을 조화시키는 기능을 한다.

(2) 인지학적 발달론

슈타이너는 인간의 발달에 대해 출생에서 21세까지를 7년 주기로 나누어 구분하였으며, 인간은 이 기간 동안 구별 가능한 특수한 학습과 소질의 성향들이 있다고 보았다(송준식, 사재명, 2008). 첫 번째 단계는 출생에서 7세까지이며, 두 번째 단계는 7~14세, 세 번째 단계는 14~21세로 인간은 반드시 이 3단계를 거치게 되며, 그에 대한 구체적인 내용은 다음과 같다.

- 제1의 7년기(출생~7세) : 물리적 신체의 탄생

이 시기의 영유아를 감각적인 존재로 보고 감각적인 실제 경험을 통한 학습을 강조한다. 이러한 학습의 기본 형태는 모방이다. 교사는 어떤 행동방식을 요구하지 않고 교사의 행동과 유치원의 구성을 통해 영유아들 내부의 모방 행동과 모방 학습을 자극하면서 영유아들의 개성을 존중한다.

- 제2의 7년기(7~14세) : 에테르체-생명체의 탄생

이를 갈기 시작하면 생명체가 외계에 나온 것을 뜻하며, 생명체는 기억, 습관, 기질, 성향을 관장한다. 이때부터 학습을 시작해도 좋다고 보며, 예술에 대한 감각이 눈을 뜨게 되는 때이다. 특히, 예술 중에서도 생명체의 진동과 같은 음악에 대한 감각이 깨어나기 시작한다. 학교 공부의 본질은 모두가 감정을 통한 것이어야 한다.

- 제3의 7년기(14~21세) : 아스트랄체-영혼 육체/감정체

청소년은 개인의 관심과 취미를 발달시키는 능력과 인식문제에서 독립적인 판단을 얻으려고 노력하며 영혼의 기초가 눈을 뜬다. 또한 세계와 인간에 대한 더 깊은 인식 욕구가 나타나고 추상적 사고 능력이 생기며, 자신의 영혼의 힘, 즉 감정과 의지로 환경과 더 자유롭게, 더 독립적으로 맞선다. 따라서 학교 수업은 심층적인 학문적 생활 태도의 시초를 닦는 데 기여한다. 상상력과 권위에 기초하여 받아들여진 그 이전의 지식을 자신의 논리로 확신을 가지고 말할 수 있게 되어야 한다.

이러한 인간의 발달 단계를 정리하면 [그림 6-4]와 같다.

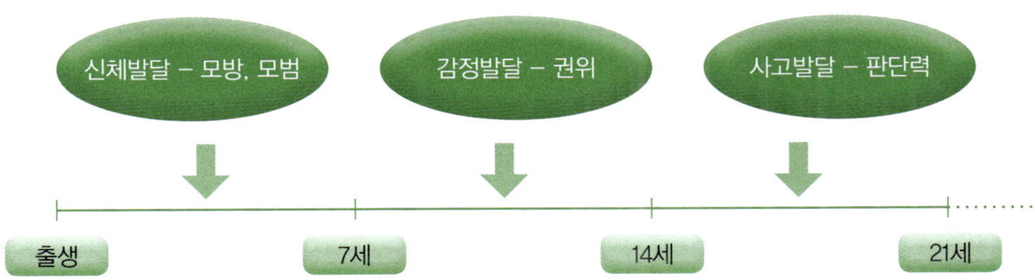

[그림 6-4] 인간의 발달 단계

(3) 기질론

슈타이너의 기질론은 그의 인간론의 기초 위에서 해석된 것으로서 영유아 교육에 있어 중요한 근거로 제시된다. 그는 인간의 기질을 다혈질, 담즙질, 우울질, 점액질의 네 가지로 분류하여 제시하였으며, 교사는 기질에 대해 올바로 이해하여야 할 뿐만 아니라 각 기질에 따라 교육적 처방이 달라져야 한다고 주장하였다.

일반적으로 사람들은 이 다양한 기질을 모두 가지고 있어서 어느 한 가지의 특정한 기질만으로 단정 지어 말하기는 힘들다. 그렇다고 네 가지 기질을 균등하게 가지고 있는 것도 아니라 개개인에 따라 어느 한 기질이 우세하기도 하고 열등할 수도 있다. 따라서 슈타이너의 교육에서 교사는 영유아 개개인의 기질을 잘 파악하고 다룰 수 있어야 한다. 즉, 기질은 어느 의미에서 개인성의 특징을 나타내는 것으로써, 교사는 이러한 영유아의 개별성을 잘 파악하여 그에 적합하게 교육시켜야 한다. 따라서 슈타이너는 학급을 운영할 때, 다른 기질의 아이들을 무작위로 섞어 놓는 것보다는 같은 기질의 영유아끼리 집단 구성을 하는 것이 더 효과적이라고 하였다. 각 기질에 대한 특성과 장단점은 표와 같다.

〈표 6-1〉 기질의 종류 및 특성

기질 구분	특 징	단 점	처 방
다혈질	• 기분이 가볍고 충동적임. • 천진난만함과 낙천성으로 주위를 즐겁게 함. • 자유로움, 호기심이 왕성함.	• 침착성이 부족함 • 지속성이 없음 • 완성도가 낮음	• 에너지 소모 • 운동
담즙질	• 기분이 강하고 뜨거우며 격함. • 행동적이고 목표를 향한 의지가 강함. • 능동적이며 지구력과 지도력이 있음.	• 타인에 대한 인정이 결여되어 있음. • 자신의 정의감을 타인에게 강요함. • 횡포, 복수, 공격성 있음.	• 흥미롭게 할 수 있는 것을 제공함. • 에너지를 소모시킬 수 있을 만큼 풍부한 환경 제공.
우울질	• 기분이 자기 내면에 있고 감상적임. • 자아중심적이며 작은 일에도 마음을 씀. • 충성심이 있고 성실하며 너그러운 마음과 감정을 가짐.	• 사소한 일에 민감함. • 가끔 주위까지 기분을 어둡게 함.	• 타인의 고통의 경험을 알게 함.

기질 구분	특 징	단 점	처 방
점액질	• 기분의 움직임이 적고 침착함. • 외부와 조화적이긴 하나 무관심하며 자기 속에만 잠김. • 화를 내지 않고 평화를 사랑함.	• 까다롭고 힘든 일을 싫어하며 게으름. • 냉소적이거나 방관적임.	• 다른 사람이 관심을 보일 때 오는 이익을 제시해 줌.

3) 발도르프 교육의 원리

발도르프의 교육 목적은 슈타이너의 인지학적 인간학에 기초하여 영유아들의 신체, 인지, 정신적 발달뿐만 아니라 영혼적인 부분까지도 고려하여 교육하는 전인적인 인간교육을 추구하는 데 있다. 교육에 있어서 발달은 중요한 의미를 가지는 것으로, 발도르프 교육에서는 다른 어떤 단계의 교육보다 더 집중적으로 영유아의 발달에 대하여 관찰하고 각각의 성장과정을 배려하여 실시해야 한다. 발도르프 교육의 중요한 교육 원리는 다음과 같다(곽노의, 1999; 강인구, 최경, 2006).

(1) 모방성에 기초하는 교육

발도르프 교육에서의 영유아기 기본적인 학습 방법은 모방이다. 발도르프 교육에서 모방은 어른의 행동을 흉내 내는 것이 아니라 성인과 영유아의 내적인 유대를 일컫는 것을 의미한다. 영유아는 외부로 표현되는 주변 사람의 의식적 · 무의식적인 행위, 몸짓, 말하기 등을 모든 감각기관으로 파악하여 모방하는데, 이때 영유아는 단순히 신체의 외면적인 행위나 몸짓을 모방하는 것만이 아니라 주변 사람이 생각하고 느끼고 있는 내면세계와 정신적인 세계까지도 모방하게 된다는 것이다. 무엇보다도 모방은 영유아 내면에 있는 자유의 표현이기 때문에 모방성에 의한 교육은 강제로 시키는 것이 아니라 영유아 스스로가 움직이고 싶을 때 자의에 의해 이루어지는 것이다.

(2) 상상력을 중시하는 교육

슈타이너는 영유아를 상상력이 가득 차 있는 존재로 보았으며, 영유아의 내면에는 상상력이 숨겨져 있다고 하였다. 이러한 영유아의 상상력을 건전하게 길러 주기 위해서 교사들이 가장 신경써야 할 부분은 놀잇감이다. 발도르프 교육에서 놀잇감은 상상력을 자극할 수 있도록 단순하고 소박하게 만들어진 인형이나 정해진 기능이 없는 단순한 자연물이다. 이러한 놀잇감은 항상 정해진 자리에 두어 영유아가 다시 놀이를 시작하기 좋도록 안정감을 주어야 한다. 또한 영유아의 상상력을 자극하기 위하여 동화는 매일 구연으로 반복하여 들려 준다. 동화는 밝고 건강한 세계를 그린 내용이어야 하며, 교사 자신의 마음을 표현하는 목소리로 해 주고 녹음기 등과 같은 전자매체는 사용하지 않는다.

(3) 리듬을 경험하는 교육

슈타이너는 인간의 존재 전체가 리듬과 관계가 있다고 보고, 리듬을 교육에서 아주 중요한 요소로 생각하였다. 따라서 발도르프 유치원에서는 틀에 박힌 형식을 만들지는 않지만 하루 일과나 요일별 활동, 행사를 주기적으로 반복하는 리듬적 주기를 가진다. 반복되는 생활 리듬은 안정된 생활 패턴을 의미하는 것으로, 유치원의 일과는 들숨과 날숨의 반복되는 활동으로 구성된다. 즉, 아침에 등원하는 영유아는 각자의 충동과 욕구를 가지고 오므로 자신을 충분히 표출할 수 있는 날숨 자유놀이를 하고, 이후 짧은 들숨인 아침 모임이나 라이겐을 하는 식의 일과를 반복한다. 이러한 리듬을 통해 영유아는 안정감 있게 자신의 의지력을 단련시키고 책임감을 길러 갈 수 있다.

4) 발도르프 교육의 내용과 특성

발도르프 유아교육기관에서는 만 3, 4, 5세 혼합연령으로 학급을 구성하며 개별화 교육을 지향한다. 따라서 유치원에서의 교육 활동은 자유놀이가 주를 이루며, 아침 모임과 같은 서클 형태의 활동이 함께 이루어진다. 자유놀이 시간 동안 영유아들은 다양한 예술적 활동을 경험하고 축제나 기념일을 위한 활동들을 수행하기도 한다. 발도르프 교육의 중요 교육은 자유놀이와 예술적 활동으로 나누어 설명할 수 있는데 이를 살펴보면 다음과 같다.

(1) 자유놀이

발도르프 유아교육기관에서 자유놀이는 교육의 핵심이라 할 수 있다. 영유아들은 등원하자마자 교실과 실외에 흩어져 장난감과 도구를 가지고 한 시간 반에서 두 시간 동안 자유롭게 놀이한다. 슈타이너는 유치원에서의 과제는 삶의 활동들을 영유아의 놀이 속에 스며들어 갈 수 있는 형태로 유도해 내는 일이며, 놀이는 통합적 존재로서의 인간을 위하여 꼭 필요한 교육 활동이라고 하였다. 놀이를 통하여 영유아는 주위 환경이나 사람들로부터 체험한 것들을 표현하며 인생과 생활을 배우고 공동체의 경험을 익히게 된다는 것이다. 또한 자연과의 실제적인 접촉을 중요하게 생각하여 실외놀이, 산책, 화단 가꾸기 등의 일과를 반복적으로 구성하며 자연 소재로 만든 놀잇감으로 활동한다.

(2) 예술적 활동

자유놀이 외에 발도르프 교육기관에서는 예술적인 활동을 강조한다. 예술은 인간의 의지 본성에 특별히 깊게 작용하는 것으로, 발도르프 유아교육기관에서는 영유아들이 예술을 통하여 주변 세계를 이해하고 관계를 형성하는 방법을 가르친다. 발도르프 유아교육기관에서 이루어지는 예술적인 활동은 노래, 라이겐, 오이리트미 등과 같은 음악적 · 시적 활동과 바느질, 조각, 습식 수채화 등과 같은 조소적 · 조형적인 활동으로 구분되어진다. 음악적 · 시적 예술의 대표적인 활동으로 오이리트미를 들 수 있다.

- 오이리트미 : 오이리트미는 슈타이너가 창안한 예술적으로 구성된 신체활동으로, 노래하고 말할 때 들리는 모든 소리를 신체 움직임으로 눈에 보이게 표현하는 것이다. 즉, 아름다운 리듬, 조화로운 리듬을 통하여 작용하는 생명력의 움직임으로 영적인 것을 몸으로 표현하는 것이다. 이를 통해 영유아는 내적 균형감각과 다른 사람과 함께하는 공동체 속에서 완전함을 경험하게 된다.

- 라이겐 : 라이겐 또한 리듬 활동의 하나이며 시나 동화, 노래를 가지고 신체적인

움직임을 표현하는 것으로, 계절과 절기, 특별한 축제나 행사 날과 같이 1년의 생활 흐름이 반영되어 실시된다.

- 습식 수채화와 밀랍 크레용 그리기 : 슈타이너는 조소적 · 조형적 감각을 기르기 위해서는 색채와 친해지는 것이 우선되어야 한다고 보았으며, 이를 위해 발도르프 유아교육기관에서는 습식 수채화와 밀랍 크레용으로 그리는 활동이 이루어진다. 습식 수채화는 도화지를 물에 담궈 적신 후에 그 위에 물감으로 자유롭게 그리는 활동이다. 이를 통해 영유아들은 물에 젖은 도화지에 물감이 스며들면서 만들어지는 은은한 선을 탐색할 수 있고, 각이 진 경계가 없는 색의 혼합과정을 자연스럽게 경험할 수 있다. 습식 수채화 활동은 영유아들에게 색에 대한 감각적 인상을 넘어서서 색의 정신적 질에 대한 무언가를 중개하는 중요한 교육 활동이라 여긴다.

5) 발도르프 유아교육기관의 환경과 놀잇감

슈타이너는 7세까지의 교육에 있어서 가장 중요한 것은 주변환경이라 여겼다. 따라서 교사는 영유아들에게 풍요롭고 영감을 주는 환경을 제공하고 모든 일이 잘 형성되기를 격려하며, 교실에서 사용하는 재료의 물리적 배열뿐만 아니라 그 재료의 종류와 특성들에 대해서도 주의를 기울여야 한다고 하였다.

발도르프 유아교육기관은 실외와 실내 공간으로 구성된다. 소란하고 혼돈스러우며 여러 가지 색상들이 뒤엉켜 있는 분위기는 영유아에게 흥분과 자극을 초래하므로, 실내 환경은 친밀감 있고 쾌적하며 밝고 연한 자연적인 색감들로 구성한다. 또한 교육기관의 건물은 자연의 이치에 맞도록 지붕이나 교실, 복도 등을 각이 없이 둥근 곡선으로 처리하고, 개인 사물함이나 의자에는 자연스러운 나무색을 사용한다.

놀잇감은 영유아의 상상력을 자극하고 촉진할 수 있도록 단순한 자연의 것들을 이용한다. 예를 들면, 나무토막과 껍질, 흙으로 빚은 그릇, 자연에서 나는 여러 가지 열매들, 천연 염료로 염색한 다양한 색의 보자기, 눈, 코, 입이 없는 헝겊 인형 등은 발도르프 유아교육기관 교실에서 흔히 볼 수 있는 놀잇감들이다. 이러한 놀잇감들은 대부분 교사에 의해 직접 만들어지며, 텔레비전이나 컴퓨터 등의 전자제품은 교수매체로 사용하지 않는다. 실외환경은 자연스럽게 거닐거나 뛸 수 있는 자연적인 공간이 필수적으로 마련되어야 한다.

6) 하루 일과와 교사 역할

(1) 발도르프 유아교육기관의 하루 일과

발도르프 유아교육기관의 하루 일과는 계획적이고 정형화된 하루 일과표의 개념을 사용하기보다는 영유아가 호흡하는 것 같이 반복되는 리듬을 고려하여 계획되고 실천된다. 그러나 전체적으로 커다란 윤곽은 잡혀져 있으며, 동적인 활동과 정적인 활동을 고려한 하루의 일과가 매일 일정한 시간에 반복된다. 이러한 활동을 통하여 영유아들은 반복되는 리듬을 경험하며 시간적인 질서의식을 익히고 자연 세계와의 관계를 느낄 수 있게 된다.

발도르프 유아교육기관에 다니는 영유아들은 등원과 동시에 자유놀이를 실시한다. 자유놀이는 실내와 실외에서 자유롭게 이루어지며, 축제 준비나 졸업 작품 준비 같은 특별한 활동이 개별적으로 이루어지기도 한다. 자유놀이 시간에 교사는 영유아들을 관찰하면서 간식을 준비하는데, 이때 간식 준비 참여 의사를 표하는 영유아들과 함께 간식을 만들기도 한다. 자유놀이가 끝난 후 영유아들은 손을 씻고 장미기름을 바른 후, 계절탁자 주위에 둥그렇게 모여 앉아 손유희를 하거나 라이겐을 한 후 간식을 먹으며, 간식을 먹은 후에는 교사와 영유아가 함께 설거지를 하여 간식 그릇을 정리한다. 간식을 먹은 후에는 각 반의 상황에 따라 오이리트미, 실외 자유놀이, 긴 산책 등을 실시하고 부모와 함께 개별적으로 귀가한다.

다음의 내용은 독일의 슈트트가르트에 위치하고 있는 존넨베르크(Sonnenberg) 발도르프 교육기관의 하루 일과와 특별활동을 정리한 내용이다.

08:00 – 09:50	등원 및 자유놀이(수공예, 목공, 모래놀이, 크레용 그림, 정원에서 놀기, 간식 준비 등 / 영유아들의 자유로운 선택)
09:50 – 10:00	아침 모둠 준비(의자 옮기기, 화장실 다녀오기)
10:00 – 10:20	아침 모둠 및 라이겐, 손에 기름 바르기
10:30 – 10:50	간식
10:50 – 11:00	정리정돈 및 화장실 다녀오기
11:00 – 11:50	실외 자유놀이(흙놀이, 목공놀이 등) / 긴 산책 / 오이리트미 등(각 반의 상황에 따라 다르게 운영)
11:50 – 12:00	정리정돈
12:00 –	귀가(부모와 함께 개별적으로 이루어짐)

(2) 발도르프 유아교육기관의 교사 역할

발도르프 유아교육기관의 교사들은 영유아들에게 모방의 대상이 되는 존재로, 교사는 자기 수양 또는 자기교육을 지속적으로 실천해야 하며 영혼과 정신과 신체를 통합하는 교육을 실시해야 한다(홍지연, 2002). 정상적으로 발달해 가는 모든 어린이는 어른들의 행위 세계를 모범으로 하고 있으며, 바로 여기에서 그의 행동, 말하기, 태도의 자극을 받게 된다. 따라서 교사는 자기 일을 하면서 영유아 하나하나를 자신의 의식 안에 넣고 있어야 한다. 교사는 사랑으로 교육하며, 영유아의 발달 단계와 정신적 발달에 필요한 것을 적절하게 제공하면서 영유아 스스로가 자기 삶의 목적을 찾을 수 있게 도와주고 진정한 자유로 이끌어 가야 한다.

슈타이너는 최초의 발도르프 학교의 개교를 위하여 교사교육을 하였을 때 교사들의 마음에 호소하며 네 가지의 관점을 잊지 말아야 한다고 하였다(김성원, 2002).

첫째, 교사는 전체적으로나 세부적으로나 직무를 의식적인 태도로 수행하고, 어떤 이야기를 할 때나 어떤 생각과 느낌을 표현할 때도 그것이 학생들의 영혼에 깊은 영향을 준다는 것을 염두에 둘 필요가 있다.

둘째, 교사로서 세상의 일, 인간에 관계되는 일이라면 어떤 세속적인 일이나 고약한 일이라도 그 모든 것에 흥미를 가져야 한다.

셋째, 교사는 마음속의 허위에 대해서는 결코 타협하지 말아야 하며, 마음 깊은 곳에서 진실한 사람이어야 한다.

넷째, 교사에 있어서 황금률인 것으로, 항상 생기 있고 신선한 혼의 기분을 유지해야 하는 것이다. 이것이 교사가 노력해야 하는 내용이다.

3. 레지오 에밀리아 접근법

1) 레지오 에밀리아 접근법의 발전 과정

레지오 에밀리아 접근법은 지역사회와 밀접하게 소통하고 교류하는 대표적인 교육 프로그램으로, 진보적이고 사회주의적 성향이 강한 이탈리아의 중소도시인 레지오 에밀리아에서 시작되었다. 즉, 제2차 세계대전이 끝난 후인 1945년 이탈리아 지방도시 레지오 에밀리아 부근의 빌라 셀라의 주민들이 전쟁 잔해인 탱크와 트럭 등을 판 돈과 한 농부가 기증한 땅에 자녀교육을 위한 교육기관을 세우면서 시작되었다. 자녀교육에 열정적이었던 부모들과 '학교가 삶의 의미와 미래의 의미를 갖는 장소'로 간주되어야 한다는 말라구찌의 노력의 결합에 의해 탄생되어, 출생에서 3세까지 영아를 위한 학교와 종일제로 운영되는 3~6세를 위한 유아학교의 시작으로 레지오 에밀리아 교육은 출발되었다.

그 후로 레지오 에밀리아는 1963년 2개의 학급이었던 것이 1972년에는 34개의 학급으로, 그리고 1974년에는 시의 3~6세 어린이 44%가 다닐 수 있는 43개의 학급으로 증가되었고, 이후에도 계속 증가하여 13개의 영유아센터와 20개의 유치원이 설립되어 운영되고 있다.

레지오 에밀리아 접근법은 유럽에서 각광을 받았으며, 1991년에는 미국의 〈뉴스위크〉지가 뽑은 세계에서 가장 훌륭한 10개 학교 중 유아교육 분야에 선정됨으로써 전 세계적으로 알려지기 시작하였다. 한국에서도 레지오 에밀리아 접근법은 교육현장에 새로움을 가져오는 하나의 방편으로 인식되어 1990년 초부터 현장을 중심으로 소개되었다.

2) 레지오 에밀리아 접근법의 기본 이론

(1) 레지오 에밀리아 접근법의 철학적 배경

레지오 에밀리아 접근법은 특정 교육이론을 기반으로 개발되었다기보다는 교육현장에서 교사와 부모들이 경험을 통해 구성한 지식을 기존의 이론을 통해 확인하는 방식으로 발전되어 왔다. 즉, 레지오 에밀리아 접근법은 듀이의 진보주의, 피아제의 구성주의, 비고스키의 사회문화적 구성주의, 가드너의 다중지능이론 등을 수용하거나 상호작용하면서 발전된 교육체제이다.

듀이는 경험을 통한 학습, 자발성, 흥미의 원리에 따르는 교육 등을 주요한 교육원리로 삼고 외적 통제에 의한 교육을 배제할 것을 주장하였다. 듀이의 사상은 교사 중심의 교육에서 학습자 중심의 교육으로 변화하는 계기를 마련하였고, 학습자의 능동적이고 구성적인 교육을 중시하였다. 레지오 에밀리아 접근법은 이러한 듀이의 사상을 잘 받아들여 영유아 중심의 교육을 실천하고 있다. 레지오 에밀리아 접근법에서는 교육을 영유아 자신의 자기활동에 기초한 능동적이고 구성적인 것으로, 영유아 주변의 사람들과의 토론, 협상, 표현과 탐색, 재탐색 등의 순환적인 과정을 통해 이루어지는 것으로 여기고 이를 실천한다.

또한 레지오 에밀리아 접근법은, 영유아는 환경과의 적극적인 상호작용을 통하여 자신의 인지구조를 재구성해 나가는 능동적 학습자이며 발달과 학습에 있어서 가장 중요한 것은 영유아의 자발적 활동이라는 피아제의 이론을 수용하고 이를 실천한다. 또한 지식은 사회적 참여를 통해 구성되며, 효과적인 교수-학습을 위해서는 비계설정이 중요함을 역설한 비고스키의 이론도 수용하고 있다. 레지오 에밀리아 접근법에서 교사들은 영유아의 생각과 표현에 귀를 기울이고, 성인 및 또래들과의 사회적 상호작용을 중심으로 상호 간 협력을 강조하는 프로젝트 활동을 지원한다. 즉, 레지오 에밀리아 접근법에서는 성인 또는 앞선 또래의 도움이나 상호작용, 협동을 통한 프로젝트 학습, 사회적 상호작용과 상징화주기 등의 원리를 수용하여 교육의 실제로 적용한다.

레지오 에밀리아 접근법에서는 지능의 다차원적인 특성을 주장하는 가드너의 다중지능이론을 교육적인 상황에서 반영하고 있다. 가드너는 지능은 어떤 문화권에서 가치 있게 인정되는 문제를 해결하거나 창조해 내는 능력으로, 학습자 개개인은 서로 다른 지적인 능력을 가진다고 보았다. 이러한 가드너의 이론은 영유아의 개별적 차이를 존중하는 레지오 에밀리아 접근법에서 적절하게 반영되어 표출되고 있다. 즉, 다중지능이론은 프로젝트 과정에서 각 영유아들마다 다른 특성들이 반영되어 활동이 이루어지도록 함으로써 개개인의 특성과 장점들이 계속되는 프로젝트 활동 속에서 자연스럽게 반영되도록 하는 데 기여하였으며, 개별화된 활동과 학습 영역 배치에 대한 근거를 제공하여 영유아들이 자신의 흥미에 따른 활동을 선택하면서도 통합적 경험을 할 수 있도록 하였다.

(2) 아동에 대한 이미지

피아제의 구성주의와 비고스키의 사회적 구성주의 가치들에 의해서 볼 때, 레지오 에밀리아 접근법에서 영유아들은 사회적 상호작용에 개입하고 관계를 맺고 주변 환경에 대한 흥미와 호기심을 갖고 협상하는 능력을 지닌 존재이다. 또한 영유아는 세상에 대해서 열린 마음을 갖고 있고, 스스로 지식을 구성할 수 있는 능력을 가지고 있으며, 삶에 대한 나름대로의 방향과 욕구를 가지고 있다.

따라서 영유아는 자기 지식의 구성자로서 또래와 성인, 사물 및 실제적이면서 가상적인 사건들과 관계를 맺고 상호작용 하면서 자신들의 정체성, 능력, 자율성을 능동적으로 조직하는 참여자로서 유능한 존재인 것이다. 즉, 레지오 에밀리아 접근법에서 영유아를 바라보는 관점은 '행복한 어린이', '강한 어린이', '능력 있는 어린이' 인 것이다(김은희 외, 2006). 따라서 교사를 비롯한 성인들은 무한한 잠재력을 가진 영유아가 스스로 지식과 학습을 건강하게 구성해 나갈 수 있도록 그들의 학습을 촉진하고 그들의 발달과 특성에 적합한 바람직한 환경을 제공해야 한다.

3) 레지오 에밀리아 접근법의 특징 및 교육 원리

레지오 에밀리아에서는 영유아를 사회문화적 환경에 능동적으로 적응해 가는 주체적 존재로 인식한다. 따라서 레지오 에밀리아에서는 영유아의 마음과 생각이 학습활동에서 적극적으로 활용되기를 기대한다. 레지오 에밀리아 접근법의 특징 및 교육원리는 참여를 통한 관계의 교육, 다상징적 표상활동, 프로젝트를 통한 발현적 교육과정, 순환성에서 상징화주기, 귀 기울임 및 학습의 가시화로서의 기록 작업 등을 들 수 있다(김창숙, 2009). 이에 대한 내용은 다음과 같다.

(1) 참여를 통한 관계의 교육

참여를 통한 관계의 교육이란 대화, 토론, 합의, 갈등 등을 내포하는 개념으로 의사소통과 협동의 기반이 되는 것이다. 레지오 에길리아 교육에서는 영유아 개인보다는 상호 관계를 맺고 모든 대상이 함께 공유하는 공동체 중심의 교육을 지향한다. 영유아는 또래나 교사 등의 주변 사람들과 관계를 맺는 과정에서 서로에게 영향을 주고받으며 생명력 있는 교육을 받기도 하고 때로는 갈등을 경험할 수도 있다. 레지오 에밀리아 접근법에서는 이 과정에서 경험하는 사회 인지적 갈등을 학습의 중요한 기제로 보고, 이들의 갈등을 발전적인 토의나 새로운 학습의 계기로 활용하고자 한다. 따라서 레지오 에밀리아 교육기관의 영유아들은 또래 간 상호작용에 참여하여 상징적, 언어적 의사소통을 하고 상호 간 불일치와 일치를 경험하며 협상해 나가는 과정에서 자신에 대한 정체감을 형성해 나갈 수 있다.

(2) 다상징적 표상활동의 강조

표상이란 현존하지 않는 자극이나 사물을 원래의 자극과 가장 유사하게 시간에 관계 없이 재현하는 것으로, 그림, 언어, 상징놀이, 자연 모방 등이 있다(우정희, 2004). 다상징적 표상은 레지오 에밀리아 접근법에 있어서 가장 중요한 학습 방법이자 교육과정의 결정적인 핵심요소이다. 다상징적 표상은 자신의 생각과 느낌을 말로 표현하는 언어 표상과, 사인펜이나 연필을 사용하여 밑그림을 그리고 종이나 나무를 통해 구성물을 제작하고 점토를 이용해 구성해 보는 그래픽 표상 등이 있다.

이 밖에도 몸짓이나 신체로 표현하는 신체 표상, 노래를 통한 음악 표상, 극화 표상도 있다. 레지오 에밀리아 교육기관의 영유아들은 이러한 다양한 매체를 이용하여 표상활동을 함으로써 다양한 경험을 축적하고 창의력과 표현능력을 신장시킬 수 있다.

(3) 프로젝트 활동을 통한 발현적 교육과정

레지오 에밀리아 접근법의 교육과정은 발현적 교육과정으로 설명할 수 있다. 발현적 교육과정은 교사가 사전에 교육을 계획해서 실시하는 주제나 단원 중심의 교육 활동과는 다르게 영유아의 관심과 흥미, 사고 등을 교육과정에 반영하여 깊이 있는 탐색과 학습을 자연스럽게 유도하는 교육이다. 즉, 영유아들의 흥미로부터 교육과정이 유도되며 교사–영유아, 영유아–영유아 간 상호협동의 중요성을 강조하고 여러 다양한 학습자들을 위하여 복합적인 기회를 주는 학습 활동에 가치를 둠으로써 영유아의 능력이 발현되고 잠재력이 촉진되는 교육을 말한다.

레지오 에밀리아 접근법에서 말하는 프로젝트의 의미는 교수–학습방법이 아니라 열린 사고방식을 의미하는 용어로, 확실하지 않은 사고가 다른 사람과의 연계과정 안에서 타인들의 사고에 의해 완성되는 것을 의미한다(Rinaldi, 1993). 레지오 에밀리아 접근법에서 프로젝트를 실시할 때는 영유아의 흥미를 토대로 교사가 주제를 선정한다. 즉, 영유아들이 관심을 보이는 것, 영유아들에게 교육적으로 가치가 있는 것, 그리고 사회적 · 문화적 맥락에서 의미 있는 것이 무엇인가를 고려하여 어린이들이 무엇을 배우고, 경험하게 하고, 표현하게 할 것인가를 결정하여 주제를 선정한다.

프로젝트를 시작할 때는 무엇인가를 결정하기보다는 진행되는 과정에서 교사와 영유아의 지속적인 평가를 바탕으로 계획을 세우고 지속해 나간다. 영유아들이 프로젝트를 할 때 교사는 영유아들의 활동을 매일 점검하고, 그들의 아이디어와 다음날 새로 추가할 것, 어려웠던 것, 도전할 만하다고 느낀 것 등에 대하여 함께 토론한다. 즉, 레지오 에밀리아 접근법에서의 교육과정은 교육자로서의 판단과 영유아의 학습과의 연속되는 협상에 의해 무엇인가를 발현하게 되며, 학습도 순환적(cycling/recycling)으로 전개되는 특성을 보인다.

(4) 기록화 작업과 전시

기록이란 자신이 이해하고 해석한 것을 적는 것으로, 레지오 에밀리아 접근법에서는 영유아들의 활동과정을 기록으로 남기는 과정과 그 행위의 결과 모두를 중요하게 여긴다. 특히 레지오 교육자들에게 기록 작업은 단순한 자료 모음 이상으로, 이해를 위한 것이며 의미를 창출하기 위한 것이다(오문자, 정선아, 김희연, 2010). 즉, 레지오 에밀리아 접근법에서의 기록은 좀 더 아이들의 언어에 귀 기울여 무엇을 말하고자 하는지 그 의미를 해석하는 작업이며, 이 과정에서 교사는 자신의 교수 방법 및 태도를 회상하고 반성함으로써 좀 더 발전적인 연구자로서 깊이 있게 영유아를 이해하게 되는 작업으로서 의미를 가진다. 따라서 기록의 핵심은 귀 기울임(listening), 반성적 사고(reflection), 서로의 다름에 대한 열린 자세(openness)라고 할 수 있다.

기록화 작업은 비디오, 슬라이드, 전사된 녹음기 등의 다양한 방법을 통해 이루어지며, 유아 활동의 전 과정을 기록한다. 기록된 자료는 영유아들의 활동과정과 그들이 활동에 부여하는 의미, 그들이 사용하는 상징과 상징체계를 확장시키는 과정 등을 이해하는 데 근간이 된다. 또한 기록은 기록으로 끝나지 않고 전시로 이어진다. 전시를 통해 기록은 교육의 세 주역인 학습자인 영유아, 교사, 부모 모두에게 유용한 자료로 활용된다.

영유아들은 기록 작업을 통해서 자신들이 말하고 행했던 것을 재방문하고 기억의 창고로 삼을 뿐만 아니라, 기록의 전시를 통해 자아 존중감을 높이고 성취감의 기쁨을 누릴 수 있다. 교사들은 기록을 통해 영유아들이 어떤 것에 흥미를 가지고 어떻게 수행하는지, 또 무엇을 알고 무엇을 모르는지, 교사 자신의 수업 방향은 어떠했는지 등을 반성적으로 사고할 수 있으며, 때로는 자신들의 연구와 수업 향상을 위한 도구로 활용하기도 한다. 부모들에게는 자신의 자녀들이 교육기관에서 어떤 활동을 하고 있는지, 교육기관에서 어떤 일이 어떤 과정으로 발생하는지를 상세하게 알림으로써 가정, 지역사회와 소통하고 협력할 수 있는 기틀을 제공하기도 한다.

결과적으로 레지오 에밀리아 접근법에서의 기록화 작업 및 전시는 영유아 자신은 물론 또래, 부모, 교사 및 동료 교사, 기관 방문자에게 영유아에게서 나타난 변화를 보여줌으로써 이들의 발달과 성취도를 알게 해 주고, 특히 부모들에게 자녀교육에 대한 대화의 통로가 자연스럽게 형성되도록 돕는 역할을 한다.

4) 물리적 환경과 공간의 배열

(1) 물리적 환경

환경은 사회적 상호작용과 탐구, 건설적 학습을 자극하는 유용한 '그릇'인 동시에 교육적 메시지를 담고 있다(Fillipini, 1990; 홍지연, 2002에서 자 인용). 레지오 에밀리아 교육자들은 이와 같이 환경에 담긴 교육적 의미를 인식하고 제3의 교사로 여겨 환경을 설계하는 데 많은 에너지를 쏟는다. 즉, 레지오 에밀리아 접근법에서 지향하는 교육철학, 교육이론 및 교육내용이 최대한 실현될 수 있도록 심미적인 요소들(선, 형, 색채, 빛, 움직임 등)을 고려하여 환경을 설계한다.

레지오의 물리적인 환경의 특징은 순환성과 투명성의 개념으로 정리할 수 있다(이기숙, 2013). 순환성이란 모든 공간이 자연적으로 연결되어 있어서 막힘없이 어느 곳으로나 통할 수 있다는 의미로, 레지오 에밀리아 교육기관은 건물의 어느 곳에서나 직접 연결되는 중앙 공용 공간(피아자, piazza)을 중심으로 아뜰리에, 교실, 화장실이나 부엌 같은 부대시설이 문을 통해 모두 연결되어 있다. 투명성은 같은 공간에 있지 않아도 서로의 존재를 보고 느낄 수 있는 가능성을 의미하는 것으로서, 모든 문과 창에 유리를 사용하여 서로 볼 수 있도록 하고 있다. 또한 가능한 자연색과 모든 종류의 빛(예: 자연채광, 형광등, 백열등)과 빛을 활용하는 기구(예: 투시물 환등기, 슬라이드 프로젝터, 라이트테이블, 손전등)를 많이 활용하여 투명성의 원리를 수업에서 실현하고 있다.

레지오 에밀리아 교육기관의 현관은 사람들이 환영받고 머물러 앉아 편히 쉴 수 있는 느낌을 전하도록 구성되어 있으며 다양한 재질의 의자나 벤치가 비치되어 있다. 또한 현관의 벽면은 교육기관의 교직원을 소개하는 패널을 게시하거나 교사의 일정 및 부모 참여 일정, 행사 등에 대한 정보를 제시한다. 즉, 레지오 에밀리아 교육기관의 벽은 말하고 기록하고 보여주는 공간으로 매우 중요한 의미를 지닌다. 교육기관에서 일어나는 모든 활동의 과정과 결과가 벽이라는 공간을 통해 전시되고 그 공간에 드나드는 많은 사람에게 영유아들이 기관에서 어떻게 생활하고 있으며 그 전의 영유아들과 어떻게 연결되어 있는지를 보여준다.

(2) 공간의 배열

레지오 에밀리아의 교육기관은 따뜻함과 친밀감을 주는 가정과 같은 공간, 아름다움을 발견하고 경험하고 표현하는 공간, 상호작용과 협동을 자극하고 유도하는 공간, 체험을 통한 학습이 가능한 공간, 레지오의 철학과 역사가 드러나는 공간이다(홍지연, 2002). 또한 레지오 교육기관의 공간은 영유아와 교사, 부모 모두를 위한 공간이 되도록 계획하고 조성한다. 즉, 레지오 교육기관의 공간은 영유아의 잠재력과 능력, 호기심이 표현될 수 있는 공간, 교사의 전문적인 발달을 지지하고 영유아와 부모, 교사의 의사소통이 자유롭게 실현되는 공간, 부모에게 정보를 제공하고 상호 협력을 증진시킬 수 있는 공간으로서의 의미를 지닌다.

레지오 교육기관 공간의 특징 중 가장 뚜렷하게 나타나는 공간은 피아자(piazza, 중앙 공용 공간)와 아뜰리에(atelier)이다.

- 피아자(piazza) : 피아자는 이탈리아의 모든 도시가 중심부에 가지고 있는 둥근 광장을 의미하는데, 토론을 즐기는 이탈리아 사람들의 광장문화가 교육기관에 반영되어 나타난 것으로 볼 수 있다. 따라서 레지오 교육기관은 실내의 중앙에 피아자가 있고 이를 중심으로 모든 교실이 연결되어 있다. 즉, 피아자는 레지오 교육기관에 다니는 전체 영유아와 부모, 교사가 서로 만나고 교류할 수 있는 공

간으로, 이곳은 모든 교실과 연결되어 있을 뿐만 아니라 벽면이 모두 유리로 되어 있어 다른 교실에 있어도 개방되어 있다는 느낌을 준다. 피아자라는 공간을 통해 영유아들은 다양한 활동을 경험하고 상호 간의 교류를 통하여 우정을 키워 나가며, 부모와 교사의 자연스러운 만남이 형성되고 정보를 제공하면서 교육적 협력이 증진되기도 한다. 어느 방향으로나 연결되어 있고 누구에게나 개방되어 있는 피아자는 영유아와 교사, 부모의 관계가 동등하고 평등하다는 의미를 담고 있는 공간으로 이해할 수 있다. 피아자에는 삼각 거울을 비치하고 있는데, 영유아들은 거울을 통해 자기 자신을 탐색하고 자신만의 개인적인 공간을 형성하기도 하며 공간의 가변성과 융통성을 경험하기도 한다.

- 아뜰리에(atelier) : 아뜰리에는 영유아들의 지적 호기심과 탐구심을 유발하고 자신의 생각을 다양한 매체를 통해서 자유롭게 표현할 수 있도록 별도로 고안된 곳으로 레지오 교육의 핵심적인 공간이다. 아뜰리에에는 영유아들의 다양한 활동을 지원할 수 있도록 여러 가지 미술 재료나 자원, 매체 등을 구비하여 전시해 놓는다. 즉, 돌멩이, 나뭇잎, 곡식, 조개껍데기, 씨앗, 말린 꽃, 물들인 꽃 등의 자연물과 폐품 그리고 카메라, 녹음기, 라이트테이블 등의 도구들이 비치되어 있어 영유아들의 표상활동을 지원한다. 아뜰리에는 실제적으로 다양한 매체를 통한 상징적 표상이 일어나는 장소로, 영유아들은 이곳에서 자유롭게 그리기, 색칠하기, 조각하기, 진흙으로 만들기 등의 활동을 진행한다.

5) 하루 일과와 교사 역할

(1) 레지오 에밀리아 교육기관의 하루 일과

레지오 에밀리아 교육기관의 하루 일과는 보통 월요일에서 금요일까지 오전 8시~오후 4시까지 운영된다. 부모의 사정에 따라 오전 7시 30분 그리고 오후에는 6시 20분까지 연장하여 각 기관에서 영유아들을 보호하기도 한다. 오전 중에는 학급 전체 모임(학급의 공동 관심사 이야기, 간식 먹기, 프로젝트에 관한 토론), 자유선택활동, 프로젝트 등을 하며 12시 경에 점심을 먹는다. 오후에는 낮잠(1~3시)을 잔 후 간식을 먹고, 자유 그림을 그리거나 그날의 활동에 대한 이야기 나누기 등을 하고 귀가 준비를 한다. 광장(piazza)에서의 놀이 또는 실외 활동, '동화 듣기' 또는 '노래 부르기'와 같은 활동은 상황에 따라서 자연스럽게 이루어진다.

프로젝트를 통한 발현적 교육과정이 레지오 에밀리아 교육과정의 특징이기는 하지만 영유아들이 항상 프로젝트에 참여하는 것은 아니며, 일반 교육기관에서 관찰되는 것처럼 대 · 소집단 모임, 역할놀이, 상상놀이, 적목놀이 등의 자유선택활동 등에도 참여한다.

영유아들의 활동은 교사들과 아뜰리에리스타에 의해 항상 관찰 · 기록되며, 이러한 활동은 단기 프로젝트로 진행되거나 또는 하나의 에피소드지만 상호작용에 의한 영유아의 사고 변화를 볼 수 있는 미니 스토리로 끝나기도 하며, 반의 모든 영유아들이 참여하는 1년 이상의 장기 프로젝트로 확장되기도 한다.

(2) 교사의 역할

레지오 에밀리아 교육기관에서 교사는 제3의 환경이며, 교사의 가장 중요한 역할은 영유아들을 이해하기 위하여 장기간 동안 노력하는 것이다. 이를 위해 교사들은 역할을 분담하여 매일 영유아들을 체계적으로 관찰하고, 사진을 찍고, 영유아들 간의 대화를 기록하거나 녹음한다. 이렇게 모아진 자료는 교육과정을 계획하고 평가할 때 다른 교사, 미술자원교사(아뜰리에리스타), 페다고지스타 그리고 부모들과 함께 공유하고 협의하는 데 필요한 자료로 사용되기도 한다. 레지오 에밀리아의 교육체제에서 일하는 사람들은 크게 페다고지스타, 교사, 아뜰리에리스타의 세 유형으로 나누어 살펴볼 수 있다.

■ 교육조정자(페다고지스타: pedagogista)

교육조정자는 4년제 대학에서 교육이나 심리학의 학위를 이수한 사람으로, 교육/

보육 현장에서 훈련의 과정을 거쳐 레지오 에밀리아 교육에 관계된 많은 사람과 상호작용하며 레지오의 교육기관들을 지원하고 함께 일하는 사람이다. 교육조정자들은 4–5개의 기관과 정기적으로 만나며 그곳에서 이루어지는 영유아들의 활동을 참관하고 활동과정에 대한 소개를 받으며 영유아의 프로젝트 진행에 깊이 있는 조언을 해주기도 한다.

이들이 수행하는 임무를 간략하게 정리하면 다음과 같다(우정희, 2004).

첫째, 다른 페다고지스타와 함께 유치원과 영유아센터 전반에 관련된 정책이나 문제를 토론하거나 교사의 현직교육을 계획/실행한다.

둘째, 자신이 담당한 유치원 직원의 임무 배정, 일의 양과 시간 조정, 유치원 설비의 보수와 신설 등과 같은 운영에 관련된 일을 한다.

셋째, 학교와 부모 또는 지역사회와 다양한 종류의 만남을 계획/실행한다.

넷째, 특정 주제의 프로젝트와 관련하여 좀 더 깊이 있고 폭넓은 연구를 위하여 다양한 기관 또는 전문가들과 함께 장기적인 프로젝트를 운영한다.

다섯째, 현재 진행되고 있는 프로젝트에 참여하거나 관련된 자문을 해주어 교사가 어린이들을 관찰하고, 어린이들의 말을 듣고, 프로젝트를 하고, 자신의 연구를 진행하는 기술을 향상하게 도우며, 교사가 각 가정과 상호 관계를 맺는 것을 지원해 준다.

■ 교사

레지오 에밀리아의 교육기관에는 한 교실에 2명의 교사가 주/부 교사의 구분 없이 한 팀이 되어 학급을 3년간 이끌어 간다. 원장이 없고 교직원 간 계급 구조도 없는 레지오 에밀리아 교육기관에서 교사들은 동료 교사나 가족들과 함께 계획하며, 일주일에 한 번씩 보조교사, 아뜰리에스타, 요리사, 청소부 등과 함께 모여 서로의 아이디어를 토론하고 각자가 수행해야 할 특별한 직무에 책임을 지면서 협력한다. 레지오 에밀리아 교육기관의 교사가 되기 위해서는 다음과 같은 점에 유의해야 한다(Fyfe, 1994; 김수영, 김수임, 정정희, 2013에서 재인용).

첫째, 이전에 해 왔던 교육과정을 바람직한 방향으로 점진적으로 재구조화하는 것이다. 즉, 그 전의 교수 방법을 모두 없애지 말고, 새로운 요구에 보다 적합하도록 변화시키고 적용할 필요가 있다.

둘째, 영유아들의 다양한 언어를 탐색하는 것이다. 성인과 영유아는 여러 가지 표상 매개체의 물리적 속성에 익숙해야 할 필요가 있다.

셋째, 발현적 교육과정을 계획한다. 교사들은 영유아의 언어, 그림 등의 표상활동을 통해 나타나는 아이디어를 연구하고, 영유아들과 대화하면서 적절하게 비계설정을 하고, 프로젝트의 가능한 경향을 가정하는 것 등에 대해 알아야 한다.

넷째, 더 많은 시간을 기울이며 시간을 효율적으로 사용할 필요가 있다. 교사들은 영유아들이 천천히 학습하는 것을 도와주어 영유아의 사고, 이론, 의견을 탐색하는 과정을 존중해 주어야 한다. 또한 교사들 간의 협동을 위해 집단 계획을 한다든지 공유하고 반성적 사고를 하는 데도 시간이 많이 필요하다.

다섯째, 협력을 해야 한다. 교사와 영유아의 협력, 교사와 다른 교사나 가족들과의 협력이 중요하다. 같이 토론하고 비판하면서 공유하고 반성하는 과정이 중요하다.

여섯째, 부모 및 가족을 참여시킨다. 교사들은 가족의 참여를 증진시키고 개방성과 양방향의 의사소통체제를 확립해야 한다. 그리하여 교사 조직체제의 모임에 부모를 끌여들여 학습과정의 동반자로 만들어야 한다.

■ 아뜰리에리스타(atelierista)

레지오 에밀리아 접근법의 특징적인 요소의 하나인 아뜰리에리스타는 시각예술을 전공한 사람으로, 담임교사와 협력하여 교육과정을 계획하고 수행한다. 아뜰리에리스타는 한 기관에 한 명 이상이 있으며, 매일 교실을 돌아보며 진행되고 있는 프로젝트나 소규모의 개인적 활동이 어떻게 진행되고 있는지를 탐색하고 조언한다. 또한 이들은 영유아들이 하는 프로젝트에 직접 참여하기도 하고 그들의 질문에 직접 응답해주며 프로젝트를 기록하고 전시하는 활동에도 참여한다. 최근 프로젝트에서 이들이 맡는 역할이 점차 확대되고 있는 추세에 있으며, 그들의 역할을 구체적으로 살펴보면 다음과 같다.

첫째, 전문적 지식과 표상기술을 제공하는 역할을 들 수 있다. 아뜰리에리스타는 영유아들의 표상활동을 해석하고 표상 방법과 기술을 제공한다.

둘째, 연구자로서의 역할이다. 아뜰리에리스타는 프로젝트 주제와 관련된 자료들을 찾고, 다양한 매체의 활용과 유용한 도구들을 연구하고 지원하는 역할을 수행한다.

셋째, 조력자로서의 역할이다. 아뜰리에리스타는 영유아들의 활동을 존중하고 이해하며 활동과정을 관찰하고 탐색하여 지원하는 역할을 수행한다.

넷째, 분석가로서의 역할을 들 수 있다. 아뜰리에리스타는 영유아들의 활동을 기록하여 분석하고, 이들의 활용 방안을 모색하여 전시하는 역할을 수행한다.

다섯째, 관리자로서의 역할이다. 아뜰리에리스타는 아뜰리에를 관리하고 운영하는 역할을 수행한다.

여섯째, 협력자로서의 역할이다. 아뜰리에리스타는 교사들과 자주 미팅을 가지며, 영유아, 교사 부모들과 긴밀한 상호작용을 갖고 협력하여 활동을 전개해 나간다.

<생각 나누기>

1. 세 가지 외국 보육 프로그램에서 추구하는 보육의 방향과 목적은 무엇인지를 비교하여 생각해 보자.
2. 프로젝트 접근법, 발도르프 교육, 레지오 에밀리아 접근법을 우리나라 보육현장에 적용하기 위한 방안에 대해 생각해 보자.

CHAPTER 7

보육환경

1. 보육환경의 중요성 및 구성 원리
2. 실내 보육환경
3. 실외 보육환경

보육환경은 영유아들이 장시간 머무르며 다양한 교육적인 경험과 함께 식사, 수면, 배변 등의 일상적인 생활경험이 이루어지는 공간으로, 영유아의 성장과 발달에 중요한 의미를 갖는다. 다양한 연령층의 영유아들이 생활하는 어린이집의 보육환경은, 각 연령의 발달적 특징을 고려함과 동시에 가정과 같은 편안함과 안락함을 제공하여야 한다는 점에서 영유아의 발달 수준에 적절한 보호와 교육이 함께 제공되는 공간으로 구성되어야 한다. 일반적으로 보육환경은 공간적 구성에 따라 실내 · 실외 환경으로 구분하며, 어린이집에서 생활하는 영유아의 연령에 따라 영역 구성이나 제공되는 시설, 설비, 학습 자료의 차이를 보인다.

본 장에서는 영유아의 건강한 성장 발달에 영향을 미치는 보육환경의 중요성 및 구성 원리를 살펴보고, 어린이집의 실내 · 실외 보육환경의 특징을 살펴보고자 한다.

1. 보육환경의 중요성 및 구성 원리

1) 보육환경의 중요성

인간의 성장과 발달은 인간과 환경 간 상호작용의 결과로써 이루어지므로 인간 발달에 있어서 환경의 영향은 중요한 의미를 지닌다. 특히 영유아들은 발달 특성상 주변환경을 능동적으로 탐색하며 성장해 나간다고 볼 때 질 높은 보육환경은 영유아의 발달을 결정짓는 중요한 변인이 된다.

보육환경의 실내 · 실외 환경이 구성되고 활용되는 방법은 영유아의 사회성, 독립성, 놀이 참여 정도 및 놀이 확대 수준에 영향을 미친다(이영자 외, 2000). 놀이실 공간이 다른 영유아에게 방해받지 않을 정도로 충분한 공간이 제공될 때 또래와의 긍정적인 상호작용이 증가하며(Brian, Sarah, Shrikant, Alice, & Dianne, 2007), 영유아와 놀잇감의 상호작용이 증가하고 활동을 선택하는 주도성이 증가한다(임미혜, 2000). 또한 물리적 환경이 영유아의 호기심을 충분히 만족시킬 수 있고, 놀잇감이 영유아의 수준에 적합하게 제공될 때 영유아의 탐색놀이 행동의 수준이 높게 나타나며, 다양한 놀이 영역 구성 등의 물리적 놀이 환경의 질이 높을수록 영유아들은 더욱 활발하게 놀이 행동을 보이고, 반대로 환경의 질이 떨어질 때 무분별한 조작 행동을 많이 보인다(강진아, 1998). 이처럼 공간의 면적, 구성, 제공되는 자료 등의 물리적 환경은 영유아의 활동에 직접적 영향을 주며, 보육환경 속에서의 반복되는 놀이 경험은 영유아의 발달에 영향을 준다고 볼 수 있다.

보육환경은 영유아뿐 아니라 보육교사에게도 영향을 준다. 보육환경의 질이 높을수록 교사의 학급 운영이 원활하고 교사 역할이 효과적으로 이루어진다(이진화 외, 2000). 교사는 질 높은 보육환경에서는 영유아에게 보다 자상하게 반응하며 영유아의 선택을 격려하는 태도를 보이고, 반대로 질 낮은 보육환경에서는 엄격하고 영유아를 통제하는 경향을 보인다(Krithevsky, Prescott & Walling, 1977). 교사가 일하는 환경이 영유아를 돌보는 데 가장 효율적이며 교사의 활동을 지원해 주는 환경으로 구성된다면 교사는 보다 편안하고 즐겁게 일할 수 있을 것이다. 이처럼 바람직한 보육환경은 교사의 긍정적 태도 형성에 도움이 되며, 궁극적으로 교사와 상호작용하는 영유아의 발달에 영향을 미치게 된다.

보육환경은 영유아의 발달에 긍정적, 부정적 영향을 주는 요인으로, 질적으로 높은 보육환경은 영유아의 발달에 매우 중요하다. 이처럼 보육환경은 단순한 공간으로서의 개념에서 벗어나 보육의 궁극적 목적을 달성하기 위한 핵심적인 요인이라 할 수 있다.

2) 보육환경의 구성 원리

보육환경은 영유아들이 가정을 떠나 최초로 접하는 물리적 공간이며 비교적 오랜 시간을 머무르는 곳이라는 점에서 편안하고 안전한 공간이어야 하며, 인간의 성장 발달에 생의 초기 경험이 중요한 점을 고려해 볼 때 영유아의 성장과 발달을 고려한 환경으로 구성되어야 한다. 영유아의 건강한 발달을 지원하는 양질의 보육환경은 다음과 같은 특성을 갖추어야 한다.

■ 발달에 적합한 보육환경

보육환경의 모든 시설은 아동지향적인 디자인(child-centered design)으로 설계되어야 한다(장영희, 2000). 이는 보육환경의 주 거주자인 영유아의 연령에 따른 발달 수준과 흥미에 적합한 공간 및 시설 설비를 갖추어야 함을 의미하는 것으로, 특정 연령집단이 갖는 일반적 발달 수준을 고려하는 것과 함께 동일 연령에서 나타나는 개인차를 고려한 개별적 발달 요구에도 적합한 공간으로 구성되어야 한다. 영아를 위해서는 보호와 양육적인 측면을 고려한 보육환경을 구성하는 것이 필요하며, 주도적인 학습 태도를 보이는 유아를 위해서는 이들의 교육적 욕구를 충족시켜 줄 수 있는 환경 구성이 필요하다. 또한 장시간 생활하게 되는 어린이집 특성을 고려하여 화장실, 세면대, 식탁 등 일상생활에 필요한 시설, 설비를 영유아의 신체 크기에 적합하게 제공함으로써 영유아의 독립성 및 기본생활 습관 형성에 도움을 줄 수 있다.

■ 균형을 갖춘 보육환경

보육환경은 분위기, 구조화 정도, 난이도, 활동성, 접촉도, 도전성 및 집단 크기 등에서 각각의 양면적 속성이 균형 있게 조성되어야 한다(Isenberg & Jalongo, 2001). 균형을 갖춘 보육환경이란 정적인 활동과 동적인 활동, 함께하는 활동과 단독 활동, 단순한 활동과 복잡한 활동 등 다양한 활동을 경험할 수 있는 환경이 제공되어야 함을 의미한다. 또한 친근감을 주는 환경과 새로운 환경, 부드러움을 느끼게 하는 환경과 단단하고 강한 느낌을 느낄 수 있는 환경 등 영유아의 정서를 고려한 환경으로 구성되어야 한다. 이처럼 균형을 갖춘 보육환경은 영유아가 하루 일과 중에 자신의 에너지를 조절할 수 있고, 다양한 정서적 경험을 통해 안정감을 갖는 데 도움이 된다.

■ 안전하고 위생적인 보육환경

보육환경의 안전은 시설, 설비나 놀잇감의 지속성과 보수, 질병과 세균의 문제와 연관되며, 위험 가능성을 줄일 수 있도록 물리적 환경을 고안함으로써 사고를 감소시킬 수 있다(채혜선 외, 2011). 발달 특성상 호기심이 풍부한 영유아는 상황 판단에 따른 자기조절 능력이 미숙하여 안전사고에 노출되기 쉽고, 주변환경에 대한 면역력이 부족하여 청결하지 못한 환경에서 질병에 걸릴 확률이 높다. 따라서 영유아가 안전하게 이동할 수 있도록 실내외 영역을 구성하고, 시설, 설비 등의 날카로운 부분 및 틈새를 보호 처리한다. 전기 콘센트는 영유아의 키보다 높은 곳에 설치하거나 보호망을 사용하도록 한다. 또한 채광과 환기를 위한 창문 및 환기 설비를 마련하여 안전하고 위생적인 보육환경을 마련하도록 한다.

■ 개방된 공간으로서의 보육환경

보육환경은 영유아뿐만 아니라 보육교사, 부모 등이 함께 생활하는 공간이며, 지역사회와의 밀접한 관계 속에서 상호 교류적인 서비스가 제공되는 공간이다(이현섭 외, 2006). 따라서 보육환경의 시설 및 설비는 영유아에 적합하게 구성됨과 동시에 성인들이 생활하기에 적합하게 마련되어야 한다. 성공적인 보육 실현에 가정과의 연계가 중요하며 지역에 대한 포괄적 보육 서비스를 제공해야 하는 어린이집의 기능을 고려할 때 개방된 공간으로서의 보육환경은 중요한 의미를 가진다. 부모 및 지역 주민을 위한 개방된 공간은 부모들에게는 휴식과 어린이집에 대한 이해를 높이는 공간으로 활용될 수 있으며, 지역사회에는 다양한 프로그램을 제공하는 서비스 공간이 될 수 있다.

2. 실내 보육환경

1) 보육실

어린이집 하루 일과의 대부분 활동이 이루어지는 보육실 환경은 대상 영유아의 연령에 따라 다양한 흥미 영역들로 구성되며, 각각의 흥미 영역은 활동 내용에 따른 특성을 갖게 된다. 흥미 영역의 특성을 고려한 환경 구성은 주변환경으로부터의 방해요소를 최소화할 수 있어 놀이에 집중할 수 있고, 인접한 흥미 영역과 연계한 확장된 놀이를 가능하게 한다.

(1) 보육실 구성 원리

■ 영유아가 중심이 되는 공간

보육실은 영유아가 주도적으로 공간을 구성하고 배치할 수 있어야 한다. 유아중심 및 놀이중심을 추구하는 교육과정(교육부, 보건복지부, 2019)에서는 유아의 의견을 존중하여 계획에 반영하며 유아가 주도하는 놀이를 강조한다. 따라서 보육실의 공간 구성도 영유아가 자신의 흥미와 놀이 내용에 따라 필요한 공간을 선택하고 자유롭게 배치할 수 있어야 한다. 영유아가 중심이 되는 공간(교육부, 보건복지부, 2020)은 영유아 스스로 자신의 놀이에 필요한 자료를 자유롭게 선택하고 사용할 수 있는 공간이며, 자신의 놀이에 필요한 놀이 공간을 주도적으로 구성하고 배치할 수 있는 공간으로 운영되어야 한다.

■ 영유아의 놀이에 기반한 자유로운 영역 구성

보육실은 영유아가 자발적이고 능동적으로 참여하는 놀이 공간이어야 한다. 영유아는 스스로 선택한 흥미 영역에서 몰입하여 놀이하며, 또래와 함께 놀이를 발전시키고 확장해 나간다. 보육실의 흥미 영역은 영유아들이 가장 좋아하는 놀이를 중심으로 구성하며, 영유아의 흥미와 관심에 따라 다른 흥미 영역과 통합, 재구성할 수 있다(교육부, 보건복지부, 2019). 따라서 보육실의 흥미 영역은 고정된 공간이 아니며, 영유아의 놀이 흐름에 따라 새롭게 구성되고 창조되는 공간으로 구성될 수 있어야 한다.

■ 흥미 영역의 특성을 고려한 보육실 구성

영유아들이 주로 생활하는 보육실의 흥미 영역은 물의 필요성 및 활동성을 기준으로 활동적이고 물이 있는 곳, 조용하고 물이 있는 곳, 조용하고 물이 필요하지 않은 곳, 활동적이고 물이 필요하지 않은 곳으로 구분할 수 있다(Frost & Kissinger, 1976, 박찬옥 외, 2002에서 재인용). 이처럼 흥미 영역의 특성을 고려하여 배치하는 것은 놀이에 필요한 자료 이용을 수월하게 하며, 소음에 따른 활동의 방해를 줄일 수 있어 자연스러운 놀이 진행에 도움이 된다.

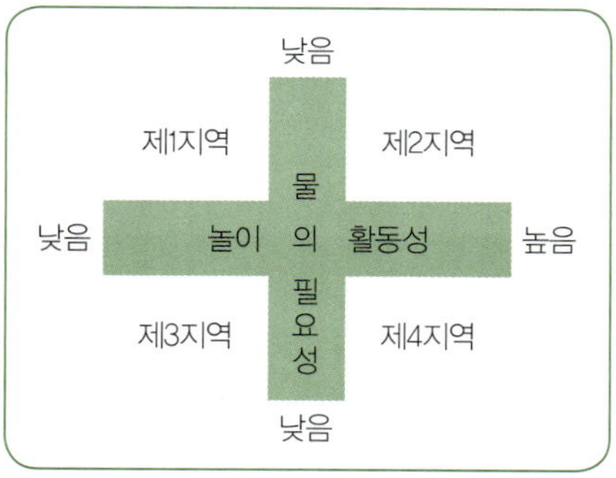

- 제1지역(건조하고 조용한 곳)
  언어 영역, 이야기 나누기, 수 · 조작놀이, 소집단 활동
- 제2지역(건조하고 활동적인 곳)
  쌓기놀이, 역할놀이, 음률놀이, 목공놀이, 대집단 활동
- 제3지역(조용하고 물이 있는 곳)
  미술 활동, 요리 활동, 간식 영역
- 제4지역(활동적이고 물이 있는 곳)
  미술 활동, 물, 모래놀이, 과학 활동

[그림 7-1] 흥미 영역의 배치 원리 및 지역별 영역 구성

또한 흥미 영역의 활동 특성을 고려하여 연관되는 흥미 영역을 인접하게 배치하도록 한다. 이러한 배치는 흥미 영역 간 놀잇감을 공유하고 확장된 공간에서의 놀이가 가능해짐으로써 또래와의 상호작용 기회를 높이고 보다 발전된 놀이가 가능해진다. 보육실의 중앙에는 흥미 영역을 배치하지 않고 빈 공간을 두어 흥미 영역 간 이동을 편리하게 한다.

[그림 7-2] 연관되는 흥미 영역 인접 배치 / 빈 공간을 고려한 배치

(2) 영아를 위한 보육실 환경

① 영아를 위한 보육실 환경 구성 원리

영아는 주변환경에 대한 강한 호기심으로 끊임없이 탐색하고 반응하며 성장한다. 영아를 위한 환경은 이러한 영아들의 기본적 욕구와 감각적 탐색 활동을 장려하는 공간으로 구성되어야 하며, 부모와 떨어져 오랜 시간 어린이집에서 생활하는 영아가 정서적 안정감을 느낄 수 있는 환경으로 구성되어야 한다. 영아기 발달적 특징과 기본적인 욕구를 충족시켜 줄 수 있는 보육환경은 다음과 같은 특성을 갖추어야 한다.

■ 감각 체험의 기회를 제공하는 보육환경

영아는 선천적인 호기심으로 활발하게 탐색하고 직접 보고 듣고 만지고 냄새 맡는 감각경험을 통해 주변 세계를 알아 간다. 영아에게 있어 탐색 행동은 삶 자체이며, 이러한 탐색을 가능하게 하는 감각 체험의 기회를 제공하는 것은 영아반 보육환경의 중요한 구성 요소라 할 수 있다. 시각적 경험의 차이를 느껴 볼 수 있도록 천장, 벽면 환경에 변화를 주고, 직접 만지며 다양한 감각을 경험할 수 있는 놀잇감을 주제에 맞게 제공한다. 또한 탐색의 강도를 고려하여 조용한 탐색과 활동적인 탐색 활동을 고르게 경험할 수 있도록 환경을 정비한다. 활동에 참여하는 지속시간이 짧은 영아기 특성을 고려하여 움직임이 잦은 영아들을 교사가 전체적으로 파악하고 적정 거리에서 반응할 수 있도록 공간적 여유를 두고 영역을 구성한다.

■ 정서적 안정감을 느낄 수 있는 보육환경

영아는 친숙한 사람과의 애착을 형성하고 기본적 신뢰감을 바탕으로 독립된 존재로 성장해 간다. 영아가 느끼는 정서적 안정감은 생의 초기부터 부모와 떨어져 어린이집에서 생활하게 되는 영아의 건강한 발달에 주요한 변인이 된다. 따라서 영아의 정서적 안정감을 위하여 영아반 보육환경은 친밀하고 편안한 분위기를 제공하고 가정과 같은 분위기를 느낄 수 있도록 구성한다. 포근하고 안락함을 줄 수 있는 쿠션, 의자 등의 설비 및 안정감을 느낄 수 있는 개별 공간을 준비하고, 교사와 긴밀하게 상호작용할 수 있는 공간도 계획한다. 또한 영아의 심리적 안정을 고려하여 영역 구성의 변화를 최소화함으로써 공간에 대한 친숙함을 느낄 수 있도록 구성한다.

■ 자조 기술의 숙달을 돕는 보육환경

영아는 일상생활의 규칙들 속에서 자신의 욕구나 행동을 조절하면서 자신의 의사를 표현하는 방법들을 구체적으로 배우게 된다. 사소한 일상생활의 반복을 통해 영아는 자신을 조절하는 연습을 하기 때문에 이 시기부터 규칙적인 생활은 중요하다(이영 외, 2006). 따라서 영아반 보육환경은 식사하기, 잠자기, 배변하기 등 일상적인 생활이 규칙적으로 이루어질 수 있도록 필요한 설비들을 사용하기 편리한 곳에 배치한다. 또한 이러한 경험을 영아 스스로 편안하게 느끼고 실행해 볼 수 있도록 영아용 식탁, 기저귀 갈이대, 화장실 공간 등 필요한 설비를 영아의 신체 크기 및 개별적 수준을 고려하여 구성함으로써 반복된 경험을 통해 일상생활에 필요한 자조 기술이 숙달될 수 있도록 한다.

■ 건강 및 안전을 고려한 보육환경

영아반 보육환경은 놀이가 이루어지는 공간인 동시에 수유, 식사, 기저귀 갈이, 배변 등 기본적인 욕구가 충족되는 공간이다. 따라서 건강과 안전을 고려한 공간으로 구성되어야 하며, 특별히 면역력이 약한 영아가 생활하는 공간이라는 점에서 시설, 설비의 청결한 유지관리가 필요하다. 또한 운동능력의 향상으로 움직임과 이동성을 즐기는 영아의 활동이 위축되지 않도록 여유 있는 공간 구성 및 대·소근육을 사용할 수 있는 시설을 설치하고, 행동반경이 커지는 것에 비해 신체조절능력이 부족한 영아가 안전하게 놀이할 수 있도록 시설, 설비에 대한 보호 장비를 마련한다.

② 영아를 위한 보육실 환경 구성

영아를 위한 보육실 환경은 다양한 감각 체험을 통해 주변을 이해해 나가는 발달 특성을 고려하여 놀이 공간의 영역 구성을 단순화하고, 직접적이고 구체적인 경험을 할 수 있는 교재·교구를 구성한다. 또한 영아의 발달 특성을 고려하여 식사, 배변 등의 기본적 욕구를 충족시켜 줄 수 있는 일상생활 공간을 구성하도록 한다.

영아를 위한 보육실 환경을 연령별로 살펴보면, 0세반은 신체 영역, 언어 영역, 감각·탐색 영역으로, 만 1세반은 신체 영역, 언어 영역, 감각·탐색 영역, 역할 및 쌓기놀이 영역으로, 만 2세반은 신체 영역, 언어 영역, 감각·탐색 영역, 미술 영역, 음률 영역, 역할 및 쌓기놀이 영역으로 구분할 수 있다(보건복지부, 한국보육진흥원, 2020). 보육실의 흥미 영역은 영아의 월령 및 실내 공간의 크기를 고려하여 공통되는 특성을 갖는 영역을 통합하여 구성할 수 있다.

■ 신체 영역

영아기는 신체적 성장이 급격하게 진행되는 시기이다. 자신의 몸을 안정적으로 지탱하여 앉을 수 있는 능력에서부터 걷기와 달리는 이동 동작과 물건을 잡고 공을 던지는 조작 동작에 이르기까지 기본적인 운동능력이 발달하며, 점차적으로 자신의 신체를 다양한 방법으로 활용하는 신체조절능력을 발달해 나간다.

영아를 위한 신체 영역은 실내에서도 대근육운동을 할 수 있는 개방된 공간을 마련하고 대 · 소근육운동을 위한 다양한 신체 활동 자료를 제공하여 신체 움직임을 통해 즐거움을 느낄 수 있도록 구성한다. 신체 영역에서 제공할 수 있는 자료는 다음과 같다.

- 부드러운 솜, 스펀지 재질의 기어오르거나 통과할 수 있는 놀이기구
- 타는 놀이기구, 미끄럼틀
- 밀고 당기는 놀잇감, 자동차, 끌차
- 다양한 재질의 공, 스펀지 블록, 종이벽돌 블록, 우레탄 블록

[그림 7-3] 신체 영역

■ 언어 영역

몸짓 언어로 시작되는 영아기 언어능력은 풍부한 인적, 물적 환경과의 상호작용을 통해 급속한 속도로 발달해 나간다. 사물의 이름을 말할 수 있게 되고, 다른 사람의 말을 주의 깊게 듣고 이해하는 능력과 함께 단어와 단어를 연결하여 말하게 되면서 보다 효율적으로 다른 사람과 소통할 수 있게 된다.

영아를 위한 언어 영역은 영아에게 친숙한 내용의 그림책과 시청각자료를 제공하여 사물의 이름을 익히고 다른 사람과 소통하는 경험의 즐거움을 느낄 수 있도록 하며, 월령에 따라 쓰기도구에 대한 탐색자료를 제공함으로써 기초적인 쓰기능력을 향

상시킬 수 있도록 구성한다. 언어 영역에서 제공할 수 있는 자료는 다음과 같다.

- 다양한 재질과 크기의 그림책, 친숙한 일상생활과 관련한 사진 및 그림자료
- 전화기, 손인형, 녹음된 목소리, 짧은 노래를 들어 볼 수 있는 CD와 레코드플레이어
- 다양한 재질의 종이로 제작한 끼적이기 판, 무독성 쓰기도구

[그림 7-4] 언어 영역

■ 감각 · 탐색 영역

영아는 오감을 통한 감각운동적 놀이를 통해 주변 세계를 이해해 나간다. 이 시기 영아는 감각과 소근육을 사용하여 끊임없이 움직이며 사물의 특성을 알아 가고, 문제를 해결해 보는 경험을 통해 원인과 결과를 이해하고, 사물의 수량을 비교해 보며 기초적인 수학적 지식을 구성하게 된다.

영아를 위한 탐색 영역은 다양하고 풍부한 감각자료와 소근육운동 자료, 기초적인 문제를 해결해 볼 수 있는 자료를 제공하여, 영아가 감각적이고 인지적인 즐거움을 느낄 수 있도록 구성한다. 감각 · 탐색 영역에서 제공할 수 있는 자료는 다음과 같다.

- 소리 상자, 색깔 상자, 촉감 상자
- 큰 조각 퍼즐, 고리 끼우기, 구슬 꿰기, 포개어 쌓는 놀잇감
- 누르면 튀어나오거나 소리 나는 놀잇감
- 자연물을 이용한 탐색 활동 자료, 돋보기

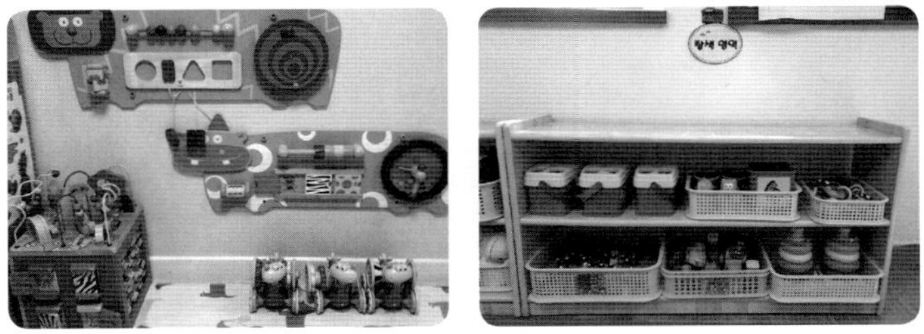

[그림 7-5] 감각 · 탐색 영역

■ 미술 · 음률 영역

영아는 주변과 다른 자신을 발견하면서 다양한 방법으로 자신을 표현하고 싶어 하며, 자신의 신체뿐만 아니라 미술, 음률 활동의 창의적 놀이를 통해 표현 욕구를 충족해 나간다.

영아를 위한 표현 영역은 다양한 그리기 도구와 악기, 동작 표현을 위한 소품 등을 제공하여 영아가 새로운 사물을 탐색해 보고 준비된 자료를 이용하여 자유롭게 자신의 생각과 느낌을 표현해 볼 수 있도록 구성한다. 미술 · 음률 영역에서 제공할 수 있는 자료는 다음과 같다.

- 다양한 재질과 크기의 종이, 비닐, 무독성 크레파스, 색연필, 스티커, 모양 도장
- 딸랑이, 방울, 소리 나는 물건, 단순한 리듬악기, 실로폰, 스카프, 리본 테이프
- 노래, 동작 활동을 위한 음악 CD와 레코드플레이어

[그림 7-6] 미술 · 음률 영역

■ 역할 및 쌓기놀이 영역

영아는 상징적 사고가 발달하면서 다른 사람의 행동이나 사물의 기능을 단순하게 모방하기 시작하며, 점차적으로 자신의 경험을 줄거리가 있는 사건으로 조직하여 표현하는 상징놀이를 즐긴다. 영아는 모방 행동을 통해 사물의 기능을 익히고 여러 유형의 역할놀이를 경험하며, 자신의 정서를 순화시키고 다른 사람과 관계 맺는 사회적 상호작용을 시작하게 된다.

영아를 위한 역할놀이 영역은 가정과 같은 친숙한 분위기로 구성하고, 영아의 경험을 가작화할 수 있는 실물과 유사한 소품과 의상 등을 진행되는 주제와 계절에 맞게 제공한다. 역할 및 쌓기놀이 영역에서 제공할 수 있는 자료는 다음과 같다.

- 놀이집, 싱크대, 화장대, 다양한 모양의 그릇, 전화기, 음식 모형 등의 소꿉놀이 소품
- 각종 인형, 포대기, 장난감 유모차
- 경험한 역할을 모방해 볼 수 있는 의상이나 소품

[그림 7-7] 역할 및 쌓기놀이 영역

■ 일상생활 영역

영아는 하루 일과의 대부분을 배변, 낮잠, 식사, 세면 등 기본생활을 위한 시간으로 보내게 되며, 이 시기 영아의 개별적 욕구에 민감하게 반응하여 해결해 주는 것은 영아의 심리적 안정 및 정서적 발달에 매우 중요하다.

영아가 생활하는 보육환경에는 일상적 양육을 위한 공간을 마련하여 일상생활 경험이 즐겁고 교육적인 경험이 될 수 있도록 한다. 또한 위생적인 관리를 통해 안전하고 청결한 상태가 유지될 수 있도록 한다. 일상생활 영역에서 제공할 수 있는 자료는 다음과 같다.

- 영아의 음식을 보관, 데울 수 있는 음식 준비에 필요한 제품
- 수유, 식사에 필요한 영아용 식탁
- 기저귀 갈이대 및 기저귀 갈이용 매트
- 낮잠을 위한 영아용 침대 및 매트

(3) 유아를 위한 보육실 환경

① 유아를 위한 보육실 환경 구성 원리

유아는 전반적인 발달의 향상으로 놀이 활동의 질적인 변화를 갖게 된다. 사회성이 발달하면서 주변 사람에 대한 관심이 높아지그, 부모, 교사보다는 또래와 함께하는 놀이에 더욱 적극적으로 참여한다. 언어, 인지의 발달로 새로운 사물에 대해 적극적으로 탐색하고 실험하며, 다른 사람과 소통하고 자신의 의사를 표현할 수 있는 놀이를 즐기게 된다. 또한 운동능력이 증가하고 모험심이 많아지면서 자신의 운동기술을 다양하게 시험해 보려는 특성을 보이게 된다. 따라서 유아를 위한 보육환경은 이전 보다 향상된 발달적 특징을 수용하고 증진시킬 수 있도록 다음과 같은 특성을 갖추어야 한다.

■ 주도적 학습을 격려하는 보육환경

유아는 독립심과 주도성의 발달로 주어진 상황에 대해 스스로 선택하고 판단하려는 성향을 보이며, 언어능력과 인지능력의 향상으로 학습에 대한 호기심이 증가하게 된다. 따라서 유아반 보육환경은 교사의 일방적인 지시보다는 유아에게 활동의 선택

권을 제공하고 자신의 흥미와 필요에 따라 놀이에 참여할 수 있도록 해야 한다. 이를 위해 흥미 영역의 특성을 나타내는 안내판을 준비하거나 제공되는 놀잇감과 전시 방법이 유아에게 매력적으로 느껴질 수 있도록 구성한다. 또한 주변에 대해 관심 갖고 스스로 배워 나가려는 유아의 학습에 대한 호기심을 충족시키기 위하여 깊이 있게 탐구하며 시행착오를 통해 다양한 개념을 이해할 수 있는 도전적인 교재, 교구를 영역의 특성에 맞게 배치한다.

■ 또래와의 상호작용을 지원하는 보육환경

유아는 또래에 대한 관심이 증가하면서 다양한 놀이를 통해 또래와 함께하는 것을 즐기며, 활동의 특성에 따라 함께 협력하기도 하고 때로는 경쟁하며 사회적 기술들을 습득해 간다. 또래와 함께 구성물을 만들며 결과물을 완성하기도 하고, 규칙이 있는 게임을 하며 승패 결과에 집착하기도 한다. 또한 단순한 상상놀이에서 발전한 사회극놀이를 통해 서로의 역할을 정하고 자신이 맡은 역할을 수행한다. 따라서 유아반 보육환경은 또래와 함께하는 놀이가 어떤 형태로 일어나는지를 고려하여 각각의 영역에 맞는 공간의 크기를 계획하고 그에 적합한 책상, 의자 등의 설비를 배치하여야 한다.

■ 공간의 재구성이 가능한 보육환경

유아는 성장함에 따라 발달 전반에 대한 자신의 능력을 시험해 보려는 성향을 보이며, 점차적으로 특정 놀이 영역에 대한 선호를 보이게 된다. 또한 연령이 증가함에 따라 프로젝트 활동 등의 자기주도적 학습이 일어나기도 하며, 놀이 유형에 따라 대·소그룹으로 구분된 놀이가 이루어지기도 한다. 따라서 유아반 보육환경은 유아의 다양한 관심을 수용할 수 있도록 영역을 세분화하고 분명하게 구획지어 구성하는 것을 기본적으로 고려해야 하며, 때로는 프로젝트 활동이나 대·소그룹 활동, 영역 간 연계되어 일어나는 활동 등 놀이의 필요에 따라 영역을 분리, 통합하여 공간을 재구성할 수 있어야 한다.

■ 건강하고 안전한 생활을 지원하는 보육환경

오랜 시간 어린이집에서 생활하는 영유아의 건강을 위하여 어린이집에서는 하루 중 낮잠 시간을 계획하여 운영한다. 그러나 영유아의 연령이 증가하면서 낮잠 시간이 따로 계획되지 않는 경우가 대부분이며, 특히 연령이 높은 유아의 경우 낮잠을 자지 않고 조용한 놀이를 하거나 휴식을 취하며 오후 활동을 준비하게 된다. 따라서 유아반 보육환경은 놀이 중 언제라도 유아가 지치거나 쉬고 싶을 때 잠시 동안 편안하게 쉴 수 있는 휴식 공간을 구성하는 것이 필요하며, 활동량이 많아지는 유아의 안전을 위하여 보육실 바닥을 정비하고 유아의 동선을 고려하여 교구장을 배치한다. 또한 위생적인 보육환경을 위하여 시설, 설비를 청결하게 유지하도록 한다.

② 유아를 위한 보육실 환경 구성

유아를 위한 보육실 환경은 주도적이고 독립적인 유아의 발달 특성을 고려하여 흥미 영역을 세분화하여 구성함으로써 각자의 자발적 흥미에 따라 관심 있는 영역을 선택할 수 있도록 한다. 또한 흥미 영역에서의 놀이 경험이 통합되어 주변 세계에 대한 지식을 구성해 갈 수 있도록, 실시되는 놀이 주제에 따라 영역 간 연계성 있는 교재·교구를 구성한다.

유아를 위한 보육실의 흥미 영역 구성은 언어 영역, 미술 영역, 음률 영역, 수·조작 영역, 과학 영역, 역할놀이 영역, 쌓기놀이 영역으로 구분할 수 있다(보건복지부, 한국보육진흥원, 2020). 보육실의 흥미 영역은 유아의 관심과 흥미에 따라 다른 영역과 통합, 확대하거나 새로운 영역을 구성할 수 있다.

■ 언어 영역

유아는 자기중심적 언어에서 벗어나 다른 사람의 말을 이해하고 자신의 생각을 상호 교환하는 의사소통능력을 갖게 된다. 새로운 낱말에 대한 관심이 높고, 반복된 연습을 통해 어휘를 확장해 나가며, 보다 긴 문장으로 말하는 것이 가능하게 된다. 글자에 흥미를 갖고 소리 내어 읽거나 모양을 따라 써 보기도 하며 읽기와 쓰기 활동도 가능해진다.

유아를 위한 언어 영역은 밝고 조용한 곳에 배치하여 유아들이 편안하고 집중할 수 있도록 분위기를 마련하고, 말하기, 듣기, 읽기, 쓰기 활동이 통합적으로 일어날 수 있는 자료를 구성한다. 언어 영역에서 제공할 수 있는 자료는 다음과 같다.

- 사람의 목소리, 동물 소리, 주변환경 소리, 동화 내용 등이 녹음된 CD와 레코드 플레이어
- 수수께끼 카드, 이야기 순서 짓기 카드, 다양한 매체로 제작된 동화 자료
- 유아 주변의 생활 내용이 담긴 그림책, 다양한 인쇄물, 각종 글자 모양 퍼즐
- 다양한 크기와 재질의 종이, 다양한 굵기와 감촉의 필기도구, 글자 도장

[그림 7-8] 언어 영역

■ 미술 영역

유아는 소근육운동 능력 및 신체조절능력의 향상으로 보다 정교하고 복잡한 방식으로 미술 활동을 즐긴다. 이 시기 유아는 단순한 그리기 활동이나 미술재료에 대한 탐색 활동뿐만 아니라 다양한 재료와 기법을 사용하여 독창적인 방식으로 자신의 생각과 느낌을 표현하는 것이 가능하며, 또래와 협동하여 작품을 완성해 보는 경험도 가능하게 된다. 또한 작품을 전시하고 감상하는 활동에도 관심을 보이고 자발적으로 참여한다. 따라서 유아 미술 활동은 미술적 재료 탐색, 표현, 감상이 고르게 경험될 수 있도록 계획한다.

유아를 위한 미술 영역은 물을 이용하여 작업해야 하는 상황이 많기 때문에 가능한

수도 가까운 곳에 배치하고, 물을 이용한 활동에는 비닐 등을 깔아 책상이나 바닥을 관리한다. 미술 활동을 위한 책상과 의자는 개별 미술 활동과 또래와 함께하는 미술 활동에 따라 융통성 있게 배치한다. 미술 영역에서 제공할 수 있는 자료는 다음과 같다.

- 다양한 종류의 종이류, 크레파스, 색연필, 사인펜, 물감
- 가위, 풀, 테이프, 붓, 접착제, 수수깡, 접시, 재활용품, 찰흙, 밀가루 점토
- 비닐 재질의 책상 덮개, 앞치마, 청소도구
- 이젤, 작품 말리는 선반

[그림 7-9] 미술 영역

■ 음률 영역

유아는 다양한 방법으로 노래 부르기를 시도하며, 악기를 연주하고, 음악과 악기 소리에 맞추어 신체를 움직이는 활동을 즐긴다. 음률 영역에서 이루어지는 노래 부르기, 음악 감상하기, 악기 탐색 및 연주하기, 신체표현 등의 활동을 통해 유아는 음악적 요소에 관심을 갖고 자신의 느낌을 능동적이고 자유롭게 표현해 보며 창의성을 기르고 정서적 감성이 풍부해진다. 또한 또래와 함께 노래하고 연주해 보는 경험을 하며 협동심, 성취감을 갖게 된다.

유아를 위한 음률 영역은 다양한 악기를 소리 내고 몸을 움직이는 곳으로, 활동적인 놀이 영역에 배치한다. 또한 소음이나 안전을 위하여 바닥에 카펫을 깔아 주고, 유아가 편안하게 움직일 수 있도록 충분한 크기의 공간을 구성한다. 음률 영역에서 제공할 수 있는 자료는 다음과 같다.

- 리듬악기, 가락악기, 전통악기
- 다양한 음악 CD 와 레코드플레이어, 헤드폰
- 스카프, 리본 막대, 수건, 주제와 관련한 머리띠, 동물 가면, 동작활동 카드
- 전신 거울, 음악, 무용 관련 공연사진이나 그림, 색깔로 표시된 악보, 노래판

[그림 7-10] 음률 영역

■ 수 · 조작 영역

유아는 수와 관련한 다양한 문제해결 상황을 경험하게 되면서 수를 세어 보고 분류, 비교해 보는 기초적인 수학 활동뿐만 아니라 보다 복잡한 수준의 수학적 지식과 기술을 습득하게 된다. 또한 퍼즐이나 바느질하기 등의 소근육을 활용한 활동이나 논리적 사고를 필요로 하는 정적인 활동 등을 통해 소근육 발달 및 인지능력을 기르게 된다.

유아를 위한 수 · 조작 영역은 유아가 놀이에 몰입할 수 있는 조용한 장소에 배치하며, 개별 또는 소집단 활동이 가능할 수 있는 공간을 구성한다. 수 · 조작 영역에서 제공할 수 있는 자료는 다음과 같다.

- 일대일 대응, 분류, 비교, 서열, 수 세기, 공간과 도형, 측정, 규칙성, 자료 처리 등 수학 활동을 할 수 있는 실물과 제작 자료
- 양팔 저울, 시계, 달력, 온도계 등의 측정도구
- 퍼즐, 바느질하기, 구슬 끼우기 등의 소근육 조작도구 및 문제해결 과제의 게임 도구

[그림 7-11] 수 · 조작 영역

■ 과학 영역

유아는 자신을 둘러싼 주변 세계에 대한 관심이 높아지고 적극적으로 탐구해 보려는 태도를 갖는다. 주변 물체의 성질 및 동 · 식물에 대해 흥미를 보이며, 계절과 날씨, 지구와 우주 등 자연현상에 대한 영역으로 관심이 확대되어 나간다.

유아를 위한 과학 영역은 유아의 관찰 활동이 가능한 햇빛이 잘 드는 조용한 곳에 배치하며, 실험하고 탐색해 볼 수 있는 자연물과 함께 직접 조작해 보며 다양한 방법으로 해결해 볼 수 있는 자료를 제공한다. 과학 영역에서 제공할 수 있는 자료는 다음과 같다.

- 생명체와 물체와 물질, 자연현상 등 과학적 개념을 습득할 수 있는 실물과 제작 자료
- 양팔 저울, 온도계, 자석, 돋보기 등의 실험도구
- 길러 볼 수 있는 동 · 식물, 자연물

[그림 7-12] 과학 영역

■ 역할놀이 영역

유아는 일상생활의 단순한 사건을 놀이로 표현하는 상징놀이에서 벗어나 특정 놀이 주제에 맞는 역할을 정하고 그 역할에 맞는 특징을 파악하여 가작화하는 사회극놀이를 즐기게 된다. 이 시기는 역할놀이의 내용도 다양해져서 유아 주변의 이야기뿐만 아니라 교육 활동이 진행되는 주제에 따라 다양한 직업, 사회적 사건 등의 내용이 포함되며, 놀이 내용을 창조해 내며 상상의 세계를 표현하기도 한다.

유아를 위한 역할놀이 영역은 가정과 같은 분위기를 위한 기본 가구를 배치하고, 다양한 놀이 내용에 적합한 의상 및 소품을 제공하며, 필요한 소품을 직접 만들어 사용할 수 있는 자료를 제공해 준다. 또한 쌓기놀이 영역과 인접하게 배치함으로써 충분한 놀이 공간을 확보하고 쌓기놀이와 병행한 놀이로 확장할 수 있다. 역할놀이 영역에서 제공할 수 있는 자료는 다음과 같다.

- 화장대, 싱크대, 식탁 등 기본 가구, 음식 모형, 모형 주방기구
- 다양한 의상, 신발, 장신구
- 동물원, 음식점, 꽃가게 등 간판 표시물 및 제작 소품

[그림 7-13] 역할놀이 영역

■ 쌓기놀이 영역

유아는 다양한 크기와 재질의 블록을 쌓고 다양한 소품으로 장식하며 정교한 구조물을 만들어 낸다. 유아 쌓기놀이는 대 · 소근육 조절능력과 함께 유아의 의도에 의해 구성물이 달라질 수 있다는 점에서 창의적인 구성력을 기를 수 있고, 결과물에 대한

부담을 줄여 주어 긍정적인 자아개념을 형성하는 데 도움이 된다. 또한 적절한 블록을 찾아 구성물을 만들어 내면서 다양한 수학적 경험과 과학적 탐구 과정을 경험하게 되며, 또래와 함께하는 경험을 통해 사회적 관계를 맺고 의사소통의 기회를 갖게 된다.

유아를 위한 쌓기놀이 영역은 유아가 의도한 대로 구성물을 만들 수 있도록 다양한 종류의 블록을 충분하게 제공하고, 생활주제에 따라 다양한 소품을 함께 제공하여 정교하고 발전된 놀이로 확장될 수 있도록 한다. 소음이 발생하는 영역의 특성을 고려하여 바닥에 카펫을 깔아 놀이 중에 일어날 수 있는 소음을 줄이도록 한다. 또한 역할놀이 영역과 인접하게 배치함으로써 역할놀이와 연계된 놀이로 발전시킬 수 있다. 쌓기놀이 영역에서 제공할 수 있는 자료는 다음과 같다.

- 종이벽돌 블록, 단위 블록, 우레탄 블록, 플라스틱 블록 등 다양한 재질과 모양의 블록
- 교통표지판과 신호등 모형, 운전대, 장난감 자동차, 동물 모형, 사람 모형 등 소품
- 건축물 사진, 그림 자료

[그림 7-14] 쌓기놀이 영역

2) 기타 실내 보육환경

어린이집의 보육환경은 영유아, 보육교직원, 부모, 기타 종사자들이 생활하는 공간이다. 따라서 어린이집의 실내 보육환경은 보육실 이외에도 영유아의 건강한 성장을 지원하는 공간이 마련되어야 하며, 보육교직원 및 부모, 다양한 종사자들을 위한

지원 공간이 구비되어야 한다.

보육실 이외의 실내 보육환경은 유희실, 도서공간, 양호공간, 식당, 교사실, 자료실, 상담실, 조리실, 참관실, 화장실 등이 구성된다. 이상의 기타 실내 보육환경은 어린이집의 시설 규모와 상황에 따라 기능을 중복하여 구성할 수 있다.

〈표 7-1〉 기타 실내 보육환경 구성과 내용

구 분	내 용
유희실 (실내놀이터)	• 어린이집 건물 내부의 방(이에 준하는 공간)에 설치한 놀이터 • 영유아의 대근육 활동을 위한 놀이기구, 놀잇감 비치
도서공간	• 영유아가 그림책을 편안하게 볼 수 있도록 책꽂이와 의자(소파) 등 비치
양호공간	• 아픈 영유아가 누워서 쉴 수 있는 공간으로, 비상약품, 간이침대(매트) 등 비치
식당	• 어린이집 내 별도로 영유아와 교사가 식사를 할 수 있는 공간으로, 영유아들의 식사를 위한 테이블, 탁자 등 비치
교사실	• 영유아 활동 공간과 분리되어 교사가 함께 모여 회의를 하거나 활동자료를 준비하는 공간 • 교사의 개인사물함 및 업무용 책상, 의자, 기타 업무 지원 설비(컴퓨터, 프린터 등) 구비
자료실	• 현재 사용하지 않는 비품과 활동자료를 보관하는 장소 • 영유아의 활동 공간과 구분된 장소를 마련하고, 비품과 활동자료는 연령, 주제 또는 영역 등의 분류 기준에 따라 내용을 표시하여 보관
상담실	• 보육교직원과 영유아 부모(보호자)가 함께 상담할 수 있는 공간 • 비품(탁자, 의자 등), 육아정보 책자, 어린이집 안내서 등 비치
조리실	• 영유아의 급·간식을 조리할 수 있는 공간으로 필요한 시설, 비품 구비 • 조리실 공간(바닥, 벽, 천장 등)과 조리실 내 시설·설비(개수대, 공간으로 조리대, 식기수납장, 가스레인지, 후드, 환풍기, 주방가전 등)를 청결하게 관리
참관실	• 보육실 옆에 영유아의 보육 활동을 부모(보호자)가 참관할 수 있는 공간 • 영유아 활동에 방해가 되지 않도록 일방경을 설치
화장실	• 보육교직원, 부모 및 방문객이 사용할 수 있는 화장실(영유아용 화장실 내 성인용 변기 설치) 마련 • 영유아용 화장실은 보육실과 동일한 층의 인접한 공간에 설치하며, 영유아에게 적합한 세면대, 변기 비치(가정어린이집의 경우, 성인용 변기에 디딤판 및 탈부착식 유아용 변기 설치)

출처: 보건복지부(2020). 2020 보육사업안내.
보건복지부, 한국보육진흥원(2020). 2020 어린이집 평가매뉴얼(어린이집용).
중앙육아종합지원센터(2018). 어린이집 설치운영 길라잡이.

3. 실외 보육환경

1) 실외 보육환경의 중요성 및 구성 원리

(1) 실외 보육환경의 중요성

실외 보육환경은 큰 규모의 놀이시설, 개방된 공간 등 실내 보육환경과는 다른 특징을 지닌다. 영유아의 건강한 발달을 위해 다양하고 복합적인 경험이 필요하다는 점에서 서로 다른 자극을 줄 수 있는 실내 활동과 실외 활동의 균형 있는 제공이 필요하며, 이러한 점에서 실내와는 다른 경험을 제공하는 실외 보육환경의 중요성이 있다.

실외 보육환경에서 영유아는 자유롭게 뛰어놀고 자연을 관찰, 탐색해 보며 또래와 함께 놀이하는 경험을 통해 전인적으로 고르게 성장 · 발달해 나간다. 영유아는 공간적으로 넓은 실외 보육환경에서 긴장을 덜하고, 보다 큰 신체적 움직임과 대담성 등을 갖게 됨으로써 실내에서 불가능한 활동을 다양하게 시도한다(장영희, 2000). 실외 보육환경의 신선한 공기와 따스한 햇빛은 영유아의 건강을 증진시키고, 활동적인 놀이는 영유아의 체력발달에 도움이 된다. 또한 넓은 공간에서 또래 간 협동하여 놀이하는 기회가 많아지고 그들만의 놀이터 문화를 형성하며 협동과 중재의 기술을 배워 나간다(김영옥 외, 2012). 이처럼 유아는 실외에서 다양한 시설, 설비를 선택하여 놀이하는 과정에서 또래 간 의견 나누기, 협력하기, 교대하기, 나누기, 함께 계획하기 등의 사회적 기술을 발달시키며 동시에 언어적 상호작용도 증진하게 된다(이선애 외, 2009).

실외 보육환경의 자연관찰 상황에서 유아는 다른 놀이를 할 때보다 언어적 상호작용을 많이 하며, 발견의 기쁨을 다양한 방법으로 표현하고, 자신이 관찰한 내용이나 알고 있는 지식에 관해 교사, 또래와 의견을 교환하며 적극적인 소통을 시도한다(이숙재, 2003). 이 밖에 실외에서 일어나는 다양한 놀이 경험은 영유아의 창의성을 촉진하고 정서적 안정감을 제공한다. 특히 공간적 제약 없이 마음껏 즐길 수 있는 실외 모래놀이는 자유로움 속에서 창조적 결과물을 만들어 내고, 다양한 방법으로 탐색하게 하여 문제해결력을 발달시키며, 부정적 감정과 긴장을 해소시켜 줌으로써 안정감 있는 정서발달을 돕는다(오현경, 2011).

이처럼 실외 보육환경은 영유아의 신체적 운동능력뿐만 아니라 사회적 기술 습득, 언어 · 인지발달에 영향을 미치는 주요한 요인이다. 따라서 단순히 뛰어노는 공간이라는 인식에서 벗어나 영유아의 전인적 성장을 촉진할 수 있는 실외 보육환경을 구성해야 한다. 영유아의 발달 수준을 고려한 안전한 환경 속에서 영유아의 흥미와 호기심을 충족시키는 다양한 놀이 경험이 제공되는 실외 보육환경 구성이 요구된다.

(2) 실외 보육환경의 구성 원리

실외 보육환경은 하루 대부분의 시간을 실내 보육환경에서 생활해야 하는 영유아들이 햇빛과 바람을 느끼며 마음껏 에너지를 발산하는 장소이며, 실내에서 경험할 수 없는 다양한 놀이들을 가능하게 하는 장소이다. 따라서 실외 보육환경은 자연을 체험하고 신체적 욕구를 충족하며 전인적 성장을 지원하는 공간으로 구성되어야 한다. 구체적으로 바람직한 실외 보육환경은 다음과 같은 특성을 갖추어야 한다.

■ 발달에 적합한 실외 보육환경

실외에서의 놀이 경험은 건강한 신체발달을 돕고 풍부한 감각 체험 및 사회 · 정서적 발달을 촉진한다는 점에서 유아뿐만 아니라 영아에게도 중요하다. 그러나 영아와 유아는 발달 수준에 있어 차이를 보이며, 이는 놀이 경험이나 이용하는 시설, 설비가 다르게 제공되고 배치되어야 함을 의미한다. 따라서 실외 보육환경은 영유아의 욕구와 신체적 능력을 기반으로 발달 수준에 맞는 적절한 기회를 제공할 수 있도록 구성해야 한다.

영아는 감각운동 단계에서 전조작 단계로 이행하는 시기이다. 따라서 영아를 위한 실외 보육환경은 자연적인 자료를 통하여 경험할 수 있는 감각적 탐색 활동과 놀이시설을 통하여 경험을 통합할 수 있는 기회를 제공하도록 구성한다. 또한 또래와의 상호작용을 즐기면서 점차 자신에 대한 통제력도 발달하는 시기이므로, 흔들배, 그네 등 함께 놀도록 고안된 놀이기구를 이용하여 점차 사회적 관계를 배울 수 있는 시설을 배치하며(장영희, 2000), 안전하게 기거나 잡고 일어서기, 걷기 등을 연습할 수 있는 부드러운 재질의 바닥면과 작은 터널을 준비하여 영아의 신체발달을 촉진할 수 있도록 구성한다.

감각운동적 경험을 즐기고 신체조절능력을 발달해 가는 영아에 비해 유아는 주변에 대한 탐색 욕구가 강해지고 과학적 경험을 즐기게 된다. 또한 운동능력의 발달로 보다 격렬하고 도전적인 신체 활동에 적극적으로 참여하며 새로운 놀이를 창조해 내고 또래와 경쟁하고 협력하는 사회적 놀이가 활발하게 나타난다. 따라서 유아를 위한 실외 보육환경은 다양한 놀이 영역을 구성하여 유아의 놀이 욕구를 충족시켜 주어야 하며, 복합놀이기구 등 여러 놀이가 연결되어 일어날 수 있는 설비를 배치하여 다양한 움직임을 경험하고 도전해 볼 수 있도록 한다. 또한 창조적 놀이를 즐기는 특성을 고려하여 이동식 놀이기구 등을 배치하여 다양한 놀이를 만들어 볼 수 있는 기회를 제공하고, 격렬한 놀이 후에 휴식하거나 책읽기, 자연 탐색 후 기록하기 등을 할 수 있는 정적인 놀이 공간을 두어 발달 욕구가 균형 있게 충족될 수 있도록 구성한다.

■ 다양성을 추구하는 실외 보육환경

영유아에게 놀이 공간은 흥미로워야 한다. 흥미로운 놀이 공간은 영유아의 놀이 욕구를 자극하고 놀이의 반복을 유도함으로써 발달의 전인적 성장을 가능하게 한다. 따라서 영유아를 위한 실외 보육환경은 기능이나 감각적 자극 등의 다양성 있는 구성을 통해 영유아가 흥미를 느끼고 적극적으로 참여할 수 있도록 해야 한다.

실외 보육환경은 영유아의 전인적인 발달을 촉진할 수 있는 복합적 기능을 갖추어야 한다. 따라서 실외 공간은 영유아가 적극적 놀이, 창조적인 놀이, 구조화된 놀이, 조용한 놀이, 상상놀이, 치료적 놀이 등을 경험할 수 있도록 구성해야 한다(김영옥 외, 2012). 예를 들어, 실외 공간을 운동놀이 영역, 물 · 모래놀이 영역, 역할놀이 영역, 동식물 기르기 영역, 휴식 영역, 구성놀이 영역 등의 흥미 영역으로 구성하는 것은 영유아에게 다양한 경험의 기회를 제공할 수 있다. 실외 놀이 공간을 다양성 있게 구성하는 것은 영유아의 흥미를 유발시키고 대근육 활동의 기회 제공뿐만 아니라 인지적, 창의적, 정서적 학습 경험을 제공할 수 있어 고른 성장 발달을 가능하게 한다.

또한 실외 보육환경은 다양한 감각 체험을 제공할 수 있는 시설, 설비를 배치하여야 한다. 영유아는 감각적 탐색을 통해 주변을 이해해 나가며, 점차 깊이 있게 탐구하는 과학적 태도를 갖게 된다. 따라서 실외 보육환경은 영유아의 탐색 욕구를 충족시키고 놀이에 대한 흥미를 높일 수 있도록 다양한 자극을 경험할 수 있게 구성한다. 느낌이 다른 바닥 재질, 여러 가지 재료와 모양으로 설치된 놀이기구, 소리와 생김새가 다른 동물, 냄새와 색깔이 다른 식물, 햇빛과 그늘이 있는 공간, 시끄러운 곳과 조용한 공간 등의 서로 대비되는 감각을 고르게 경험할 수 있도록 구성함으로써 영유아의 감각적 자극에 대한 욕구를 충족시켜 줄 수 있다.

■ 건강과 안전을 고려하는 실외 보육환경

실외 공간에서의 놀이는 실내 보육실의 놀이에 비해 움직임이 크고 더욱 대담한 활동들이 많이 일어나며, 동식물이나 모래 등 자연물을 있는 그대로 접촉하는 기회도 많아지게 된다. 이러한 실외 놀이는 넘어지거나 부딪치고 미끄러져서 다치게 되는 안전사고나 자연환경에 노출되어 질병에 감염되는 등의 안전과 관련된 문제를 유발하게 된다. 따라서 실외 보육환경은 영유아가 건강하고 안전한 환경에서 마음껏 놀이할 수 있도록 시설, 설비를 배치하고 정기적인 점검이 이루어져야 한다.

실외 보육환경의 시설, 설비는 영유아의 신체 크기 및 발달적 특징을 고려하여 설치해야 한다. 미끄럼틀 계단과 활주판의 경사면, 그네의 앉는 부분의 크기나 모양, 시소의 높이 등은 영유아가 안전하게 이용할 수 있도록 신체 크기에 적합하게 설치해야 하며, 난간을 설치하거나 손잡이 부분에 손가락 끼임 방지를 하는 등의 안전장치를 설치하여 신체조절능력이 미숙한 영유아가 안전하게 놀이할 수 있도록 한다. 또한 미끄럼틀 바닥은 충격을 흡수할 수 있는 재질로 설치하고, 영유아의 이동이 많지 않은 곳에 그네를 배치한다. 이처럼 놀이 유형이나 움직임의 이동 경로를 고려하여 시설, 설비를 배치하는 것은 활동성이 높고 주의력이 부족한 영유아의 안전사고를 예방할 수 있다.

실외 보육환경의 동식물 기르기 영역이나 모래놀이 영역에서는 질병이나 알레르기 등의 문제가 발생할 수 있다. 따라서 정기적으로 점검하고 필요한 조치를 취함으로써 철저한 위생관리가 이루어져야 한다. 이를 위해 정기적으로 사육장을 청소, 소독하고, 필요한 경우 기르는 동물에 대한 예방접종을 실시한다. 또한 재배할 식물을 선택할 때 알레르기를 유발하거나 독성이 있는 식물은 아닌지 점검하도록 한다. 특히 모래놀이 영역은 외부에 개방되어 작은 동물의 배설물이나 유리 조각, 돌멩이 등이 섞여 있을 수 있으므로 수시로 청소하고 필요한 경우 교체한다. 가능하면 뚜껑을 설치하여 사용하지 않을 때는 닫아 두는 것이 위생적인 모래 관리에 도움이 된다.

2) 영유아를 위한 실외 보육환경 구성

실외 보육환경은 실내 보육실의 연장으로 실내에서의 놀이와 실외 놀이는 연계되어 제공되어야 한다. 따라서 실외 놀이 공간은 실내 놀이 공간의 다양한 흥미 영역이 배치되도록 구성하며, 실내에서 이루어지기 힘든 넓은 공간에서의 활동적이고 융통성 있는 놀이와 자연을 체험할 수 있는 놀이들을 포함시켜 구성한다.

실외 보육환경은 대근육 활동을 위한 영역, 물 · 모래 영역, 탐구 영역, 작업 영역 및 조용한 영역 등의 흥미 영역으로 구성할 수 있다(삼성복지재단, 2010). 또한 실외 놀이 공간의 크기와 놀이하는 영유아의 발달 수준을 고려하여 흥미 영역 공간을 통합, 확장하여 융통성 있게 구성할 수 있으며 옥상, 베란다 등을 활용하여 실외 놀이 공간으로 구성할 수 있다.

(1) 대근육 활동 영역

대근육 활동 영역은 영유아가 큰 움직임으로 운동할 수 있는 공간으로, 고정된 놀이기구가 설치된 공간과 개방된 공간으로 구성한다. 고정된 놀이기구 공간에서는 오르고 내리기, 줄 잡고 걷기, 매달리기, 미끄럼 타기 등 다양한 운동을 경험할 수 있는 복합놀이기구나 그네, 시소 등의 운동놀이기구를 배치할 수 있다.

또한 개방된 공간에서는 공놀이, 풍선치기, 경주하기, 사방치기, 술래잡기, 자전거타기 등의 활동을 자유롭게 경험할 수 있으며, 삼각 사다리, 타이어, 널빤지 등의 이동식 놀이기구를 자유롭게 배치하여 새로운 놀이기구에서의 운동놀이를 즐길 수 있다.

대근육 활동 영역에서의 놀이는 활동성이 높고 놀이기구 간 이동이 자주 일어나게 된다. 따라서 영유아가 안전하게 놀이할 수 있도록 신체 크기에 적합한 놀이기구를 배치하거나 영아 놀이 공간을 울타리 등으로 구분하여 유아를 위한 공간과 분리해 준다. 또한 복합놀이기구 및 운동놀이기구의 바닥면은 탄력 있는 재질로 구성하고, 시설물의 위치와 간격은 놀이의 위험성이나 영유아의 이동경로를 고려하여 배치한다.

[그림 7-15] 대근육 활동 영역

(2) 물 · 모래 영역

물 · 모래와 같은 유동적인 재료는 결과물에 대한 부담감을 줄임으로써 정서적인 안정감을 갖는 데 도움이 되며 다양한 감각적 경험을 제공한다. 또한 쏟고 붓고 뭉치고 부수는 등의 놀이를 하며 물질의 변화를 경험하고 주변에 대한 탐구적 태도를 갖게 된다. 특히 실외에서의 물 · 모래놀이는 실내에서의 놀이와 달리 공간의 제약을 받지 않게 되어 보다 자유롭고 창조적인 놀이를 가능하게 한다.

물 · 모래 영역은 햇볕이 잘 들고 배수가 잘 되는 곳에 배치하고, 파라솔이나 그늘막을 준비하여 햇볕이 뜨거운 날에도 놀이할 수 있도록 한다. 물놀이와 모래놀이는 상호 보완적인 놀이가 주로 일어나므로 물 · 모래놀이 공간을 인접하게 배치하는 것이 놀이를 확장시키는 데 도움이 된다. 또한 소형 자동차, 동물이나 사람 모형, PVC 수도관, 투명한 고무호스, 다양한 모양과 크기의 그릇, 구멍의 크기가 다른 체, 흙 파기 도구, 나뭇가지, 열매 등의 자연물을 함께 제공하여 영유아의 놀이를 촉진시킬 수 있으며, 파라솔이나 테이블, 작은 의자 등을 배치하고 극놀이에 필요한 소품을 제공해 주면 실외에서의 다양한 역할놀이를 즐길 수 있다.

[그림 7-16] 물 · 모래 영역

(3) 조용한 영역

조용한 영역은 정적인 활동이 이루어지는 공간으로, 편안히 쉴 수 있는 공간과 언어 활동이나 미술 활동, 음률 활동을 경험할 수 있는 공간으로 구성할 수 있다. 조용한 영역은 활동적인 놀이 후에 안정을 취하거나 건강 상태에 따라 실외 놀이에 참여하지 못하지만 친구들의 놀이 모습을 지켜보며 함께할 수 있는 공간으로 활용할 수 있다. 또한 동화책 듣고 읽기, 동시 짓기, 물감놀이, 핑거 페인팅, 음악 감상, 노래 부르기, 요리하기, 간식 먹기 등의 실내에서의 놀이가 실외로 연계되어 색다른 분위기에서의 다양한 놀이 등을 할 수 있다.

그늘이 있는 잔디밭이나 조용한 곳에 테이블과 의자를 배치하거나 돗자리, 텐트 등을 활용하여 구성할 수 있으며, 조용한 놀이 영역에 지붕을 설치하면 햇볕이나 날씨에 제약받지 않고 안정적인 놀이를 즐길 수 있다.

[그림 7-17] 조용한 영역

(4) 탐구 영역

탐구 영역은 동식물을 직접 기르고 관찰해 보는 경험을 통해 자연의 생태를 경험할 수 있는 공간이다. 특히 자연과 함께할 기회가 부족한 영유아의 탐색 욕구를 충족시키고, 성취감을 느끼고 동식물에 대한 애정을 통해 정서적 발달을 촉진하는 기회를 제공한다.

동물을 기르는 사육장은 동물의 성장과정을 관찰하기 쉽고 영유아가 안전하게 물이나 사료를 제공할 수 있도록 설치한다. 또한 냄새를 줄이고 오물 등을 쉽게 처리할 수 있도록 바람이 잘 통하고 배수가 잘 되는 장소에 배치한다. 토끼, 강아지, 새, 닭, 오리 등은 위험성이 적고 영유아에게 친숙한 동물로 사육하기에 적당하며, 동물의 건강 상태에 대한 정기적인 검진을 통해 위생적인 환경을 마련하도록 한다. 식물을 재배할 장소는 햇볕이 잘 들고 거름 등으로 관리한 비옥한 땅에 설치하거나 작은 화분을 이용하여 구성할 수 있다. 성장 주기가 짧은 식물을 선택하여 계절의 변화에 따른 식물의 변화과정을 관찰할 수 있도록 하며, 먹을 수 있는 채소, 과일 등을 재배하는 경험을 통해 음식을 얻게 되는 과정을 알게 되는 기회를 제공한다.

또한 탐구 영역과 조용한 영역을 연계하여 관찰도구와 관찰일지를 비치하고 동식물의 변화과정을 기록할 수 있도록 하여 자연 생태에 대한 관심을 높일 수 있다.

[그림 7-18] 탐구 영역

〈협력기관〉
구립노량진2동어린이집, 구립다온어린이집, 녹양어린이집, 지일어린이집, 키즈래미안어린이집

<생각 나누기>

1. 영유아의 연령을 기준으로 보육실 공간을 구성해 보자. 흥미 영역이나 놀이 영역을 중심으로 보육실 배치도를 그려 보고 각각의 영역에 제공할 수 있는 자료들을 생각해 보자.
2. 실내 보육환경과 실외 보육환경이 영유아 발달에 미치는 영향에 대해 생각해 보자. 또한 영유아의 전인적인 발달을 지원하기 위해 실외 보육환경에서 구성할 수 있는 흥미 영역과 실외놀이에 대해 생각해 보자.

CHAPTER 8

보육교직원

1. 보육교직원의 유형
2. 보육교직원의 자격
3. 보육교사 교육
4. 보육교직원의 역할

영유아기는 보육 프로그램 등의 물리적 환경뿐만 아니라 교사의 인적 환경이 매우 중요하다. 교사의 자질, 태도, 역할 등에 따라 보육의 질이 결정된다고 할 수 있다. 따라서 본 장에서는 보육교직원의 정의 및 유형, 교사의 역할과 자질에 대해서 살펴보고자 한다.

1. 보육교직원의 유형

어린이집은 보호자의 위탁을 받아 영유아를 건강하고 안전하게 보호 · 양육하고 영유아의 발달 특성에 적합한 보육을 제공하는 어린이집을 말하며, 보육교직원은 이러한 어린이집에서 영유아의 보호와 교육을 제공하는 데 관계하는 모든 사람을 말한다. 「영유아보육법」 제18조(2011. 6. 7)의 보육교직원의 직무에 대한 조항을 살펴보면, 보육교직원이라 함은 '어린이집에서 영유아의 보육, 건강관리 및 보호자와의 상담, 그 밖에 어린이집의 관리 · 운영 등의 업무를 담당하는 자'로 규정하고 있다.

보육교직원의 유형은 다양하게 분류되는데, 「영유아보육법」 시행규칙 제10조에서는 보육교직원을 원장, 보육교사, 간호사, 영양사, 조리원, 그 밖에 어린이집의 규모와 특성에 따라 의사, 사회복지사, 사무원, 관리인, 위생원, 운전기사, 치료사 등으로 구분하고 있다. 이렇게 영유아의 직접적인 보육을 담당하는 교사뿐 아니라 간접적으로 어린이집의 영유아와 관계되는 이들의 역할들도 중요하다. 그러므로 어린이집에서는 영유아의 보육과 교육에 직 · 간접적으로 영향을 미치게 되는 원장과 보육교사 및 그 밖의 종사자들에게 다양한 자질이 요구되며, 영유아들의 발달에 적합한 최적의 보육환경을 제공하도록 상호협력적인 관계 형성과 전문적인 자질 및 소양이 요구된다.

「영유아보육법」 시행규칙 제10조에 의하면, 어린이집의 인원 및 영유아의 연령에 따른 어린이집에 종사하는 보육교직원들의 배치 기준은 다음과 같다.

〈표 8-1〉 보육교직원의 배치 기준

구 분	배치 기준
원 장	어린이집의 원장 1인. 다만, 영유아 20인 이하를 보육하는 시설은 어린이집의 원장이 보육교사를 겸임할 수 있다.
보육교사	1. 만 1세 미만의 영아 3인당 1인을 원칙으로 한다. 2. 만 1세 이상 만 2세 미만의 영아 5인당 1인을 원칙으로 한다. 3. 만 2세 이상 만 3세 미만의 영아 7인당 1인을 원칙으로 한다. 4. 만 3세 이상 만 4세 미만의 영아 15인당 1인을 원칙으로 한다. 5. 만 4세 이상 미취학유아 20인당 1인을 원칙으로 하며, 유아 40인 당 1인은 보육교사 1급 자격을 가진 사람이어야 한다.

<table>
<tr><td>보육교사</td><td>6. 취학아동 20인당 1인을 원칙으로 한다.
7. 장애아 보육은 장애아 3인당 1인을 원칙으로 하되, 장애아 9인당 1인은 특수교사 자격소지자로 한다.
8. 연장반 만 3세 미만은 영아 5인당 1인을 원칙으로 한다.
9. 연장반 만 3세 이상은 유아 15인당 1인을 원칙으로 한다.
* 연장반의 만 1세 미만 및 장애아는 3인당 1인을 원칙으로 한다.</td></tr>
<tr><td>간호사</td><td>영유아 100인 이상을 보육하는 어린이집의 경우 간호사(간호조무사를 포함한다. 이하 같다) 1인을 두어야 한다.</td></tr>
<tr><td>영양사</td><td>영유아 100인 이상을 보육하는 어린이집의 경우 영양사 1인을 두는 것을 원칙으로 하되, 어린이집 단독으로 영양사를 두는 것이 곤란한 때에는 동일 시·군·구의 5개 이내 어린이집이 공동으로 활용 가능하다.</td></tr>
<tr><td>조리원
(조리사)</td><td>영유아 40인 이상 80인 이하를 보육하는 어린이집의 경우 1인을 두며, 영유아 매 80인을 초과할 때마다 1인씩 증원하며, 영유아 현원은 방과후 아동을 제외한 영유아를 기준으로 한다.
* 식품위생법에 따라 상시 1회 50인 이상에게 식사를 제공하는 어린이집은 시·군·구청 위생 관련 부서에 집단 급식소로 신고·운영하고 조리사 면허를 갖춘 조리원을 배치해야 한다.</td></tr>
<tr><td>그 밖의
종사자</td><td>어린이집의 규모와 특성에 따라 의사(또는 촉탁의사), 사회복지사, 사무원, 관리인, 위생원, 운전기사, 치료사 등의 교직원을 둘 수 있다.</td></tr>
<tr><td>비고</td><td>* 어린이집의 원장이 간호사 또는 영양사 자격이 있는 때에는 간호사 또는 영양사를 겸직하게 할 수 있다.
* 「영유아보육법 시행규칙」 제10조(보육교직원 배치 기준)에도 불구하고, 「근로기준법」 제54조에 따른 휴게시간 부여를 위해 영유아의 안전을 저해하지 않는 특정시간(낮잠시간 등) 동안에 한하여 예외적으로 아래의 배치 기준에 따라 운영할 수 있다. 다만, 담임교사 1인당 아동 수를 예외 적용한 경우에도 가급적 성인 1인당 아동 수는 일반기준을 준수할 수 있도록 원장, 보조교사 등이 해당 시간에 순환 근무하여 영유아를 관찰보호하도록 노력해야 한다.
(교사 대 아동 비율 적용 예시)
<table>
<tr><th rowspan="2">구분</th><th colspan="2">교사 1인당 아동 수</th></tr>
<tr><th>일반기준</th><th>보육교사 휴게시간 시 예외</th></tr>
<tr><td>0세</td><td>3명</td><td>최대 6명</td></tr>
<tr><td>1세</td><td>5명</td><td>최대 10명</td></tr>
<tr><td>2세</td><td>7명</td><td>최대 14명</td></tr>
<tr><td>3세</td><td>15명</td><td>최대 30명</td></tr>
<tr><td>4세 이상</td><td>20명</td><td>최대 40명</td></tr>
</table></td></tr>
</table>

출처 : 2021년 보육사업 안내.

2. 보육교직원의 자격

개정된 영유아보육법에서는 질 높은 보육 서비스를 제공하기 위하여 어린이집의 원장 및 보육교사의 자격기준을 강화하였다. 이를 위하여 원장 및 보육교사의 국가공인 자격증제도가 도입되어 자격증 발급이 시행되었다.

「영유아보육법」 제21조에 어린이집의 원장의 자격은 대통령령으로 정하고, 보육교사는 보건복지부장관이 검정 · 수여하는 자격증을 받은 자로 규정되어 있다. 보건복지부장관에 의해 자격증을 검정받을 수 있는 자란, 대학(전문대학을 포함) 또는 이와 같은 수준 이상의 학교에서 보육 관련 교과목 및 학점을 이수하고 졸업한 사람이거나, 고등학교 또는 이와 같은 수준 이상의 학교를 졸업한 사람으로서 보건복지부령이 정하는 교육훈련 시설에서 정해진 교육과정을 수료한 사람을 가리킨다. 「영유아보육법」 제22조의 규정에 의한 보육교사의 자격검정은 무시험이며, 보육교사 자격기준은 서류심사에 의하여 검정을 행한다.

어린이집 원장 · 보육교사의 전문성을 향상시켜 우수한 보육교직원을 확보하고 이를 통하여 어린이집에서 양질의 보육 서비스를 제공하기 위해 이러한 자격제도를 개선 · 보완하여 2019년 6월 4일과 2021년 3월 30일 「영유아보육법」 시행령 및 시행규칙을 각기 개정하였다.

1) 어린이집 원장 자격기준

「영유아보육법」 시행령 제21조에 해당하는 자로서 보건복지부장관이 검정 · 수여하는 국가자격증을 받은 자이어야 한다.

〈표 8-2〉 어린이집 원장의 자격기준

구 분	자격기준의 내용
일반기준 (300인 이하 어린이집)	■ 영유아 300인 이하 어린이집 • 보육교사 1급 자격을 취득한 후 3년 이상의 보육 등 아동복지업무 경력이 있는 사람 • 「유아교육법」에 따른 유치원 정교사 1급 자격 또는 같은 법에 따른 특수학교(유치원 과정을 말한다)의 정교사 자격을 취득한 후 3년 이상의 보육 등 아동복지업무 경력이 있는 사람 • 유치원 원장의 자격을 가진 사람 • 「초 · 중등교육법」에 따른 초등학교 정교사 자격 또는 같은 법에 따른 특수학교(초등학교 과정을 말한다)의 정교사 자격을 취득한 후 5년 이상의 보육 등 아동복지업무 경력이 있는 사람 • 「사회복지사업법」에 따른 사회복지사 1급 자격을 취득한 후 5년 이상의 보육 등 아동복지업무 경력이 있는 사람 • 「의료법」에 따른 간호사 면허를 취득한 후 7년 이상의 보육 등 아동복지업무 경력이 있는 사람 • 국가 또는 지방자치단체에서 7급 이상의 공무원으로 보육 등 아동복지업무에 5년 이상 근무한 경력이 있는 사람
가정어린이집	■ 영유아 5인 이상 20인 이하 어린이집 • 일반기준에서 정한 자격을 갖춘 사람 • 보육교사 1급 이상의 자격을 취득한 후 1년 이상의 보육업무 경력이 있는 사람
영아전담 어린이집	■ 만 3세 미만의 영아만을 20명 이상 보육하는 어린이집 • 일반기준에서 정한 자격을 갖춘 사람 • 간호사 면허를 취득한 후 5년 이상의 아동간호업무 경력이 있는 사람
장애아전문 어린이집	■ 「장애아동복지지원법」 제32조에 따른 장애영유아 어린이집 중 12명 이상의 장애영유아를 보육할 수 있는 어린이집 • 일반기준에서 정한 자격을 갖춘 사람으로서 다음의 어느 하나에 해당하는 사람 – 대학(전문대학을 포함한다)에서 장애인복지 및 재활 관련 학과를 전공한 사람 – 장애영유아 어린이집에서 2년 이상의 보육업무 경력이 있는 사람
「고등교육법」에 따른 대학 또는 법 제21조제2항2호에 따른 교육훈련시설이 운영하는 어린이집	■ 「고등교육법」에 따른 대학(전문대학을 포함한다) 또는 법 제21조 제2항2호에 따른 교육훈련시설이 운영(위탁 또는 부설 운영을 말한다)하는 어린이집 • 일반기준에서 정한 자격을 갖춘 사람 • 어린이집을 운영하는 대학의 조교수 또는 교육훈련시설의 전임교수 이상으로서 보육 관련 교과목에 대하여 3년 이상의 교육 경력이 있는 사람

구 분	자격기준의 내용
비고	위의 내용 중 어느 하나에 해당하는 사람은 보건복지부령으로 정하는 사전 직무교육을 받아야 한다. – '14.3.1. 이후 원장 자격증 신청자는 사전직무교육 이수가 원칙(단, 「영유아보육법」부칙(법률 제7153호, 2004.1.29.)에 따라 자격이 인정되는 자는 예외) – 1회 사전직무교육을 이수한 경우, 시행령 제1호의 타 원장 자격 취득을 위한 사전직무교육 중복이수 불필요

출처 : 2021년 보육사업 안내.

2) 보육교사 자격기준

보육교사는 자격기준(「영유아보육법」 시행령 제21조[별표 1])에 해당하는 자로서 보건복지부장관이 검정 · 수여하는 국가자격증을 받은 자이어야 한다. 따라서 보육교사로 근무하기 위해서는 보건복지부장관이 수여하는 보육교사 국가자격증을 발급받아야 한다.

〈표 8-3〉 보육교사의 자격기준('14.3.1. 시행)

구 분	배치 기준
보육교사 1급	• 보육교사 2급 자격을 취득한 후 3년 이상의 보육업무 경력이 있는 사람으로서 보건복지부장관이 정하는 승급교육을 받은 사람 • 보육교사 2급 자격을 취득한 후 보육 관련 대학원에서 석사학위 이상을 취득하고 1년 이상의 보육업무 경력이 있는 사람으로서 보건복지부장관이 정하는 승급교육을 받은 사람
보육교사 2급	• 전문대학 또는 이와 같은 수준 이상의 학교에서 보건복지부령으로 정하는 보육 관련 교과목 및 학점을 이수하고 졸업한 사람 • 보육교사 3급 자격을 취득한 후 2년 이상의 보육업무 경력이 있는 사람으로서 보건복지장관이 정하는 승급교육을 받은 사람
보육교사 3급	• 고등학교 또는 이와 같은 수준 이상의 학교를 졸업한 사람으로서 보건복지부령으로 정하는 교육훈련시설에서 정해진 교육과정을 수료한 사람

3. 보육교사 교육

보육교사에게 기대되는 역할은 사회적 상황의 변화에 따라, 만나게 될 영유아의 연령이나 보육경력 등에 따라 달라지게 된다. 이에 따라 현직교사는 지속적인 재교육을 받을 필요가 있고, 실제적인 도움을 주는 재교육이 되려면 보육현장의 실정에 맞는 교육(장학)이 중요하다.

보육교사에 대한 교육은 크게 보아 전직교육과 현직교육으로 나누어진다. 전직교육은 보육교사의 자격을 갖추기 위한 자격취득을 위한 교육으로 직장을 갖기 전의 교육을 말한다. 현직교육은 교사의 전문성을 심화시키고 발전시키기 위한 재교육을 말한다.

1) 보육교사의 전직교육

보육교사의 자격을 갖추기 위해 필요한 교육은 대체로 교양 영역, 전공 영역으로 이루어져 있다.

(1) 교양 영역

퀴젠베리와 패트리지(Quisenberry & Patridge, 1993)는 예비교사들이 교양 영역을 통해 기를 수 있는 능력을 다음과 같이 제시하였다.

- 책, 신문 등 다양한 출판물을 읽고 분석하고 종합 평가할 수 있는 능력
- 여러 계층의 사람과 의사소통할 수 있는 능력
- 새로운 경험이나 정보에 대해 반성적 사고를 할 수 있는 능력
- 문학작품을 이해하고 감상할 수 있는 능력
- 건강의 중요성을 인식하고 건강한 생활을 영위할 수 있는 능력
- 수학적 기술을 바르게 사용하고 논리 · 수학적으로 사고할 수 있는 능력

- 생물, 물리, 지구과학을 바르게 이해하는 능력
- 인간생활에 영향을 미치는 사회정치적 힘을 바르게 파악하고 이해하는 능력
- 세계 여러 나라의 다양한 문화와 풍습을 이해하고 존중하는 능력
- 다양한 장르의 예술작품을 이해하고 감상할 수 있는 능력
- 첨단의 기술이나 도구, 매체 등을 이해하고 바르게 사용할 수 있는 능력

(2) 전공 영역

보육교사가 이수해야 할 전공 영역으로는 보육수행에 필요한 전문지식으로 영유아의 발달 및 학습에 관한 영역, 영유아의 영양, 건강, 안전에 관한 영역이 있으며, 보육교사가 익혀야 할 교육기술로 영유아 보육과정의 운영 및 교수 · 학습 과정에 관한 과목들, 보육실습 등이 있다. 보육교사의 태도 영역으로 영유아 보육의 역사, 철학 및 사회 기초이론, 교사의 전문성과 관련된 영역이 있다.

2) 보육교사의 현직교육

현직교육은 보육교사가 가진 주된 관심사에 따라 달라져야 하는데, 보육교사의 관심사는 교사의 발달 단계에 따라 달라진다고 보고 있다.

(1) 보육교사의 발달 단계와 관심사

캐츠는 보육교사의 관심사를 연구하였는데, 이는 교사의 발달 단계에 따라 달라진다. 보육교사는 생존 단계(survival stage), 강화 단계(consolidation stage), 갱신 단계(renewal stage), 성숙 단계(maturity stage)의 4단계에 걸쳐 변화 · 발전한다(윤애희 외, 2004).

① 생존 단계

교직생활을 시작하면서 1년간의 시기를 가리킨다. 이 시기에 교사는 학급통제 및

유지, 교사의 기본 역할 숙달, 교사로서 인정받기 등의 생존적 관심을 보이고, 자신이 교사로서 현장에서 부딪히는 문제를 잘 처리할 수 있을지 걱정하며 적응하기 위해 고민하는 시기로, 선배교사의 지원, 이해, 격려, 확신, 위로 등이 필요하다.

② 강화 단계

교직 경력이 1~3년 정도가 되는 시기이며, 이 시기의 교사는 안정감과 자신감을 갖고 지금까지의 경험을 다진다. 즉, 보육교사로서의 기본 업무나 교수기술이 숙련되어 비로소 학습자에 대해 보다 융통적이고 개방적인 태도를 보이며, 개별 유아의 문제 상황에 관심을 갖기 시작한다. 이 시기의 교사에게도 다른 교사의 지원, 이해, 격려가 필요하며, 선배교사의 도움이나 전문가와의 정보교환이 유용하다.

③ 갱신 단계

교직 경력이 2~5년 정도가 되는 시기이며, 교사로서의 자신감을 확고히 하면서 새로운 변화를 추구하려고 한다. 이 시기에 이르면 교사는 반복되는 일에 새로운 변화를 추구하면서 보육 전반에 관심을 확장하게 되고, 이를 충족하기 위해 보육과 관련된 협회에 가입하거나 상위의 학위를 취득하거나, 다양한 분야의 전문가와 만남 등의 과정을 거친다.

④ 성숙 단계

보육교사 발달 단계의 마지막 단계로 영유아, 어린이집, 교사 자신에 대해 가장 완벽한 기능을 하는 시기에 이른다.

(2) 보육교사의 현직교육

보육교사의 현직교육은 교직을 수행하는 중에 이루어지는 모든 교육이나 훈련을 의미한다. 현직교육은 예전에 이론적으로 배운 바를 검증하고 보완하기 위해 자격취득교육을 받는 것으로, 사회의 변화 및 발달에 따라 보육에 대한 요구가 높아지고, 어린 영아를 보육하기 위한 시설을 확충하거나 장애를 가진 영유아를 일반어린이집에 통합적으로 보육하도록 하는 등의 정책 변화에 부응하고 새로운 지식과 기술을 습득하기 위해 현직교육을 받고 능력을 갖출 필요가 있다.

현직교육의 유형은 크게 교사 개인이 주도하는 경우, 어린이집이 주도하는 경우, 정부 또는 관련 기관이 주도하는 경우로 나누어진다.

① 개인 주도형 현직교육

첫째, 보육교사가 스스로 관련 서적이나 정기간행물 또는 인터넷 사이트에서 정보를 얻는다.

둘째, 보육교사가 스스로 교사들끼리의 토론모임 등 정기모임을 갖는다.

셋째, 보육교사가 스스로 관련 협회나 기관에 회원으로 가입하고 다양한 현직교육을 받는다.

넷째, 보육교사가 스스로 상급학교에 진학하는 것 등이 있다.

② 어린이집 주도형 현직교육

교사공개수업 또는 연구수업을 사전에 계획하여 어린이집 내의 다른 교사나 다른 어린이집의 교사에게 공개하고, 다른 교사의 수업을 관찰하고 토론할 기회를 갖는 방식이 있다. 또는 교사들의 관심사에 맞는 강사를 어린이집으로 초빙하여 강의를 듣거나 연수를 하기도 하고, 외부 연수기관에 교사를 보내 교육을 받게 하기도 한다.

③ 정부 또는 기타 관련 기관 주도형 현직교육

「영유아보육법」에 따라 보건복지부가 인증하는 보육교사교육원이나 대학 연구소, 중앙 및 각 시 · 도의 어린이집 연합회 등에서 보수교육, 승급교육이 이루어지고 있다. 보수 · 승급교육 이외의 다양한 현직교육이 시 · 도, 시 · 군 · 구 단위의 육아종합지원센터에서 활발하게 실시되고 있다.

3) 보육교사 자격 취득을 위한 보육 관련 교과목 및 학점 기준

「영유아보육법」 시행령 제21조 별표1 및 「고등교육법」 제47조의 규정에서 보육교사 자격을 취득하기 위하여 대학(전문대학을 포함) 또는 이와 동등 이상의 학교에서 이수하여야 하는 보육 관련 교과목 및 학점을 제시하고 있다.

(1) 적용 대상

- 「고등교육법」에 의한 전문대학, 대학 등에서 보육 관련 교과목 및 학점을 이수하고 전문 학사학위 이상을 취득한 사람
- 「학점인정 등에 관한 법률」에 따라 학점은행제로 보육 관련 교과목 및 학점을 이수하고 전문학사학위 이상을 취득한 사람
- 다른 법률에서 졸업 시 전문대학 이상의 학력이 인정되는 시설에서 보육 관련 교과목 및 학점을 이수하고 전문학사학위 이상을 취득한 사람

(2) 교과목 및 학점 기준 (시행규칙 제12조제1항['16.8.1.시행])

시행규칙 제12조제1항 별표4의 규정에 의한 보육 관련 교과목 중 총 17과목, 51학점 이상을 이수하고 졸업하는 경우 보육교사 2급 자격증 취득이 가능하다.

■ 교육 영역별 교과목 및 학점

〈표 8-4〉 보육교사 자격 취득을 위한 교육 영역별 교과목 및 학점

영 역		교 과 목	이수과목(학점)
교사 인성 영역	필수 교과목	보육교사(인성)론, 아동권리와 복지	2과목(6학점)
보육 지식과 기술 영역	필수 교과목	보육학개론, 보육과정, 영유아발달, 영유아교수방법론, 놀이지도, 언어지도, 아동음악(또는 아동동작, 아동미술), 아동수학지도(또는 아동과학지도), 아동안전관리(또는 아동생활지도)	9과목 (27학점)

영 역		교 과 목	이수과목(학점)
보육 지식과 기술 영역	선택 교과목	아동건강교육, 영유아 사회정서지도, 아동문학교육, 아동상담론, 장애아 지도, 특수아동 이해, 어린이집 운영관리, 영유아 보육프로그램 개발과 평가, 보육정책론, 정신건강론, 인간행동과 사회환경, 아동간호학, 아동영양학, 부모교육론, 가족복지론, 가족관계론, 지역사회복지론	4과목(12학점) 이상
보육실무 영역	필수 교과목	아동관찰 및 행동연구, 보육실습	2과목(6학점)
전체		17과목(51학점) 이상	

* 각 과목은 3학점을 기준으로 하며 최소 2학점 이상이어야 함

* 상기 교과목 이외에 교과목 명칭이 동일하지 아니하더라도 교과 내용이 동일하다고 인정받고자 하는 경우, 동일교과목 심의를 보육교직원 자격검정위원회로 요청하여 동일과목으로 인정받아야 하며, 심의절차는 자격검정위원회 운영규정에 따름. 단, 심의결과는 당해 대학에만 인정되고, 타 대학은 미적용(당해 사건에 개별적 효력만 인정)

■ 대면교과목

온라인 학점인정 교육과정 등에서 보육교사 자격을 취득할 경우 일부 교과목은 반드시 대면교육이 이루어져야 한다. 실시 방법은 과목당 8시간 이상 출석수업과 1회 이상 출석 시험을 실시하여야 한다.

〈표 8-5〉 대면교과목 관련 교육 영역별 교과목 및 학점

영 역	교 과 목	비고
교사 인성 영역	보육교사(인성)론, 아동권리와 복지	
보육 지식과 기술 영역	놀이지도, 언어지도, 아동음악(또는 아동동작, 아동미술), 아동수학지도(또는 아동과학지도), 아동안전관리(또는 아동생활지도)	
보육실무 영역	아동관찰 및 행동연구, 보육실습	

■ 보육교사 자격 취득을 위한 보육실습 기준

① 보육실습 교과목 및 학점 기준

- 보육실습은 '보육실습'이라는 교과목으로 이수하는 것이 원칙이다. 다만 교과목 명칭이 다르더라도 다음의 유사교과목을 이수한 경우로서 실습기관과 실습기간의 조건을 만족하는 경우에는 보육실습 교과목을 이수한 것으로 인정한다.
- 보육실습 교과목은 반드시 3학점 이상으로 이수해야 하고, 평가점수가 80점 이상인 경우에만 실습을 이수한 것으로 인정한다.

② 보육실습기관

- 「영유아보육법」 제30조에 따라 실습 시작 당시 정원 15인 이상이고 평가인증 유지(또는 평가제 평가결과 A, B등급) 어린이집에서 실습해야 한다.
- 교육과정과 방과 후 과정을 운영하는 유치원에서 보육실습을 하는 경우, 보육실습을 시작하는 때에 교육청에 방과 후 과정 운영 유치원으로 등록되어 있어야 한다.

③ 실습기간

- 6주, 240시간 이상을 원칙으로 하되, 2회에 나누어 실시할 수 있다. 연속하여(월요일~금요일까지) 6주, 240시간 이상 실습을 실시해야 하고, 1일 실습시간은 8시간(오전 9시부터 오후 7시 사이)을 원칙으로 한다.
- 다만, 종전기준에 따라 4주, 160시간을 실시하는 경우 야간대학, 한국방송통신대학, 원격대학에 한해 2회에 나누어 보육실습을 실시할 수 있다.
- 보육실습은 교과목이 개설된 학기(직전 후 방학 포함)에 실시한다.

④ 실습 지도교사

- 실습 지도교사는 실습지도 이전에 보육교사 1급 또는 유치원 정교사 1급 자격증을 소지한 사람이어야 한다.

- 실습 지도교사는 동일한 실습 기간 내에 1명당 보육실습생을 3명 이내로 지도해야 한다.

⑤ 보육실습확인서

- 보육교사 자격증을 발급받고자 하는 사람은 보육교사 자격증 발급 신청 시 보육실습 내용의 적절성을 증명하는 보육실습확인서를 제출해야 한다.
- 2013. 3. 1.이후 어린이집에서 보육실습을 이수하는 경우, 어린이집지원시스템에 보육실습 내용을 등록 · 제출해야 한다.

4) 보수교육

보수교육이란 그 직종에 종사하는 사람에게 직업에 관한 새로운 정보나 지식, 기술을 터득시키고 직종 종사자로서의 자질을 향상시키기 위하여 실시하는 교육이라고 할 수 있다.

Trohanis(1985)는 보수교육의 역할을 다음과 같이 설명하고 있다.

① 새로운 내용의 변화 및 가르치는 기술, 새로운 기술을 교육에 적용시킬 수 있는 기회를 준다.
② 변화하는 지역사회의 요구에 맞는 교육을 할 수 있게 도와준다.
③ 다양한 교육의 대상을 이해하고 그들에 맞는 교육을 할 수 있게 해 준다.
④ 전문가로서의 자질 및 소명감을 유지 · 개선할 수 있게 한다.
⑤ 자격증 갱신에 도움이 된다.
⑥ 이직을 예방한다.
⑦ 프로그램의 약점을 보완할 수 있다.
⑧ 교육 수행 시의 새로운 문제를 파악하고 해결할 수 있는 능력을 기른다.
⑨ 연구의 결과를 적용할 수 있다.
⑩ 지역, 정부의 요구에 부응하는 교육을 시행한다.

⑪ 변천하는 사회에 적응하고 일상적인 직업생활에서 벗어나 개인의 발전에 필요한 단체 활동을 조장할 수 있게 한다.
⑫ 모든 교원으로 하여금 교육 신념 확립과 개념 향상과 협동적으로 문제를 해결해 나가는 태도와 실천력을 기르도록 한다.
⑬ 교사 자신의 지속적이고 지적인 성장과 새로운 사회의 변천에 적절히 대처하는 능력을 기르도록 한다.

이상과 같이 보수교육은 새롭게 변화하는 사회의 요구에 부응하고 교육의 효과를 높이기 위한 지속적이고 지적인 성장을 위해 교사가 계속적으로 받아야 하는 교육이다. 보육교사의 전문성 발달은 교사 양성과정에 해당하는 직전교육과 교사가 된 이후의 보수교육에 의해 영향을 받는다.

「영유아보육법」 제23조제1항은 어린이집 원장의 자질 향상을 위한 보수교육을 명시하고 있다. 제2항에 때르면 보수교육은 사전직무교육과 직무교육으로 구분한다. 또한 제23조의2제1항에 의하면, "보건복지부장관은 보육교사의 자질 향상을 위한 보수교육을 실시하여야 한다."라고 명시되어 있다. 제2항에서는, 제1항에 따른 보수교육을 보육교사가 정기적으로 받는 직무교육과 상위 등급의 자격(3급→ 2급, 2급→ 1급)을 취득하기 위해 받아야 하는 승급교육으로 구분한다. 보건복지부장관은 보수교육을 대학(전문대학을 포함한다)이나 보건복지부령으로 정하는 전문기관에 위탁하여 실시할 수 있다. 보수교육의 기간 · 방법 · 내용 · 보수교육 실시기관의 위탁 및 위탁취소 등에 필요한 사항은 보건복지부령으로 정한다.

보수교육의 내용은 보육기초, 발달 및 지도, 영유아교육, 영유아의 건강 · 영양 및 안전, 가족 및 지역사회 협력, 보육사업의 운영에 관한 영역이 포함되도록 한다.

보수교육의 평가는 해당 교육시간을 모두 출석한 때에만 이수한 것으로 본다. 본인 또는 배우자의 직계가족 및 형제자매의 사망, 사고 또는 결혼 등으로 인한 결석이나 본인의 사고, 질병 등으로 인한 결석의 경우에는 교육시간의 최대 10% 범위 안에서 출석한 것으로 인정하게 된다. 보수교육 시간은 직무교육의 교육시간이 40시간이며, 승급교육의 교육시간은 80시간이고 승급에 필요한 시험이 실시된다. 이에 원장과 보육교사의 보수교육을 구분하면 다음과 같다.

〈표 8-6〉 어린이집 원장의 보수교육

직무교육					사전직무교육
일반직무교육		특별직무교육			어린이집 원장 사전직무교육
기본교육/ 심화교육	장기 미종사자 교육	영아보육 직무교육	장애아보육 직무교육	방과 후 보육 직무교육	

〈표 8-7〉 보육교사 등의 보수교육

직무교육					승급교육	
일반직무교육		특별직무교육			2급 보육교사 승급교육	1급 보육교사 승급교육
기본교육/ 심화교육	장기 미종사자 교육	영아보육 직무교육	장애아보육 직무교육	방과 후 보육 직무교육		

〈표 8-8〉 교육구분별 보수교육 대상자

직무교육					
일반직무교육			특별직무교육		
보육교사 직무교육	원장	장기 미종사자	영아보육	장애아보육	방과 후 보육
현직에 종사하고 있는 보육교사로서 보육업무 경력이 만 2년을 경과한 자와 보육교사 직무교육을 받은 해부터 만 2년이 경과한 자	현직에 종사하는 어린이집 원장으로서 원장 직무를 담당한 때부터 만 2년이 지난 경우	만 2년 이상 보육업무를 수행하지 아니하다가 다시 보육업무를 수행하고자 하는 보육교사 또는 원장 자격 취득자	영아보육을 담당하고 있는 일반직무교육 대상자와 영아보육을 담당하고자 하는 보육교사 및 어린이집 원장	장애아보육을 담당하고 있는 일반직무교육 대상자와 장애아보육을 담당하고자 하는 보육교사 및 어린이집 원장	방과 후 보육을 담당하고 있는 일반직무교육 대상자와 방과 후 보육을 담당하고자 하는 보육교사 및 어린이집 원장
40시간	40시간	40시간	40시간	40시간	40시간
매 3년마다	매 3년마다	이수하고자 하는 자	이수하고자 하는 자	이수하고자 하는 자	이수하고자 하는 자

<table>
<tr><th colspan="2">승급교육</th></tr>
<tr><th>2급 승급교육</th><th>1급 승급교육</th></tr>
<tr><td>보육교사 3급의 자격을 취득한 후 보육업무 경력이 만 1년이 경과한 자</td><td>보육교사 2급의 자격을 취득한 후 보육업무 경력이 만 2년이 경과한 자 및 보육교사 2급의 자격을 취득한 후 보육 관련 대학원에서 석사 학위를 취득한 경우 노육 업무 경력이 만 6개월이 경과한 자</td></tr>
<tr><td>80시간</td><td>80시간</td></tr>
<tr><td>이수하고자 하는 자</td><td>이수하고자 하는 자</td></tr>
<tr><th colspan="2">원장 사전 직무교육</th></tr>
<tr><td colspan="2">「영유아보육법 시행령」[별표1]제1호의 (일반, 가정, 영아전담, 장애아전문어린이집 원장까지) 어느 하나의 자격을 취득하고자 하는 자</td></tr>
<tr><td colspan="2">80시간</td></tr>
<tr><td colspan="2">이수하고자 하는 자</td></tr>
</table>

(1) 직무교육

① 일반직무교육

- 보육교사 직무교육:

  현직 보육교사는 보육업무 경력이 만 2년이 경과한 경우와 직무교육을 받은 해부터 2년이 경과한 해에 보육교사 직무교육을 받아야 한다.
- 어린이집 원장 직무교육:

  현직에 종사하고 있는 어린이집 원장으로서 어린이집 원장의 직무를 담당한 때부터 만 2년이 지났거나, 어린이집 원장 직무교육을 받은 해부터 만 2년이 지난 해에 직무교육을 받아야한다.
- 장기 미종사자 직무교육:

  어린이집 원장 또는 보육교사의 자격을 취득한 사람으로서 만 2년 이상 보육업무를 수행하지 않다가 다시 보육업무를 수행하고자 할 때는 장기 미종사자 직무교육을 받아야 한다.

② 특별직무교육

- 영아 · 장애아 · 방과 후 보육을 담당하고 있는 일반직무교육 대상자이거나 영아 · 장애아 · 방과 후 보육을 담당하고자 하는 보육교사 및 어린이집 원장은 해당 특별직무교육을 받아야 한다.
- 영아 · 장애아 · 방과 후 담당 보육교사로 근무하고자 하는 자는 사전에 특별직무교육을 받아야 하는 것이 원칙이나, 불가피하게 받지 못한 경우에는 채용 후 6개월 이내에 받아야 한다.

③ 어린이집 원장 사전직무교육

- 일반, 가정, 영아전담, 장애아전문어린이집 원장 중 어느 하나의 자격을 취득하고자 하는 사람은 어린이집 원장 사전직무교육을 받아야 한다.

(2) 승급교육

① 2급 보육교사 승급교육

- 현직 보육교직원으로서 보육교사 3급 자격을 취득한 후 보육업무 경력이 만 1년이 지난 사람은 80시간의 2급 승급교육을 받아야 한다.

② 1급 보육교사 승급교육

- 현직 보육교직원으로서 보육교사 2급 자격을 취득한 후 보육업무 경력이 만 2년 이상 경과한 사람은 80시간의 1급 승급교육을 받아야 한다.
  - 다만, 보육교사 2급 자격을 취득한 후 보육 관련 대학원에서 석사학위를 취득한 자는 보육업무 경력이 만 6개월 이상 경과한 경우 1급 승급교육을 받을 수 있다.

4. 보육교직원의 역할

「영유아보육법」에 따르면, 어린이집 원장 및 보육교사의 자격기준은 예전에 비해 강화된 것을 볼 수 있다. 어린이집 원장의 경력요건을 사회복지업무에서 보육 등 아동복지업무로 한정하여 원장의 전문성을 강화하였고, 보육교사의 등급을 종전 2등급에서 3등급으로 체계화하였다. 이는 보다 전문적이고 책임 있는 역할을 강조한 것이며, 그에 따른 자질을 강화하고자 한 것으로 볼 수 있다.

다음은 보육교직원의 역할을 어린이집 원장, 보육교사, 기타 종사자로 나누어 살펴보고자 한다.

1) 어린이집 원장의 역할

어린이집 원장은 어린이집을 총체적으로 관리 · 감독하고, 어린이집의 전반적인 운영에 대하여 책임을 지며, 기관을 대표한다. 이에 따라 어린이집 원장은 개인의 보육철학을 가지고 어린이집의 기본 운영방침이나 목표, 내용, 방법 등을 체계적으로 계획해야 하며, 이러한 모든 운영방침을 어린이집 교직원들과 협의하여 업무를 진행해야 한다. 또한, 「영유아보육법」(2010. 1. 18)에는 "어린이집의 원장은 영유아와 보육교직원에 대하여 정기적으로 건강진단을 실시하는 등 건강관리를 하여야 한다. 또한, 어린이집의 원장은 영유아에게 질병 · 사고 또는 재해 등으로 인하여 위급 사태가 발생한 경우 즉시 응급의료기관에 이송하여야 한다. 즉, 건강관리 및 응급조치, 치료 및 예방조치에 대해 그 역할을 시행하도록 법으로 규정하고 있다.

이외에도 보호자와의 상담, 그 밖의 어린이집의 관리 · 운영 등의 업무를 책임지는 가장 중요한 역할을 수행한다고 볼 수 있다. 즉, 보육과정이 교사에 의해 실천되는 과정을 점검하고 평가하며 교사를 비롯한 보육인력을 채용하고 이들의 직무를 관리한다. 보육예산을 편성하고 효율적인 집행을 관리하며 보육의 물리적 환경, 즉 시설 및 설비를 관리하고 물품구매 및 관리를 한다. 또한 어린이집 내부 및 대외적 행정업무를 처리하고, 학부모 및 지역사회와 협력하고 소통하는 일을 주관한다(이순형 외, 2000).

2) 보육교사의 역할

보육교사자격관리사무국(2005)에서 정의한 보육교사의 역할을 살펴보면 다음과 같다.

보육교사는 첫째, 영유아의 성장 · 발달의 자연스러운 과정에 있어 보호와 교육적 측면의 전문가로서 신체적 · 사회적 · 정서적 · 지적 발달을 균형 있게 격려할 수 있도록 교육방법을 연구하고 적용해야 한다. 둘째, 교실환경을 구성하고 영유아를 가르치는 교육자로서 영유아의 연령과 발달수준을 의식하여 적절한 자극을 제공해야 한다. 셋째, 부모들이 자녀 걱정 없이 안심하고 사회경제활동을 할 수 있도록 부모와의 정보교환 교류자로서 원활한 의사소통을 통해 교사나 어린이집에 대한 신뢰감을 형성하도록 하는 역할을 담당해야 한다.

사라쵸(Saracho, 1988)는 보육교사의 역할을 의사결정자(decisionmaker), 교육과정설계자(curriculum designer), 교수조직자(organizer of instruction), 진단자(diagnostician), 학습운영자(manage of learning), 상담가, 조언가(counselor/advisor) 등 여섯 가지로 설명하였다. 보육교사의 역할은 이렇게 다양하게 구분되는데, 다음에서는 보육교사의 역할을 크게 양육자, 교수자, 상호작용자, 부모 및 지역사회와의 교류자로 나누어 살펴본다.

(1) 양육자로서의 역할

보육교사는 부모를 대신하여 영유아를 돌보는 어린이집에서는 영유아에게 무엇보다도 우선 부모와 같은 따뜻한 보살핌을 주어야 한다. 또한 영유아를 안전하게 보호하고, 이들의 기본적인 신체적 · 생리적인 욕구를 충족시키는 양육자의 역할뿐 아니라 영유아의 영양을 챙기고 건강과 안전을 지켜 주어야 한다. 특히, 영아를 보육하는 교사들은 일상적인 보육활동인 수유, 기저귀 갈기 등과 같은 생리적 욕구 충족을 위해 민감하게 반응해 주고, 영아가 심리적으로 안정되도록 애착형성을 위해 노력해야 한다.

(2) 교수자로서의 역할

보육교사는 유아의 학습을 도와주는 학습의 촉진자의 역할을 담당해야 한다. 그러기 위해서는 영유아와 함께할 활동을 계획하고, 교육활동에 맞는 환경을 조직해야 하며, 일과계획 안에서 시간을 융통성 있게 운영하고, 각 유아가 긍정적인 경험을 할 수 있도록 해야 한다. 또한 영유아를 보육할 때 영유아 개개인의 특성을 이해하고 욕구에 반응하기 위해서는 개별 영유아를 관찰하고 기록함으로써 영유아의 발달을 돕고, 모든 프로그램은 평가를 통해 교육의 질적 개선과 영유아의 발달을 촉진시켜야 한다.

(3) 상호작용자로서의 역할

보육교사는 영유아와의 긍정적 상호작용을 통하여 영유아가 신뢰감을 형성할 수 있도록 하여야 하며, 그들이 자신의 감정을 잘 표현하고 적절한 행동을 하도록 돕고 격려해야 한다. 보육교사는 사람, 자연, 사물과의 상호작용이 충분히 일어나도록 도와주며, 영유아의 활동을 관찰하고 도와주는 역할을 수행해야 하고, 영유아와의 자연스러운 상호작용을 통해 영유아가 적절한 생활태도, 가치관, 규범을 내면화하도록 도와야 하며, 바람직한 사회화의 모델링으로서 영유아에게 좋은 본보기가 되어야 한다(조혜경 외, 2006).

(4) 부모 및 지역사회와의 교류자로서의 역할

보육교사는 부모의 양육행동과 보육교사의 양육행동 간에 일관성 있는 보육을 위해 영유아와 가정의 요구를 파악하고 부모와 원활한 의사소통이 이루어지도록 노력하며, 이를 토대로 부모-교사 간에 신뢰를 쌓아 영유아의 전인적 발달을 도와야 한다. 또한 보육교사는 지역사회에 어린이집의 프로그램을 소개하고, 지역사회와 협력하고 지원을 얻는 역할도 해야 한다(조혜경 외, 2006). 즉, 육아종합지원센터, 가까운 의료기관, 사회복지기관, 경찰서, 소방서의 협조를 통해 영유아의 건강 · 안전관리를 할

뿐 아니라 다양한 실제적인 교육활동이 이루어질 수 있도록 노력해야 한다. 따라서 보육교사는 지역 네트워크의 형성과 활용에 대한 의식을 갖추고 동네산책, 지역의 기관 방문이나 지역전문가 초청, 자원봉사자 운용, 지역사회 행사 참여 등을 통해 지역사회와 교류할 수 있어야 한다.

3) 보육교사의 자질

(1) 개인적 자질

① 신체적·정신적 건강

보육교사는 부모를 대신하여 영유아의 다양한 필요와 요구를 충족시키고자 많은 에너지를 소비한다. 즉, 활동량이 많은 영유아들을 끊임없이 보호하고 상호작용을 해나감에 따라 쉽게 피로해지고 소진하게 된다. 보육교사는 하루 일과가 진행되는 동안 계속해서 영유아를 관찰하고, 그들의 요구에 반응하면서 풍부한 교육활동을 제공해주어야 하므로 적절한 휴식시간이 필요하며, 이를 통해 자신을 활기차게 회복할 수 있도록 신체적 건강을 유지 및 관리할 수 있어야 한다.

② 온정적인 성품

영유아들이 가정을 떠나 처음으로 집단생활을 하는 곳이 어린이집이기 때문에 보육교사는 온화한 성품과 수용적인 태도로 환경변화에 따른 영유아의 불안감을 해소하여 주고, 정서적으로 안정감을 가질 수 있도록 하며, 항상 명랑한 성품을 지니도록 노력해야 한다. 매일의 반복되는 일과에서 영유아의 다양한 행동에 대한 보육교사 자신의 감정을 잘 인식 · 이해하고 자신의 감정을 조절할 줄 알아야 한다.

③ 인간과 생명에 대한 존중

영유아를 존중하고 사랑으로 대하는 것은 물론, 주변의 모든 생명체나 무생물까지도 소중히 하는 태도로 아동의 고유한 권리와 가치를 인정하고 존중하며, 영유아들의 성장 가능성을 믿고 영유아들로 하여금 긍정적 자아개념을 형성할 수 있도록 도와야 한다.

④ 풍부한 교양과 봉사정신

보육교사는 항상 품위유지를 해야 하며, 전문적인 지식은 물론 다방면의 풍부한 교양을 쌓고 사회봉사 정신을 가져야 한다.

(2) 전문적 자질

① 전문적 지식 함양

영유아기의 급격한 발달적 변화를 생각할 때 적절한 도움과 자극을 주기 위해서는 전문적인 지식이 필요하다. 또한 영유아의 성장과 발달에 대한 전문지식은 물론, 누리과정에 대한 전반적인 폭넓은 지식을 가지고 있어야 하며, 사회문화 등 다양한 지식을 쌓도록 노력해야 한다.

② 보육 프로그램 계획 및 운영

보육계획 수립 시에 보육 내용 및 보육행사 등을 결정할 수 있는 보육 프로그램을 계획하고 운영하는 능력이 있어야 하며, 보육과정에 필요한 교재 · 교구제작 및 활용 능력이 있어야 한다. 또한 영유아의 안전관리 및 일상생활 지도 능력이 있어야 한다.

③ 보육에 대한 소신과 철학

보육교사는 보육교사로서의 소신과 철학이 있어야 한다. 아동관, 지식관, 교육방법관, 환경관 등이 수립되어 바른 보육관이 정립되어야 한다.

④ 반성적 사고와 자기개발

반성적 사고란 인간이 자신의 관심 분야에 대해 의도를 가지고 내적 점검을 추구하는 능동적이며 목적적인 과정이다. 보육교사의 반성적 사고과정은 보육 문제나 딜레마를 인지하고 문제에 대해 반응하면서, 다른 상황과 유사한 점 등을 인지하고 문제를 분석하고 해결하기 위한 여러 가지 대응을 시도해 보고, 나타난 결과를 검토해 보는 것이다. 따라서 보육교사는 저널쓰기(Journal writing), 활동연구(Action Research) 등 반성적 사고를 길러 주기 위한 다양한 방법을 통하여 자기개발을 위해 노력해야 한다.

4) 기타 종사자

(1) 간호사

「영유아보육법」에서는 어린이집에서 영유아 100인 이상을 보육하는 시설의 경우 간호사(간호조무사 포함) 1인을 두어야 한다고 규정하고 있다. 대부분의 어린이집의 경우 보육교사가 간호사의 역할을 대신하고 있지만, 간호사는 어린이집에서 영유아의 건강지도 및 보건상담, 위생관리, 안전지도, 응급처치 등의 역할을 담당하게 된다. 이렇게 간호사들은 매일 영유아의 일반적인 건강 상태, 예를 들면, 발한이나, 오한, 구토, 설사 등의 건강 상태를 점검하거나 투약 의뢰서에 따른 약품을 투여하는 등 영유아의 건강 상태를 체크해야 하며, 비상사태에 대비하여 응급조치를 할 수 있도록 준비하고, 어린이집 내의 질병과 감염병을 예방하며, 영유아의 건강과 안전에 대해 학부모들에게 정보를 제공하는 역할을 한다.

(2) 영양사 및 취사부

어린이집에서는 영유아들이 장시간 머무르면서 점심식사는 물론, 오전 · 오후 두 번의 간식을 제공받게 된다. 특히 최근 들어 시간연장이나 24시간 보육 등 보육 형태가 다양화됨에 따라 더욱 양질의 충분한 영양을 공급하는 것은 무엇보다 중요한 부분이 되고 있다. 이때 영양사는 영유아의 발달 단계, 영양 상태 등을 고려하여 영유아에게 하루에 필요한 영양과 칼로리에 입각하여 영양적으로 균형 잡힌 식단을 작성하고 조리과정을 관리 감독함으로써 필요한 영양과 칼로리를 공급하는 역할을 한다. 조리사는 영양사가 작성한 식단에 따라 영유아에게 제공될 식사와 간식을 직접 만들어 제공하는 역할을 하게 된다. 특히, 음식이 위생적으로 조리될 수 있도록 조리대와 주방 시설의 위생관리 및 좋은 식자재의 구입 등이 매우 중요하다.

(3) 특수교사

장애유아 보육교사는 일반 보육교사의 역할 외에 장애유아의 유형별 특성을 이해하고, 독특한 요구를 확인함과 동시에 장애유아의 다양한 요구를 충족시킬 수 있는 개별화된 보육계획안을 수립하고 실시하여야 한다. 또한 특수교사는 장애유아를 받아들이는 수용적인 태도와 개방적인 자세 및 장애통합보육을 위한 전문적인 지식과 역할이 요구된다.

(4) 방과 후 아동지도사

방과 후 교사는 초등학생을 대상으로 정규학교 교육시간 이외의 시간에 아동을 보호하고 지도하는 자이다. 방과 후 교사는 초등학교 아동기의 발달 특성을 파악하고, 이들의 가정환경적 특성을 이해하여 지도하여야 한다. 또한 학습에 지친 아동들에게 정서적 휴식 및 신체 발달을 도울 수 있는 능력을 갖추어야 하며, 취미활동 및 특별활동을 계획하고 운영하는 능력 등이 요구된다.

(5) 기타 보육인력자원

어린이집과 관련된 기타 인력으로는 보조교사, 실습교사, 사무원 등을 들 수 있다. 보조교사는 보육교사를 도와 보육활동에 참여하는 교사로서 학급을 효율적으로 운영하는 데 도움을 주며, 보육활동 보조, 보육실 관리, 교구 교재 정리 및 수업 정리정돈, 영유아의 역할 모델 되어 주기 등 다양한 역할을 할 수 있다. 실습교사는 보육을 전공하고 있는 학생들이 전문적인 지식을 쌓기 위해 보육현장에서 그동안 배운 이론과 실제를 통합해 보는 기회를 갖게 되는 것으로, 6주간의 실습을 통해 영유아들과 상호작용하면서 스스로의 자질을 확인해 보고 현장 실무 경험을 익히게 된다. 사무원은 어린이집의 각종 공문서 처리, 문서관리, 보육료 수납 등 어린이집의 재정 및 행정 업무 등을 담당하게 된다.

<생각 나누기>

1. 보육교직원의 유형에 대해 구체적으로 이해하고, 각 보육교직원의 역할에 대해 생각해 보자.
2. 보육교직원의 자격요건 및 보육교사의 발달 단계에 대해 알아보고, 교사로서 성장하기 위해 무엇을 준비해야 하는지 생각해 보자.

CHAPTER 9

부모 및 가족과 지역사회 연계

1. 부모 및 가족과의 연계
2. 지역사회 연계

영유아의 성장과 발달에 중요한 영향을 미치는 요인은 교육기관뿐만 아니라 영유아가 속해 있는 가정과 지역사회 등 영유아를 둘러싸고 있는 환경 모두가 직접 또는 간접적으로 의미 있는 요인이다. 그러므로 가정, 교육기관, 지역사회가 동반자적 관계로 협력할 때에 영유아의 긍정적인 성장, 발달에 기여할 수 있다. 시대의 변화에 따라서 가정, 교육기관, 지역사회에 요구되는 역할도 변화되고 있으며 서로의 역할을 지원, 보완할 수 있는 다양한 방법들이 요구되고 있다. 따라서 본 장에서는 교육기관이 협력 관계 안에서 부모, 지역사회와 연계하여 영유아를 효과적으로 지원 · 협력할 수 있는 방안에 대해 살펴보고자 한다.

1. 부모 및 가족과의 연계

어린이집과 가족은 영유아의 발달을 돕기 위해 긴밀한 관계를 갖고 서로 협력해야 하며, 어린이집에서는 부모, 영유아, 어린이집의 특성에 따라 부모교육, 부모참여와 부모훈련 프로그램 등 다양한 방법으로 운영하여야 한다. 이와 같이 어린이집에서 실시하는 부모와 가족과의 협력 프로그램들은 점차 다양해지는 가족 구조, 즉 조부모 가정, 한부모 가정, 다문화 가족 등의 특성을 고려하여 융통성 있게 조정하여 실행될 수 있어야 한다.

어린이집에서는 보육에 대한 철학, 부모와 가족의 요구와 특성을 반영한 부모교육 프로그램을 계획하고, 영유아의 최상의 발달을 돕기 위해 부모와 가족과의 의사소통과 협력을 위하여 실시할 수 있는 프로그램을 구성해야 한다. 예를 들어, 가정통신문 · 게시판 · 웹기반 활용 · 대화수첩(일일보고서) 등을 통한 의사소통 프로그램, 강연회 · 워크숍 · 상담 · 교육활동 참관 · 부모참여 수업 · 자원봉사자 · 부모운영위원회 등의 부모교육 및 참여 프로그램과 부모훈련으로 나누어 볼 수 있다. 각각의 방법과 사례에 대해 알아본다.

1) 가정과 어린이집과의 의사소통

(1) 가정통신문

어린이집에서 실시하는 부모와의 일차적인 의사소통 방법은 가정통신문이다. 가정으로 지면을 통해 여러 가지 사항에 대한 정보를 제공하고 협력을 요청하는 형태로, 보육 프로그램(주제별 또는 주간보육계획)이나 행사에 대한 공지사항, 현장학습, 준비물, 협조 안내문, 유용한 양육 정보 제공 등의 역할을 한다. 가정통신은 짧고 간결하게 작성하는 것이 좋으며, 부모가 참여해야 할 행사나 활동을 알리는 경우에는 부모가 미리 일정을 조정하여 참여할 수 있도록 충분한 시간적 여유를 두고 미리 안내해야 한다. 또한 문자메시지나 알림 등을 통해 부모가 가정통신문을 확인할 수 있도록 한다.

〈표 9-1〉 가정통신문 예시 1

가정통신문

20 년
기간 : 3월 1주 (월 일 ~ 월 일)

학부모님께

따스한 봄을 맞이하여 인사드립니다.
우리 어린이집에서는 부모님들의 자녀 양육을 돕고자 가능한 시간을 서로 의논하여 어린이집을 개방하고 있습니다. 이를 통해 영유아가 어린이집에서 경험하는 하루 일과를 지켜보거나, 활동의 일부를 자녀와 함께할 수 있도록 기회를 제공하고자 합니다. 자녀와 함께하는 보육 경험은 자녀의 행동 및 어린이집을 이해하는 데 도움이 될 것입니다.

1) (월간 또는 주간) 보육계획안
2) 식단표(매월 작성 및 공지)
3) 어린이집의 주요행사
4) 공지사항(예시)

- 필수예방접종 및 건강검진 안내
- 신체계측 실시 방법 및 결과 통보 방법
- 부모면담 실시 안내
- 아동권리 존중 안내(가정에서의 실천방안)
- 식중독 예방 및 식품 알레르기 관련 안내
- 감염병 발생 시 공지 및 대처방안 안내
- 운영위원회 회의 개최 및 회의 내용 안내
- 부모교육 자료
- 계절 및 날씨 관련 안전수칙, 교직원 근무현황 등
- 지역사회 관련 정보 및 행사
- 기타

20 년 월 일
○ ○ 어린이집

Tip

- 부모에게 어린이집 생활과 보육 활동 등의 내용을 포함하는 가정통신문을 작성하고, 정기적으로 제공하여 적극적인 협력 관계가 되도록 활용
- 보육계획안, 식단표, 어린이집 주요행사, 공지사항 등을 안내하며, 어린이집 상황에 따라 다양한 형태와 내용으로 작성하여 제공
- 공지사항 중 신체계측 결과 안내는 신체계측 여부만 안내하고 결과는 개별 통보함을 명시

출처: 보건복지부 · 한국보육진흥원(2017). 어린이집 문서 서식 양식.

〈표 9-2〉 가정통신문 예시 2

어린이집 운영계획 수립을 위한 수요조사 실시

안녕하십니까?

우리 어린이집에서는 20 년 어린이집 운영계획 수립을 위한 수요조사를 실시합니다.

이를 바탕으로 우리 어린이집 운영계획을 수립하여 어린이집 운영에 부모님들의 의사를 최대한 반영하고자 합니다.

아래를 읽어 보시고 기록하셔서 어린이집으로 보내 주시기 바랍니다.

조사 결과에 따라 종일반은 더욱 효율적으로 운영될 수 있도록 하고, 맞춤반은 부모님이 가장 많이 희망하는 시간대를 중심으로 운영시간을 결정하여 알려드리겠습니다.

반 명	원아 이름	부모 확인
(만 세반)		(서명)
보육료 자격	종일반 □ 맞춤반 □ 유아반 □	
희망 보육시간대	등원시간	하원시간
	※ 종일반과 유아반은 07:30~19:30 내에서, 맞춤반은 08:00–16:00 내에서 희망하는 보육 시간을 적어 주세요.(맞춤반은 최대 6시간)	
등 · 하원 방법	개별 등 · 하원 □ 어린이집 차량 이용 □	

위와 같이 어린이집 운영계획 수립을 위한 수요조사서를 제출합니다.

보호자 (인)

20 년 월 일

○ ○ ○ 어린이집

출처: 보건복지부 · 한국보육진흥원(2017). 어린이집 문서 서식 양식.

Tip

- 어린이집 운영계획 수립을 위해 영유아 모두를 대상으로 보육 수요조사 실시 필요
- 희망 등 · 하원시간을 포함한 서면 수요조사 실시 후 결과를 반영하여 어린이집 운영계획 수립

(2) 게시판

게시판은 주로 어린이집 현관에 설치되어 등 · 하원 시 바쁘게 출입하는 부모들이 중요한 정보를 한눈에 볼 수 있도록 활용된다. 가정통신을 통해 전달한 정보들을 다시 확인시키고, 주요 공지사항이나 정보들을 전달한다. 게시판에 게시할 수 있는 내용으로는 어린이집의 행사, 자녀양육 정보, 부모 협조 사항, 건강 · 영양 · 안전에 대한 정보나 예방접종 정보 등을 제공한다. 그 외에 습득물, 찾아가지 않는 물건 등을 게시하기도 한다.

(3) 웹(Web)기반 활용

E-mail, 홈페이지, 카페 등 인터넷을 통해 어린이집과 가정, 교사와 부모 간에 정보를 교환하고 교육 활동을 공유하는 것을 말한다. 이 방법은 전화를 활용하는 것처럼 직접 만나기가 어려운 부모의 요구사항 등을 보다 신속하게 수렴할 수 있고, 가정에서는 시간과 공간의 제약을 받지 않고 자녀의 어린이집 생활을 엿볼 수 있으며, 부모의 의견을 개진할 수 있다는 장점이 된다. 그러나 부모가 인터넷 사용에 익숙하지 않거나 가까이 접할 수 있는 상황이 아니면 효율적인 방법이 될 수 없으므로 부모의 상황을 고려하여 오프라인과 병행하여 활용하는 것이 바람직하다.

(4) 알림장

가정과 정보를 공유하는 다양한 방법 중 하나는 개별 영유아의 매일의 보육 경험에 대해 어린이집과 가정 간에 소통하는 알림장(일일보고서, 대화수첩, 원아수첩 등)이 있다. 최근에는 모바일 어플리케이션을 활용한 알림장을 통해서 가정과의 원활한 의사소통의 창구로 활용하기도 한다. 영아의 경우 수유, 이유, 배변, 수면 상황과 영아의 전반적 기분과 건강상태에 대해 매일 의사소통하고, 유아의 경우에는 보육 활동 시 유아의 개별적 반응이나 문제행동, 이에 대한 교사의 지도 방법, 또래와의 상호작용 등을 내용으로 하여 주기적으로 의사소통하는 것이 바람직하다(보건복지부, 한국보육진흥원, 2015).

〈표 9-3〉 알림장 양식

알 림 장

20 년 월 일 요일

가정에서			어린이집에서		
원아상태	기분	좋음/ 보통/ 나쁨 (이유:)	원아상태	기분	좋음/ 보통/ 나쁨 (이유:)
	건강	좋음/ 보통/ 나쁨 (이유:)		건강	좋음/ 보통/ 나쁨 (이유:)
	체온	열이 있음(℃)/ 없음		체온	열이 있음(℃)/ 없음
식사	저녁		식사	간식	
	간식			점심	
	아침			간식	
배변	저녁	안했음 / 했음 (딱딱함 / 보통 / 설사)	배변	오전	안했음 / 했음 (딱딱함 / 보통 / 설사)
	아침	안했음 / 했음 (딱딱함 / 보통 / 설사)		오후	안했음/ 했음 (딱딱함 / 보통 / 설사)
수면	시 분부터 시 분까지		수면	시 분부터 시 분까지 시 분부터 시 분까지	
투약의뢰	약의 종류		투약결과	약의 용량	
	약의 보관법				
	약의 용량			투약 시간	
	투약 시간/ 횟수			투약자 확인	(인)
	의뢰자	(인)			
전달내용			전달내용		

출처: 보건복지부 · 한국보육진흥원(2017). 어린이집 문서 서식 양식.

[그림 9-1] 알림장 기능 모바일 어플리케이션

2) 부모교육 및 참여 프로그램

(1) 강연회

강연회는 어린이집 부모교육에서 많이 사용하는 방법 중 하나로 대 · 소집단으로 진행된다. 사전에 부모들의 관심 분야를 조사하여 주제를 선정하기도 하고, 어린이집에서 다루어야 할 내용을 주제로 선택하기도 한다. 강사를 결정할 때는 인지도보다는 다루어질 주제에 대해 전문성을 가진 사람을 초빙하여, 강사에게 부모들의 요구나 부모들의 특성 등에 대한 정보를 제공하여 보다 효과적인 교육이 되도록 한다. 특히, 자녀를 동반하는 부모들이 있으므로 별도의 놀이 공간과 교사를 배치하여 부모들이 교육에 집중할 수 있도록 돕는다.

(2) 워크숍

워크숍은 부모들이 활동에 직접 참여하여 교육 활동에 필요한 교구, 행사에 사용될 도구들, 짧은 시간 내에 결과물이 나올 수 있는 생활용품들을 제작하기도 하고, 자녀들과 함께할 수 있는 놀이, 노래 등을 경험해 본다. 이런 기회를 통해 부모들은 유아교육 활동에 대해 이해를 높일 수 있고, 부모들 간에 자녀에 대한 정보를 공유하는 기회가 된다. 워크숍에서 만들어진 결과물은 가정으로 가져가기도 하지만, 어린이집에 비치하여 활동에서 사용하거나 가정으로 대여해 갈 수 있도록 제공해 준다. 이때, 부모-자녀가 쉽게 활동할 수 있도록 활동 방법도 함께 제시해 준다.

(3) 부모 오리엔테이션

처음 어린이집에 들어오는 영유아의 학부모 또는 상급반으로 진급하여 새 학년을 맞이하는 영유아 부모를 대상으로 그 기관의 운영방침, 프로그램, 일과 및 행사, 반 편성, 교직원 등을 소개하는 시간을 갖는 것을 말한다. 부모 오리엔테이션은 부모와의 만남에 필수적인 요소로 작용하는 '신뢰'를 쌓는 공식적인 출발점이 되는 시간으로, 교직원 모두가 교사의 이미지에 맞는 옷차림과 태도를 갖추어야 한다. 교사는 자신이 담당하는 영유아의 이름과 부모에 대한 정보를 사전에 확보하여 인지해 두고, 부모 오리엔테이션 참석 여부를 확인하면서 자녀를 담당하게 된 교사임을 밝히는 것도 첫인상을 부드럽게 가질 수 있는 한 방법이 될 수 있다.

오리엔테이션 시기는 신학년도 첫 등원일을 2주 정도 앞둔 시기에 하는 것이 좋으며, 입학에 필요한 준비와 부모의 적극적인 참여가 필요함을 인식시킨다. 부모 오리엔테이션을 위한 준비 및 진행에 대한 예를 〈표 9-4〉에서 제시하였다.

〈표 9-4〉 부모 오리엔테이션을 위한 준비 및 진행 예시

■ 시기와 횟수

- 신학년이 시작되기 2주 전 즈음에 신입원아 부모를 대상으로 연 1회 실시하되, 학기 중에 입소하는 영유아에 대해서도 개별적인 오리엔테이션을 실시한다.

■ 사전준비

- 부모 오리엔테이션 자료, PPT, 영상물, 포트폴리오 등을 준비한다.
- 전년도 행사나 활동사진, 혹은 하루 일과 사진을 모아 음악을 넣은 영상물 자료로 제작하여 시작 전에 보여줌으로 신입 부모들이 어린이집 생활을 이해하는 데 도움을 갖도록 한다.

- 간단한 다과 준비(차, 떡, 요쿠르트 등)
- 교직원 간 역할 분담 : 교직원 간에 세부 진행에 따른 업무 분담을 분명하게 한다.

※ 예 : 입구에서 맞이하기, 안내하기, 진행 돕기(노래나 빔 프로젝트 작동, 다과 준비), 사회 등

■ 진행 시 고려점

- 모든 교직원은 깔끔한 정장차림을 하여 최소한의 예의를 갖추는 것이 바람직하다.
- 일방적인 설명식으로 오리엔테이션을 하거나 너무 길어지지 않도록 PPT 자료를 활용하거나 부모와의 질의응답 시간을 가지는 것이 바람직하다.

※ 부모 오리엔테이션 진행 시 1시간 이상 유아용 의자에 앉거나 바닥에 앉아 있어 불편할 수 있음을 고려하여야 한다.

■ 진행 방법

가. 원장 인사 : 참석해 주신 데 대한 감사와, 이 시간의 중요함과 다룰 내용에 대해 간단한 인사로 갈음한다.

나. 교직원 소개 : 부모들에게 반별로 교사들을 소개하고, 기타 교직원들을 소개하며, 호칭과 역할에 대해 알려 준다. 부모에게 교사 자신을 소개하는 시간은 첫인상을 남기는 중요한 시간이므로 인사말을 미리 준비해 두는 것도 좋다.

다. 보육 방침, 프로그램, 보육비, 식비, 재정적인 측면, 주 · 간식의 형태, 차량의 운행, 응급처치 동의서, 안전사고 보고서, 결석 시의 처리 등을 소개하고 협조를 구한다.

라. 입학 후 쉽게 적응할 수 있도록 부모님께 드리는 부탁 말씀, 준비물, 입학식에 대한 안내를 한다.

마. 전체 부모 오리엔테에션이 끝나면 반별 간담회 장소로 이동하여 담임교사와 부모, 부모들끼리 간단히 인사하는 시간을 갖는다.

■ 마무리

- 행사 보고서 또는 운영일지에 부모 오리엔테이션 관련 기록을 남기고 사진 등을 첨부한다.

※예 : 일시, 장소, 참석자, 진행순서, 질의 및 답변 내용, 평가 등

출처 : 박초아, 손순복, 유복림, 이남정(2012). 공공형 어린이집 운영가이드북.

(4) 부모 간담회

어린이집 입학 후 영유아들의 적응이 어느 정도 끝나고 나면, 교사는 부모 간담회를 준비한다. 자녀의 어린이집 생활을 궁금해할 수 있는 부모들에게 하루 일과의 흐름을 알 수 있도록 아이들의 모습을 동영상 또는 사진으로 담고 일과를 소개한다. 이때 교사는 모든 아이의 모습이 골고루 담겨지도록 고려하여 부모가 자녀의 활동 모습을 볼 수 있도록 한다. 더불어 그 연령의 특성을 살린 프로그램을 안내하고, 부모들의 궁금한 점에 대해 질의응답, 부모 간, 부모–교사 간 프로그램 또는 양육에 대해 가볍게 토론 또는 의견을 나누고 청취하는 시간을 갖는다. 간단한 다과도 함께 제공한다.

(5) 부모 상담

부모와 어린이집과의 상담은 입소 전에 이루어지는 입학 상담, 개별 상담, 그룹 상담으로 나누어 이루어지게 되는데, 부모 상담은 "신뢰와 긍정적 이해관계를 형성하거나 부정적, 의심을 낳기도 한다."는 것을 항상 염두에 두고 임해야 한다. 또한 상반기와 하반기에 정기적으로 실시되는 정기 상담과 상담 기간 이외에 부모와 어린이집이 소통 · 협력하는 사안이 있을 경우에는 수시로 실시되는 수시 상담으로 나누어 볼 수 있다(조형숙 외, 2020). 가능한 한 직접 대면하여 충분한 의견 교환과 소통이 이루어질 수 있도록 하는 것이 좋으나, 부모의 여러 가지 사정으로 인하여 대면 상담이 어려울 경우에는 전화나 서면 등을 활용해서 부모가 상담에 참여할 수 있도록 융통성 있게 진행할 수 있다.

■ 입학 상담

부모가 어린이집에 입학을 결정하기 이전에 부모의 기대와 기관에 대한 궁금증을 들을 수 있고, 어린이집에서는 기본적인 운영 기준(부도가 수용하고 따라 주기를 원하는 부분도 포함)을 안내함으로써 부모로 하여금 사전에 어린이집 운영에 대한 이해를 돕고자 하는 것이다. 입학상담이 원만하게 이루어지면 어린이집과 부모와의 대화가 활성화되고, 사전에 어린이집의 특성을 알고 오기 때문에 부모의 일방적인 요구와 민원의 요소들을 제거할 수 있는 기능을 할 수 있다.

■ 개별 상담

영유아의 전반적인 생활 모습이나 발달에 대하여 교사와 부모가 일대일로 상호작용하는 방법을 말한다. 개별 영유아가 어린이집과 가정에서 어떤 경험을 하는지, 또래관계는 어떠한지, 일상적인 활동에서 벗어난 경험이 있는지에 대해 여러 가지 방식으로 긴밀하게 의사소통을 하며 정보를 교환해야 한다. 이를 위해 교사는 부모와의 개별면담 시간을 마련하게 되는데, 학기초, 학기중 또는 학기말에 실시될 수 있으며, 어느 시기에 이루어지는가에 따라 상담에 임하는 교사의 준비를 달리할 수 있다.

- 학기초 부모 상담 : 교사는 부모로부터 양육관 · 기대 · 요구와 영유아의 성장 배경 · 특성 등에 대해 많은 정보를 얻으면서 부모의 특성과 가정환경을 파악하고자 하는 것이다. 그러기 위해서는 교사의 의견을 제시하기보다는 부모의 생각을 경청하고 정리하는 시간이 되도록 한다.

- 학기중 또는 학기말 부모 상담 : 유아 관찰기록, 활동 결과물과 발달검사를 한 결과물이 있으면 함께 제시하여 부모가 자녀의 발달, 학습 수준, 또래 관계와 진급 등에 대해 파악할 수 있도록 한다. 따라서 교사는 각 개별 영유아에 대한 자료를 정리하고, 부모가 궁금해할 내용과 부모에게 드릴 수 있는 정보를 준비하여 상담에 임하여야 한다(손순복, 2008).

개별 상담을 위해 교사는 조용하고 깨끗한 교실 공간을 준비하며, 반원이나 원형으로 된 자리를 배치해 둔다. 상담이 끝나면 부모의 기대, 부모의 특성, 아동의 특이사항 등에 대해 기록해 둔다.

■ 집단 상담

교사와 다수의 부모가 함께 모여 영유아 및 학급 운영에 대한 의견을 나누는 활동을 말한다. 한 학급 전체가 참여하면 좋겠으나, 참여 가능한 시간 등을 고려하여 두 팀으로 나누어 진행할 수도 있다. 집단 상담은 자녀 양육에 대한 부모들 간의 공통된 관심사를 나누는 좋은 기회가 될 수 있고, 학급의 일반적 정보와 교사의 교육철학을 부모들에게 알리는 기회도 될 수 있다(이원영 · 이태영 · 강정원, 2008). 또한 원장과 교사는 부모가 요구하는 교육적 기대와 영유아에 대한 정보를 얻을 수 있다(박희숙 외, 2019). 집단 상담은 연 1~2회 정도 어린이집에서 공식적으로 계획하여 이루어질 수 있도록 한다.

(6) 부모 참여 수업

부모 참여란 부모가 어린이집에서 제공하는 특정 프로그램의 운영에 직접 참여하는 것을 말하며, 교사로서의 부모, 참관자로서의 부모, 자원봉사자로서의 부모, 자원인사로서의 부모로 참여할 수 있다(Berger, 2004). 부모 참여 수업이 끝난 이후에는 별도의 평가회를 마련하거나 부모평가지를 작성하도록 하여 부모의 인식과 교육의 효과를 확인하고, 다음 부모교육 등에 반영자료로 삼을 수 있다.

■ 교사로서의 참여

어린이집의 일일교사 또는 보조교사로서 교육 활동에 직접 참여하여 수업을 진행하는 방법을 말한다. 스승의 날 일일교사 또는 일과 중 보조교사로 참여할 수 있으며, 어느 정도의 전문성을 가졌거나 교사로 투입되기 전에 교사로서 가져야 할 기본적인 태도 정도는 교육을 받고 참여해야 한다.

■ 참관자로서의 참여

부모가 어린이집을 방문하여 어린이집에서 일어나는 일상생활 및 교육활동을 관찰할 수 있는 기회를 제공함으로써 자녀를 보다 객관적으로 이해할 수 있도록 돕는다. 이처럼 자녀의 수업을 관찰하거나 부모로서 직접 수업에 참여함으로써 자녀와 함께 하루일과의 경험을 공유할 수 있다.

부모 참여 수업을 계획할 때는 특별히 많은 준비와 시간을 투자하여 계획하기보다는 평소 교사와 놀이하듯 익숙한 환경에서 아이들의 경험을 확장시켜 줄 수 있는 활동을 계획하여 진행하면 보다 바람직할 수 있다. 사전에 영유아들이 만든 초대장과 함께 참여 수업 시 유의할 점, 활동 방법 및 상호작용의 구체적인 예를 소책자로 묶어 제시함으로써 부모가 사전에 놀이 방법을 인지하고 참여할 수 있도록 제시해 준다.

부모 참여 수업을 진행할 때 주의할 사항은 가능하면 많은 부모가 참여할 수 있도록 적어도 1~2개월 전이나 학기초 오리엔테이션 시간에 미리 공지해 두고, 참석 여부를 가정통신문을 활용하여 미리 파악하는 것이 좋다. 참여 수업 당일에는 부모용 이름표와 실내화 등을 준비하고, 활동 중에는 부모와 자녀가 상호작용을 잘 하고 있는지, 도움이 필요하지는 않은지 확인한다.

■ 자원봉사자로서의 참여

어린이집 활동에 별도의 훈련 없이도 참여할 수 있는 방법으로, 현장학습 도우미, 텃밭 가꾸기 도우미, 산책 도우미, 교실 청소, 급 · 간식 도우미, 교재교구 제작 도우미 등에 참여하여 어린이집 활동을 돕는 것을 말한다.

■ 자원인사로서의 참여

특정한 재능이나 전문적인 직업 또는 특기가 있는 부모가 교육활동에 참여하는 방법으로, 조리사에게 요리 배우기, 악기 연주 듣기 또는 악기 배우기, 전통공예품 만들어 보기, 구두 수선해 보기, 경찰 등 각 직업에 종사하는 전문가 부모가 교육활동에 참여하는 것을 말한다.

(7) 부모 운영위원회

부모교육 및 부모 참여의 방법 중 부모가 어린이집 운영에 가장 적극적으로 관여하는 방법으로 의사결정자로서 참여하는 것이다. 어린이집, 부모, 지역사회가 긴밀한 협력관계를 유지하기 위해 그들의 의견이나 요구를 청취할 수 있는 창구로서, 어린이집에서는 부모 운영위원회(「영유아보육법」 제25조)를 구성하고 정기적으로 회의를 개최함으로써 어린이집의 운영과 프로그램에 대한 의견이나 요구를 수렴하여 어린이집 운영에 반영할 수 있도록 한다.

■ 운영위원회 구성

어린이집 원장, 보육교사 대표, 학부모 대표와 지역사회 인사를 포함하여 5인 이상 10인 이내의 어린이집 운영위원회를 구성한다. 연 2회 이상 정기적으로 어린이집 운영위원회를 개최하여 어린이집 운영과 프로그램 전반에 대해 논의한다. 어린이집에서는 운영위원회 구성 및 개최 계획과 회의 결과를 부모에게 알려 모든 부모가 운영위원회의 주요 논의 내용을 알 수 있도록 한다. 부모위원 선출 방법은 부모들이 한자리에 모여 위원을 직접 투표하여 선출하거나 가정통신문, 연령별 대표로 구성된 부모대표 회의를 통한 간접투표 등의 방법으로 선출한다. 부모의 참여율이 저조하여 선출의 어려움이 많을 경우, 교직원 회의를 통해 부모를 추천받고 원장이 지명하여 부모의 활동 의사를 확인 후 원장이 위촉하여 선출할 수 있다.

■ 운영위원회 기능

가. 어린이집 운영 규정의 제 · 개정에 관한 사항
나. 어린이집의 예산 및 결산의 보고에 관한 사항
다. 영유아의 건강 · 영양 및 안전에 관한 사항
라. 보육 시간, 보육과정 운영 방법 등 어린이집의 운영에 관한 사항
마. 보육교직원 근무환경 개선에 관한 사항

바. 영유아의 보육환경 개선에 관한 사항
사. 어린이집과 지역사회의 협력에 관한 사항
아. 기타 어린이집 운영에 대한 제안 및 건의사항

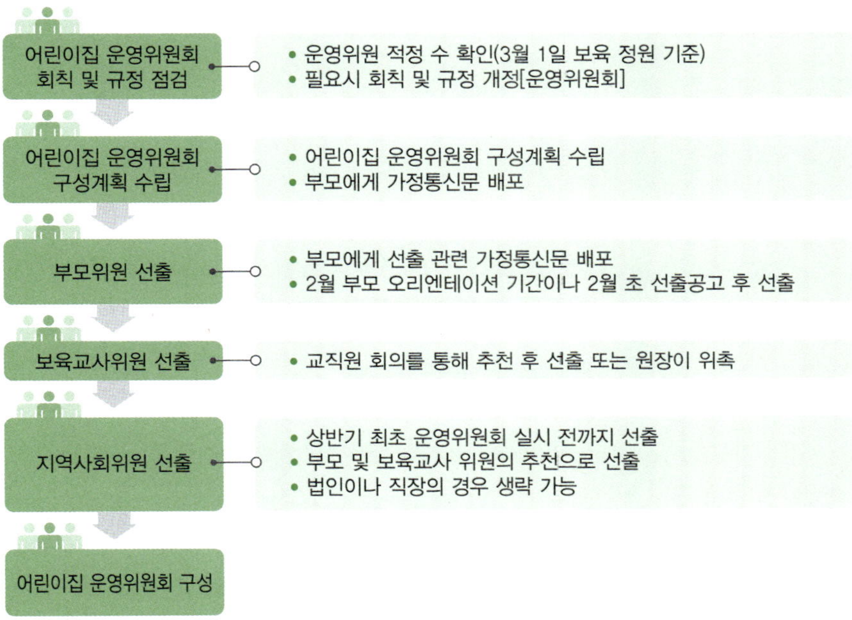

[그림 9-2] 운영위원회 구성 절차

개회식 → 개의 선포 → 보고사항 → 안건 상정 → 안건 설명 → 질의 · 답변
→ 토론 → 표결 → 결과 선포 → 폐회

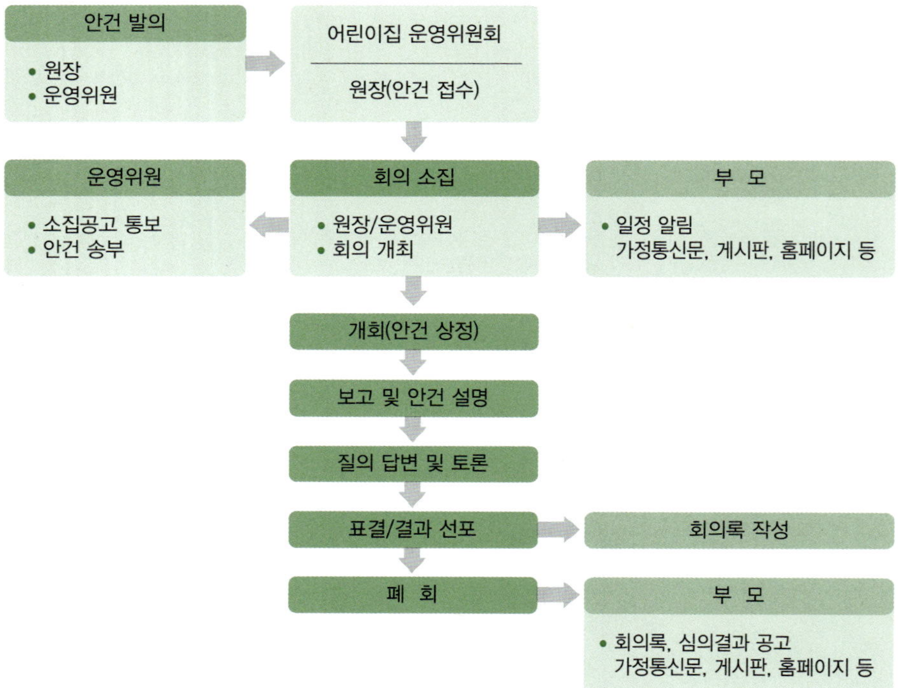

출처 : 보건복지부(2010). 어린이집 운영위원회 매뉴얼.

[그림 9-3] 운영위원회 회의 진행 절차

〈표 9-5〉 어린이집 연간 부모 참여 계획안 예시

시 기	활동명	유형 및 방법	대 상	내 용
2월 중	부모 오리엔테이션	강연회	전체 부모	운영 안내 – 교육과정과 운영지침 안내, 교사 소개 – 학급별 교사-부모 간담회
3월 중	신입원아 적응 프로그램	가족 참여	신입원아 부모	연령별 적응 프로그램을 통한 안정적인 어린이집 적응 돕기
4월 중	적응보고서 배부 및 부모 개별 면담	부모통신 개별 면담	신입원아 부모 전체 부모	영유아의 어린이집 적응에 관한 교사의 관찰기록 배부 (신입 대상) 및 전체 면담
5월 중	아빠 참여 수업	가족 참여	아빠 참여	아빠와 함께하는 강연회와 놀이 활동
	학급별 부모 간담회	간담회	전체 부모	보육 프로그램에 대한 소개 및 학급별 간담회(집단 면담)
6월 중	부모 강연회	강연회	전체 부모	영유아 발달 및 양육에 대한 전문가 초청강연회
10월 중	가족잔치	가족 참여	전체 원아가족	가족이 함께하는 원내외 놀이와 활동 – 가족 참여 수업, 운동회 등
11월 중	강연회 및 학급별 부모 간담회	강연회 간담회	전체 부모	특정 주제에 대한 강연을 들은 후 학급별 간담회(집단 면담)
12월 중	학급 가족잔치	가족 참여	전체 부모	놀이와 공연으로 구성된 학급 가족잔치
1월 중	부모 개별 면담	개별 면담	전체 부모	일 년 간의 발달 및 생활에 관한 교사와의 개별 면담
2월 말	신입원아/재원아 부모 오리엔테이션	강연회	전체 브모	운영 안내 – 교육과정, 운영지침 안내 – 교사 소개

출처: 보건복지부 · 육아정책연구소(2015). 열린어린이집 가이드라인.

2. 지역사회 연계

영유아들은 부모, 가족, 친척뿐만 아니라 이웃, 지역사회와 같은 다양한 환경과 접하며 성장해 간다. 이러한 지역사회 환경은 그 구성원들에게 전통과 규범을 가르치고, 그 지역사회의 가치를 고수하도록 하며, 사회적 참여를 이끌어 냄으로써 구성원들이 협동할 수 있도록 한다. 따라서 어린이집이 보다 효과적인 보육이 되기 위해서는 가정뿐만 아니라 지역사회의 요구와 자원을 어린이집 운영에 연계시켜 상호보완적 협력관계를 형성해 가야 한다. 즉, 지역사회의 특성과 요구, 지지 및 지원에 따라 어린이집 운영체계 전반에 영향을 받게 되므로, 원장과 교직원은 지역사회 단체 및 주민들과 원만한 관계를 형성하고, 인적, 물적 자원을 교류함으로써 질 높은 보육 활동이 가능하도록 해야 한다.

1) 지역사회 연계의 중요성

영유아의 성장과 발달을 돕기 위해서는 유아교육기관-부모-지역사회 간의 역동적인 관계가 형성되고 공동의 보살핌이 수반되어야 한다. 유아교육기관은 각 지역의 특성을 고려한 교육과정을 수립하고 서로 영향을 주고받으며 상호보완적 관계를 형성하게 된다. 영유아가 속해 있는 지역사회는 생활 공간과 생활 방식을 공유하고, 공동체 의식과 소속감을 갖게 하는 생활공동체로서 전인적 발달을 위해 필요한 교육의 장이 된다(김지은, 2014). 유아의 사회화 과정에 필요한 사회적 연결망과 자원이 약화되었을 때 학교 효율성이 저하되었다(Lee & Croninger, 1996)는 연구 결과에서와 같이, 학습은 가정이나 교육기관에서만 발생하는 것이 아니라 지역사회와의 연결망, 규범의 전수, 신뢰 등에 영향을 받는다. 어린이집에서는 지역사회와의 연계를 통해 영유아들에게 수준 높은 보육 서비스를 제공하고 영유아의 사회화 과정을 도와야 한다. 가령 지역사회의 학교에서 오는 자원봉사자, 경로당 등에서 오시는 어르신 봉사자, 인근 복지관과의 활동 등과 같이 여러 가지 형태로 지역사회 유관기관과의 연계 활동이 이루어질 수 있다. 2019 개정 누리과정과 제4차 표준보육과정의 성격에 의하면, 유아와 교사, 유치원 및 어린이집은 지역사회의 공공기관이나 단체와 협력하여 지역사회의 인적, 환경적, 문화적 자원을 통해 풍부한 교육과정 운영을 지원한다(교육부, 2020; 보건복지부, 2020)고 제시되었다. 또한 어린이집 평가지표에서도 지역사회와 연계한 다양한 활동을 실시하여 영유아가 풍부한 경험을 할 수 있도록 지원해야 한다(한국보육진흥원, 2019)는 내용을 포함시켜 지역사회와의 연계, 협력의 필요성을 강조하고 있다.

어린이집에서 지역사회와의 연계를 통해 양질의 보육 서비스를 확보할 수 있는 구체적인 내용을 살펴보면 다음과 같다.

첫째, 지역사회의 생태적인 환경과 다양한 자원을 교육 자원으로 활용함으로써 영유아의 경험에 기초한 보다 직접적이고 생생한 교육 실천을 할 수 있다. 어린이집은 보육과정 운영에서 지역사회 내에 있는 각종 기관이나 단체를 활용하고, 공공시설을 현장학습으로 이용할 수 있으며, 지역사회 주민과 연계한 활동을 할 수 있다. 또한, 지역사회의 공원이나 운동장 등을 활용한 교육 활동을 계획할 수 있으며, 다양한 연령층의 사람들과 경험을 공유할 수 있다.

둘째, 어린이집이 지역사회의 일원으로서 지역사회에 봉사할 수 있다. 어린이집의 우수한 프로그램과 어린이집 시설을 개방하여 타 기관이나 예비교육과정에 있는 학생들의 교육의 장으로 활용될 수 있으며, 영유아를 가진 자녀의 양육에 대한 상담을 제공할 수 있다.

셋째, 다양한 전문가들을 영유아의 보육 활동에 활용하여 수준 높은 보육의 질을 만들어 갈 수 있다. 각 분야의 전문성을 가진 주민을 초청하여 영유아들에게 그 분야의 살아 있는 정보나 기술을 배울 수 있는 기회를 제공할 수 있다.

따라서 어린이집에서는 지역사회 관련 기관과 여러 인적 · 물적 자원과의 협력 관계를 통하여 영유아와 가족이 자신의 지역사회를 이해하고, 지역사회에서 필요한 지지를 받을 수 있도록 노력하여야 한다.

2) 지역사회 연계의 실제

(1) 지역사회 인적 자원 활용

영유아들이 속해 있는 지역사회에는 보육 활동에 도움을 받을 수 있는 다양하고 풍부한 인적 자원이 존재한다. 어린이집에서는 지역의 인적 자원을 전문가 초빙, 자원봉사자로 활용할 수 있다.

어린이집에서 진행되는 주제, 영유아의 흥미 등을 고려하여 관련된 전문가를 초빙함으로 영유아의 호기심을 충족, 해결할 수 있다. 또한 지역 의료 전문가의 도움을 받아 영유아 건강검진, 예방접종, 건강교육 등을 실시하거나, 소방관이나 경찰관 등의 공공기관 전문인력을 초청하여 소방교육, 교통안전교육 등을 실시할 수 있다.

어린이집에서는 지역주민들이 자원봉사자로 참여할 수 있다. 예를 들면, 텃밭 가꾸기를 할 때 지역에서 농사를 짓거나 농사를 지어 본 적이 있는 어른(부모, 할머니, 할아버지)을 자원봉사자로 활용할 수도 있고, 지역에서 전해 오는 이야기나 민요와 관련된 활동을 할 때 이에 대한 정보를 갖고 계시는 지역사회 어른을 자원봉사자로 참여하게 할 수 있다. 지역 주민들은 자원봉사자로 참여함으로써 어린이집에 대한 이해를 높일 수 있고, 지역사회 구성원으로서 공동체 의식을 함양할 수 있는 기회가 된다.

〈표 9-6〉 지역사회 자원봉사자 연계 활동 예

활동명	일 시	관계기관	내 용	자원인력
그림책 읽어 주기	주 1회	지역 내 경로당	동화구연 또는 그림책 읽어 주기 세대 간 교류	경로당 할머니 2인(격주)
방역소독	월 1회	보건소	영유아들의 위생을 위해 지역 내 보건소에서 방역 실시	보건소 3명
안전교육 성교육	연 1회	보건소	화재 대피교육 내 몸은 내가 지켜요	보건소 2명 119 소방대
구강교육	연 1회	지역 내 치과	올바른 양치질 방법 치아에 좋은 음식, 나쁜 음식	OO치과 4명

실내악 감상	연 1회	OO초등학교	다양한 악기 소리 탐색 및 감상 함께 배워 보기	OO초등학교 음악교사와 관현악단 어린이들
텃밭 활동	주 1회	지역주민	농사를 지어 본 어르신와 함께 농작물 재배 및 수확하기	자원봉사 신청자
사진촬영	주 1회	지역주민	사진촬영이 취미인 지역주민이 어린이집 행사 및 활동 사진 찍어 주기	자원봉사 신청자

(2) 지역사회 물리적 자원 활용

교사는 지역사회의 공공시설이나 공원, 농장, 축구장, 도서관, 과수원 등 지역사회의 물리적 환경을 교육 활동과 연계시켜 영유아들로 하여금 지역사회 환경을 이해하고 적응할 수 있도록 경험의 기회를 제공해 주어야 한다. 예를 들면, 지역사회의 도서관과 연계하여 책이나 놀잇감을 주기적으로 빌려 보거나, 영유아들이 정기적으로 방문하여 도서를 대여하고 약속된 날에 반납하는 활동을 직접 해 볼 수 있다. 어린이집 가까운 곳에 있는 공원, 공터 또는 축구장을 이용한 정기적인 프로그램을 운영할 수 있을 것이다. 매주 또는 매일 동네 공원길을 산책하며 물리적 환경을 활용한 활동뿐만 아니라 산책길에 만나는 어른들께 공손하게 인사드리기, 공원 파고라에 쉬고 계시는 어른들과 이야기 나누기 등의 활동을 일정하게 계획할 수 있다. 또한 인근 경로당이나 마을회관과 연계하여 영유아가 노인이나 지역주민과 함께 활동을 하는 것도 가능하다. 그리고 그 지역사회에만 있는 특별한 시설, 즉 박물관이나 기념관 등을 방문하여 관련 활동을 경험함으로써 지역사회의 특성을 이해할 수 있도록 도울 수 있다.

어린이집 주변에 있는 시설을 활용하여 교육 활동으로 연계한 사례를 보면 〈표 9-7〉과 같다.

〈표 9-7〉 지역사회 시설을 활용한 연계 활동의 예

장 소	일 시	관계기관	내 용	자원인력
소방서 견학	연 1회	소방서	화재대피교육 소방서가 하는 일 소방차 살펴보기 소화기 사용법 배우기	소방서 3명
초등학교 견학	연 1회	초등학교	어린이집과 초등학교의 차이점	초등학교 2명
지역 내 종합복지관	월 1회	복지관	저소득층 가정과 한부모 가정의 영유아들을 위한 지원 프로그램	사회복지사
초등학교 운동장	연 2회	초등학교	가을운동회와 5월 가족축제 시 초등학교 운동장 활용	학교장
OO산 산책	주 1회	OO산	영유아의 체력 단련 자연친화적인 사고의 확장	관리업체
유수지 축구장	주 1회	구시설 관리	다양한 신체 활동	사전예약제

(3) 지역대학과의 교류

예비교육과정에 있는 전공분야의 학생 및 보육실습생들과 연계한 자원봉사 활동은 자원봉사자와 어린이집 서로 간에 많은 조력의 관계로 기능을 한다. 다시 말해, 전공분야에 있는 대학생이나 보육실습생들은 학교에서 학습한 이론을 현장에 나가 직접 적용하고 훈련해 보는 기회가 되고, 실습 후에도 꾸준히 봉사 활동을 지속함으로써 졸업 후 취업으로 이어지기도 한다. 어린이집 또한 부족한 인력의 조력을 받을 수 있어 도움이 된다. 학생들 참여뿐만 아니라 전문가인 대학교수도 현장의 자문위원으로 참여하며, 전문가의 연구를 위해 어린이집에서는 현장의 실제를 제공한다.

(4) 지역사회를 위한 어린이집의 자원봉사 활동

지역사회에 어린이집 시설과 우수한 보육의 자원을 제공해 줄 수 있다. 어린이집 시설을 개방하여 타 어린이집의 교사나 예비교육과정에 있는 학생들의 교육의 장으로 활용할 수 있으며, 영유아를 가진 부모에게 자녀의 양육에 대한 상담을 제공할 수 있다. 영유아들과 경로당 또는 독거노인 등과 연계하여 할머니, 할어버지와 함께 지내는 활동을 한다거나 용돈을 모아 독거노인을 방문하는 등 어린이집과 지역사회 간의 유대감을 보다 긴밀하게 할 수 있도록 상호 지원을 주고받을 수 있다. 이러한 과정에서 어린이집의 보육 운영에 대한 노하우를 공유하게 되고, 지역사회에 어린이집을 널리 알리는 기회가 된다.

<생각 나누기>

1. 영유아의 발달을 지원하기 위해서는 가정과 어린이집의 긴밀한 소통이 무엇보다 중요하다. 급격한 사회 변화를 보이는 21세기 현대사회에서 가정과 어린이집 간의 적합한 의사소통을 위해서 무엇이 필요한지 생각해 보자.
2. 각 지방자치단체마다 어린이집과 영유아들을 지원하는 다양한 프로그램들이 마련되어 있다. 내가 속한 지방자치단체에서 지원하는 여러 가지 정책, 프로그램들을 알아보고 어린이집 활동과 어떻게 연계 가능한지 생각해 보자.

CHAPTER 10

어린이집 운영관리

1. 어린이집 운영관리의 개념 및 원리
2. 원아 모집과 관리
3. 재정관리
4. 사무관리

어린이집은 영유아의 발달에 적합한 환경을 제공하여 영유아의 발달을 촉진하고 그 가정을 지원하는 데 목적을 두는 기관이다. 이러한 목적을 달성하기 위해서는 전문적이고 합리적인 운영이 필요하나, 어린이집은 다른 교육기관에 비해 작고 협소하며 사적인 인간관계가 중심이 되는 특성으로 인해 전문성이 결여된 채 주먹구구식으로 운영될 소지가 있다. 따라서 어린이집 원장은 좀 더 체계적인 운영과 보육의 질을 높이기 위한 방법을 모색하여야 한다. 일반적으로 어린이집의 운영은 원아와 관련된 업무로부터 보육 교직원의 채용 및 관리, 시설 설비 관리 및 안전관리, 영유아들의 건강한 발달 지원을 위한 보육 프로그램의 계획 및 실행, 각종 세입 세출 및 보육료에 대한 재정관리, 부모와 지역사회와의 관계 등의 업무로 이루어진다. 본 장에서는 어린이집의 운영관리를 물적, 인적 자원을 효율적으로 배치하기 위한 과정으로 보고 운영관리의 원리, 원아관리와 모집, 재정관리, 사무관리를 중심으로 살펴보고자 한다.

1. 어린이집 운영관리의 개념 및 원리

운영관리란 어떤 기관의 목적이나 목표의 효과적인 달성을 위해 그 기관에 소속된 인적, 물적, 재정적 자원을 합리적이고 체계적으로 운용하는 것이다. 임재택(2003)은, 운영관리는 '기관의 목적을 달성하기 위하여 사람, 돈, 공간, 시간 등을 효율적으로 계획하고 조직하고 실행하고 평가하는 일련의 과정'이라고 정의하였다. 따라서 어린이집 운영관리는 어린이집에서 추구하는 보육 목적을 달성하기 위하여 주어진 물적, 인적 자원을 보다 효율적으로 활용하는 과정으로, 어린이집 운영과 관련된 모든 것을 계획하고 주어진 자원을 조직하고 실행하며, 평가하고 재검토하는 과정의 반복이라 할 수 있다. 여기서 계획하기란, 보육과정을 계획하고 이를 실현하기 위한 운영계획을 수립하는 것을 말한다. 즉, 어린이집이 추구하는 보육 목적은 무엇이고, 목적 구현에 적합한 운영을 위해 필요한 것이 무엇이고, 이를 어떻게 할 것인지에 대해 전체적으로 생각하여 체계적으로 정리해 보는 것이다. 조직하기는 계획한 것을 실현하기 위해 가지고 있는 인적 자원, 물리적 자원 등을 체계적으로 정리하고 배열하는 것이다. 즉, 어린이집의 업무 체계를 작성하고 그에 적합한 인적 자원을 배치하며, 업무가 성공적으로 수행되도록 어린이집의 공간과 설비 및 시설, 물품 등을 효율적으로 활용하는 방법을 모색하는 것이다. 실행하기는 계획하고 조직한 대로 수행하는 것이다. 평가 및 재검토하기는 어린이집에서 실제로 수행하고 있는 운영관리가 제대로 잘 이루어지고 있는지 모니터링하고, 질 높은 보육을 위해 교직원들은 자신의 역할에 최선을 다하는지 평가하는 과정이다.

이러한 과정은 기관을 운영하면서 끊임없이 반복되며, 이 과정에서 기관 운영자인 원장은 다양한 상황을 경험하면서 수없이 많은 결정을 하게 된다. 이때 운영자가 고려해야 할 운영관리의 원리는 다음과 같다(고정곤, 김재옥, 양은경, 이영희, 이은희, 장지현, 2018; 임재택, 2003).

첫째, 타당성의 원리이다. 타당성은 추구하는 어떤 목적에 적합함을 의미하는 것으로 어린이집의 교육 목적과 계획을 구현하기 위한 수단과 방법 및 행정 활동이 타당성이 있어야 함을 의미한다.

둘째, 민주성의 원리이다. 이는 어린이집 운영의 모든 측면이 민주적으로 이루어져야 함을 말하는 것으로, 어린이집의 모든 교직원이 기관 운영과 관련된 의사결정 과정에 함께 참여할 수 있어야 함을 의미한다. 어린이집 운영의 민주화는 운영관리 조직의 민주화와 운영관리 과정의 민주화 측면에서 생각해 볼 수 있는데, 예를 들어, 교직원 회의가 단순히 운영자의 결정 사항을 전달하는 역할이 아니라 어린이집의 운영방침 등에 대해 함께 토의하고 의결하는 역할을 한다면 이는 운영관리 조직의 민주화라고 할 수 있다. 또한 교직원들이 어린이집의 목적을 수립하고 운영계획을 세우며, 이를 평가하는 과정에서 적극적으로 참여하고 자신의 의견을 제시할 수 있다면 운영관리 과정의 민주화가 이루어졌다고 할 수 있다.

셋째, 효율성의 원리이다. 효율성이란 원래 최소한의 노력과 경비로 최대한의 효과를 얻어야 함을 의미하는 것이나, 어린이집의 효과는 단기간에 나타나는 것이 아니므로 목적과 수단이 균형을 이루는 것이 중요하다. 즉, 어린이집의 운영관리에 있어서는 '최소의 수단으로 최대의 목적을 달성한다.'는 경제적인 효율성보다는 '주어진 수단으로 최대의 목적을 달성한다.'는 사회적 효율성이 강조되어야 한다.

넷째, 적응성의 원리이다. 이는 어린이집이 처해 있는 현실적인 상황을 충분히 고려하며 과학의 진보나 사회의 변화에 적응할 수 있는 능력을 갖추어야 한다는 것을 의미한다.

다섯째, 안정성의 원리이다. 이는 어린이집 운영자는 변화를 수용하고 적응하면서도 기관의 교육철학적 입장 및 고유의 가치관 등을 지켜나감으로써 장기적인 안목을 가지고 기관을 운영해 나가야 함을 의미한다.

2. 원아 모집과 관리

1) 원아 모집

(1) 원아 모집 방법

어린이집의 원아 모집은 수시 모집과 매년 12월에 이루어지는 정규적인 모집 방법이 있다. 수시 모집은 어린이집에 결원이 생길 경우 대기 순서에 따라 입학하는 방법이며, 정규 모집은 초등학교 입학과의 연계성과 재원아의 반 진급을 함께 고려해야 하므로 3월 신학기를 기준으로 12월에 주로 입소대기관리시스템을 통하여 원아를 모집하게 된다. 관할 지자체에서는 신학기 대규모 원아 모집을 실시하고, 입소대기관리시스템에 신학기 입학 예정자를 2월 말까지 확정하도록 권장한다.

재원아 조사는 신학기에 새로 입학할 원아 수를 파악하기 위하여, 현재 어린이집에 다니고 있는 원아들이 계속해서 다닐지 여부를 파악하기 위해 실시한다. 재원아 조사를 통해 신학기에 새로 선발할 인원수가 정해지면 모집 공고를 내고 원아 모집에 필요한 입학원서와 서류들을 준비한다.

원아 모집 시 필요한 서류는 영유아 사진과 원서, 주민등록등본 등이며, 홍보를 위한 자료들을 만들 수도 있으나 이는 어린이집의 사정에 따라 다를 수 있다. 원아 모집을 위한 준비가 다 끝나면 원아 모집 홍보를 한다.

어린이집의 홍보 방법은 신문, 잡지, 팸플릿, 플래카드, 전단지, 지역방송, 홈페이지 등을 통해 이루어질 수 있다. 원아 모집을 위한 홍보를 할 때는 연령별 모집 인원 및 어린이집의 위치와 연락처, 운영방침, 연간교육 프로그램 등 학부모들이 궁금해하는 것을 중점적으로 알려 주어야 한다. 구체적으로 홍보 내용에 포함되어야 할 것은 다음과 같다.

- 어린이집의 명칭, 주소, 위치(약도 포함), 전화번호
- 모집 원아의 연령 및 인원수, 교육 시기, 입학 절차

- 월 교육료, 교육시간, 학급 편성, 교통편
- 운영방침과 특성, 보육 프로그램 소개
- 운영자 및 교직원 소개

(2) 입학 순위

어린이집의 입학 대상은 0~6세 미만의 취학 전 아동과 12세까지의 방과 후 보육대상 아동이다. 입학 순위는 어린이집 입학 지원자 수가 보육 정원을 초과할 경우 입학대상의 순서를 정하는 것을 의미하는 것으로, 어린이집은 모집 정원보다 입학 지원 영유아가 많을 경우 입학 순위를 고려하여 입학 영유아를 결정해야 한다. 「영유아보육법」 제28조와 「영유아보육법 시행령」 제29조에 제시되어 있는 입학 순위는 다음과 같다.

1순위 (법 제28조, 시행규칙 제29조)	• 「국민기초생활보장법」에 따른 수급자(법정) • 「한부모가족지원법」 제5조에 따른 보호대상자의 자녀 • 「국민기초생활보장법」 제24조에 따른 차상위계층의 자녀 • 「장애인복지법」 제2조에 따른 장애인 중 장애의 정도가 심한 장애인의 자녀 또는 형제자매 • 아동복지시설에서 생활 중인 영유아 • 부모가 모두 취업중이거나 취업을 준비 중인 영유아 • 「다문화가족지원법」 제2조제1호에 따른 다문화가족의 영유아 • 「국가유공자 등 예우 및 지원에 관한 법률」 제4조제1항에 따른 국가유공자 중 전몰자, 순직자, 상이자로서 보건복지부령으로 정하는 자의 자녀 • 자녀가 3명 이상인 가구의 영유아 또는 만 8세 이하 또는 초등학교 2학년 이하인 자녀가 2명 이상인 가구의 영유아 • 임신부의 자녀인 영유아 • 제1형 당뇨를 가진 경우로서 의학적 조치가 용이하고 일상생활이 가능하여 보육에 지장이 없는 영유아 • 산업단지 입주기업체 및 지원기관 근로자의 자녀로서 산업단지에 설치된 어린이집을 이용하는 영유아
2순위	• 기타 「한부모가족지원법」에 따른 한부모가족 및 조손가족 • 가정위탁 보호아동 및 입양된 영유아 • 동일 어린이집 재원 중(신학기 등 입소 확정 포함)인 아동의 형제자매

(3) 입학 순위자 결정

2021년도 보육사업안내에 따른 어린이집의 입학 순위자 결정 과정은 다음과 같다(보건복지부, 2021).

- 어린이집의 원장은 신청 순위에 따라 어린이집 이용신청자명부를 작성, 비치하여 이를 열람할 수 있도록 하여야 한다.
- 입소대기관리시스템상 '신학기 입소 대기 관리기능'은 매년 11월 1일 개통하는데, 해당일이 토요일이나 공휴일인 경우 그 다음 주의 월요일로 한다.
- 이용신청자명부의 〈대상별〉란에는 입학 우선순위(법정, 조손가정)를 정확히 기재하여 관리하고, 입학한 경우에는 입학 일자를 기재한다.
- 어린이집 원장은 당해 어린이집에 결원이 생겼을 때마다 '입학 우선순위'를 기준으로 선 순위자를 우선 입학시켜야 한다. 동일 순위 내 경합이 있을 경우, 입소대기 신청 순서에 따라 순위를 결정한다.
- 어린이집 원장이 입학 확정 후 등원 여부 확인 시 보호자는 7일 이내 등원 결정을 하고, 2주 이내에 입학해야 한다(단, 신학기 입학일 경우 3월 2주 이내에 입학해야 함).
- 입소대기관리시스템을 통하여 입학할 시 어린이집 원장은 증빙서류를 제출받아 반드시 확인해야 한다. 입학 우선순위 해당 여부 및 증빙서류는 입학일을 기준으로 판단하며, 정원 미충족으로 인해 즉시 입학하는 경우에는 증빙서류 제출 및 확인을 제외할 수 있다.
- 입학 확정 후 보호자는 증빙서류를 입학일 전 7일 이내에 제출하여 입학 순위에 대해 증빙을 해야 하며, 거짓이나 그 밖에 부정한 방법으로 증빙서류를 제출하거나 「영유아보육법」 등 관련 법령을 위반한 경우 신청한 전체 어린이집에 대한 입학 대기 신청이 취소된다. 입학 순위자를 결정하는 과정에서 준수해야 할 사항은 다음과 같다.

〈준수사항〉

- 입학 우선순위 적용 대상은 대한민국 국적을 가진 만 0~5세(장애아동은 12세) 아동에 한함
- 직장, 협동어린이집을 제외한 모든 어린이집은 반드시 입학 우선순위에 따라 보육이 이루어지도록 해야 함
- 관할 지자체는 가정에서 돌볼 수 없는 불가피한 사정(부 또는 모의 장기입원, 행방불명 등)이 있는 영유아의 경우 입학 가능한 인근 어린이집에 안내하여 이용할 수 있도록 지도
- 어린이집 원장은 입학 신청(상담)자에게 우선 입학 대상 순위와 그에 따른 증빙서류, 보육료 지원제도 등을 적극 홍보하여 지원 혜택을 받을 수 있도록 해야 함
- 어린이집 원장은 어린이집 입학을 신청한 영유아에 대해 입학을 거부하지 못함
- 어린이집 원장은 보육료 자격 신청 또는 입학 신청 등과 관련하여 보호자가 거짓이나 그 밖에 부정한 방법을 사용하도록 요구하거나 안내해서는 아니 됨

2) 학급 편성

어린이집의 보육 대상은 만 0~5세의 취학 전 아동을 원칙으로 하며, 필요할 경우 만 12세까지 연장하여 보육할 수 있다. 따라서 어린이집의 반 편성은 영유아의 연령에 따라 인원이 다르게 편성된다. 즉, 영유아의 발달 특성을 고려하여 연령이 어릴수록 교사 대 영유아의 비율이 낮게 편성되어야 하는데, 우리나라는 「영유아보육법」에 따라 연령별로 교사 1인당 영유아의 인원을 규정하고 있다. 「영유아보육법」에 따른 반 편성 원칙과 기준은 다음과 같다.

(1) 학급 편성 시 고려사항

학급 편성의 방법과 기준에 따라 교육 운영이나 효과에서 차이가 나기 때문에 효율적인 교육 실현을 위해서는 학급의 편성에 신중을 기해야 한다. 어린이집에서의 학급 편성은 동일연령으로 할 수도 있고 어린이집의 사정에 따라 혼합연령으로 구성할 수도 있으나, 무엇보다도 중요한 것은 원아들의 효율적 관리와 질 높은 교육 실현이라

는 관점에서 몇 가지 사항을 고려해야 한다(김연진, 이상희, 2007; 보육사업안내, 2021).

첫째, 학급 편성 시 어린이집의 전체 원아 수를 고려해야 한다. 어린이집의 전체 공간 면적에 의해 원아 수가 결정되므로 이를 고려하여 학급을 구성해야 한다.

둘째, 어린이집의 실내외 면적과 시설, 설비 및 교재, 교구의 확보 수준을 고려해야 한다. 어린이집의 실내 공간 면적이 어떠한 형태로 교실이 나누어지느냐에 따라 학급당 원아 수가 결정된다.

셋째, 어린이집의 설립 목적이 무엇이고 어떠한 심리학적 관점을 취하느냐에 따라 학급 편성이 달라질 수 있다. 교육의 접근 방법이 교사 중심적이냐 혹은 영유아 중심적이냐에 따라서, 또는 행동주의적이냐 인지주의적 입장이냐에 따라서도 학급 편성의 방법이 달라진다.

넷째, 대상 영유아의 연령을 고려해야 한다. 영유아의 연령은 학급의 크기를 결정하는 주요한 요인으로, 연령이 낮을수록 교사 대 영유아의 비율은 낮다. 어린이집의 연령에 따른 적정 영유아 수는 「영유아보육법 시행규칙」 제10조에 보육교사 1인당 영유아의 수를 기준으로 반을 편성하도록 규정하고 있는데, 연령별 반 편성 정원 기준은 〈표 10-1〉과 같다.

〈표 10-1〉 연령별 반 편성 시 반별 정원 기준

반별 정원 기준	만 0세	만 1세	만 2세	만 3세	만 4세 이상
원 칙	3명	5명	7명	15명	20명

다섯째, 동년도 출생아(동년도 1.1.~ 동년도 12.31. 출생아)를 함께 반 편성하는 것을 원칙으로 한다. 그러나 반별 정원 탄력 편성, 농촌 소규모 어린이집 및 도서 벽지, 농어촌 지역은 교사 대 아동 비율 특례 등에 의해 예외적인 반 편성이 허용된다. 신학기에 기존 재원 영유아를 상급반으로 편성할 때 반별 정원을 초과하는 경우, 퇴소 등으로 인하여 기존 반 통폐합 시 잔류 영유아가 반별 정원을 초과하는 경우에 한정하여 예외적으로 반별 영유아 수를 달리 할 수 있다. 그에 대한 기준은 〈표 10-2〉와 같다.

〈표 10-2〉 반별 정원 탄력 편성

반별 정원	만 0세	만 1세	만 2세	만 3세	만 4세 이상
원 칙	3명	5명	7명	15명	20명
탄력 편성 가능인원	–	1명	2명	3명	3명

여섯째, 보육교사의 역량을 고려하여 반을 편성한다. 교사 개인들 간에는 다소의 능력 차가 있을 수 있으므로 그 교사의 능력에 맞추어 학급을 편성, 운영할 필요가 있다. 교사의 역량 이상으로 무리한 학급 편성을 하게 되면 오히려 교육의 부정적인 역효과를 초래하게 될 수도 있으므로 교사의 역량을 고려하여 반을 편성한다.

이외에도 효율적 반 운영을 위해 여러 가지 세심한 배려를 할 수도 있다. 즉, 남아와 여아의 비율, 발달 특성에 따른 여러 가지 개인차, 교실의 면적, 학부모의 의견, 귀가 시간 등 어린이집의 상황에 따라 복합적인 요인을 고려하여 반 편성을 하는 것이 좋다.

(2)「영유아보육법」상의 반 편성 원칙

「영유아보육법」상에 나타나 있는 반 편성 원칙은 다음과 같다.

첫째, 어린이집은「영유아보육법 시행규칙」제23조 별표8의 규정에 의거하여 가능한 한 2세 미만 영아반, 2세 영아반과 3세 이상의 유아반을 동시에 운영하여야 한다.

둘째, 시장, 군수, 구청장은 영아보육 활성화를 위하여 가능한 한 영아반의 비율을 높게 편성하도록 지도하여야 한다.

셋째, 어린이집은 어린이집 인가증(신고증) 상의 총 정원을 준수하여야 하며, 3세 이상 유아만 보육할 수 있다. 단, 정원 20인 이하 어린이집은 영아 또는 유아만을 구분하여 보육할 수 있다.

넷째, 연령별 반 편성은 동 년도 출생아(동 년도 1.1-동 년도 12.31)를 함께 편성하는 것을 원칙으로 한다. 단 1, 2월생 아동으로 보호자의 신청이 있을 경우 학기초(3월) 반 편성 시에 한하여 상위 연령반에 편성이 가능하다.

3) 원아 관리

어린이집에서는 영유아에 관한 여러 가지 정보를 관리하여 영유아의 발달과 교육을 최대한 지원해야 한다. 교사는 영유아가 입학할 때부터 개인의 가정환경과 발달 상태, 성격, 생활 습관, 건강 등을 파악하여 개인 정보를 기록하고 관리해야 한다.

(1) 원아에 대한 기본 정보 파악

교사가 원아들을 효율적으로 지도하기 위해서는 먼저 그들의 가정환경과 성장 배경, 영유아가 속해 있는 지역사회의 분위기를 파악하는 것이 필요하다. 즉, 교사는 영유아의 출생과 성장과정, 가정환경, 건강 상태, 성격 등 기초적인 정보를 파악해야 하며, 영유아의 특이한 점이나 개인적인 요구를 알아 두어야 영유아가 어린이집에 잘 적응할 수 있도록 도울 수 있다. 따라서 교사는 부모로부터 영유아의 정보를 정확하게 파악하기 위하여 원서나 가정환경조사서, 건강진단서 등을 받아 보관하고, 수시로 열람하여 영유아의 개인적 특성을 이해하거나 효과적인 교육 수행을 위해 이용하고 영유아 개인의 정보가 유출되지 않도록 관리하여야 한다.

(2) 원아 관련 서류

어린이집에 영유아가 입학하게 되면 여러 가지 서류를 갖추고 이를 잘 관리 · 보관해야 한다. 어린이집에서 교사들이 원아와 관련하여 관리하게 되는 서류는 입학원서, 생활기록부, 출석부, 개인 관찰기록부, 포트폴리오 자료 등이다. 입학원서는 영유아가 어린이집에 입학하면서 제출하는 가장 기초적인 서류로, 원아의 신상과 관련된 사항(생년월일, 주소, 이름 등)과 가족관계 등의 사항을 기록하게 된다.

교사는 입학원서를 보고 유아 개인에 관한 기본사항 등을 정리하여 1년간 유아를 지도하면서 활용한다. 생활기록부는 영유아의 신상을 소개하는 일반적인 현황과 가족관계, 부모의 직업과 사회경제적 배경, 영유아의 생활 습관, 성장에 관한 기록, 예방접종 현황 및 과거 병력 등 개인 정보가 기록된다. 특히 성장에 관한 기록은 18개월 미만의 영아는 2개월마다, 그 이상의 유아는 6개월마다 측정하여 기록되어야 하며, 수면, 배변, 식사, 성격 등 생활 습관과 관련된 내용도 자세하고 정확하게 기록되어야 한다. 입학원서의 예는 [그림 10-1]과 같다.

입 학 원 서

_________ 어린이집 원장 귀하

아래의 어린이가 귀 어린이집에 입학하고자 하오니

허락하여 주시기 바랍니다.

20 년 월 일

보호자 (인)

* 상세하게 기재하여 주시면 귀댁의 자녀 보육에 도움이 됩니다.

대상원아	이름	한자 ( )		성별	남 · 여
	생년월일	년 월 일생 (만 세)		사진	
	주소				
	E-mail 주소				
보호자	이름	한자 ( )			
	생년월일	년 월 일생 (만 세)			
	근무처 (상세히)		학력		
	어린이와의 관계	종교	전화	(자 택) (휴대폰)	

입학 전 경력		즐겨 먹는 음식	
독특한 버릇		싫어하는 음식	
좋은 버릇		즐겨 하는 놀이	
나쁜 버릇		어린이 성격	

◈ 가족사항

관계	성명	성별	연령	학력	직업	근무처	비고

◈ 주소 약도

[그림 10-1] 입학원서의 예

3. 재정관리

1) 어린이집 재정관리의 개념과 기본 방향

재정은 어떤 조직체에서 그의 맡은 일을 수행하기 위한 경제활동으로, 재정관리는 그 조직이 가진 목적과 목표에 적절하게 확보된 재정을 합리적으로 사용하는 일이라고 할 수 있다. 따라서 어린이집의 재정은 영유아들의 교육 활동이 효과적으로 이루어질 수 있도록 지원하기 위하여 재원을 확보하고 분배하며 효율적으로 지출하고 평가하는 일련의 활동이라 할 수 있겠다. 즉, 어린이집 재정관리는 어린이집을 유지하고 발전시키는 데 필요한 재화를 획득하고 이를 관리하는 일을 통칭하는 용어라 할 수 있다. 무엇보다도 어린이집 재정관리의 목적은 경비를 조달, 집행, 관리함으로써 영유아들을 건전하게 보호, 교육하는 데 있다. 이러한 목적을 달성하고 어린이집을 효율적으로 운영하기 위해서는 충분한 재정이 확보되어야 하고, 재정 운영이 합리적으로 이루어져야 한다.

따라서 질 높은 교육의 실현을 위해서는 재정의 확보와 계획적이고 체계적인 재정관리가 반드시 필요하다. 어린이집의 재정관리 영역은 예 · 결산에 관한 전반적인 사항으로, 원아 보육료 및 정부 보조금 등의 수입과 인건비, 교재 · 교구 구입 등의 물품 구입과 관련된 지출 절차 등의 업무로 이루어진다. 어린이집 재정관리에서 추구해야 할 기본 방향은 다음과 같다(김경화, 2007).

(1) 재정의 충분성

충분성은 재정의 확보와 관련되는 것이며 기관이 질적으로 적절한 교육, 보호를 제공하기 위해서는 충분한 재정을 확보하여야 한다. 충분성은 적정 재정의 확보 원리이고 재정관리에서 가장 먼저 성취되어야 할 준거이다. 그러나 어린이집의 재정 규모는 교육, 보호 목적을 효과적으로 성취하기 위한 재정 수요에 의해 결정되기보다는 기관이 확보할 수 있는 재정의 한도에 의하여 결정되는 특성이 있다. 그러므로 어린이집의 재정은 목적 성취의 효과성을 극대화할 수 있도록 충분히 확보되어야 한다.

(2) 재정의 안정성

안정성은 영유아의 교육, 보호 활동에 필요한 재정이 안정적으로 확보될 수 있어야 함을 의미한다. 예산의 증감이 심할 경우 교육, 보호 활동이 안정적이고 지속적으로 추진되기가 어렵게 된다. 장기적 성격의 교육 보호 사업을 안정적이고 지속적으로 수행하기 위해서는 재정을 안정적으로 확보할 수 있어야 한다. 이를 위해서는 어린이집 재정에 관한 사항이 법령으로 규정되어야 하며, 국가, 지방자치단체, 부모, 경영자, 독지가 등의 협력적 노력이 요구된다.

(3) 재정의 효율성

효율성은 최소의 경비를 투입하거나 주어진 경비로 최대의 생산성을 달성하는 것을 의미하며, 재정의 집행과 관련된다. 효율성은 낭비의 요소를 줄이거나 기존의 자원을 보다 합리적으로 사용하여 교육, 보호의 생산성을 증대시키는 것을 의미한다. 사용이 가능한 재정에는 한계가 있으므로 제한된 재정에 대해 효율성을 극대화할 필요가 있다. 즉, 새로운 기술이나 지식을 통하여 낭비를 줄이거나 현존 자원을 보다 적절히 활용함으로써 산출의 극대화를 추구할 수도 있다.

(4) 재정의 책무성

책무성은 재정의 집행 결과에 대한 책임과 관련된 것이다. 즉, 영유아 교육에 투입되는 재정의 투입 의도가 얼마나 성취되었는지를 확인하고, 그 결과에 대해 책임을 갖게 하는 장치이다. 막대한 재정을 투입하고 그 결과를 반성함은 재정의 효율성을 증대하고 재정 집행에서 책임감을 증가시킬 수 있다. 재정의 투입이 영유아 교육의 효과성을 저절로 보장하지는 못하므로 재정의 투자를 통해 효과를 극대화하려는 노력이 수반되어야 한다.

2) 예산 편성

(1) 예산의 의미 및 편성 방법

예산이란 보통 당해 연도 일 년을 기준으로 하는 수입과 지출에 관한 계획으로, 어린이집 운영을 위해 어느 곳에 어느 정도의 경비가 필요할지, 어떻게 예산을 확보하여 관리할지 등에 대한 세세한 항목을 정하고 이를 실행하기 위한 계획을 세우는 과정이다. 어린이집에서의 예산은 크게 세입 예산과 세출 예산으로 구분되며, 영유아들의 교육 활동을 지원하기 위해 필요한 내용을 산출근거로 하여 계획하고 집행하는 모든 과정에 대한 계획을 의미한다. 예산 편성의 방법을 알아보면 다음과 같다.

첫째, 예산 총계주의 원칙에 따라야 한다. 즉, 1회계 연도의 모든 수입은 세입으로 하고 모든 지출은 세출로 하되, 세입과 세출은 모두 예산에 계정되어야 한다.

둘째, 회계 연도는 매년 1월 1일에 시작하여 12월 31일에 종료하는 것을 원칙으로 한다. 어린이집 프로그램이 3월에 시작하여 다음 해 2월에 끝나기는 하나, 상위기관인 보건복지부나 시군구 단위가 모두 본래의 회계 연도를 기준으로 삼고 있다는 점에서 원칙대로 행하는 것이 편리하다.

셋째, 예산은 보통 전년도에 편성하고 당해 연도에 집행하며 다음 해에 결산을 하므로 3개년에 걸쳐 시작되어 종료된다.

넷째, 일 년간의 세입 세출 예산은 균형을 유지하고 건전하게 편성하여야 한다. 특히 정부 지원 시설의 경우에는 비영리를 목적으로 하기 때문에 이 원칙을 지켜야 한다.

다섯째, 세출의 경우 우선 지출 항목을 정한다. 어린이집의 운영 성격상 교사 인건비 지출, 아동 급식비 지출, 운영비 지출 등을 먼저 고려하여 편성하는 것이 효율적이다.

여섯째, 예산 내용은 가능한 한 변경하지 않는 것이 원칙이며, 필요에 따라 수정 변경될 경우 추가 경정 예산안을 작성하여야 한다.

(2) 예산 편성 내용

예산의 편성은 크게 수입 예산과 지출 예산으로 구분된다. 수입 예산은 자체 수입과 보조금 수입으로 구분하여 편성한다. 자체 수입은 보육료, 운영체 부담금, 기타 잡수입 등으로 이루어져 있으며, 보조금 수입은 정부 또는 지방자치단체 등으로부터 받는 보조금으로 이루어진다. 지출 예산은 시설 운영, 시설 기능 보강, 반환금, 과년도 지출, 예비비로 구분하여 편성한다. 수입과 지출 예산은 과목별로 구분하고 산출 기초를 명확하게 하여야 한다.

2021년도 보육사업안내에 근거한 어린이집 수입과 지출의 기본원칙은 다음과 같다.

- 어린이집의 재무회계에 관한 사항은 사회복지법인 및 사회복지시설 재무 회계 규칙에 따라 실시해야 하며, 주요 항목별 기준 등을 준수해야 한다.
- 어린이집의 모든 수입 및 지출 관리는 어린이집 명의로 된 별도의 통장을 통해서 해야 한다.
- 수입과 지출이 발생할 경우에는 수입 · 지출결의를 한 후 현금출납부, 총계원장에 기록하고 청구서, 영수증, 지급내역서 등 관련 근거 서류를 반드시 첨부한다.
- 어린이집을 운영하면서 생기는 보육료 수입 잉여금은 보육교직원 보수 상향 지급 및 성과급 지급, 교재 · 교구 구입, 어린이집 환경 개선에 균형 있게 사용되어야 한다.
- 어린이집 재무회계 규칙에 의해 회계보고는 의무화되어 있으며, 따라서 어린이집은 매월 보조금 신청 시 보육통합정보시스템(CIS)에서 정한 형태와 내용에 따라 재무회계 관련 자료를 전송하거나 입력해야 한다. 보육통합정보시스템에 입력해야 하는 수입 · 지출 항목 등 재무회계 자료는 시스템에서 요구하는 바에 따라 시행하면 된다.

- 어린이집 원장은 보육교직원의 근로소득을 관할 세무서에 신고해야 한다.

〈표 10-3〉 재무회계 절차 총괄표

	예산 편성	예산 집행	결산
원칙	• 모든 세입과 세출은 예산에 포함	• 예산의 목적 외 사용 금지/예산의 전용 • 수입 · 지출의 관리는 예금통장에 의해 행한다.	• 세출 예산의 이월
관련 서류	• 사업계획서 • 세입세출 예산서 • 준예산 • 추가 경정 예산	장부 – 현금출납부 – 총계정원장 – 봉급대장 – 보육료대장 – 비품관리대장 증빙서류 – 계좌입금 증빙서류 – 수입 · 지출결의서 – 반납결의서 – 과목전용조서 – 예비비 사용조서 – 정부보조금 명세서	• 세입세출 · 결산총괄 설명 • 세입 · 세출결산서 • 연도말 잔액증명 • 퇴직적립금 통장사본 & 잔액증명서
과정	• 예산 편성 지침 (2개월 전) • 예산안 제출 (개시 5일 전)	• 수입 · 지출 사무의 관리 책임자 선정	• 제출(다음 연도 5월 31일까지)

출처: 보건복지부(2021). 2021년도 보육사업안내.

(3) 예산의 주요 항목

① 보육료

- 「영유아보육법」 제38조에 의하면 어린이집을 설치 · 운영하는 자는 그 어린이집의 소재지를 관할하는 시 · 도지사가 정하는 범위에서 그 어린이집을 이용하는 자로부터 보육료와 그 밖의 필요 경비 등을 받을 수 있다.
- 보육료 수납액의 결정권자는 시 · 도지사이므로 시장, 군수, 구청장은 시 · 도지사가 정한 수납한도액의 범위 내에서 어린이집 원장이 수납액을 자율적으로 결정하도록 적극적으로 지도하고 감독한다.
- 원장은 시 · 도지사가 정한 보육료의 수납한도액 범위 내에서 보호자와 협의하여 수납액을 자율적으로 결정하고 이를 시장, 군수, 구청장에게 신고한다.
- 원장은 보호자에게 사전에 필히 서면으로 보육료와 관련된 사항을 안내하여 보

호자들이 숙지하도록 하며, 안내해야 할 사항은 아래와 같다.

- 보육료는 신청일부터 지원하므로 입소 전 또는 입소와 동시에 주소지 읍 · 면 · 동 또는 복지로에 보육료 지원 신청
- 시 · 도지사가 결정한 보육료 및 필요 경비 수납한도액
- 해당 어린이집의 보육료 및 필요 경비의 실 수납액
- 보육료 지원 내역(만 0~5세 보육료, 장애아 보육료, 기관 보육료 등)
- 기타 보육료 및 입소료 반환, 보육료 반환 기준 등

- 어린이집 원장은 입학 확정 시 보호자에게 보육료 자격 변경 신청 여부를 확인해야 한다.
- 정부 미지원 어린이집을 이용하는 유아의 경우 어린이집에서 결정한 보육료 수납액과 정부 지원 보육료의 차액을 부모로부터 수납할 수 있으며, 아동의 입 · 퇴학 월, 출석 일수 미달 등의 사유로 정부 지원 보육료를 100% 지원받지 못할 경우 미지급 금액을 부모로부터 수납할 수 있는데, 사전에 이를 부모에게 고지해야 한다.

보육료 수납은 아이행복카드, 신용카드 및 금융기관을 통하여 수납할 수 있다. 현금 수납은 원칙적으로 불가능하나, 불가피한 사유로 현금 수납하는 경우에는 수입결의서를 작성하고 관련 서류를 첨부한다. 보육료 수납액은 〈표 10-4〉와 같다.

〈표 10-4〉 2021년 3월 기준 보육료 수납액

(단위: 원)

<table>
<tr><th>유 형</th><th>지원 구분</th><th>연 령</th><th>정부 지원 보육료
(기본보육)</th><th>부모 부담 보육료</th></tr>
<tr><td rowspan="8">정부 지원
어린이집</td><td rowspan="6">만 0~5세 보육료 ·
다문화 보육료</td><td>만 0세</td><td>484,000</td><td rowspan="8">0</td></tr>
<tr><td>만 1세</td><td>426,000</td></tr>
<tr><td>만 2세</td><td>353,000</td></tr>
<tr><td>만 3세</td><td>260,000</td></tr>
<tr><td>만 4세</td><td>260,000</td></tr>
<tr><td>만 5세</td><td>260,000</td></tr>
<tr><td>장애아 보육료</td><td>구분 없음</td><td>502,000</td></tr>
<tr><td>누리(3~5장애아) 보육료</td><td>만 3~5세</td><td>502,000</td></tr>
<tr><td rowspan="8">정부 미지원
어린이집</td><td rowspan="6">만 0~5세 보육료 ·
다문화 보육료</td><td>만 0세</td><td>484,000</td><td rowspan="3">0</td></tr>
<tr><td>만 1세</td><td>426,000</td></tr>
<tr><td>만 2세</td><td>353,000</td></tr>
<tr><td>만 3세</td><td>260,000</td><td rowspan="3">시 · 도지사가 정한 수납한도액
내에서 어린이집이 결정한
보육료 수납액과의 차액</td></tr>
<tr><td>만 4세</td><td>260,000</td></tr>
<tr><td>만 5세</td><td>260,000</td></tr>
<tr><td>장애아 보육료</td><td>구분 없음</td><td>502,000</td><td>0</td></tr>
<tr><td>누리(3~5장애아) 보육료</td><td>만 3~5세</td><td>502,000</td><td>0</td></tr>
</table>

- 보육료를 제외한 여타 잡부금은 원칙적으로 금지하고 있으나 입학료, 현장학습비 등의 불가피한 필요 경비는 당해 시 · 도지사가 정한 수납한도액의 범위 내에서 수납할 수 있다.

② 필요 경비

- 필요 경비는 보육료에 포함되지 않는 현물의 구입 비용과 통상적인 보육 프로그램에 속하지 아니하는 특별활동 · 현장학습 등에 드는 실비 성격의 비용으로, 어린이집 소재지의 시 · 도지사가 정하는 범위에서 필요 경비를 받을 수 있다.
- 필요 경비 내역은 입학준비금(상해보험료, 피복류 구입비), 특별활동비, 현장학습비, 차량운행비, 행사비, 아침 · 저녁 급식비, 기타 시 · 도 특성화 비용의 7개 항목

으로 분류된다.

〈표 10-5〉 필요 경비

구분	내용
입학준비금	• 피복류 구입비와 상해보험료, 전자출결 태그 비용 포함 • 피복비는 어린이집 원복, 체육복, 모자, 가방, 수첩, 명찰 등의 구입비용을 의미 • 피복류 구입비는 총액, 세부항목, 항목별 금액을 명시한 후 부모가 선택한 세부항목의 비용만을 수납 • 상해보험료는 안전공제회 당연가입 시행('12.2.5) 이전에 개별적으로 기 가입하여 보험료를 납입하는 경우 또는 안전공제회 가입을 했어도 부모의 요청이 있는 경우에 수납할 수 있음
특별활동비	• 표준보육과정에 따른 연령별 보육 프로그램 이외의 활동 프로그램을 뜻하는 '특별활동'에 드는 비용. 어린이집 원장 · 보육교사 등 보육교직원이 아닌 외부 강사에 의해 어린이집 내 · 외에서 이루어지는 프로그램이 드는 교재 · 교구 구입 및 외부 강사 인건비, 특별활동 운영을 위해 소요되는 경비를 의미 • 어린이집에서 이루어지는 특별활동비는 특별활동 업체에 직접 비용을 지불하도록 해서는 안 되며 부모가 희망할 경우 아이행복카드를 통해서 수납해야 함
현장학습비	• 어린이집 외부에서 이루어지는 프로그램(현장체험학습, 수련회, 견학 활동)에 소요되는 입장료, 시설사용료, 교통비, 식음료비 등에 해당
차량운행비	• 보호자의 요청에 따른 차량 운행 시 소요되는 실비 • 기사 인건비 및 승 · 하차 시 안내요원 수당, 유류비, 수리비, 부품 구입비 등으로 지출되는 경비
행사비	• 입학, 졸업, 연말, 생일, 재롱잔치, 어린이날, 여름 캠프, 성탄절 행사에 소요되는 비용 및 영유아 개인에게 귀속되는 개인 앨범비, 액자 제작비, 의복비 등에 사용되는 비용
아침 · 저녁 급식비	• 아침 및 저녁 급식에 사용되는 비용
기타 시 · 도 특성화 비용	• 기타 특성화 비용은 통상적인 연령별 보육 프로그램에 포함되지 않는 별도의 프로그램을 보육교사가 진행할 경우 필요한 개인용 교재 · 교구비로 필요시에 수납할 수 있는 비용

• 시 · 도지사는 지방보육정책위원회 심의를 거쳐 필요 경비 세부 내역별 수납한도액 및 수납 주기를 결정한 후, 지역 내 보호자가 쉽게 확인할 수 있도록 인터넷 홈페이지, 행정복지센터 등 보호자가 자주 이용하는 공간에 게시해야 한다.

• 어린이집의 예산 편성을 위해 시장 · 군수 · 구청장은 재무 · 회계 규칙 제9조에 따라 회계 연도 개시 2월 전까지 예산편성지침을 정하여 어린이집에 통보하고,

어린이집 원장은 어린이집 운영위원회에서 필요 경비 항목별 수납액을 시 · 도지사가 정한 수납한도액의 범위 내에서 정하고 보육통합정보시스템을 통하여 시장 · 군수 · 구청장에게 신고하여야 한다.

- 어린이집 원장은 필요 경비 수납액을 원래의 목적에 한하여 집행하며, 반기별로 보호자별 수납액, 실 사용금액, 남은 금액을 정산하여 그 내역을 어린이집 운영위원회에 보고하거나 보호자에게 알려야 한다.

(4) 예산 집행 및 결산

어린이집 예산 집행은 수입과 지출을 관리하는 모든 행위를 의미하는 것으로, 어린이집 교육 목표를 구현하기 위해 지출하는 재정 활동을 말한다. 어린이집 교육 목표 실현을 위해 사용되는 모든 경비는 원칙적으로 금융기관에 예치하도록 하고, 지출은 계좌 입금 또는 신용카드로 함을 원칙으로 하여 지출의 투명성을 확보하도록 한다. 예산 집행에 있어서 유의할 사항은 다음과 같다.

첫째, 어린이집의 수입 및 지출 사무의 관리 주체는 원장이 하되 기관의 규모에 따라 소속 직원에게 위임이 가능하다.

둘째, 모든 수입금의 수납은 금융기관을 통해 이루어져야 한다.

셋째, 어린이집의 지출은 계좌 입금, 어린이집 전용 신용카드로 행하는 것이 원칙이나, 상용 경비 또는 소액의 경비 지출은 시 · 도지사가 정하는 소액의 범위 내에서 현금으로 결제가 가능하다.

넷째, 지출할 때는 세금계산서, 카드결제 영수증, 현금영수증(현금결제 시) 등 관련 서류를 첨부한다. 보육교직원 인건비와 관련된 지출은 반드시 계좌로 입금해야 하며, 보육교직원에게는 봉급명세서를 발급해야 한다.

다섯째, 예산은 세출 · 세입 예산이 정한 목적 외에 사용하지 못하나, 관, 항, 목간의 예산을 전용하여 사용할 수는 있다. 이때 어린이집 원장은 추가 경정 예산을 편성하여 확정하고, 7일 이내에 시장, 군수, 구청장에게 제출하여야 한다.

여섯째, 세출 · 세입 예산 중 경비의 성질상 당해 회계 연도 안에 지출을 마치지 못할 것으로 예측되는 경비와 불가피한 사유로 인하여 연도 내에 지출하지 못한 경비는 다음 연도에 이월하여 사용할 수 있다.

일곱째, 운영비의 유효적절한 관리와 정확한 예산 집행을 위하여 지정 서식을 활용하고 필요한 대장을 비치 관리하여야 하며, 운영비 관리를 위한 각종 대장과 경비의 지출 증명서는 5년 이상 보존해야 한다.

여덟째, 모든 어린이집은 매 회계 연도 말에 세입, 세출을 예산의 과목별로 세분하여 의무적으로 결산을 실시하며, 산출 기초를 상세하게 기재한다.

아홉째, 결산서를 작성할 때는 예산과목과 동일하게 항목을 설정하고, 결산 내용에 대한 간단한 설명과 연도 말의 현재 잔액증명서를 첨부해야 한다.

열째, 결산을 한 후에는 보육운영위원회나 감사위원회에서 결산 보고 및 감사를 받은 후 그 결과를 전체 학부모에게 공지하여 기관 운영의 투명성을 갖도록 해야 한다.

4. 사무관리

사무관리는 어린이집 운영과정에서 발생하는 문서를 집행하는 업무로, 보육 서비스를 효율적으로 운영할 수 있도록 돕는 업무인 어린이집의 사무관리는 보육 활동의 수행 과정에서 수반되는 제반 기록과 장부의 작성 및 보관, 공문서와 재고의 정리 등 문서 관리를 집행하고 처리하는 업무를 의미한다(임재택, 2003). 어린이집의 사무관리 영역은 아동과 관련된 사무, 재정관리와 관련된 사무, 인사관리와 관련된 사무, 시설설비 및 비품관리와 관련된 사무, 행정기관 및 외부 기관과 관련된 사무로 나눌 수 있다.

아동과 관련된 사무는 주로 입학 관련 기록, 생활기록부, 건강진단 기록, 아동 행동 관찰기록, 보육계획안, 보육일지, 각종 행사 계획 등이 포함된다.

재정관리와 관련된 사무는 예산 및 결산, 수입 및 지출 등의 기록이 포함되며, 인사 관리와 관련된 사무는 인사 서류, 보육교직원 임용에 관한 서류 등이 포함된다.

시설 설비와 관계된 사무는 시설운영일지, 비품대장, 소모품대장 등이 포함되며, 외부기관과 관련된 사무는 공문서 관리, 지역사회 연계 계획서 등이 포함된다.

1) 문서의 종류

어린이집 운영의 체계화 및 투명화 등 운영의 효율성과 관련하여 문서관리의 중요성이 제기되고 있으므로 어린이집에서는 영유아보육법령 및 보육사업안내에서 제시되는 문서뿐만 아니라 보육시설 지도 점검, 평가인증 등에서 사용되는 문서자료를 체계적으로 관리할 필요가 있다. 어린이집에서 기본적으로 비치해야 할 문서는 〈표 10–6〉과 같다.

〈표 10-6〉 어린이집 작성 비치 서류

1) 재산목록과 그 소유를 증명하는 서류(부동산을 임차하는 경우에는 임대차 계약서를 포함한다) 2) 어린이집 운영일지 및 보육통합정보시스템의 전자출석부 3) 보육교직원 인사기록카드(채용 구비서류, 이력서 및 사진을 포함한다) 4) 예산서 및 결산서 5) 총계정원장 및 수입 · 지출 보조부 6) 금전 및 물품출납부와 그 증명서류 7) 소속 법인의 정관 및 관계 서류 8) 어린이집 이용신청자 명부 9) 생활기록부, 영유아 보육일지 10) 보육교직원의 인사 · 복무 및 어린이집 운영에 관한 규정 등 11) 통합안전점검표 12) 영상정보 열람대장 13) 그 밖에 어린이집 운영에 필요한 서류 * 상시 영유아 20인 이하인 어린이집으로서 어린이집 원장이 보육교사를 겸임하는 어린이집의 경우에는 1) · 3) · 4) · 5) · 6) · 8) · 9) · 11) 및 12) 외의 장부 및 서류(전자문서 포함)를 갖춰 두지 아니할 수 있다.

2) 효율적인 사무관리 방법

어린이집을 효율적으로 운영하기 위한 사무관리 방법은 다음과 같다(강란혜, 2006).

(1) 타 어린이집 및 관계 공무원의 자문 구하기

처음으로 사무관리를 해야 할 경우에는 모범적으로 운영 관리되고 있는 어린이집을 방문하여 관련 서식 작성 방법에 대해 문의하고 숙지하는 것이 좋다. 각 시 · 군 · 구마다 정부 기입 원칙이나 방법이 다르게 제시되고 있기 때문에 각자가 속해 있는 관할 구청 공무원에게 자문을 구하는 것도 좋은 방법이다.

(2) 교직원 회의를 통한 공평한 업무 분담

교직원 회의를 열어 어린이집에서 갖춰 놓아야 할 장부 및 서류들을 공평하게 분담하고 책임 소재를 분명히 한다. 교사의 시간적 여유와 능력 등을 감안하여 원장이 개입하여 분담시켜 주는 것도 한 방법이 될 수 있다.

(3) 회계 업무의 전산화

회계와 관련된 서식 및 장부를 일일이 손으로 작성할 경우 많은 시간과 노력이 필요하므로 관할 구청 차원에서 회계 관련 프로그램을 전산화하여 지원한다.

3) 문서관리

(1) 문서관리의 원칙

어린이집의 업무를 신속하고 정확하게 진행시키기 위해 필수적으로 필요한 일은 문서를 처리하는 작업이다. 문서는 기관의 공식적인 의사를 결정, 표현하고 법률 또는 사실 관계를 형성하는 것이므로 문서의 처리는 깔끔하고 신중해야 한다. 이를 위해 다음의 몇 가지 원칙을 적용하도록 한다(문혁준, 김정희, 김혜연, 서기남, 이성복, 2013).

첫째, 즉일 처리의 원칙이다. 문서의 내용 또는 성질에 따라 그 처리 기간이나 방법이 다를 수 있으나, 효율적인 업무 수행을 위하여 당일에 처리하는 것이 바람직하다.

둘째, 책임 처리의 원칙이다. 문서는 여러 단계를 거쳐 처리되므로 정해진 사무 문장에 따라 각자가 직무의 범위 내에서 책임을 가지고 관계 규정에 따라 정확하게 처리하여야 한다. 왜냐하면 정확성은 책임성과 공신력을 상징하기 때문이다.

셋째, 법령 적합의 원칙이다. 문서는 법령의 규정에 따라 일정한 형식 및 요건을 갖추어야 함은 물론 문서의 신뢰성을 저해하거나 법령 위반 등의 문제가 발생하지 않도록 하여야 한다.

(2) 문서관리 방법 및 문서 보존

어린이집의 장은 「영유아보육법 시행규칙」 제23조 별표8에 의거하여 작성한 문서 등을 비치해야 한다. 따라서 어린이집에서는 문서를 효율적으로 관리하는 방법을 잘 숙지하여 활용해야 한다. 문서의 효율적 관리를 위한 방법은 다음과 같다.

- 문서는 일정한 기준에 따라 분류, 편철하고 보관, 보존하며 불필요한 문서를 적시에 폐기하여야 한다.
- 문서는 같은 기능 또는 같은 제목으로 정리하고 모든 문서 파일 겉면에는 문서명, 연도, 어린이집명 등을 표기하고 일련번호를 표기해 주면 관리하기가 쉽다.
- 어린이집 교직원의 수를 고려하여 원장, 주임교사, 각 반의 담임교사, 특수 교사 등이 맡아야 할 문서의 종류를 분담하여 관리한다.
- 보존 기간이 경과된 문서는 매년 1회 정기적으로 문서정리 기간 중 폐기하나, 무조건 폐기할 것이 아니라 계속 보존 여부를 다시 한번 재검토한 후 폐기하도록 한다. 이때 원장은 보존 문서 기록대장을 확인하고 서명하여야 하며, 내용이

중요하다고 인정되는 문서는 원형을 알 수 없도록 폐기한다.

- 문서의 보존은 문서의 종류와 특성에 따라 조금씩 달라지므로 이에 유의하여 보관하여야 한다.
- 어린이집 문서는 전자적 문서로도 보관할 수 있다. 특히 재무회계를 처리하기 위해 컴퓨터 회계 프로그램 또는 정보시스템에 의하여 전자장부를 사용하는 경우에는 회계 장부를 비치하고 있는 것으로 본다. 단, 회계 관련 지출결의서, 세금계산서, 현금영수증 등 회계 서류 및 증빙서류는 비치해야 한다.
- 어린이집의 담임교사는 모든 재원 영유아에 대하여 아동명, 출석일, 등 · 하원시간이 포함된 통합정보시스템 전자출석부를 사용해야 한다.

문서의 보존 연한의 예는 <표 10-7>과 같다.

<표 10-7> 어린이집 문서별 보존 연한

보존 기간	구 분
준영구	• 기관 및 단체의 신분, 재산, 권리, 의무를 증빙하는 서류 – 인사기록카드, 보육교직원 관리대장 등
10년	• 공사 관련 장부 및 증빙서류
5년	• 회계 관련 장부 및 증빙서류 –현금출납부, 총계정원장, 재산대장, 비품관리대장 –과목전용조서, 수입 · 지출 원인행위 위은에 관한 위임장 –보육료대장, 봉급대장 –수입과 지출에 따른 증빙서류 등 • 영유아 생활기록부
3년	• 기타 어린이집 운영에 관한 서류 –어린이집 운영일지 –어린이집 이용신청자명부 및 이용 아동 연명부 –연간 · 월간 · 주간보육계획안, 보육일지 등
1년	• 기타 업무 연락, 통보, 조회 등과 관련된 기록물

출처: 보건복지부(2021). 2021년도 보육사업안내.

(3) 문서의 접수 및 발송

- 문서 접수: 상위 행정기관과 같은 대외기관으로부터 접수되는 문서는 접수 순서대로 문서접수대장에 기재하여 접수하고 문서접수대장에 기록하고 정리해야 한다. 만약 팩스로 수신된 문서는 장기 보존이 불가능하므로 복사하여 철하고 원본 문서는 즉시 폐기한다. 전화로 접수되는 문서는 문서의 아래 여백에 송, 수화자의 직급 및 성명을 기록하여야 한다. 문서접수대장의 예는 〈표 10-8〉과 같다.

〈표 10-8〉 문서접수대장

등록번호	결재일자	분류번호	제 목	시 행				비 고
				일 자	수신처	방 법	확 인	

- 문서 발송: 문서를 발송할 때는 발송대장에 발송번호를 기입하고 원장의 결재를 받은 후 한 부 복사하여 보관한 후 원본을 보낸다. 발송을 위한 문서를 작성할 때, 수신처는 받는 기관을 기재하고 결재가 끝난 문서의 제목을 기재한다. 어린이집 원장의 명의로 발신하는 문서의 시행문과 각종 증명서에 속하는 문서에는 직인을 찍어 발송한다. 문서 발송 양식의 예는 〈표 10-9〉와 같다.

〈표 10-9〉 문서 발송 양식의 예

어린이집 보육교직원 임면 보고

○○○ 어린이집

문서번호:
수 신 : ○○ 시 · 군 · 구청장
(경 유) ○○ 과장
제 목 : ○○○ 어린이집 보육교직원 임면사항 보고

1. 「영유아보육법 시행규칙」 제11조제1항의 규정에 의하여 어린이집 보육교직원 임면사항을 아래와 같이 보고합니다.
2. 인적 사항 등

연 번	직 종	이 름	주민등록번호	주 소	발령 일자	발령 사항	기록자 (서명)	비 고

○○○ 어린이집원장(직인)

<생각 나누기>

1. 어린이집 입소 순위의 정당성을 보육 목적과 연계하여 생각해 보자.
2. 어린이집 연령별 반 편성과 혼합연령 반 편성의 장단점에 대해 생각해 보자.

CHAPTER 11

영유아의 건강, 영양, 안전

1. 영유아의 건강
2. 영유아의 영양
3. 영유아의 안전

세계보건기구(WHO)에서는 '건강하다'는 것은 영유아의 성장 발육이 방해받지 않고 순조롭게 진행되는 상태라고 정의하며, 이는 영유아가 단순히 질병에 걸리지 않고 허약하지 않다는 것만을 의미하는 것이 아니라 신체적, 정신적, 사회적 등 인간 발달 측면에서 아무런 문제가 없는 상태를 의미하는 것이라고 하였다. 영유아 시기는 성장과 발달의 기초를 형성하는 중요한 시기이지만 건강, 영양, 안전에 대한 지식이나 기술이 부족한 시기이므로 성인의 보호, 관찰, 관리, 교육이 필요한 시기이다. 그리고 영유아의 건강과 영양, 안전은 어린이집에서 가장 기본적으로 고려되어야 하는 사항이다. 따라서 어린이집에서 영유아들이 건강하고 안전하게 생활할 수 있도록 지도, 관리하는 것이 필요하다.
본 장에서는 건강의 개념과 필요성, 감염병 및 아픈 영유아 관리, 급식관리와 영양관리, 그리고 안전교육의 중요성과 물리적 · 인적 환경에 대한 안전관리, 그리고 유아, 보육교직원, 부모에 대한 안전교육에 대해 살펴보고자 한다.

1. 영유아의 건강

1) 건강의 개념과 필요성

일반적으로 건강하다는 의미는 개인이 신체적 질병이 없고 정상적인 상태를 의미한다. 그러나 이는 건강을 협의의 관점에서 바라본 개념이고, 최근에는 건강의 의미를 생리적 · 심리적 · 사회적 · 정신적 요소들이 상호 관련된 광의의 개념으로 보고 있다. 세계보건기구(WHO)에서는 건강이란 단순히 질병이 없고 허약하지 않은 상태만을 의미하는 것이 아니라 신체적, 정신적 및 사회적으로 완전한 상태를 의미한다고 정의하였다.

건강의 정의를 구체적으로 살펴보면, 신체적 건강이란 신체적 질병이 없고 신체 기능이 정상적이며, 몸이 허약하지 않고 양호한 영양 상태를 의미한다. 정신적 건강이란 스트레스, 화 등과 같은 정신적 고통이 없는 안녕한 상태로, 단지 정신질환이 없는 상태에만 국한하는 것이 아닌 인간이 자신의 잠재 능력을 발휘하여 만족감과 행복감을 느끼면서 원만한 사회관계를 유지할 수 있는 상태를 말한다. 또한 사회적 건강이란 사회 구성원으로서 집단생활을 하는 데 어려움 없이, 다른 사람과 관계를 맺을 수 있는 능력과 기술을 가진 상태를 의미한다(김영심, 강영욱, 조남수, 한국선, 이춘희, 이숙희, 김진아, 김현옥, 2012). 이처럼 건강은 어느 한 측면만이 중요한 것이 아니라 신체, 정서, 사회적으로 균형 있게 유지하는 것이 중요하다.

그러므로 전인적 성장의 기초가 되는 영유아 시기의 건강은 개인뿐 아니라 지역사회나 국가적 차원에서도 중요한 요인이 된다. 따라서 영유아 시기의 건강교육은 신체적 건강을 도모하는 것뿐만 아니라 영유아에게 자신의 건강을 증진시키는 요소들을 이해하게 하고, 가치를 발달시키며, 건강에 대한 자신의 역할과 영향력을 이해할 수 있도록 해야 한다(조경자, 이현숙, 2015).

영유아기는 성장과 발달의 기본적인 기초를 형성해 나가는 시기이기 때문에 건강한 상태를 유지하고 발달시켜 주는 것이 중요하다. 더 나아가 영유아 스스로 건강에 대한 올바른 인식을 갖추고, 건강한 생활을 위한 기술 습득과 태도를 형성하는 건강교육이 중요하다. 따라서 영유아 스스로 건강을 유지하고 관리해 나갈 수 있도록 지도하는 것이 필요하다. 건강교육의 필요성을 발달적 측면을 고려하여 살펴보면 다음과 같다(김영심 외, 2012; 오경숙 외, 2019; 이순형 외, 2009).

첫째, 영유아기는 초고속의 성장기이다. 인간이 출생하고 성장함에 있어 성장과 발달의 시기는 어릴수록 그 속도가 빠르다. 인간 지능 연구에서 지능의 50%가 출생 후 4년, 9세까지 30%, 18세까지가 나머니 20%를 완성한다고 한다. 또한 사회화는 영아가 초기 사회적 애착과 기본적 신뢰를 형성하는 행후 첫 2년 동안에 일어나며, 이 시기에 양육자와의 친밀한 관계 형성이 이후 사회관계 형성에 결정적 영향을 미친다. 이처럼 영유아기는 뇌발달, 신체발달뿐만 아니라 운동발달, 언어발달, 인지발달, 사회정서발달의 초급속도의 성장기이므로 이 시기에 실조가 생기게 되면 전반적으로 치명적인 영향을 미친다.

둘째, 영유아기는 민감한 형성기이다. 영유아 시기는 발달이 민감한 결정적 시기로 삶에 대한 가치관 등 신체적 · 정신적 · 사회적 건강이 형성된다. 시력발달의 경우 만 6세 이전에 시력 이상을 발견하여 치료하면 정상 시력을 회복할 수 있지만 이 시기를 놓치게 되면 회복이 어렵다. 따라서 발달 영역에 따라 형성되어야 할 결정적 시기가 존재하기 때문에 영유아 건강에 도움이 되도록 건강교육을 하는 것이 필요하다.

셋째, 영유아기는 일생의 기초가 형성되는 시기이며 훈련기이다. 영유아기에 좋은 생활 습관을 형성하면 평생 동안 그 습관을 가지고 건강하게 살아갈 수 있다. 영유아들은 자신에게 의미 있는 성인으로부터 많은 영향을 받으며, 이 시기는 좋은 습관을 형성할 수 있도록 좋은 자극과 환경을 제공받고 건강한 몸과 마음을 지니도록 훈련시켜야 한다.

2) 건강검진

최근 건강에 대한 관심이 증가하면서 건강은 치료보다는 질병 발생을 예방하고 삶을 건강하게 유지하기 위한 예방적 의미가 강조되고 있다. 이로 인해 정기적인 건강검진에 대한 관심과 참여가 높다. 특히 영유아기의 정상적인 성장과 발달, 선천성 기형의 조기 발견 등의 진단을 위해 정기검진은 영유아의 예방적 보호 차원에서 필수적인 과정이다(최종연, 2010). 따라서 부모와 교사는 영유아의 건강한 성장을 위해 검진 시기별 예방접종과 검진을 파악하여 실시해야 한다.

또한 영유아와 어린이집 보육교직원은 정기적으로 건강진단을 실시해야 한다. 어린이집 원장은 영유아를 대상으로 매년 1회 이상 건강진단을 실시해야 하며 (「영유아보육법 시행규칙」 제33조), 「국민건강보험법」 제52조, 동법 시행령 제25조 및 「의료급여법」 제14조의 규정에 의해 영유아건강검진을 실시해야 한다. 부모가 건강검진을 실시한 경우에는 검사결과통보서로 대신할 수 있고, 부모가 영유아의 건강검진을 거부할 경우 원장은 건강검진에 대한 안내를 3회 이상 고지하고 안내한다. 건강검진 실시에 대해 3회 이상 고지 및 안내 후에도 보호자가 건강검진을 거부할 경우 원장은 건강검진 실시 여부와 거부 사유를 생활기록부에 기록해야 한다.

모든 원아는 당해 연도 또는 전년도에 실시한 건강검진 확인 서류를 구비해야 하며, 영유아 검진기관으로 지정된 의료기관에서 건강검진을 받아야 한다. 건강검진 결과 치료가 필요한 영유아는 보호자와 협의하여 적절한 조치를 취하고, 전염성 질환에 감염되었거나 감염이 의심되는 영유아는 어린이집으로부터 격리하여 치료해야 한다.

어린이집 보육교직원은 영유아와 마찬가지로 연 1회 이상 건강검진을 받아야 한다. 보육교직원 건강진단은 신규채용인 경우 채용신체검사서로, 신규채용이 아닌 경우는 일반건강검진으로 가능하다. 건강진단 결과 감염병에 감염된 것으로 의심되거나 판명된 경우 완치될 때까지 휴직 또는 면직 등의 조치를 취해야 한다(성미영, 유주현, 이세라피나, 임여정, 정현심, 2020).

〈표 11-1〉 영유아 건강검진 시기

구 분	시 기	대상 월령	시기별 검진 항목
1차	4개월	생후 4~6개월	문진 및 진찰, 신체계측, 건강교육
2차	9개월	생후 9~12개월	문진 및 진찰, 신체계측, 발달선별검사 및 상담, 건강교육
3차	18개월	생후 18~24개월	문진 및 진찰, 신체계측, 발달선별검사 및 상담, 건강교육
		생후 18~29개월	구강문진 및 진찰, 구강보건교육
4차	30개월	생후 30~36개월	문진 및 진찰, 신체계측, 발달선별검사 및 상담, 건강교육
5차	42개월	생후 42~48개월	문진 및 진찰, 신체계측, 발달선별검사 및 상담, 건강교육
		생후 42~53개월	구강문진 및 진찰, 구강보건교육

구 분	시 기	대상 월령	시기별 검진 항목
6차	54개월	생후 54~60개월	문진 및 진찰, 신체계측, 발달선별검사 및 상담, 건강교육
		생후 54~65개월	구강문진 및 진찰, 구강보건교육
7차	66개월	생후 66~71개월	문진 및 진찰, 신체계측, 발달선별검사 및 상담, 건강교육

출처: 국민건강보험공단(https://www.nhis.or.kr).

3) 질병 및 감염병 관리

영유아기는 면역력이 약하고, 장시간 어린이집에 머무르기 때문에 감염병에 취약하므로 어린이집에서는 질병과 감염병 관리를 철저히 해야 한다. 또한 영유아는 어린 시기부터 외부환경에 노출되어 집단생활에 적응해야 하기 때문에 정신적인 문제가 발생하지 않도록 정신건강도 관리해야 한다. 따라서 교사는 영유아의 건강한 보육기관 생활을 위해 영유아들에게 흔히 발생하는 질환이나 감염성 질환, 그리고 정신건강과 관련된 문제에 관심을 갖고 내용을 숙지해야 한다.

어린이집 원장은 최초로 보육을 실시한 날부터 30일 이내에 「감염병의 예방 및 관리에 관한 법률」 제27조에 따라 예방접종증명서 또는 증명자료를 제출받아 영유아의 예방접종 사실을 확인하고, 필요한 경우 예방접종을 받도록 보호자에게 안내해야 한다.

감염병 예방을 위해서는 적절한 시기에 예방접종을 하고, 충분한 영양 섭취를 하고, 적절한 수면과 휴식, 바람직한 위생습관을 실천하며 정기적으로 건강진단을 받고, 청결하고 정서적으로 안정된 환경에서 적절한 운동을 하는 것이 필요하다(정미라 외, 2017).

또한 어린이집에서는 영유아에게 자주 발생하는 감염병에 대한 정보를 보호자에게 수시로 제공하고, 이를 가정통신문, 홈페이지, 게시판에 안내한다. 영유아에게 자주 발생하는 감영병의 증상, 등원하지 않아야 할 감염병의 종류와 기간, 감염병에 걸렸을 경우의 대처 방법을 안내한다. 어린이집 영유아에게 감염병이 발생한 경우 보고는 보육통합정보시스템에 입력하여 보고하며, 치료가 필요한 영유아의 경우에는 보호자와 협의하여 필요한 조치를 취한다. 특히 법정감염병에 해당하는 질병이 어린이집에서 발견되었을 때는 즉시 관할 보건소에 신고하여 후속 조치를 받도록 한다.

〈표 11-2〉 휴원을 요하는 감염병의 증상과 휴원 기간

병 명	증 상	잠복기간	휴원기간
홍역	발열, 재채기, 결막염, 발진	9~13일	발진이 없어질 때까지 → 발진 후 약 5일간
수두	발열, 발진, 물집이 생김	10~21일	딱지가 떨어질 때까지 → 발진 후 약 7일간
유행성 이하선염 (볼거리)	발열, 귀밑이 부어오름	7~21일	귀밑 부기가 다 빠질 때까지 → 발진 후 약 5일간
풍진	가벼운 감기 같은 증세, 발열, 발진	10~21일	증상이 없어질 때까지 → 대개 발진 후 5일간
백일해	열은 없고 밤에 기침이 심함	7~14일	특유의 기침이 없어질 때까지 → 발병 약 3~4주
유행성 감기	발열, 기침, 목이 아픔, 뼈마디 아픔	1~3일	주요 증상이 사라질 때까지
유행성 결막염	눈이 붓고 흰자위가 충혈, 눈곱이 많음	7일	급성 증상이 사라질 때까지
농가진	얼굴이나 수족에 쌀알 크기부터 대두 크기의 발진, 수포가 생김	2~5일	딱지가 떨어질 때까지
수족구병	38℃ 정도의 고열, 1~2일간 입속, 손바닥, 발바닥에 수포가 생김	3~6일	주요 증상이 사라질 때까지
전염성 설사증	설사의 횟수가 많고 변이 물 같고 열이 나며 감기 증상을 동반함	2~4일	주요 증상이 사라질 때까지
감염(A형)	식욕부진, 두통, 열, 황달, 관절통	10~15일	주요 증상이 사라질 때까지
디프테리아	미열, 인후염, 기침, 두통, 쉰 목소리, 편도선 비대, 회색 반점	2~4일	배양검사가 2회 이상 음성이 나올 때까지
뇌막염	고열, 두통, 구토, 전신에 보라색 반점, 의식의 혼동이 옴	14~21일	증상이 사라질 때까지
장티푸스	두통, 헛소리, 혀의 백태, 혈변, 장출혈이 발생	1~3주	완치될 때까지
콜레라	열, 구토, 물설사, 탈수 증세	6시간~5일	완치될 때까지
전염성 장염	설사의 횟수가 많고, 변이 물 같고, 열과 감기 증상을 동반함		주요 증상이 사라질 때까지
전염성 홍반	열은 별로 없으나 때로는 37℃의 열이 남, 얼굴과 뺨에 발진이 생김	7~14일	급성 증상이 사라질 때까지

출처: 보건복지부(2020) 어린이집 건강관리 매뉴얼.

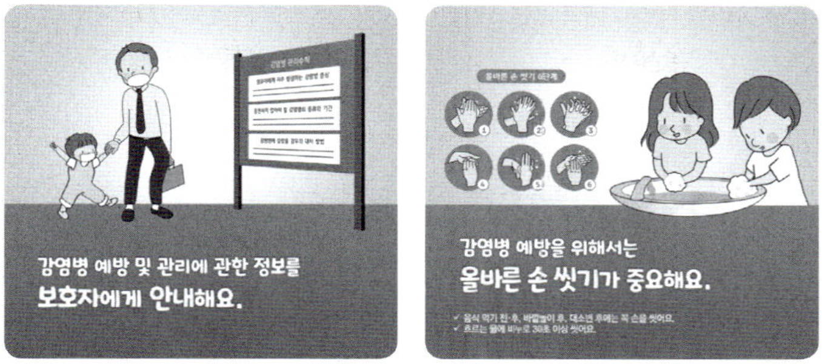

출처: 한국보육진흥원(2020). 어린이집 평가지표와 함께하는 감염병 예방을 위한 어린이집 건강 수칙.

[그림 11-1] 감염병 예방을 위한 어린이집 건강 수칙

4) 아픈 영유아 관리

어린이집에서 아픈 영유아는 우선 조용하고 편안한 장소에서 안정을 취할 수 있도록 돌보아야 한다. 아픈 영유아가 혼자 있지 않고 누군가로부터 사랑받고 보호받고 있다는 느낌을 받고 안정을 취할 수 있도록 배려한다(유미림, 인재천, 2018). 아픈 영유아는 일반적으로 얼굴이 핼쑥하거나 홍조를 띠고, 활동이 느리고 멍하며 피곤해하며, 고열, 발진, 설사, 탈수 현상을 보이기도 한다. 또한 이유 없이 울고 짜증을 내기도 하고, 음식을 잘 먹지 않고 잠을 잘 자지 못한다(조경자, 이현숙, 2015). 이와 같은 증상을 보일 때 교사는 부모와 연락하여 병원에 데리고 가거나 부모가 집으로 데리고 갈 수 있도록 한다. 특히 영유아가 경련을 일으키거나, 고열이 지속되고, 구토나 설사를 되풀이하거나, 혈변 등의 심한 증상을 보이면 부모에게 응급상황을 알리고 신속하게 병원으로 데리고 가야 한다.

어린이집에서 아프거나 다친 영유아가 발생한 경우, 응급상황 대처 절차에 따라 부모에게 연락하고 응급의료기관에 이송하도록 한다. 또한 영유아 또는 교직원에게 식중독 및 감염병으로 의심되는 증상 발견 즉시 시·군·구청 보육 담당 부서 및 관할 보건소에 신고한다. 그리고 교사 또는 양호 담당자는 아픈 영유아의 증상, 관찰 내용을 '사고 보고서'에 가능한 한 구체적으로 기록한다.

아픈 영유아의 부모가 투약을 의뢰할 경우에는 반드시 서면으로 요청하도록 하고,

아무리 사소한 질병이라 할지라도 영유아에게 함부로 투약하면 매우 위험하므로 교사가 임의로 투약하지 않는다. 투약은 전문의의 처방이나 부모가 작성한 투약 의뢰서를 따라 정확한 복용량을 투약하고, 투약한 후에 날짜와 시간, 부대 상황 등의 내용을 투약일지에 기록한다. 이런 기록은 투약이 끝난 직후 개인 서류철에 정리하여 보관한 후에 귀가 시 부모에게 확인시킨다(성미영 외, 2020).

〈표 11-3〉 투약 의뢰서와 확인서의 예

투약 의뢰서	투약 확인서
금일 투약을 의뢰합니다.	자녀의 투약을 보호자의 의뢰에 따라 아래와 같이 투약하였음을 알려드립니다.
원 아 명 : ________	원 아 명 : ________
원아 증상 : ________	원아 증상 : ________
약의 종류 : □물약 □가루약 □연고	약의 종류 : □물약 □가루약 □연고
보관 방법 : □상온 □냉장	보관 방법 : □상온 □냉장
투약 시간 : ____시____분	투약 시간 : ____시____분
투약 횟수 : ____회 투약 용량 : ______	투약 횟수 : ____회 투약 용량 : ______
20 년 월 일 요일	20 년 월 일 요일
투약으로 인한 책임은 보호자(의뢰자)가 집니다.	담당자 __________ (사인)
의뢰자 __________ (사인)	○○○ 어린이집

출처: 보건복지부(2020). 2020년도 보육사업안내.

〈표 11-4〉 응급처치 및 식품 알레르기에 대한 부모 동의서

부모 동의 및 조사서

○○어린이집에서는 영유아보육법 및 시행규칙, 사업지침 등에 따라 아래의 내용에 대하여 보호자의 동의를 받아 진행 여부를 결정하고자 합니다. 구체적인 내용을 확인하시고 해당 내용에 동의 여부를 빠짐 없이 체크해 주시기 바랍니다.

〈영유아 기본 정보〉

성 명	(남/여)	반 이름	
주 소		생년월일	
보호자	성 명	영유아와의 관계	연락처

■ 응급처치 및 귀가 동의

구분	처리 내용
응급처치	– 응급상황 발생 시 위의 보호자에게 연락하여 주십시오. – 필요시 119구조대에 연락하여 (기관 지정 의료기관명이나 보호자 지정 의료기관명)으로 수송해 주십시오.
귀가 동의	– 위 영유아의 귀가 시 위의 보호자에게 인도하여 주십시오 – 정해진 보호자 외 다른 사람에게 인계할 경우 사전에 반드시 연락을 취하겠습니다. ※ 우리 어린이집에서는 영유아를 성인 보호자 없이 혼자 귀가시키지 않습니다. 특히, 영유아가 13세 미만(초등학생) 형제 · 자매와만 등 · 하원하지 않도록 유념해 주시기 바랍니다. – 등 · 하원 방법 : □ 보호자 동행 □ 차량(어린이집) – 차량 이용 시 등하원 시간 : 등원(시 분), 하원(시 분) (필요시 기재) – 부모 외 인계 보호자 : (필요시 기재)

■ 식품 알레르기 조사

어린이집 급 · 간식 제공 시 식품 알레르기가 있을 경우, 영유아의 건강에 심각한 문제가 발생할 수 있습니다. 식품에 대한 알레르기 반응이 있을 경우, 해당 식품과 대체 가능 식품을 알려 주시기 바랍니다.

식품 알레르기 여부	알레르기 유발 식품	알레르기 증상	대체가능 식품

※ 현재 식품 알레르기 증상이 없으나 이후 증상이 발생할 경우, 반드시 어린이집으로 관련 내용을 알려 주시기 바랍니다.

출처: 보건복지부(2020). 2020년도 보육사업안내.

2. 영유아의 영양

1) 급식 계획

영양은 영유아의 발달에 매우 중요한 영향을 미친다. 신체의 성장·발육이 왕성하게 일어나며 활동량이 많은 영유아 시기에 영양이 충분히 공급되지 않으면 영양장애 또는 영양결핍 등 건강 문제가 발생하고, 면역력 약화에 의해 질병에 노출되기 쉽다. 이처럼 영유아기에 적절한 영양은 신체발달뿐만 아니라 정신 건강에 도움을 주고 성장 지연이나 질병을 예방하는 데 도움을 준다(유미림, 인재천, 2018). 좋은 영양은 식품의 양과 질을 충분히 고려하여 선택하고 영양의 균형을 이루어 섭취할 수 있도록 하여 영유아의 성장, 활동, 체온 유지와 체내의 대사활동과 생명 유지를 위한 에너지를 제공하게 된다(오경숙, 강영식, 박창옥, 고윤희, 2017).

영유아교육기관에서 많은 시간을 보내는 영유아들에게 급식은 고른 영양을 섭취할 기회가 된다. 따라서 영유아교육기관에서는 영유아 성장에 필요한 영양을 고려하여 균형 있는 급식·간식 식단을 작성하고 계획에 따라 양질의 음식을 제공해야 한다. 제공되는 급식·간식은 영양의 균형과 더불어 다양한 식단으로 제공하여 식욕을 돋우며, 편식을 방지하고, 음식에 대한 기호 발달과 음식 및 식사에 대한 올바른 태도와 건강한 식습관이 형성될 수 있도록 도와야 한다. 간식은 활동량이 많은 영유아의 성장에 필요한 열량 보충 및 균형적인 영양소 공급원이 되므로 식사와 달리 제철 과일이나 다양한 식재료를 이용하여 맛볼 수 있도록 한다(보건복지부, 2013).

어린이집, 유치원, 지역아동센터 등 어린이에게 단체 급식을 제공하는 집단급식소를 대상으로 체계적이고 철저한 위생관리 및 영양관리를 지원하기 위하여 식품의약품안전처에서는 어린이급식관리지원센터를 설립하여 위생관리 지원과 영양관리 지원을 하고 있다. 급식센터에서는 지역 특산물을 식단에 반영하여 연령별 기준 식단을 개발하고 새로운 요리법과 식단을 작성하여 보급하고 있다. 또한 원장 및 조리 종사자, 학부모를 대상으로 방문 위생교육을 실시하고 있으며, 영유아를 대상으로 손 씻기, 식습관 교육, 식품 첨가물 등 안전한 먹을거리 교육을 하고 있으므로, 어린이집에서는 지역사회 기관과의 연계를 통해 영유아 급식과 교육을 지원받을 수 있다.

출처: 어린이급식관리지원센터(https://ccfsm.foodnara.go.kr).

[그림 11-2] 어린이급식관리지원센터

「영유아보육법 시행규칙」 제34조의 보육교직원의 배치기준에 따르면, 영유아 100명 미만의 어린이집의 경우 육아종합지원센터, 보건소 및 어린이급식관리지원센터 영양사의 지도를 받아 식단을 작성해야 한다. 영유아 100명 이상을 보육하는 어린이집의 경우에는 영양사 1명을 두는 것을 원칙으로 하며, 영양사는 영유아의 건강 · 영양 및 위생을 고려하여 어린이집의 급식 · 간식을 관리해야 한다. 5개 이내 어린이집이 공동으로 영양사를 채용할 수 있고, 5개 시설을 영양사 1명이 담당함으로 인해 영유아에 대한 영양관리가 소홀하지 않도록 관리한다(정미라, 배소연, 이영미, 2017).

급식은 어린이집에서 직접 조리하여 제공하는 것을 원칙으로 한다(「영유아보육법 시행규칙」 제34조). 사전에 작성된 식단에 따라 영양의 균형을 고려한 식품을 영유아에게 제공하고, 제공한 식단에 대한 기록을 관리한다. 식단표에 오전 및 오후 간식, 점심식사, 계획된 식단의 변동사항 등의 내용을 작성하고, 가정에서 가져오는 이유식을 제공할 때도 제공 내용을 운영일지에 기록한다.

급식을 계획할 때 고려할 점은 다음과 같다(서울육아종합지원센터, 2008).

첫째, 점심 급식 식단을 작성할 때 영유아의 1일 영양 필요량을 선정한다. 영유아의 하루 영양 필요량 중에서 2회 간식으로 공급되는 열량을 제외하고 계산된 열량 중에서 최소한 1/3은 점심을 통해 공급되도록 한다. 둘째, 성장기의 신체 발육에 필요한 칼슘과 단백질이 충분히 함유된 식단을 구성한다. 셋째, 음식을 적절히 변화시킬 수 있는 주기식단(cycle menu)으로 구성하여 같은 음식이 반복되어 영유아들이 싫증을 내지 않도록 한다. 넷째, 영유아는 성인에 비해 소화흡수 기능이 미숙하므로 영유아가 소화하기 쉽고 자극성이 강한 조미료의 사용을 삼가는 조리법을 사용한다. 다섯째, 음식이 제공되었을 때 음식의 질감이나 형태, 맛에 있어서 각기 다양한 감각적 만족감이 있도록 하고, 영유아의 기호를 고려한 식단을 구성한다. 여섯째, 급식량과 제공 시간을 정하여 규칙적으로 적정량을 배식하도록 계획한다. 마지막으로, 간식은 세 끼의 식사에서 부족할 수 있는 영양소를 보충할 수 있게 구성한다.

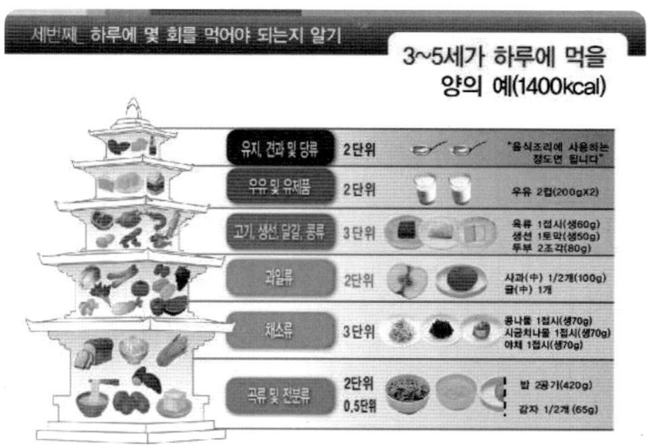

출처: 서울특별시 육아종합지원센터(http://seoul.childcare.go.kr).

[그림 11-3] 3~5세가 하루에 먹을 양의 예

2) 급식 위생

한 번에 50명 이상 영유아에게 식사를 제공하는 어린이집은 시·군·구청 위생 관련 부서에 집단급식소로 신고·운영하고, 조리사 면허를 갖춘 조리원을 배치해야 한다. 영유아 40명 이상 80명 이하를 보육하는 어린이집의 경우 조리원 1명을 두며, 영유아 매 80명을 초과할 때마다 1명씩 증원한다. 조리사는 반드시 연 1회 건강검진을 받아야 하며, 건강진단 대상자인 영양사, 조리사, 조리원은 건강검진 시 장티푸스, 폐결핵, 전염성 피부질환과 같은 전염성 질환에 대한 검사를 포함해야 한다.

급식을 실시할 때는 영양적인 측면과 더불어 급식의 안전성에 주의를 기울여야 한다. 급식의 안전성을 높이기 위해서는 식품의 처리, 가공, 조리, 저장에서부터 음식의 운반, 배식에 이르기까지의 전 과정이 위생적으로 이루어져야 한다. 그리고 이 모든 과정이 이루어지는 장소의 시설, 설비 및 기구들을 위생적으로 관리해야 한다(홍길회, 정미자, 2019).

어린이집의 조리실은 항상 청결을 유지하고, 정기적으로 식기, 도마, 칼, 행주, 기타 주방용구를 세척·살균·소독하고, '어린이집 통합안전점검표의 급식분야'를 참고로 하여 매일 점검한다. 어류·육류·채소류를 취급하는 칼과 도마는 각각 구분하여 사용하고, 행주, 스펀지, 수세미와 조리도구는 항상 살균·소독하여 청결하게 관리한다(조경자, 이현숙, 2015). 또한 급식재료의 신선도와 질은 급식의 질과 위생 및 안전성 확보와 직결되므로 재료 구입 시 규격 기준을 분명하게 제시하고 철저히 검수한다. 검수가 끝난 식재료는 곧바로 다듬고 씻어 용도에 맞게 처리하여 보관한다. 또한 유통기한이 지난 원료나 상한 재료는 바로 없애야 하며 재사용해서는 안 된다. 냉동실에 있다고 해서 유통기한을 무시하거나 해동된 후 다시 냉동해서 사용하는 일은 없어야 한다(홍길회, 정미자, 2019; 최민수, 정영희, 2006).

급식을 할 때 개인 위생관리는 식품을 안전하게 조리하는 기초 요소로서, 조리담당자는 직접 음식을 취급하고 조리하기 때문에 기본적인 위생관리 방법을 숙지하고 위생관념을 익혀 실천해야 한다. 조리담당자는 결핵을 비롯한 전염성 질환이 없어야 하며, 정기적인 신체검사를 통해 질병 여부를 확인하여야 한다. 조리담당자는 위생복과 모자를 착용해야 하고, 조리실 내에서는 액세서리 착용과 매니큐어 등을 삼가고, 조리실 내에서는 전용 위생화를 신는다. 그리고 음식을 담는 작업을 할 때는 마스크를 사용한다. 무엇보다 철저한 손 씻기를 생활화하는 것이 중요하다(조경자, 이현숙, 2015).

급식 시 보육교사는 청결관리로 식중독과 질병을 예방하고, 입소 시 영유아별 알레르기, 과민증을 확인해서 숙지해야 한다. 또한 급·간식 배식 전 손을 깨끗이 씻고, 배식 시 앞치마, 위생장갑을 착용하고 영유아에게 적절한 크기의 음식 조각을 제공하여 질식을 예방해 주어야 한다. 그리고 급식 지도 시 영유아들이 음식을 천천히 여러 번 씹어서 먹을 수 있도록 지도해야 한다. 급식 후에는 환기를 시키고, 영유아들이 충분히 휴식할 수 있도록 해야 한다(서울특별시 여성가족정책실, 2016).

출처: 서울특별시 여성가족정책실(2016). 서울시 어린이집 안전수칙 매뉴얼.

[그림 11-4] 급식 전, 중, 후에 보육교사가 지켜야 할 사항

〈표 11-5〉 어린이집 통합안전점검표(급식 분야)

〈일별 점검표〉

① 급식 분야

(점검상태: 양호○, 보통△, 불량×)

구 분	점검 항목	점검 결과						조치사항
		/	/	/	/	/	/	
		월	화	수	목	금	토	
위생관리 및 식재료 관리	– 작업 전 건강상태를 확인한다(감기, 설사, 손 상처자 등 조리 금지).							
	– 위생복, 위생화, 앞치마, 위생모를 착용하고, 배식 시에는 배식 전용기구, 마스크, 위생장갑을 사용하고 있다.							
	– 유통기간 확인 및 선입선출을 준수하고 있다.							
	– 식재료 보관실은 항상 청결을 유지하고 있다.							
	– 보존식 보존 및 관리기준을 준수하고 있다(배식 직전 소독된 전용용기에 100g 이상 채취하여 144시간 냉동 보관).**							
	– 어류·육류·채소류를 취급하는 칼·도마는 각각 구분하여 사용하고 있다.							
	– 식기류 및 조리기구의 세척, 소독을 철저히 하고 있다.							
	– 세제, 소독제, 살충제에 라벨을 부착하여 분리보관하고, 방충, 방서 등을 위한 정기적인 방역 소독필증을 보관하고 있다.							
	– 식재료의 입고날짜를 기록한 라벨을 부착하여 관리하고 있다.							
	– 식재료 검수일지를 작성하고 보관하고 있다.**							
작업 관리	– 조리 후 2시간 이내 배식하고 있다.							
	– 영양사가 작성한 식단을 사용하고 있다.							
	– 농수산물 및 그 가공품(쇠고기 등 16종)을 조리하여 제공하는 경우 식단표에 그 원산지를 기재하여 공개하고 있다.**							
	– 영양사나 교사는 검식 후 검식일지 작성 및 배식 점검을 하고 있다.							
시설 설비 관리	– 조리장 바닥과 배수로에 물고임 및 냄새역류가 없도록 관리하고 있다.							
	– 후드, 환풍기를 청결하게 관리하고 있다.							

※ '**'가 표시된 점검사항은 집단급식소 미신고 대상시설에서 반드시 준수할 사항은 아님

출처: 보건복지부(2020). 2020년도 보육사업안내.

3. 영유아의 안전

1) 안전교육의 중요성

발달 특성상 영유아 시기는 주변의 사물이나 환경에 대한 호기심이 많고, 이를 탐색하고자 하는 욕구가 강하다. 게다가 신체발달은 아직 미숙하여 신체를 조절할 수 있는 능력이 충분히 발달되어 있지 않다. 또한 위험상황에 대한 판단능력, 예측능력이 발달되어 있지 않아 가정이나 기관에서 사고의 가능성이 잠재되어 있다. 따라서 영유아의 안전한 생활을 위해서는 부모나 교사가 영유아가 생활하는 곳의 시설 설비를 안전하게 설치, 관리하여 위험에 노출되지 않고 안전한 환경에서 지낼 수 있도록 해야 한다.

영유아에게 안전한 환경이란 시설 설비와 같은 물리적 환경뿐 아니라 안전하게 지낼 수 있도록 보호하는 것까지도 포함된다. 영유아 스스로 위험에 대해 인식하고 안전사고에 예방, 대처할 수 있도록 교육해야 한다. 영유아는 관찰이나 경험 등으로 스스로 안전에 대해 학습하기도 하지만, 반복적 · 지속적인 교육을 통해서 안전의식과 태도, 지식을 형성하게 된다(김경희 외, 2006). 따라서 교사는 안전교육을 통하여 놀잇감 사용, 성인의 보호하에 안전한 놀이, 안전한 인계를 실천하고, 일상생활에서 영유아 자신이 안전사고를 예방하는 데 필요한 지식과 태도를 익히게 함으로 안전사고를 예방하고 안전한 생활을 할 수 있도록 해야 한다.

영유아 안전관리에 대한 법적 근거는 「영유아보육법 시행규칙」 제23조 별표8(보건복지부, 2020)에도 제시되어 있다. 어린이집 안전관리 수칙을 살펴보면 첫째, 물리적 환경에 대한 안전관리, 둘째, 인적 환경에 대한 안전관리, 셋째, 차량에 대한 안전관리, 넷째, 안전교육에 대한 내용으로 제시하고 있다. 따라서 영유아 안전에 대한 내용을 크게 안전관리와 안전교육으로 나누어 살펴보고자 한다.

2) 안전관리

(1) 물리적 환경에 대한 안전관리

어린이집 교직원은 안전관리의 중요성을 인식하고, 안전한 환경을 유지 및 관리하기 위해 노력해야 한다. 이를 위해 '어린이집 안전점검 체크리스트'에 따라 매일, 매월 시설 안전점검을 실시하여 화재 · 상해 발생요인을 사전에 제거하여야 한다.

모든 보육실의 시설 및 설비에는 위험요인이 없게 하여 영유아가 안전하게 활동할 수 있도록 관리해야 한다. 보육교사는 보육실의 시설과 설비를 매일 점검하여 위험요인이 발견되거나 파손된 곳이 있을 경우 즉시 수리 · 보완하도록 해야 한다. 또한 인근 소방서, 경찰서 및 가스, 유류 등의 안전상태를 점검하는 유관기관에 의해 정기점검을 실시하고 비상연락체계를 구축해야 하며, 자체적으로 정기적인 시설 안전점검을 실시하고 기록 · 관리하여야 한다. 「아동복지법」 제32조에 따라 유괴 등 범죄의 위험으로부터 영유아를 보호하기 위해 어린이집 주변을 아동보호구역으로 지정하여 폐쇄회로 텔레비전을 설치하거나 그 밖의 필요한 안전조치를 할 수 있다(어린이집안전공제회, 2018).

〈표 11-6〉 어린이집 안전점검 체크리스트(일별 안전점검표)

(점검상태: 양호○, 보통△, 불량×)

구 분	점검 항목	점검 결과						조치사항
		/	/	/	/	/	/	
		월	화	수	목	금	토	
실외환경	어린이집 보호벽 및 주변의 관리 상태는 양호한가?							
	실외놀이 공간 주변의 돌, 유리조각, 요철, 녹이 슨 부분, 벗겨진 페인트, 돌출된 모서리가 방치되어 있지는 않은가?							
	놀이터 바닥에 오물, 방치된 물웅덩이가 없는가?							
실내환경	문과 창문 등의 추락 위험은 없는가?							
	바닥에는 다칠 수 있거나 미끄러운 곳이 없는가?							

구 분	점검 항목	점검 결과						조치 사항
		/	/	/	/	/	/	
		월	화	수	목	금	토	
실내 환경	복도, 계단, 비상계단, 미끄럼대 등에 방치된 물건이 없어 피난계단, 미끄럼대 등을 사용하기에 양호한가?							
	보육용품이나 비품 유리창 등에 날카로운 모서리 등이 없는가?							
놀잇감 및 놀이 기구	망가져 날카롭고 위험한 것 또는 부품이 빠지거나 작은 볼트 등이 빠진 것은 없는가?							
	유해 색소가 칠해진 놀잇감은 없는가?							
	영유아가 삼킬 만한 작은 놀잇감이나 부품은 없는가?							
	놀잇감 및 놀이기구의 수납 상태가 양호한가?							
화장실 세면대	화장실 내 세제나 락스 등 위험한 물건이 영유아들의 손이 닿는 곳에 방치되어 있지 않은가?							
전기 · 화기 · 위험물	콘센트는 안전덮개로 보호되어 있는가?							
	화기에 의한 안전사고 위험은 없는가?							
	위험물에 의한 안전사고 위험은 없는가?							
	가스 밸브와 가스 중간밸브 잠금은 양호한가?							

출처: 보건복지부(2019). 2019년도 보육사업 안내.

① 실내 시설 및 설비 안전관리

■ 보육실

어린이집의 보육실은 영유아가 하루 일과 중 많은 시간을 보내는 곳으로, 영유아의 발달적 특성을 고려하여 안전하고 쾌적한 환경으로 유지 관리해야 한다. 보육실의 바닥은 걸려 넘어지지 않도록 전선이나 돌출부가 없도록 하며, 미끄럼 방지를 위해 안전매트나 카펫을 깔아 놓는다. 또한 바닥재는 영유아가 넘어지더라도 충격을 흡수할 수 있는 소재로 설치되어야 한다. 보육실 출입문은 손끼임 사고가 발생할 위험이 높으므로 손끼임 방지장치를 설치하고, 영아반의 경우 영아가 열지 못하도록 안전울타리를 설치한다. 창문은 완전히 열리지 않도록 안전장치를 설치하고 주변에는 영유아가 밟고 올라갈 수 있는 가구나 물건을 두지 않으며, 커튼이나 블라인드를 설치하였을 경우 조절끈이 영유아의 손에 닿지 않도록 관리한다. 전기콘센트는 이물질이나 뾰족한 물체가 들어가지 않도록 안전덮개 또는 안전형 콘센트를 설치한다.

[그림 11-5] 보육실 출입문 손끼임 방지장치

[그림 11-6] 블라인드 조절끈 정리함

[그림 11-7] 영아반 안전울타리

[그림 11-8] 전기콘센트 안전덮개

〈표 11-7〉 보육실 내 안전관리 Tip

항 목	주요 위험요소	개선 방안
위험물	청소도구 분리 보관 교구장 위 무거운 화분	청소도구는 청소보관함을 제작하여 정리, 화분이나 기타 위험물품은 바닥에 고정시켜 보관
전선 블라인드 줄	블라인드 줄, 전선 늘어짐	전선보관함 또는 쫄대 처리를 통한 전선 정리, 종이컵 등을 활용한 블라인드 줄 정리
잠금장치	서랍장, 문 잠금장치 미흡 및 파손	잠금장치는 해당 공간이나 서랍 등을 사용하지 않을 때 항상 잠금 상태를 유지해야 하며, 파손 시 즉시 교체
교직원 물품	개인물품, 가위, 글루건 등의 보관	교직원 물품은 교재교구함, 교직원실에 보관하며 해당 장소는 미사용 시 반드시 잠금 상태 유지
안전장치	손끼임 방지장치, 모서리보호대	수시로 파손되기 때문에 파손 시 즉시 교체
교구	삼킬 수 있는 작은 크기의 교구 사용	3.5㎝ 이하 작은 크기의 놀잇감은 삼킬 위험이 있기 때문에 제거할 것 무거운 교구는 안전사고 예방을 위해 교구장 하단부에 보관할 것

출처: 어린이집 안전공제회(2015). 어린이집 안전관리 컨설팅 주요 결과 정리.

■ 화장실

화장실 바닥재는 표면이 미끄럽지 않은 것을 사용하거나 미끄럼방지대 또는 물기 제거판을 설치한다. 영유아용 화장실 문은 안과 밖에서 다 열 수 있도록 하고, 비상시 교사가 안을 들여다볼 수 있는 높이로 설치한다. 영유아가 수도꼭지를 조작해서 뜨거운 물이 나오지 않도록 수온을 조절하고 온수조절장치 등을 설치한다.

[그림 11-9]
화장실 바닥
미끄럼방지 타일
(매트, 물기제거판 등)

[그림 11-10]
영유아용 화장실 문

[그림 11-11] 남아용 변기

■ 유희실

영유아 키 높이의 벽면, 바닥, 기둥, 모서리에 충격을 완화할 수 있는 장치 또는 안전매트를 설치하고, 대근육활동 시 충격을 흡수할 수 있는 매트 등을 깔도록 한다. 놀이기구나 보관함들을 창문이 없는 벽면에 배치하도록 하고, 사용하지 않는 물건들을 넣어 놓는 보관장은 잠금장치를 달도록 한다.

[그림 11-12]
벽면, 기둥, 모서리 충격 완화장치

[그림 11-13]
놀이기구 보관장(위치, 잠금장치)

■ 현관 및 계단

현관은 영유아들이 드나드는 것이 복잡하지 않도록 가능하면 넓게 설치하고, 신발장은 높이는 낮고 가로는 넓게 배치한다. 어린이집 현관문은 영유아가 성인의 보호 없이 나갈 수 없고, 외부인이 침입하지 못하도록 개폐장치를 설치하여 관리하도록 한다. 문이 닫힐 때는 서서히 닫힐 수 있도록 속도조절장치(도어체크)를 설치한다.

계단 바닥재는 미끄럽지 않은 재질을 사용하고, 계단 끝에 미끄럼방지대를 설치한다. 손잡이는 벽을 따라 연결하도록 하고, 계단의 난간은 세로봉 10㎝ 이하의 간격으로 설치한다. 계단의 각 발판의 폭과 높이는 경사에 따라 조절해야 한다.

[그림 11-14] 현관 입구

[그림 11-15] 외부인 침입 방지 개폐장치

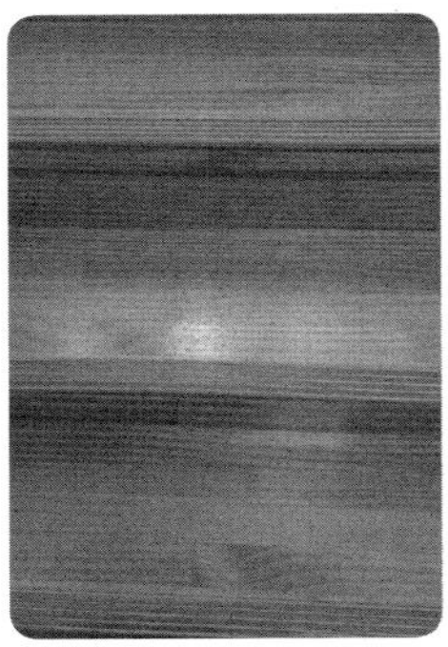

[그림 11-16] 계단 미끄럼방지대

[그림 11-17] 계단 손잡이, 난간

② 실외 시설 및 설비 안전관리

실외 공간은 영유아들의 움직임이 많은 공간이기 때문에 안전관리에 각별한 주의가 필요하다. 실외 공간은 대문, 출입구, 울타리, 담장 등을 통해 외부와 분리하여 영유아가 쉽게 밖으로 나갈 수 없도록 하고, 외부인이 접근할 수 없도록 유의한다. 어린이집 주변에 위험한 적치물이나 방치된 위험요소들은 없는지 정기적으로 확인하고, 위험요소 발견 시 바로 안전조치를 취하도록 한다. 에어컨 실외기, LPG 가스통 등은 영유아가 접근이 어려운 곳에 설치하거나 안전덮개를 설치하도록 하고, 맨홀 뚜껑이나 감전위험물을 항상 확인하고 안전하게 관리한다. 실외놀이터의 바닥면은 웅덩이나 요철이 없는지 확인하고, 실외 놀이시설이나 놀잇감이 고장나거나 파손되었을 경우 영유아의 접근을 막고 즉시 수리한다. 또한 「어린이놀이시설 안전관리법」에 따라 실외 놀이시설은 2년에 1회 이상 정기시설검사를 받도록 한다.

③ 실내 공기질 관리

영유아들은 성인에 비해 단위 체중당 호흡량이 50% 정도 더 많고 행동 특성상 공기 중 오염물질을 더 많이 흡입하면서 해독능력이나 면역체계가 덜 발달되어 오염된 실내 공기에 장시간 노출될 경우 심각한 위험을 초래할 수 있다.

실내 공기를 오염시키는 원인물질은 외부 오염물질의 유입 · 건축자재 및 마감재 · 가스레인지 · 가구나 교육용품 등으로 다양하다. 어린이집 시설 내 실내 공기질을 청정하게 유지하는 방안으로는, 오염물질의 발생 원인 제어, 환기를 통한 개선, 정화에 의한 오염물질 제거 등이 있다. 어린이집의 관리자는 영유아와 보육교직원의 건강 · 위생관리를 위해 실내 공기질을 쾌적하게 유지 · 관리하여야 하며, 환경 개선 등 주기적으로 공기질 정화를 위한 노력을 하여야 한다. 연면적 430㎡ 이상의 국공립 및 법인 · 직장 · 민간어린이집은 「다중이용시설 등 실내공기질 관리법령」에 따라 실내 공기질 유지 기준 준수, 실내 공기질 관리에 관한 교육 이수, 실내 공기질 측정 및 결과 기록 · 보존, 실내 공기질 개선명령에 따른 이행, 실내 공기질 관리에 관한 보고 또는 자료제출 등의 사항을 의무이행하여야 한다. 「어린이집 · 아동복지시설의 실내공기질 관리매뉴얼」에 따라 모든 어린이집에서는 실내 공기질 개선을 위한 노력을 하여야 한다.

또한 미세먼지에 취약한 영유아의 건강과 안전을 위해 어린이집 원장은 「어린이집용 고농도 미세먼지 대응매뉴얼」에 따라 고농도 미세먼지 발생 시 대응 관련 어린이집 및 영유아 대상 행동요령을 교육 및 실천하도록 한다. 어린이집별로 미세먼지 상황 전파 담당자를 지정하고 관련 모바일 앱을 설치하거나 문자서비스 신청을 통해서 미세먼지 예보 상황을 확인한다. 고농도 미세먼지 발생 시 영유아 대상 행동요령은 아래의 [그림 11-18] 고농도 미세먼지 계층별 대응요령(어린이집)에 제시되어 있다.

〈실내 공기질 향상을 위한 생활 수칙〉

(1) 철저한 환기

- 창문과 환기시설 등을 이용하여 신선한 공기를 많이 공급
- 환기 횟수는 적어도 오전 · 오후 하루 두 번 이상 30분씩 실시하고, 시간대는 오전 10시 이후와 일조 · 채광량이 많은 낮 시간대 이용
  ※ 영유아 등원 전, 식사 및 간식 시간, 낮잠 시간 후 등에 자주 환기를 시켜 보육실 내에 항상 신선한 공기가 유입되도록 함
- 환기 시 황사, 미세먼지의 날씨 정보를 활용하여 융통적으로 시간과 횟수를 정하는 것이 필요
- 건물 신축이나 리모델링 시 많이 발생하는 휘발성 유기화합물, 포름알데히드 등 유해화학물질 제거를 위해 시공 완료 후 베이크 아웃(Bake out)을 실시
- 베이크 아웃(Bake out) : 실내 공기의 온도를 높여 주어 건축자재 등에서 방출되는 유해 오염물질의 방출량을 일시적으로 증가시킨 후 환기를 하여 실내 오염물질을 제거하는 방법

(2) 청소 및 소독

- 월 1회 이상 천장, 창틀 및 방충망 등에 먼지가 쌓이지 않도록 청소하고, 벽면 등에 곰팡이 등이 발견될 경우 즉시 제거 · 소독
- 진드기, 곰팡이 등의 서식을 막기 위해 습도를 60% 이하로 유지하고, 진드기의 온상인 쿠션재, 담요 등은 뜨거운 물로 정기적으로 세탁하여 햇볕에 말림
- 높은 습도는 유기화합물이 다른 유기물과 화학작용을 일으키는 조건이 될 수 있으므로 물청소를 한 후에는 반드시 마른걸레로 닦음
- 공기청정기, 에어컨, 가습기 등은 가동 후 필터 교체 및 내부 청소를 자주 실시(2주에 1회)
- 적절한 실내온도 및 습도 유지

(3) 친환경 제품 사용

- 환경마크, HB마크 등의 친환경 건축자재를 사용하도록 하며, 환경부장관이 고시한 오염물질 방출 건축자재는 사용하지 않음
  ※ 오염물질 방출 건축자재(2006~2014, 264개)는 환경부 홈페이지에서 확인 가능
- 실내에서 사용하는 가구류와 교육용품은 환경마크 인증 제품을 사용하도록 하며, 환경마크가 없는 경우 가급적 KS 규격의 유해화학물질 규제 준수 품목을 선택

(4) 자연 정화

- 오염물질을 줄이거나 없애기 위해 공기청정기나 공기제균기를 사용할 수도 있으나, 가능한 숯 같은 천연재료나 벤자민, 고무나무 등 유해물질 흡착 효과가 있는 식물을 키워 자연 정화

출처: 어린이집 안전공제회(2018). 어린이집 보육교직원 안전교육.

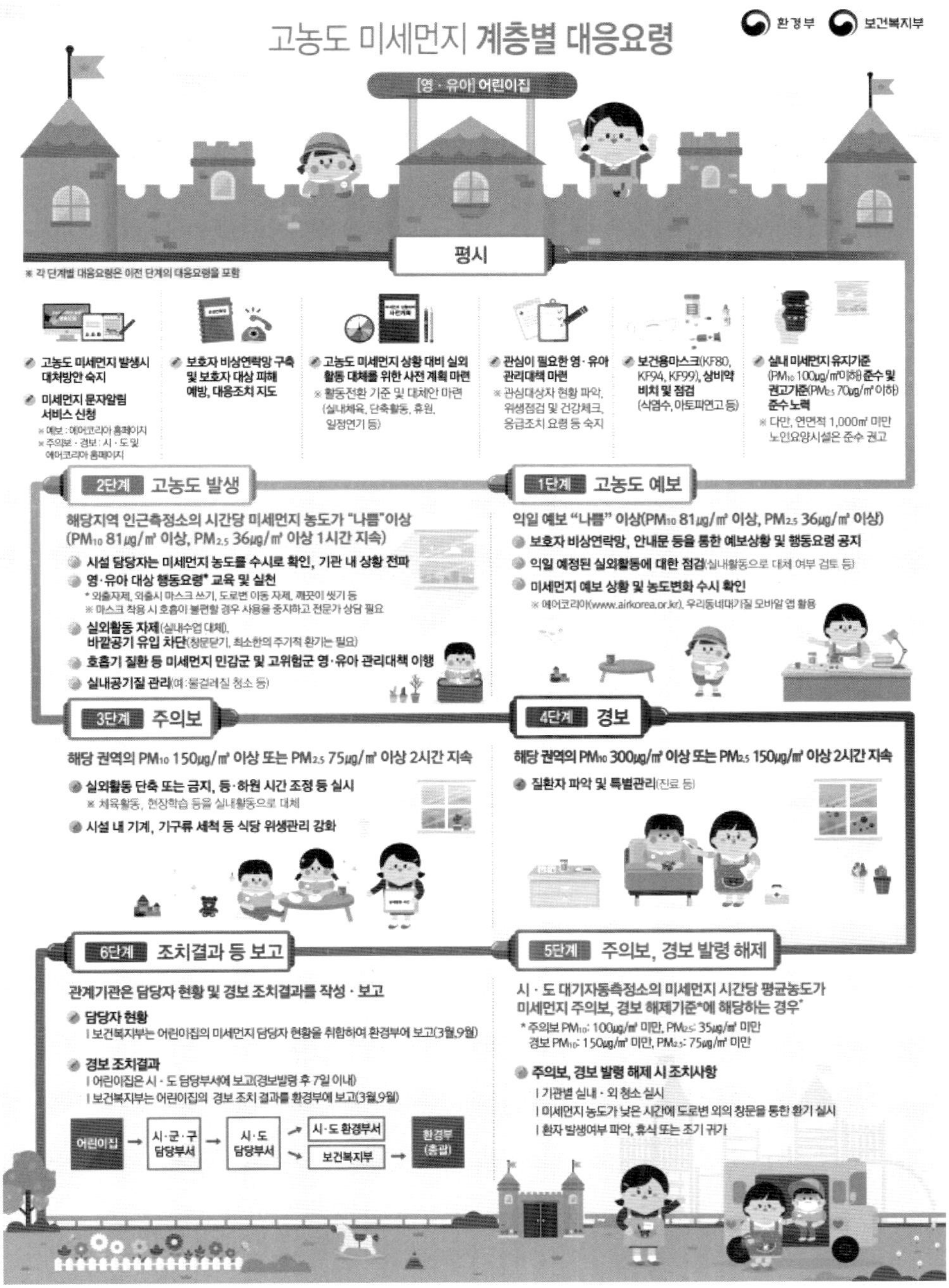

출처 : 환경부 홈페이지(http://me.go.kr/cleanair).

[그림 11-18] 고농도 미세먼지 계층별 대응요령(어린이집)

(2) 인적 환경에 대한 안전관리

어린이집 교직원은 영유아의 안전사고 예방을 위해 보호와 감독을 철저히 하여야 한다. 교직원은 안전점검 방법 및 안전점검표의 활용법, 영유아의 발달 단계 특성을 고려한 보호 및 안전교육 방법에 대해 숙지하여야 한다. 또한 영유아의 안전을 위해 보호자와 상호 협력하고, 영유아와 부모에게 안전교육을 실시해야 한다.

교직원은 어린이집 시설 · 설비 안전점검과 관리를 위한 연간계획을 세우고, 연간계획에는 연간, 분기별, 매월, 매일의 안전점검 일시와 내용을 포함한다. 어린이집 안전점검을 위한 업무조직을 구성하고, 관리지침에 따라 업무를 분담하여 책임 있게 관리할 수 있도록 한다. 안전점검 후에는 개선 사항을 즉시 수정 · 보완 · 기록하여 안전사고를 예방하도록 한다.

어린이집 교직원은 안전교육지침 등을 숙지하여 월 1회 편람 확인란에 사인하고, 화재 등 긴급사태에 대비한 계획을 수립하고 정기적인 점검 · 훈련을 실시한다. 어린이집에서 최소한 갖추어야 하는 소방시설인 소화기, 가스누설경보기, 비상구, 비상계단 또는 영유아용 미끄럼대(완강기는 적합하지 않음), 피난구 유도등 및 유도표지, 비상구(1층), 비상계단 또는 영유아용 미끄럼대(2층 이상)에 대한 안전점검이 이루어지도록 관리되어야 한다. 비상시 업무 분장은 별도로 마련되어 있거나 일반 업무 분장표에 함께 포함하여 기록한다. 업무 분장표는 누구나 쉽게 알 수 있도록 교실이나 기타 눈에 잘 띄는 장소의 벽면에 부착해 놓는다. 모든 보육교직원이 참여하도록 계획하고, 업무 분장이 균형적이고 평등하게 이루어지도록 한다. 비상시 대피요령은 어린이집의 상황에 따라 계획하여 사용한다. 응급상황 발생 시 연락을 취할 수 있는 관계기관 전화번호는 교실과 사무실 등 누구나 쉽게 알 수 있도록 눈에 잘 띄는 장소의 벽면에 부착해 놓는다.

〈표 11-8〉 비상시 업무 분담표(예시)

담당자	업 무	화재 및 재난 발생 시	안전사고 발생 시	돌발상황 발생 시
원장 (김00)	지휘명령 총괄	지휘명령 총괄	지휘명령 총괄	지휘명령 총괄

담당자	업 무	화재 및 재난 발생 시	안전사고 발생 시	돌발상황 발생 시
주임교사 (홍00)	소방시설 유지 문서관리	• 연간소방교육계획 • 비상사태 시 비상벨 및 원내 전달 • 전원 차단, 관계기관 통보	• 학부모와 관계기관 통보 • 응급처치 및 지정병원으로 긴급 후송	• 119 신고 및 원내 전파 • 관계기관 통보
교사 (손00)	시설 및 설비 최종점검	• 자체 소방시설을 활용한 소화 활동 • 건물 내 단속 및 비상문 개방 • 소화 활동상 장애물 제거와 복구 • 주요 서류와 물건 반출	• 시설 및 설비 안전점검 • 사고 문서 관리	• 건물 내 단속 • 비상문 개방
교사 (박00)	화장실, 현관 및 실외 최종점검	• 인명 구조 • 대피 유도	• 화장실 시설 및 설비 안전점검 • 실외 시설 및 설비 안전점검	• 대피 유도
교사 (전00)	후송	• 구급약품관리 • 응급처치 및 지정병원으로 긴급 후송	• 응급처치 및 지정병원으로 긴급후송	• 응급처치
취사원	조리실 점검	• 가스 및 전기관리	• 안전사고 장소 확인 및 현장 보관	• 응급보조 대비
사무원 및 운전기사	비상시 통합 연락망 관리	• 응급기관 연락 및 화재장소확인	• 응급처치 및 지정병원으로 긴급 후송	• 긴급 후송

❖ 비상시 대피 요령

- 침착하게 대처한다.
- 총지휘자에게 보고한다.
- 119 등 필요한 기관에 도움을 요청한다.
- 비상대피로를 확보한다.
- 교직원은 비상시 역할 분담에 따라 행동한다.
- 원아를 신속하게 인솔해서 안전지역으로 대피한다.
- 남은 원아가 있는지 반드시 확인한다.
- 필요한 응급조치를 취한다.
- 보호자에게 연락한다.
- 영유아들을 안정시킨다.

Tip

- 모든 보육교직원의 업무 분장표를 작성하며 개별 업무를 인지하도록 함
- 비상대응 계획을 수립하고, 모든 보육교직원이 자신의 역할과 대처방안을 숙지하여 비상시 사태에 대응해야 함
- 원장 및 보육교직원의 개인별 업무 분장 사항, 비상시 대피 요령 및 역할분담표, 비상대피도를 한 문서에 포함 가능

출처: 보건복지부(2019). 2019년도 보육사업안내 부록.

원장은 안전사고에 대비하기 위해 교직원 자체 비상연락체계를 구축하고, 지역사회 관련 기관과 비상연락망을 구축한다. 또한 부모와의 비상연락망을 확보하고 응급처치동의서를 받아 비치해 둔다. 사고 발생 24시간 이내에 사고보고서를 작성하여 시청, 군수, 구청장에게 보고하여야 하며, 중대사고(중상 이상의 안전사고, 감염병, 식중독, 집단 질병, 화재, 침수, 붕괴 등 재난사고)는 즉시 유선으로 통보 후 서식에 의해 보고하여야 한다.

사 고 보 고 서

어린이집명 (유형)	( ) *전담지정종류 포함		인가일	최초: 년 월 일 변경: 년 월 일	
주 소			연락처		
어린이집현황	정원( )명, 현원( )명, 보육교직원( )명				
반별 현황	0세반( )명 1세반( )명 2세반( )명 3세반( )명 4세반( )명 5세반( )명 시간제( )명 방과후( )명 야간연장( )명 24시간( )명				
사고아동명		성별	남 여	생년월일	년 월 일
사고일자	년 월 일	목격자명		사고시간	오전/오후
사고 당시 원장 및 담임교사 근무상황					
부모연락사항					
연락시간	오전/오후	119신고여부	□안함 □신고함(오전/오후 시)		
사고발생 장소	□ 수송중 □ 견학중 □ 실외놀이장 □ 실내놀이실 □ 화장실 □ 복도 □ 주방 □ 대근육활동실(유희실) □ 교사실 □ 식당 □ 계단 □기타( )				
사고당시 활동내용	□ 목욕 및 배변시간 □ 교실활동 □ 계단오르내리기 □ 실내자유놀이 □ 점심/간식/수유시간 □ 실외자유놀이 □ 계획된 실외놀이 □ 놀이시설 설비 □ 물놀이 □ 견학 □ 낮잠 □ 기타( )				
상해를 입은 시설 설비	□ 오르기시설 □ 평균대 □ 크롤(기어나가는 시설) □ 장애설비 □ 현관문/교실문 □ 실외고정물 □ 회전대 □ 놀이집 □ 시소 □ 미끄럼틀 □ 그네 □ 바퀴달린 탈 것 □ 바퀴달린 장난감 □ 잘 모르겠음 □기타( )				
상해의 유형	□ 화상 □ 쇼크/질식 □ 추락/강타 □ 물체에 끼임 □ 찢어짐 □ 뼈가 부러지거나 탈구 □ 압박, 눌림 □ 베임 □ 찰과상(벗겨짐) □ 삠 □ 물림 □ 찔림 □ 식중독 □ 기타 중독 □ 호흡곤란 □ 기타( )				

상해를 입은 다른 아동이 있는가 ?			□ 예 □ 아니오
사고원인	□ 바닥으로 떨어짐: 떨어진 높이 약 m 바닥의 형태: □ 뛰거나 발을 헛디뎌 넘어짐 □ 다른 유아에게 물림 □ 다른 유아에게 맞거나 밀림 □ 바퀴달린 탈것(인라인 스케이트 등) □ 물체에의해 다침 □ 음식물에 의한 질식 □ 곤충에 물리거나 쏘임 □ 동물에게 물림 □ 열, 추위에 노출 □ 기타( )		
다친 부위 (좌, 우 표시)	□ 머리 □ 눈(좌,우) □ 귀(좌,우) □ 코 □ 입 □ 목 □ 가슴 □ 등 □ 엉덩이(좌,우) □ 생식기 □ 팔(좌,우) □ 손(좌,우) □ 다리(좌,우) □ 발(좌,우)		
사고 관련 특이사항			
보육기관에서 행해진 응급처치(상술 예: 압박붕대, 세척, 붕대, 위로 등)			
상해·배상보험 가입 현황			
□ 상해 □ 배상 □ 기타( ) 보험금 최고한도 인당( )만원 건당( )만원			
응급처치자		의료기관 진료여부	□ 안함 □ 함
의료기관 진료를 한 경우	□ 외래 진료를 받음(예: 진료실, 응급실) □ 입원(시간/일)		
기타 사후처리 상황 (경찰조사, 피해합의 등)			
사고아동 보호(치료)를 위한 추후 계획			
재발방지를 위한 조치사항			
직원 서명	(인) 날짜: . . 오전/오후		
부모 서명	(인) 날짜: . . 오전/오후		

출처 : 보건복지부(2021). 2021 보육사업안내 부록.

(3) 차량에 대한 안전관리

어린이집에서 등 · 하원을 위한 통학차량을 운행할 경우 「도로교통법」에서 규정하고 있는 어린이통학버스 신고요건을 구비하여 관할 경찰서장에게 신고해야 한다. 어린이집 원장은 도로교통법 제56조(고용주등의 의무)를 준수해야 하며, 어린이집 통학차량 운전자의 운전면허 효력 여부(취소 또는 정지 등)를 정기적으로 확인하여 무면허운전자가 통학차량을 운전하지 않도록 관리해야 한다. 「도로교통안전법」 제52조에 따라 어린이통학버스를 운영하는 자는 어린이통학버스에 운행기록장치를 장착하여야 한다('21년 1월 시행, 기존 차량은 2년 유예).

- 매 반기별로 운전기사에게 운전경력증명서 등을 제출받아 확인한다.
- 운전기사 채용 시 건강진단서, 교통안전이수증을 제출하도록 하고, 성범죄 경력조회를 실시한다.
- 차량 내부에 안전수칙을 부착하고 차량용 소화기 및 구급상자를 비치해야 하며, 차량 안전점검표에 의한 안전점검을 실시해야 한다.
- 차량 운행 시 보육교사 등 어린이집 교직원이 동승해야 하며, 36개월 미만 영아는 영아용 보호장구를 착용하는 것을 원칙으로 한다.
- 보육교사 등 차량에 동승하는 사람은 보건복지부장관이 정하는 동승보호자 안전교육(온 · 오프라인 모두 가능)을 받고 수료증을 어린이집 원장에게 제출하도록 한다.
- 도로교통공단에서 주관하는 동승보호자 교육을 2년마다 정기적으로 이수하도록 한다.(「도로교통법」상 동승보호자 교육 의무화 '20.5.26 개정)
- 교사와 영유아는 차량 운행 시작 전 안전벨트를 착용해야 한다.
- 어린이 통학 등에 이용되는 자동차를 운영, 운전하는 자는 안전교육을 이수하여야 한다.
- 영유아가 통학버스를 탈 때에 운전자는 영유아가 좌석에 앉았는지 확인한 후에 출발하여야 하며, 내릴 때에는 영유아가 보도 또는 길 가장자리 구역 등 자동차

로부터 안전한 장소에 도착한 것을 확인한 후에 출발하여야 한다.

- 운전자는 음주, 휴대폰 또는 이어폰 사용 등 운전 판단 능력에 영향을 미치는 행위를 해서는 안 된다.
- 등 · 하원 차량 운행 시 운전기사 및 보육교사 등 동승자는 영유아를 안전하게 담당 보육교사나 부모 등 보호자에게 인도하여야 하며, 영유아 등 · 하원일지를 작성하여 모든 영유아가 인도되었는지 여부를 확인하여야 한다.
- 보육교사 등 동승자는 어린이집에 통학차량이 도착하여 영유아가 하차한 후 지체 없이 통학차량 이용 영유아들의 승하차 상황을 확인하고 담임교사에게 통보해야 한다.
  - 담임교사는 통학차량 이용 영유아 중 무단결석 영유아가 있을 시 보호자에게 유선 또는 문자, 메신저 등으로 연락하여 영유아의 소재를 확인하고, 확인이 되지 않을 시 통학차량에 영유아가 남아 있는지 재확인해야 한다.
  - 운전자는 출결상황 확인이 종료될 때까지 통학차량을 다른 장소로 이동하지 않는다.
- 영유아의 승 · 하차를 위해 차량을 주 · 정차할 경우 영유아의 안전을 위해 도로 방향이 아닌 보도나 길 가장자리 구역 옆 등 안전 위해요소가 없는 방향에서 승 · 하차할 수 있도록 차량을 주 · 정차해야 한다.
- 통학차량에는 금연을 상징하는 표지판 또는 스티커를 부착해야 하며, 스티커 미부착 시 시정명령 부과. 시정명령을 따르지 아니한 경우 500만원 이하의 과태료가 부과(「국민건강증진법」 제9조 및 제34조)된다.
- 어린이통학버스 운전자가 영유아의 하차 여부를 확인할 때에는 행정안전부령으로 정하는 '어린이 하차 확인장치'를 작동해야 한다.

차량안전수칙

- 운전자 준수사항

운행 전

- 차량 외부의 이상 유,무를 확인한다.
- 차량 시동 후 엔진 및 각종 계기판 이상 유,무를 확인한다.
- 차량 출발 전 탑승자의 안전벨트 및 문단속을 확인한다.
- 엔진 및 차체의 잡음은 없는지 확인한다.

운행 중

- 창문 밖으로 머리, 손을 내미는 영유아는 주의시킨다.
- 안전운행을 위하여 교통안전 규칙을 철저히 지킨다.
- 정차는 후방의 차량에 최대한 방해되지 않는 곳에 한다.
- 운행 중에는 휴대폰, 이어폰 등을 사용하지 않는다.

운행 후

- 타이어 압력 및 트랙은 양호한가 확인한다.
- 주차 브레이크는 정상인가 확인한다.
- 차량 내 영유아가 전원 하차하였는지 최종 확인한다.

- 교사 준수사항

- 차량에는 영유아를 보호할 수 있는 교사가 탑승한다.
- 차량에 안전하게 탑승시키고 영유아와 교사는 안전벨트를 착용한다.
- 차량에는 탑승하는 영아의 수만큼 영아용 보호장구를 갖춘다.
- 차량 내 구급상자의 모든 약품의 유효기간을 확인한다.
- 차량 내에 비상소화기의 충전 상태를 확인한다.
- 차를 출발 또는 후진시키기 전에 영유아가 어디 있는지 살핀다.
- 운행 중에는 영유아가 절대로 일어나지 않도록 한다.
- 영유아는 항상 보호자에게 직접 인계한다.

- 영유아 준수사항

- 차 안에서 뛰어다니거나 장난치지 않는다.
- 큰 소리를 내지 않는다.
- 자리에서 일어나거나 의자 위에 올라가지 않는다.
- 유리창 밖으로 손이나 머리를 내밀지 않는다.
- 차에서 내릴 때에는 차가 완전히 멈춘 다음 문이 열릴 때까지 기다린다.
- 의자에 등을 대고 바른 자세로 앉아 안전띠를 매도록 한다.
- 앞좌석을 발로 차지 않는다.
- 차 안에 쓰레기를 버리지 않도록 한다.
- 차가 달리고 있을 때에는 차 문을 열지 않는다.

출처: 보건복지부 · 한국보육진흥원(2017). 어린이집 문서 서식 양식 일부 수정.

3) 안전교육

(1) 영유아 안전교육

어린이집에서는 영유아들에게 스스로 자신을 안전하게 보호할 수 있는 능력과 기술을 가질 수 있도록 교육해야 한다. 보육교직원은 어린이집에서 일어날 수 있는 다양한 유형의 비상사태와 재난(화재, 지진, 폭설, 수해 등)에 대비하기 위해 비상대응계획을 작성하고, 다양한 유형의 재난 대비 훈련을 월 1회 실시하여 영유아들의 재난 대응능력을 향상시키도록 한다. 어린이집의 원장은 보육 대상 영유아의 연령을 고려하여 「아동복지법」의 안전교육 기준에 따라 매년 안전교육 계획을 수립하여 교육을 실시하고, 계획 및 교육 실시 결과를 관할 시장 · 군수 · 구청장에게 매년 1회 보고하여야 한다(보건복지부, 2020). 「아동복지법」에서 규정한 영유아 대상 안전교육 내용 및 교육 시간과 관련된 표는 아래 〈표 11-9〉와 같다.

〈표 11-9〉 「아동복지법 시행령」 제28조 1항 관련 〈별표 6〉에 제시된 안전교육기준

구 분	실시 주기 (총시간)	교육 내용	교육 방법
성폭력 · 아동학대 예방교육	6개월에 1회 이상 (연간 8시간 이상)	1. 내 몸의 소중함 2. 내 몸의 정확한 명칭 3. 좋은 느낌과 싫은 느낌 4. 성폭력 예방법과 대처법	1. 전문가 또는 담당자 강의 2. 장소 · 상황별 역할극 실시 3. 시청각교육 4. 사례분석
실종 · 유괴의 예방 · 방지교육	3개월에 1회 이상 (연간 10시간 이상)	1. 길을 잃을 수 있는 상황 이해하기 2. 미아 및 유괴 발생 시 대처 방법 3. 유괴범에 대한 개념 4. 유인 · 유괴 행동에 대한 이해 및 유괴 예방법	1. 전문가 또는 담당자 강의 2. 장소 · 상황별 역할극 실시 3. 시청각교육 4. 사례분석
감영병 및 약물의 오용 · 남용 예방 등 보건위생관리교육	3개월에 1회 이상 (연간 10시간 이상)	1. 감염병 예방을 위한 개인위생 실천 습관 2. 예방접종의 이해 3. 몸에 해로운 약물 위험성 알기 4. 생활 주변의 해로운 약물 · 화학제품 그림으로 구별하기 5. 모르면 먼저 어른에게 물어보기 6. 가정용 화학제품 만지거나 먹지 않기 7. 어린이 약도 함부로 많이 먹지 않기	1. 전문가 또는 담당자 강의 2. 시청각교육 3. 사례분석

재난대비 안전교육	6개월에 1회 이상 (연간 6시간 이상)	1. 화재의 원인과 예방법 2. 뜨거운 물건 이해하기 3. 옷에 불이 붙었을 때 대처법 4. 화재 시 대처법 5. 자연재난의 개념과 안전한 행동 알기	1. 전문가 또는 담당자 강의 2. 시청각교육 3. 실습교육 또는 현장학습 4. 사례분석
교통안전교육	2개월에 1회 이상 (연간 10시간 이상)	1. 차도, 보도 및 신호등의 의미 알기 2. 안전한 도로 횡단법 3. 안전한 통학버스 이용법 4. 날씨와 보행안전 5. 어른과 손잡고 걷기	1. 전문가 또는 담당자 강의 2. 시청각교육 3. 실습교육 또는 현장학습 4. 일상생활을 통한 반복 지도 및 부모교육

출처 : 2019 보육사업안내(「아동복지법」 제31조 및 동법 시행령 제28조).

(2) 보육교직원 안전교육

교직원은 각 직종에 따라 안전교육을 의무적 또는 일상적으로 참여하여 일정시간 교육을 이수해야 한다. 즉, 교직원의 아동학대 예방 및 신고의무와 관련된 교육 연 1회 이상, 시 · 도 및 시 · 군 · 구 등에서 연 2회 안전 관련 교육을 시행할 때 적극 참여해야 한다. 또한 심폐소생술 교육 등에 참여하고, 안전관리 시설 및 설비의 사용법 등을 숙지하고 있어야 한다(손순복 외, 2018).

〈표 11-10〉 교직원 안전교육의 종류

안전교육의 종류	교직원	교육 시기
아동학대 예방교육	전 교직원	연 1회(1시간 이상)
성폭력 예방교육	전 교직원	연 1회(1시간 이상)
통학버스 안전교육	통학차량 운영하는 기관장 통학차량 운전자 동승자교육	신규 1년 이내 이후에는 3년마다
소방안전 관리자교육	방화관리자 선임 방화관리자 해임일로 30일 이전 선임자	실무교육 2년마다 1회
놀이시설 안전교육	안전관리 책임자	놀이시설 인도받은 날로 6개월 이내 관리자 변경 후 유효기간이 만료되는 경우 만료 3개월
위생교육	기관장, 또는 조리사, 영양사	연 1회

안전교육의 종류	교직원	교육 시기
실내공기질 관리자 법정교육	유아교육기관장, 관리 책임자	책임 지정자 지정 후 1년 이내 이후 3년마다
석면건축물 안전 관리인 교육	석면 조사 후 50㎡ 이상 석면 건축물이 사용되고 있는 경우, 관리 책임자	신규 1년 이내
개인정보보호교육	모든 교직원	연 1회 이상(「개인정보보호법」 준수 사업장) 또는 2회 이상 (「정보통신망법」 준수 사업장)

출처 : 손순복 외(2018).

(3) 부모에 대한 안전교육

어린이집의 원장과 교직원은 영유아의 건강 · 위생 · 안전 · 아동학대 등과 관련된 내용을 포함하여 부모와 충분히 협의하고 가정통신문 등을 통해 고지해야 하며, 안전교육 및 아동학대 예방교육 등에 부모가 참여할 수 있도록 해야 한다.

가정에서 안전한 환경을 위한 부모교육 방법으로는 어린이집 홈페이지를 활성화하여 부모교육을 실시하거나 가정통신문을 가정으로 발송하여 안전과 관련된 부모교육용 자료를 제공할 수도 있다. 또한 안전전문강사를 초청하여 안전에 관한 전문가 강의를 통해 안전교육을 실시할 수도 있다.

〈표 11-11〉 연간 부모 안전교육 내용 및 접근법

월	주 제	내 용	접근법
3	교통안전교육	안전한 승 · 하차법	가정통신문
4	실종예방교육	아동사진 등록 방법 및 도움 요청하는 방법	전문강사 초빙교육
5	놀이안전교육	안전한 나들이	가정통신문
6	약물오 · 남용 예방교육	가정에서 비치하여야 할 비상약과 복용법	보건교사, 가정통신문
7	화재안전교육	가정의 화재 예방 및 화재 시 행동수칙	가정통신문, 전문기관 연계교육
8	유괴예방교육	유괴로부터 자녀를 보호하기 위한 교육	전문강사 초빙교육

월	주 제	내 용	접근법
9	생활안전교육	가정에서의 안전	가정통신문
10	성폭력안전교육	성폭력 위험으로부터 자녀를 보호하기 위한 예방교육	전문강사 초빙교육
11	재난대비 안전교육	지진이 일어났을 때 행동수칙	가정통신문
12	아동학대 예방교육	아동학대와 올바른 훈육법	전문강사 초빙교육, 가정통신문
1	놀이안전교육	겨울철 놀이 시 유의할 점	가정통신문
2	교통안전교육	비가 오거나 눈이 올 때의 안전 예방	가정통신문

<생각 나누기>

1. 건강교육의 중요성에 대해 정리해 보자. 그리고 영유아를 대상으로 할 수 있는 건강과 관련된 주제를 생각해 보고 건강 관련 포스터를 함께 만들어 보자.
2. 편식을 하는 유아의 지도 방법에 대해 생각해 보자.
3. 안전교육이 영유아 시기에 중요한 이유 및 필요성에 대해 생각해 보자.

CHAPTER 12

영유아의 평가

1. 보육평가의 필요성과 목적
2. 보육평가 대상별 평가 방법

영유아 보육에서 평가는 보육 프로그램과 보육환경을 개선하고 바람직한 교수학습 활동을 이끌어 내어 보다 양질의 보육을 실시하기 위해 다양한 측면에서 자료들을 수집하고 분석하는 과정이다. 보육평가는 단순히 영유아의 발달과 학습 성취에만 관심을 두고 이루어지는 것이 아니라, 학부모와의 의사소통, 프로그램의 발전을 위한 기초 자료의 수집, 그리고 교사 자신의 발전을 위한 보육의 한 과정이다. 따라서 보육의 질적 향상을 도모하기 위해서는 반드시 보육평가가 실시되어야 한다.

본 장에서는 보육평가의 필요성과 목적, 그리고 보육평가 대상별 평가 방법을 영유아, 교사, 보육 프로그램에 따라 나누어 살펴보고자 한다.

1. 보육평가의 필요성과 목적

1) 보육평가의 필요성

영유아 보육에서 평가는 보육 프로그램과 보육환경을 개선하고 바람직한 교수학습 활동을 이끌어 내어 보다 양질의 보육을 실시하기 위해 다양한 측면에서 자료들을 수집하고 분석하는 과정이다. 이는 영유아 발달이 균형적으로 이루어졌는지, 영유아의 전인발달을 돕기 위한 보육환경이 제공되고 있는지, 보육과정 전체가 적절하게 구성되어 있는지, 보육 목표에 적합하게 프로그램이 잘 짜여져 있는지, 그리고 그 과정에서 영유아에게 적합한 방식으로 교수학습 활동이 이루어지고 있는지 등을 알아보는 과정이라고 할 수 있다. 보육평가는 단순히 영유아의 발달과 학습 성취에만 관심을 두고 이루어지는 것이 아니라, 학부모와의 의사소통, 프로그램의 발전을 위한 기초자료의 수집, 그리고 교사 자신의 발전을 위한 보육의 한 과정이다(위영희 외, 2008). 이와 같이 보육평가는 보육과정 전반에 대해 필요한 정보를 수집하여 분석하고 판단하는 체계적인 과정이므로 보육현장에서는 반드시 실시되어야 하는 필수적인 과정이다.

우리나라는 「영유아보육법」이 제정된 1990년대 초반 이후부터 2004년 「영유아보육법」이 개정되기 이전까지 영유아 보육 수요 증가에 따라 어린이집이 양적으로 급속하게 팽창하게 되었다. 그러나 질적인 면에서는 많은 문제점이 제기되었다. 민간시설에 대한 지나친 의존, 어린이집에 대한 신뢰로운 평가 방법의 부재, 어린이집 평가 기피 및 관리 감독 미비, 그리고 시설 설비 설치 및 교직원 자격기준 미흡 등이 그 원인이라 하겠다(서문희, 이상헌, 임유경, 2000; 성미영 외, 2020).

어린이집의 질 높은 보육 서비스 제공을 위해 국가 차원에서 2004년 보건복지부에서 평가인증제를 통해 어린이집의 질 관리를 실시한다고 발표하였고, 2005년 어린이집 평가인증제도가 도입되어 질적 성장이 도모되기 시작하였다. 이후 2019년 모든 어린이집을 대상으로 의무평가제가 도입되었다.

그러므로 보육평가는 영유아의 전인적 성장과 발달을 돕기 위해 영유아 보육 관련 전반의 과정을 점검함으로써 영유아교육을 계획하고 실행하는 데 필수적인 활동으로 인식되어야 한다. 또한 현재 제공되고 있는 영유아교육 프로그램과 교육기관 및 영유아에 관한 체계적이고 객관적인 평가가 필요하다.

2) 보육평가의 목적

영유아 보육에서 평가는 보육과정 전체가 적절하게 잘 구성되어 있는지, 보육 목표에 적합하게 잘 짜여져 있는지 등의 다양한 측면에 관심을 두고 이루어져야 한다.

평가의 목적은 영유아와 부모에게 제공되는 교육적 경험과 다양한 서비스의 질을 개선하고 각 연령별 프로그램의 목표성취 여부를 평정하는 것이다(이순형 외, 2013). 또한 어린이집의 환경이 보육에 적합한지, 교사의 행동과 역할이 적절한지, 부모교육이 잘 이루어지고 있는지의 여부를 정기적으로 분석, 측정하고 이를 개선하고 보완함으로써 보육의 질을 높여 가는 것이 보육평가의 목적이라고 할 수 있다(성미영 외, 2020).

보육평가는 영유아, 교사, 보육 프로그램 모두에게 목적을 달성할 수 있도록 실시되어야 한다. 영유아를 위한 목적은 영유아의 관심 영역 및 발달적 성취와 진보를 알아보고, 영유아에게 적절한 학습 목표를 제공하고 적절한 학습 방법을 결정하기 위한 것이다. 교사를 위한 목적은 영유아의 발달에 대한 이해와 학습 수준 및 정도를 파악하여 보육과정 계획과 운영에 필요한 정보를 얻고 교수 방법과 프로그램의 수정 및 보완을 하기 위한 것이다(나은숙 외, 2010). 나아가 교사의 자기 계발을 위해 평가를 실시하게 된다. 그리고 프로그램을 위한 목적은 추구하는 보육 철학이 적절하게 반영되었는지, 영유아 발달에 도움이 되는지 프로그램의 목표에 맞게 내용과 교수학습 방법이 체계적으로 구성되었는지를 점검하고 이를 개선하기 위한 것이다(위영희 외, 2013).

2. 보육평가 대상별 평가 방법

1) 영유아 평가

영유아 평가는 영유아의 발달 정도, 특정 유아교육 프로그램과 영유아와의 상호작용의 효과, 영유아 개개인의 능력 및 특성과 잠재력에서의 개인차 등을 평가하여 교육에 반영시킴으로써 개인 발달의 최대화를 도모하기 위한 것이다(황해익, 2004). 영유아 평가의 목적을 구체적으로 정리하면 다음과 같다(김경희 외, 2016; 조성연 외, 2006; 최일선, 조운주, 2014).

첫째, 영유아가 어린이집에 입소하기 전 현재 발달 상태나 개별적 특성에 대한 정보를 얻기 위해 진단평가를 실시한다. 간단한 부모용 가정환경검사를 통해 영유아의 질병 상태와 예방접종 유무, 식품 알레르기 유무와 종류, 좋아하는 놀이, 영유아와 관련된 인적 · 물적 환경 등을 조사한다. 이를 통해 영유아의 개별적 특성을 이해하고 유아 행동 지도 및 교육 활동을 계획하기 위한 기초자료로 활용한다.

둘째, 어린이집에서 영유아의 놀이와 활동, 유아 및 교사와의 상호작용, 발달과 성취 수준을 수시로 평가한다. 수집한 자료는 영유아의 활동과 놀이지도, 개별 보육 프로그램의 기초자료 및 부모면담 자료로 활용한다.

셋째, 표준화된 검사도구를 활용하여 영유아의 학교준비도, 지능, 또래관계 등을 객관적으로 평가한다. 체계적인 평가를 통해 교사와 부모에게 영유아에 대한 이해를 높일 수 있고 부모의 자녀양육에 도움을 제공한다.

보육현장에서 활용되는 영유아 평가 방법은 부모면담과 입소서류, 관찰, 포트폴리오 등을 포함하는 직접적 자료수집 방법과 표준화된 검사도구를 이용한 평가 방법으로 구분된다(이순형 외, 2013).

(1) 부모 면담과 입소서류

교사는 입학 전 부모와의 면담과 입소서류를 통해 영유아에 대한 다양한 정보를 수집할 수 있다. 영유아의 습관과 성격 선호에 대한 정보를 통해 개별 영유아를 이해할 수 있고, 이를 통해 영유아에게 민감하게 반응하고 영유아의 개별적 교육을 계획하고 지도할 수 있다.

영유아의 등원 및 귀가 지도 시간 그리고 전화상담을 통해 부모와 수시로 면담이 이루어질 수 있으며 이를 통해 영유아에 대한 정보를 수집할 수 있고, 집단면담을 통해 부모들과 영유아와 관련된 주제에 공감대를 형성하고 영유아의 문제행동 지도를 위한 공동의 노력을 이끌어 낼 수 있다(이순형 외, 2012).

어린이집 입소서류인 생활기록부를 통해 영유아의 기본적 사항과 성장발달 상태, 과거 병력, 예방접종, 수유 및 이유의 방법과 양, 식사와 간식 습관, 배변 및 수면 그리고 기타 기본 생활습관 등을 파악할 수 있다. 그 밖에 어린이집에 보내게 된 동기, 보육 프로그램의 중점 사항과 방향성과 요구사항 등을 조사할 수 있다(성미영 외, 2020).

생 활 기 록 부(영아)

1. 인적사항

<table>
<tr><td colspan="2">어린이집명</td><td colspan="6"></td></tr>
<tr><td rowspan="3">아
동</td><td>이 름</td><td colspan="2">(한글)
(한자)</td><td colspan="2">성 별</td><td>남 · 여</td><td rowspan="3">사진
(3×4㎝)</td></tr>
<tr><td>생년월일</td><td colspan="2"></td><td colspan="2">입 · 퇴소일</td><td>입소
퇴소</td></tr>
<tr><td>주 소</td><td colspan="2"></td><td colspan="2">혈 액 형</td><td></td></tr>
<tr><td rowspan="3">보
호
자</td><td>아동과의
관계</td><td>부</td><td colspan="2">모</td><td colspan="3">기 타</td></tr>
<tr><td>이 름</td><td></td><td colspan="2"></td><td colspan="3"></td></tr>
<tr><td>전화번호</td><td></td><td colspan="2"></td><td colspan="3"></td></tr>
</table>

2. 기본 생활습관 및 발달 상황

영역 \ 연령		0세	1세	2세
기본 생활 습관	수 면			
	배 변			
	식 사			
활동 발달	신체운동			
	사회관계			
	의사소통			
	자연탐구			
	예술경험			

3. 출결 상황

구분 \ 연령	0세	1세	2세
보육일수			
결석일수			
의 견			

4. 영유아 표준예방접종[1)]

대상 전염병	백신 종류 및 방법	접종 차수	접종일자	접종기관
결핵	BCG(피내용)	1회		
B형간염	HepB	1차		
		2차		
		3차		
디프테리아 파상풍 백일해	DTaP	1차		
		2차		
		3차		
		4차(추가)		
폴리오	IPV	1차		
		2차		
		3차		
b형헤모필루스 인플루엔자	Hib	1차		
		2차		
		3차		
		4차		

대상 전염병	백신 종류 및 방법	접종 차수	접종일자	접종기관
홍역 · 유행성이하선염 · 풍진	MMR	1차		
수두	Var	1회		
일본뇌염	JEV(사백신)	1차		
		2차		
		3차		
	JEV(생백신)	1차		
		2차		
인플루엔자	Flu	매년 접종		
장티푸스(24개월 이상부터)	주사용	고위험군에 한함		
A형간염	HepA	1차		
		2차		
폐렴구균	PCV(단백결합)	1차		
		2차		
		3차		
		4차		
	PPSV(다당질)	고위험군에 한함		
기타 임시 예방접종 등		*명칭 기재*		
		명칭 기재		

1) 예방접종 도우미 사이트 참조

5. 건강진단

연 령	실시 여부	실시 일자	실시 기관	비 고
0세				□ 영유아 건강검진(차수: ______차) □ 영유아 건강검진 외 □ 미실시(사유: ______________, 고지 횟수 · 일자: ____________)
1세				□ 영유아 건강검진(차수: ______차) □ 영유아 건강검진 외 □ 미실시(사유: ______________, 고지 횟수 · 일자: ____________)
2세				□ 영유아 건강검진(차수: ______차) □ 영유아 건강검진 외 □ ㅁ 실시(사유: ______________, 고지 횟수 · 일자: ____________)

※ 실시 여부 표시 : 실시의 경우 ㅇ, 미실시의 경우 ×

※ 비고 : 해당 항목 체크 및 내역 기재

6. 병력 기록

병 명	질병 발생 연월일 및 질병의 정도	
	입 소 전	입 소 후

7. 신체발달 상황

측정 시기 / 구분								
신 장(cm)								
몸 무 게(kg)								
측 정 자								

* 비고: 18개월 미만의 영아는 2개월마다, 그 이상의 영아는 6개월마다 측정 · 기록한다.

기록관리자

출처: 보건복지부(2020). 2020년도 보육사업안내.

[그림 12-1] 생활기록부의 수면, 배변, 식사 등 생활습관

(2) 관찰법

관찰은 영유아를 대상으로 평가하는 방법 중 가장 오래된 것이다. 영유아의 행동을 객관적으로 살펴보고 기록하는 방법으로서 영유아에게는 평가를 위한 특별한 능력을 요구하지 않는다. 유아교육기관에서는 교사가 실내에서 자연스럽게 나타나는 영유아들의 행동을 관찰하는 자연 관찰 또는 영유아들과 직접 활동하고 생활하면서 관찰하는 참여 관찰이 흔히 이루어진다(이윤경, 문혁준, 안선희, 김선영, 김성희, 김지은, 나종해, 신인숙, 천희영, 최은미, 황혜선, 황혜정, 2016).

관찰한 내용을 일정한 형식에 따라 일관성 있게 기록하는 방법은 서술 형식의 일화기록법과 미리 준비된 목록이나 척도를 사용하는 행동목록법과 평정척도법 등이 있다.

첫째, 일화기록법은 서술 형식으로 일정한 양식이 없이 관찰한 것을 그대로 서술하

는 것이다. 일화기록법은 여러 가지 직접적인 관찰 방법 중에서 교사가 시간이나 장소에 구애받지 않고 아동의 특정 행동이나 사건에 초점을 맞추어 이를 사실적으로 기록하는 방법이다. 보육현장에서 아동의 문제행동을 파악하는 데 도움이 되고, 실시하기가 용이하여 가장 많이 사용되고 있는 관찰 방법이다(성미영, 전가일, 정현심, 김유미, 정하나, 2017; 황해익, 2009). 일화기록은 사건이 관찰된 직후에 바로 적는 것이 가장 바람직하지만 상황에 따라 간단히 내용을 메모해 두고 일과 후에 자세하게 기록한다(김희진, 박은혜, 이지현, 2011). 교사는 관찰한 내용을 언제라도 기록할 수 있도록 작은 수첩과 필기구를 준비하고, 미니녹음기 등을 활용할 수 있다.

둘째, 미리 준비된 행동목록이나 평정척도를 사용하는 방법이다. 행동목록법은 관찰자가 관찰할 행동의 목록을 작성하여 해당되는 행동의 출현 유무를 관찰하여 표시하는 방법이다. 사전에 아동의 행동 특성에 관한 목록을 미리 작성하기 때문에 체크리스트법이라고도 한다(김송이, 정지나, 최혜영, 민성혜, 2011). 평정척도법은 관찰된 행동의 질적인 차이를 평가할 때 사용하는 방법으로, 각 항목에 대해 점수나 가치로 평정하는 방법이다. 형식은 관찰 행동에 대한 판단에 기초하여 행동의 질적 특성이나 출현 빈도의 정도를 수량화된 척도에 표기하는 방법이다(황해익, 최혜진, 정혜영, 권유선, 2014).

〈표 12-1〉 일화기록법의 예

<table>
<tr><td>관찰 대상 : 한규빈
관 찰 자 : 김교사
관찰 장면 : 자유놀이 시간(역할 영역)</td><td>생년월일 : ****년 *월 *일
관 찰 일 : 2013년 5월 14일
관찰 시간 : 오전 9시 20분 ~9시 30분(10분)</td></tr>
<tr><td colspan="2">기록 : 자유놀이 시간 역할놀이 영역에 있던 규빈(아빠), 수진(엄마), 현서(아기), 희수(아기)가 아기놀이를 하며 논다. 수진이가 규빈이 옆에 있는 의자에 앉는다.
규빈: (수진에게) 야! 너 이거 만지지 마.
수진: (규빈에게) 너꺼냐?
규빈이는 대답하지 않고 일어서서 의자에 앉아 있는 수진이를 손으로 밀치고 의자를 뺏어서 아기침대 가까이에 가져다 놓고 의자에 앉는다.
수진: (규빈에게) 너 자꾸 그러면 나쁜 아이야.
수진이는 과일 모형이 담겨 있는 바구니 쪽으로 가서 그릇에 옮겨 담는다. 호범이는 의자에서 일어나서 수진이가 있는 쪽으로 가서 딸기 모형이 담긴 그릇을 잡는다.</td></tr>
</table>

규빈: 나 이거 써야 돼.
수진: 규빈아, 하지 마. 나 지금 아기들에게 간식 준비하는 거라구.
규빈: 싫어. 딸기는 내 꺼야. 바보야.
규빈이는 수진이가 잡으려고 하자 손으로 뿌리치고 딸기가 담겨 있는 그릇을 가지고 아기 침대 옆에 있는 의자로 가지고 간다.

발달 영역 : 사회발달 – 공격성(사회관계 영역)

요약

- 친구들과 물건을 공유하지 못하고 물건 빼앗기와 밀치기와 같은 신체적 공격성이 나타났다.
- 친구들과의 놀이에 적절하게 참여하지 못하고 상처를 주는 언어적 공격성이 나타났다.

교수전략

- 친구들에게 상처를 주는 말을 하면 왜 안 되는지와 친구가 어떤 감정을 갖는지 이해할 수 있는 기회를 제공한다.
- 친구들과 놀이에서 물건 공유 방법과 적절하게 참여할 수 있는 방법 그리고 친구들과의 상호작용에 대해 이해할 수 있도록 지도한다.

〈표 12-2〉 행동목록법의 예

영유아의 과잉행동

※ 다음의 행동이 관찰되면 '예', 관찰되지 않으면 '아니오'에 표시하시오.

	행동목록	예	아니오
1	끊임없이 활동하거나 마치 무언가에 쫓기는 사람처럼 행동한다.		
2	다른 사람의 일에 참견하거나 방해를 한다.		
3	말이 많고 때로는 끝없이 이야기한다.		
4	때때로 오만하고 건방지게 행동하며 다른 아동을 놀리거나 괴롭힌다.		
5	놀이나 활동에 조용히 참여하지 못한다.		
6	항상 생각보다 행동이 앞선다.		
7	순서를 지키거나 기다리는 일을 못 한다.		
8	한 자리에 앉아 있지 못하고 자리를 뜬다.		
9	쉽게 주의산만해진다.		
10	손발을 가만 있지 못하고 항상 부산하게 움직인다.		

출처: 김신옥, 민혜영(2012). 아동연구 및 관찰.

〈표 12-3〉 평정척도 유형의 예

<table>
<tr><td>기술평정척도</td><td colspan="5">영유아는 교실의 규칙들을 잘 지키는가?
(　) 규칙을 전혀 지키지 않는다.
(　) 규칙을 가끔 지킨다.
(　) 교사의 지시가 있으면 규칙을 지킨다.
(　) 교사의 지시가 없어도 스스로 알아서 규칙을 지킨다.</td></tr>
<tr><td rowspan="3">숫자평정척도</td><td colspan="5">규칙 지키기</td></tr>
<tr><td>1</td><td>2</td><td>3</td><td>4</td><td>5</td></tr>
<tr><td>아주 못함</td><td>못함</td><td>보통</td><td>잘함</td><td>아주 잘함</td></tr>
<tr><td>도식평정척도</td><td colspan="5">규칙을 거의 지키지 않는 편이다 [| | | |] 규칙을 잘 이해하고 매우 잘 지킨다</td></tr>
</table>

출처: 황해익 외(2014). 아동관찰 및 행동연구.

(3) 포트폴리오 평가

포트폴리오(portfolio)는 정보를 수집하고 종합하여 해석하는 총체적 평가 방법으로 영유아가 완성한 그림, 그래프, 쓰기 등의 작품과 프로젝트의 사진 등을 영유아의 포트폴리오(파일)에 끼워 두고 교사가 간단한 설명과 해석을 기록하여 그들의 학습 진전을 평가하는 방법이다(McAfee & Leong, 2002). 포트폴리오를 영유아 평가도구로 이용한다는 것은 영유아의 활동 과정 및 결과를 보여주는 자료들을 장기간에 걸쳐 포트폴리오(파일)에 수집하여 시간의 흐름에 따라 영유아가 어떤 변화를 보이는지, 개인 내적으로 어떤 발달 영역이 우수한지 등을 살펴보고 평가하는 것을 말한다. 이 평가과정에서 영유아 스스로 작업 표본을 선택하고 자신의 활동에 대해 반성적으로 사고하는 것이 반드시 포함되어야 한다(황해익, 송연숙, 정혜영, 유수경, 2013).

포트폴리오 평가를 위한 일반적인 절차는 첫째, 포트폴리오 평가를 위한 평가 내용 및 기준을 설정한다. 둘째, 포트폴리오 수집 시기를 정하여, 1년에 3회 정도 수집하고 시기는 융통성 있게 정한다. 셋째, 포트폴리오에 포함할 수집 자료를 정한다. 일반적으로 관찰기록, 면담 내용, 표준화된 검사의 평가 결과 영유아의 그림 및 작품과 입체 구성물의 사진, 글이나 말의 샘플, 부모 참여자료, 영유아의 활동 사진과 녹음

자료, 친구관계 기록, 영유아 자기 보고자료 등을 넣을 수 있다. 넷째, 포트폴리오에 수록할 자료를 정리하여 보관한다. 마지막으로 평가 기준에 기초하여 정리된 포트폴리오에 대해서 해석을 한다(최일선, 조운주, 2014; 황해익 외, 2013).

최근 교육현장에서는 기존의 구조화된 검사도구를 통한 평가를 지양하고, 비형식적이고 대안적인 평가 방법을 모색하면서 포트폴리오를 사용하고 있다(황해익 외 2009). 포트폴리오는 장기간 영유아의 활동 결과물을 수집함으로써 활동의 결과뿐 아니라 그 과정과 시간에 따른 장기간의 변화 양상과 질적 변화를 파악할 수 있다(성미영 외, 2017). 또한 부모 면담 시 교사는 포트폴리오에 수록된 작품이나 수행 사진 등을 활용하여 부모가 영유아의 발달을 이해하도록 도울 수 있다.

영유아가 그린 그림 결과물

입체 작품

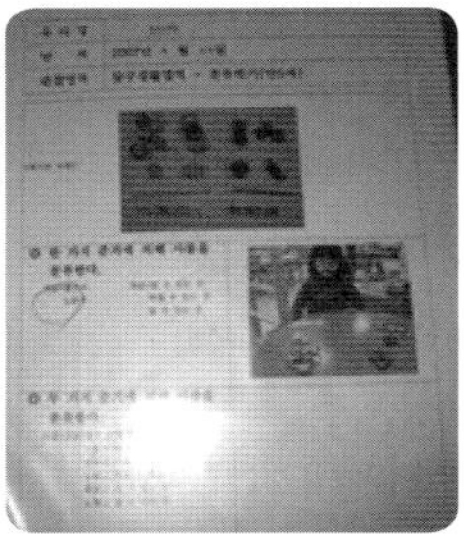
검사 기록

영유아 활동 사진

공동으로 만든 결과물 및 활동

교사 관찰 기록,
영유아 면담 및
부모 상담 기록

[그림 12-2] 포트폴리오에 포함될 수 있는 자료

(4) 표준화 검사

검사는 개인의 능력과 성향, 가치나 태도 등의 심리적 특성을 파악하기 위해 고안된 도구로서 표준화 검사와 교사제작 검사로 나누어 볼 수 있다.

첫째, 표준화 검사는 누가 사용하더라도 검사의 실시와 채점, 결과의 해석이 동일하도록 검사의 모든 절차와 방법이 일정하게 표준화되어 있는 검사이다. 또한 신뢰도와 타당도가 검증된 검사로서, 수집된 검사 결과를 객관적으로 해석하여 다른 영유아들과의 상대적 비교에 의한 평가가 가능한 형식적 평가 방법이다. 그러나 검사 과정에서 검사에 대한 지식과 방법이 능숙한 검사자가 필요하고, 영유아가 스트레스를 경험할 수 있고, 영유아들 간의 상대적 평가 결과를 지나치게 비교하거나 결과를 오용할 수 있다는 단점이 있다(이윤경 외, 2016). 현재 우리나라에서 사용되고 있는 영유아용 표준화 검사의 예를 제시하면 다음과 같다.

〈표 12-4〉 우리나라의 영유아용 표준화 검사의 예

검사 내용	분 류	검사명	저자(제작년도)	대상 연령	출판사
지능	개인용	고대-비네 검사	전용신(1971)	4~14세	문천사
		KEDI-WISC	박경숙 외 4인 (1986)	5~15세	한국교육개발원
	집단용	인물화에 의한 간판 지능검사(개정판)	김재은, 김동극, 여광은(1973)	3~12세 일반아 및 지적장애아	교육과학사
학습준비도		유아 학습준비도 검사	한국교육개발원 (1987)	4~6세	동아출판사
학업성취도		기초 학습기능 검사	박경숙, 윤점룡, 박효정(1987)	5~12세	한국교육개발원
창의성		유아용 종합 창의성 검사	전경원(1995)	4~6세	한국유아교육원
사회·정서	성격검사	아동용 주제통각 검사	김태련 외 3인 (1976)	3~10세	이화여대출판부
	사회 성숙도 검사	사회 성숙도 검사	김승국, 김옥기 (1985)	0~성인	중앙적성출판사
언어		취학 전 아동의 수용언어 및 표현언어 발달 척도	김영태, 성태제, 이윤경(2003)	2~6세	서울장애인 종합복지관

출처: 이윤경 외(2016). 유아교육개론.

둘째, 교사제작 검사는 특수한 부분을 평가하고 싶으나 이를 평가하기 위한 적절한 도구가 개발되어 있지 않을 때, 평가의 목적과 내용에 따라 교사가 도구를 직접 제작하여 사용하는 검사이다. 대부분의 교사제작 검사는 영유아 개인이나 전체 집단에 필요한 활동을 계획하는 데 도움이 되도록 제작되며, 검사의 실시 방법은 대체로 영유아들의 활동 중에 관찰을 통해 또는 간단한 질문을 하는 것이다. 그러나 교사가 임의로 제작하는 검사이기 때문에 신뢰도와 타당도가 검증되지 않고, 검사 문항을 선정하기 위해 교사의 능력이 필요하고, 다른 영유아들과의 비교를 위한 규준이 없다는 한계를 가지고 있다(김진영, 백혜리, 최윤정, 2009; 이윤경 외, 2016).

2) 교사 평가

교사의 의식적, 무의식적은 영유아에게 매우 중요한 영향을 미칠 수 있다. 교사는 교육철학과 신념에 따라 교육과정을 계획하고 이를 바탕으로 수업을 위한 준비와 교수 행동을 수행하게 된다. 따라서 교사에 대한 평가를 실시하여 보다 적절한 교수학습 활동을 계획하고 운영할 수 있도록 해야 한다(위영희, 2013).

교사 평가의 목적은 교사의 임용, 승진, 승봉 등 인사관리나 양질의 교육 프로그램의 운영, 그리고 교사의 전문성 향상을 목적으로 실시된다. 또한 교사 평가는 유아교육의 질적 관리를 위해서도 중요하다(이영석, 박재환, 김경중, 1985; 이은해, 1995). 교사 평가는 교사들의 사기와 동기 유발에 관계되며, 영유아와 유아교육기관에 미치는 영향이 크기 때문에 평가의 계획, 실행, 평가의 전 단계에서 교사를 참여시키고, 교사에게 평가의 준거와 방법을 명확히 안내해야 한다.

교사 평가 방법은 자기 평가, 동료나 외부관찰자 평가, 시험제도, 수행능력 측정, 전문가의 참관 또는 학부모 조사 등이 있다. 교사의 자기 평가는 교사 스스로 자기평가척도를 사용하여 스스로, 주기적으로 점검하거나 반성적 저널쓰기를 통해 반성적 사고를 하는 방법이다. 교사는 자기 평가를 통해 자신의 강점과 약점을 발견할 수 있어 자기발전의 계기로 삼을 수 있다. 하지만 교사 자신에 대한 주관적인 판단과 과대평가가 문제가 될 수 있으므로 다른 평가 자료와 함께 사용해야 한다(이윤경 외, 2016; 이은해, 1995). 보육교사의 자기 평가는 일반적으로 1년에 2회 정도 실시하며 실시 결과를 비교, 분석하여 자기발전을 도모한다. 교사의 자기 평가에는 주관성이 개입될 수 있어서 동료교사나 원장, 외부관찰자에 의한 평가를 실시하여 객관성을 유지할 수 있도록 한다(조성연 외, 2006; 황해익, 2004). 타인에 의한 교사 평가는 동료교사에 의한 장학, 부모나 외부관찰자가 교사 평가도구를 사용하여 평가하는 방법이다. 또 시험제도를 사용하거나, 교사의 근무 실태 관련자료를 사용한 비반응적으로 평가하기 그리고 교사의 포트폴리오 분석하기 등의 평가 방법도 사용할 수 있다(이윤경 외, 2016).

〈표 12-5〉 교사 평가관리 예

〈보육교직원 평가관리 (예시)〉
- 근무평가 내용 (참고자료) -

1. 업무태도
- 계획된 보육 활동의 실행을 위해 성실히 수업자료를 준비하는가?
- 담당 영역의 교구 등록 · 관리 및 공동구역의 청결 유지를 위해 노력하는가?
- 맡은 일에 대해 책임을 전가하지 않고 의욕적으로 해내려고 하는가?

2. 전문성
- 보육 지식의 함양을 위해 보육 관련 재교육 및 세미나 등에 자발적으로 참여하는가?
- 전문성 있는 보육계획 및 실행을 위해 다양한 보육 프로그램의 자료를 참고하며 연구하는가?
- 연구수업 등 장학수업 과정에 충실히 임하며, 장학수업 평가사항을 보육 활동에 반영하기 위해 노력하는가?

3. 원아관리
- 영유아를 존중하며 요구에 민감하고 적절히 반응해 주는가?
- 영유아의 문제행동을 영유아의 입장에서 이해하려고 노력하며, 적절한 개입을 하는가?
- 매일 아침 등원하는 영유아의 건강 상태 및 정서 상태 등을 파악하기 위해 노력하는가?

4. 부모와의 관계
- 아동의 어린이집 생활에 관하여 부모와 공유하거나 개인별 아동의 발달과업이 잘 이루어질 수 있도록 가정연계를 위해 노력하는가?
- 부모와 신뢰감 형성을 위해 노력하는가?
- 부모면담, 부모 참여 수업 등 참여 활동에 적극적으로 참여를 유도하는가?

5. 동료 관계
- 보육교사로서 상하 간, 동료 간의 인간관계를 원활히 유지하기 위해 노력하는가?
- 동료 교사의 도움과 요청이 있을 때, 적극적으로 도와주려고 노력하는가?
- 동료 교사의 고충을 듣고 진심으로 이해하려고 노력하며 격려해 주는가?

출처: 보건복지부 · 한국보육진흥원(2017). 어린이집 문서양식.

3) 보육 프로그램 평가

보육 프로그램 평가는 영유아에게 보다 나은 교육 프로그램을 제공하기 위한 것을 목적으로 효율성, 적절성, 타당성을 밝히기 위한 작업이다. 우리나라 국가수준의 교육과정인 표준보육과정과 누리과정에서는 교육과정의 질적 수준을 유지, 관리하기 위하여 주기적으로 교육과정 편성 및 운영에 대한 평가를 실시하고, 그 결과를 다음 교육과정 계획 및 수립에 활용하여 보다 나은 교육 프로그램을 제시하도록 하고 있다.

보육 프로그램에 대한 평가는 적절한 방법과 내용에 의해 이루어져야 한다. 보육 프로그램 평가는 주로 교육 목표, 교육 내용, 교수학습 과정의 실행, 평가 방법 등 교육과정의 각 구성요소들에 관한 개별적 평가뿐만 아니라 이들 요소 간의 연관성을 포괄적으로 다루어야 한다. 따라서 체계적인 자료수집과 평가과정이 필요하다(보건복지부, 교육과학기술부, 2013).

프로그램의 평가는 각각의 하위 영역(교육환경 평가, 교육과정 평가, 부모교육 평가, 건강안전 평가 등)별로 따로 분류하여 평가할 수도 있고, 교육기관 전반에 관한 평가로 프로그램을 평가할 수 있다.

프로그램을 평가할 수 있는 기관 평가를 어린이집 평가인증지표와 유치원 평가지표를 중심으로 살펴보면 다음과 같다.

어린이집 평가는 「영유아보육법」 제34조에 근거한 평가인증제도에 의해 이루어지고 있다. 평가인증제도는 영유아에게 안전한 보호와 질 높은 보육 서비스를 제공하기 위하여 평가인증지표를 기준으로 어린이집의 현재 수준을 점검하고 개선하도록 한 후 객관적인 평가를 통해 일정 수준 이상의 어린이집에 대해 국가가 인증을 부여하는 제도이다.

2005년 시범평가를 시작으로 2019년 6월까지 평가인증제도가 시행되어 우리나라 어린이집의 보편적인 보육 서비스 질 향상에 크게 기여하고 있다. 평가과정은 어린이집 선정 및 통보로 시작하여 어린이집 자체점검보고서 제출, 현장 평가, 종합평가, 결과 통보 및 공표, 결과에 따른 사후관리 과정을 거친다. 어린이집 평가제의 주요 평가지표 내용은 다음과 같다(한국보육진흥원, 2020).

〈표 12-6〉 어린이집 평가제의 평가 영역 및 평가지표

평가 영역(총 항목 수)	평가지표	평가항목 수
Ⅰ. 보육과정 및 상호작용(18)	1-1. 영유아 권리 존중(필수)	2
	1-2. 보육계획 수립 및 실행	6
	1-3. 놀이 및 활동 지원	3
	1-4. 영유아 간 상호작용 지원	4
	1-5. 보육과정 평가	3
Ⅱ. 보육환경 및 운영관리(14)	2-1. 실내 공간 구성 및 운영	4
	2-2. 실외 공간 구성 및 운영	3
	2-3. 기관 운영	4
	2-4. 가정 및 지역사회와의 연계	3
Ⅲ. 건강 · 안전(15)	3-1. 실내외 공간의 청결 및 안전	3
	3-2. 급 · 간식	3
	3-3. 건강 증진을 위한 교육 및 관리	3
	3-4. 등 · 하원 안전	3
	3-5. 안전교육과 사고 예방	3
Ⅳ. 교직원(12)	4-1. 원장의 리더십	3
	4-2. 보육교직원의 근무환경	3
	4-3. 보육교직원의 처우와 복지	3
	4-4. 보육교직원의 전문성 제고	3

출처: 보건복지부(2020). 2020년도 보육사업안내.

유치원 평가는 「유아교육법」 제19조(평가)에 근거하여 유치원의 교육력과 교육 서비스의 질적 수준을 제고하고, 학부모에게는 알 권리를 보장하고 유치원 선택권을 확대하는 데 목적이 있다.

유치원 평가는 2007년 시범평가를 시작으로 2019년까지 3년 주기로 실시되는 4주기 평가가 마무리되었다. 4주기 유치원 평가에서는 유치원 통합 평가지표를 마련하여 기관의 다양성을 유지한다는 통합의 방향성을 견지하면서, 유치원과 어린이집의 질을 객관적으로 상호 비교할 수 있도록 구체적인 평정 기준을 제시하여 평가의 객관성 및 일관성을 제고하였다.

평가 절차는 개별 유치원이 제출한 자체평가, 현장방문 평가, 종합평가 그리고 결과 공표로 진행된다. 평가 결과에 따라 시 · 도교육청별로 맞춤형 지원을 하게 된다.

4주기 유치원 평가지표의 구성은 다음과 같다.

〈표 12-7〉 유치원 통합 평가지표의 평가 영역 및 평가지표

평가 영역(총 항목 수)	평가지표	평가항목 수
Ⅰ. 교육과정(29)	1-1. 교육 계획 수립 및 실행	4
	1-2. 균형적·통합적 일과 운영	5
	1-3. 교수·학습 방법	6
	1-4. 교사-유아 상호작용	6
	1-5. 유아 간 상호작용 시 교사 역할	4
	1-6. 평가	4
Ⅱ. 교육환경 및 운영관리(20)	2-1. 실내 공간 구성(5)	5
	2-2. 실외 공간 구성(3)	3
	2-3. 기관 운영(5)	5
	2-4. 가정 및 지역사회와의 연계(5)	5
	2-5. 방과 후 과정(2)	2
Ⅲ. 건강·안전(15)	3-1. 실내외 공간의 청결 및 안전(4)	4
	3-2. 급간식(3)	3
	3-3. 건강 증진을 위한 교육 및 관리(3)	3
	3-4. 등하원의 안전(2)	2
	3-5. 안전교육 및 사고 대책(3)	3
Ⅳ. 교직원(13)	4-1. 원장의 리더십(4)	4
	4-2. 교직원의 근무환경(3)	3
	4-3. 교직원의 처우와 복지(3)	3
	4-4. 교직원의 전문성 제고 노력(3)	3

출처: 교육부(2017). 제 4주기 유치원 평가 중앙연수자료집.

<생각 나누기>

1. 어린시절 받았던 평가에 대해 생각해 보고, 가장 기억에 남는 평가 방식은 무엇인지, 그 이유에 대해 생각해 보자.
2. 영유아들을 위한 다양한 평가 방법 중 교사가 되면 교육현장에서 꼭 해 보고 싶은 평가 방법과 그 이유에 대해 토의해 보자.

참고문헌

강란혜(2020). 2020 보육지원체계 반영 보육학개론. 서울:학지사.
강문희, 김매희, 유정은(2007). 아동발달론, 공동체.
강성훈(2008). 루소에 대한 자연주의적 해석의 문제. 고려대학교 대학원 박사학위논문.
강진소(2000). 페스탈로치의 유아교육사상에 대한 고찰. 대구산업정보대학 논문집, 14(1), 31-51.
강진아(1998). 탁아기관의 질과 영아의 탐색/놀이 행동과의 관계: 물리적 놀이 환경의 영향을 중심으로. 덕성여자대학교 대학원 석사학위논문.
곽노의(1990). 프뢰벨과 듀이의 유아교육사상 비교. 한국교육문제연구, 제6호, 43-58.
곽노의, 홍순정(2000). 유아교육사상. 서울: 문음사.
곽노의, 김경철, 김유미, 박대근(2011). 영유아발달. 경기: 양서원.
곽승주, 이명순, 오경숙(2016). 보육과정. 정민사.
교육부(2017). 제4주기 유치원 평가 중앙연수자료집.
교육부, 보건복지부(2019). 2019 개정 누리과정 해설서. 교육부 · 보건복지부
교육부, 보건복지부(2020). 「2019 개정 누리과정」 놀이운영사례집-놀이,유아가 세상을 만나고 살아가는 힘. 교육부 · 보건복지부.
국립국어원(2020). 표준국어대사전. https://stdict.korean.go.kr에서 2020년 6월 22일 인출.
김경회, 문혁준, 김선영, 김신영, 김지은, 김혜금, 서소정, 안선희, 안효진, 이희경, 정선아, 황혜원(2016). 보육학개론. 서울: 창지사.
김경희, 박영례, 최미혜(2006). 보육교사의 안전에 대한 지식, 건강신념 및 자기효능. 아동간호학회지 12(4), 478-485.
김동욱(2000). Rousseau의 교육사상에 관한 연구. 관동대학교 교육대학원 석사학위논문.
김송이, 정지나, 최혜영, 민성혜(2011). 영유아 관찰 및 실습. 경기: 양서원.
김숙이(2002). 프뢰벨의 유아교육사상의 배경과 교육내용 분석: 종교교육, 노작교육 및 놀이교육을 중심으로. 한국교육사상, 24(1), 123-150.
김신옥, 민혜영(2012). 아동연구 및 관찰. 경기: 공동체.
김영옥, 오숙현, 임영숙, 정경자(2010). 유아교육기관의 환경구성. 서울: 공동체.
김영심, 강영욱, 조남숙, 한국선, 이춘희, 이숙희, 김진아, 김현옥(2010). 영유아 건강교육. 서울: 창지사.
김익균, 이창수(2011). 보육정책론. 경기: 교문사.
김정원, 심은희, 이경화, 이연규, 장은주(2011). 보육학개론. 경기: 양서원.
김정원, 이경화, 이연규, 전선옥, 조순옥, 조화연, 최일선(2019). 보육학개론. 경기: 양서원.
김정환(1999). 위대한 교육사상가들Ⅲ 페스탈로치. 연세대학교 교육철학 연구회편. 서울: 교육과학사.
김종훈, 성지현(2016). 유아교육기관 교실의 질, 교사의 교수효능감, 교수 상호작용 영역이 유아 자기조절력에 미치는 영향. 한국유아교육학회, 36(2), 325-344.

김지은(2014). 만 5세 유아를 위한 지역사회 참여 활동의 효과적인 운영에 관한 실행연구. 이화여자대학교 교육대학원 석사학위논문.

김지은, 문혁준, 김경회, 김현주, 김혜금, 김정희, 신혜원, 안선희, 안효진, 임연진, 조혜정, 황옥경(2013). 보육과정. 서울: 창지사.

김진영, 백혜리, 최윤정(2009). 유아를 위한 교수-학습방법론. 경기: 양서원.

김희진, 김언아, 홍희란(2004). 영아를 위한 프로그램의 이론과 실제. 서울: 창지사.

김희진, 박은혜, 이지현(2011). 영유아교육기관에서의 관찰. 서울: 창지사.

나성식(2004). John Dewey 교육론의 유아교육적 함의. 중앙대학교 대학원 박사학위논문.

나은숙, 윤희경, 안경숙, 오애순, 김승옥(2010). 영유아 교과교육론. 경기: 공동체.

문지영(2017). 프뢰벨 '은물'의 신적 통일성에 대한 탐구. 교육철학, 62, 1-26.

박용석(2016). 비권위주의 교육사상. 서울: 학지사.

박찬옥, 김영중, 정남미, 임경애(2002). 유아놀이지도. 서울: 학문사.

박찬옥, 김낙흥, 구수연, 이옥임, 노희연, 이선영, 이예숙(2017). 보육과정. 경기: 정민사.

박현진(2008). 프뢰벨과 몬테소리 교구의 유아수학교육적 함의. 한국교원대학교 대학원 석사학위논문.

박희숙, 김란옥, 김정실, 우정순(2019). 보육학개론(3판). 서울: 창지사.

보건복지부(2011). 어린이집 건강관리 매뉴얼.

보건복지부(2013). 어린이집 표준보육과정에 기초한 영아보육프로그램 운영의 이해.

보건복지부(2019). 2019년도 보육사업안내.

보건복지부(2020). 2020년도 보육사업안내.

보건복지부, 한국보육진흥원(2017). 어린이집 문서양식.

보건복지부, 한국보육진흥원(2020). 2020 어린이집 평가 매뉴얼(어린이집용), 한국보육진흥원.

보건복지부, 교육과학기술부(2013). 3~5세 연령별 누리과정 해설서.

삼성복지재단(2010). 삼성어린이집 영유아 프로그램 총론. 서울: 다음세대.

서문희, 이상헌, 임유경(2000). 보육시설 평가인증제도 도입방안 연구. 정책보고서. 2000-09. 서울: 한국보건사회연구원.

성미영, 유주현, 이세라피나, 임여정, 정현심(2020). 제4차 표준보육과정을 반영한 보육학개론. 서울: 학지사.

성미영, 전가일, 정현심, 김유미, 정하나(2017). 아동관찰 및 행동연구. 서울: 학지사.

서영숙, 서혜전, 안소영, 안지혜, 남미선(2020). 보육과정. 경기: 양서원.

서울보육정보센터(2008). 급식운영계획서.

서울특별시 여성가족정책실(2016). 서울시 어린이집 안전수칙 매뉴얼.

서인숙(1997). 삐아제와 몬테소리 교육이론 비교연구. 건국대학교 대학원 석사학위논문.

손순복, 권경숙, 방혜경, 조미영, 봉진영(2018). 아동안전관리. 학지사.

송승원(2005). 슈타이너와 몬테소리의 유아교육론 비교. 서울교육대학교 교육대학원 석사학위논문.
송지은(2005). 페스탈로치의 기독교 유아교육 사상 연구. 한세대학교 대학원 석사학위 논문.
신동주, 류진순(2006). 유아교육기관의 물리적 환경과 유아의 실내,외 놀이 행동. 한국영유아교원교육학회, 10(2), 165-185.
신봉기(2000). 에라스무스의 교육사상. 연세대학교 신학대학원 석사학위논문.
심성경, 백영애, 이희자, 이영희, 변길희, 김은아, 박유미, 박주희(2015). 보육학개론. 경기: 공동체.
안인희, 정희숙, 임현식(1992). 루소의 자연교육사상. 서울: 이화여자대학교 출판부.
양애경, 최희양, 장원동(2018). 현장중심 보육학개론. 경기: 공동체.
어린이집안전공제회(2018). 어린이집 보육교직원 안전교육.
엄진영, 안석, 김윤진(2020). 농촌지역 저소득가구의 아동복지 실태와 정책과제. 한국농촌경제연구원.
연세대학교 교육철학 연구회편(2002). 위대한 교육사상가들Ⅴ. 서울: 교육과학사.
염정은, 곽노의(2017). 프뢰벨의 '인간교육'에서의 유기체적 자연관과 자연적 개화 개념과의 관계. 열린유아교육연구, 22(4), 407-426.
염정은(2018). 낭만주의 교육철학에 기초한 프뢰벨의 유아기 인간교육. 서울교육대학교 교육전문대학원 박사학위논문.
오경숙, 강영식, 박창옥, 고윤희(2017). 영유아 건강교육. 경기: 어가.
오현경(2012). 혼합연령 종일반 유아들의 실외모래놀이에 대한 문화기술적 연구. 이화여자대학교 대학원 석사학위논문.
유미림, 인재천(2018). 영유아건강교육. 경기: 어가.
유니세프한국위원회(2020). 유엔아동권리협약 소책자(2쇄). 유니세프한국위원회.
육아정책연구소(2020). 2020 개정 표준보육과정(안) 토론회. 서울: 육아정책연구소.
윤진영(2000). 존 · 로크의 유아교육론 연구. 동아대학교 교육대학원 석사학위논문.
이기숙, 김영옥, 박경자(2005). 보육경험과 유아의 인지 및 사회성발달. 유아교육연구, 26(6),255-275.
이기숙, 김정원, 이현숙, 전선옥(2008). 영유아교육과정. 서울: 공동체.
이기숙(2000). 개정 유아교육과정(2판). 서울: 교문사.
이명기(2009). 루소의 자연주의 체육사상. 동신대학교 대학원 박사학위논문.
임미혜(2000). 영유아 보육프로그램. 서울: 동문사.
이선미, 김경윤, 박영충, 김성영(2017). 아동권리와 복지. 서울: 창지사.
이순형, 이성옥, 권기남, 김지현, 김진욱, 김정민, 민미희, 정현심, 김유미, 임여정, 김민경(2012). 어린이집 운영관리. 경기: 양서원.
이순형, 이혜승, 이성옥, 황혜신. 이완정, 이소은, 권혜진, 이영미, 정윤주, 한유진, 성미영(2013). 보육학개론(제4판). 서울: 학지사.
이순형 외(2017). 보육학개론. 서울: 학지사.

이선애, 김종석, 이채호(2009). 유아와 바깥놀이. 서울: 창지사.

이숙재(2003). 유치원 실외놀이장에서의 교사 개입: 교사-유아 간 상호작용을 중심으로. 연구 논문집 38, 215-233.

이영(2013). 영유아 부모의 양육비용 부담, 정확한 자료에 근거한 지원이 이루어져야. 육아정책포럼, 36, 4-5.

이영, 김온기, 우현경(2006). 부모, 교사와 함께하는 영아놀이. 경기도: 다섯수레.

이영석, 박재환, 김경중(1985). 유아교육개론. 서울: 형설출판사.

이영자, 이기숙, 이정욱(2000). 유아교수학습방법. 서울: 창지사.

이윤경, 문혁준, 안선희, 김선영, 김성희, 김지은, 나종혜, 신인숙, 천희영, 최은미, 황혜신, 황혜정(2016). 유아교육개론(제3판). 서울: 창지사.

이원호(2002). 그림과 사진으로 보는 교육의 역사. 서울:문음사.

이은해(1995). 아동발달의 평가와 측정. 서울: 교문사.

이인옥(2013). 루소와 페스탈로치의 자연주의 유아교육사상 비교 연구. 서울교육대학교 교육대학원 석사학위논문.

이진화, 유준호(2000). 유아교육환경의 질에 따른 교사 행동에 관한 연구조사. 한국영유아보육학 20, 121-134.

이현섭, 조옥희, 정정숙, 박현숙, 석은조(2006). 보육학개론. 서울: 학지사.

위영희, 문혁준, 이희정, 한성희, 박정원(2013). 영유아교수법. 서울: 창지사.

위영희, 한성희, 박정원, 석은선, 문혁준, 이희정(2008). 영유아 교수방법. 서울: 창지사.

장영희(2000). 영아교육과정. 서울: 양서원.

정광희(2002). 존 듀이의 교육사상. 교육비평, 10, 358-383.

정미라, 배소연, 이영미(2017). 영유아를 위한 건강 및 영양교육. 경기: 양서원.

정옥분(2004). 아동발달의 이해. 서울: 학지사.

정옥분, 권민균, 김경은, 김미진, 노성향, 박연정, 엄세진, 윤정진, 임정하, 정순화, 황현주(2017). 보육과정. 서울: 학지사.

정옥분(2018). 영유아발달의 이해(제3판). 서울: 학지사.

전찬경(2016). 한국 영유아 보육과정 구성체계 분석. 서울기독교대학교 일반대학원 석사학위논문.

조경자, 이현숙(2015). 유아건강교육(제3판). 서울: 학지사.

조성연, 이정희, 천희영, 심미경, 황혜정, 나종혜(2005). 아동발달의 이해. 경기: 신정.

조성연, 이정희, 김온기, 제경숙, 황혜정, 나유미, 박진재, 송혜린, 임연진, 나종혜, 권연희(2006). 영유아보육의 이해. 서울: 학지사.

조유나, 박금희, 정정란, 황성원, 홍은숙(2019). 보육학 개론. 서울: 창지사.

조유리(2012). 프뢰벨과 듀이의 놀이이론에 대한 비교연구. 경인교육대학교 교육대학원 석사학위논문.

조형숙, 박경난, 김명하, 이지혜(2020). 보육학 개론. 경기: 정민사.

중앙육아종합지원센터(2018). 2018 어린이집 설치운영 길라잡이. 중앙육아종합지원센터.
최광민 (2020. 6. 11). LG유플러스-솔트룩스, 국내 최초 AI 기반 아이 아바타로 올바른 시청 습관 캠페인 전개. 인공지능 신문 http://www.aitimes.kr/news/articleView.html?idxno=16683.
최민수, 정영희(2006). 아동건강교육. 서울: 학지사.
최종연(2010). 보육시설의 영유아 건강검진 사업에 대한 보호자의 인식과 만족도 조사연구. 공주대학교 대학원 석사학위논문.
채혜선, 임미혜(2011). 영유아 안전교육. 서울: 양서원.
통계청(2019). 경제활동인구조사.
통계청(2019). 장래가구특별추계: 2017~2047 보도자료.
통계청(2021). 경제활동인구조사. 여성가족부.
하동수(2001). J. H. Pestalozzi의 교육이론연구. 한남대학교 교육대학원 석사학위논문.
한국경제연구원 보도자료 http://www.keri.org 2020년 10월 30일 인출.
한국유아교육학회(편)(2008). 유아보육학사전. 한국사전연구사.
한국교육심리학회(2000. 1. 10). 교육심리학용어사전. 서울: 학지사.
한국보육진흥원(2020). 어린이집 평가지표와 함께하는 감염병 예방을 위한 어린이집 건강 수칙.
홍길회, 정미자(2019). 영유아 건강교육(제2판). 서울: 동문사.
황미경(2006). 은물놀이를 통해서 본 프뢰벨의 교육방법. 강원대학교 대학원 석사학위논문.
한미현, 문혁준, 강희경, 공인숙, 김상희, 안선희, 안효진, 양성은, 이경열, 이경옥, 이진숙, 천희영, 조한숙(2019). 아동권리와 복지. 서울: 창지사.
한미현, 문혁준, 강희경, 공인숙, 김상희, 안선희, 안효진, 양성은, 이경열, 이경옥, 이진숙, 황옥경(2012). 보육교직원의 합리적 수급과 전문성 강화. 한국영유아보육학회 추계학술대회자료집. 한국영유아보육학회.
황해익(2004). 유아교육평가. 경기: 양서원.
황해익(2008). 유아교육평가의 이해. 경기: 정민사.
황해익, 송연숙, 정혜영, 유수경(2013). 영유아행동관찰법. 서울: 창지사.
황해익, 최혜진, 정혜영, 권유선(2014). 아동관찰 및 행동연구. 경기: 공동체.

국민건강보험공단 https://www.nhis.or.kr/nhis/index.do
어린이급식관리지원센터 https://ccfsm.foodnara.go.kr/
서울특별시 육아종합지원센터 http://seoul.childcare.go.kr/
중앙육아종합지원센터 http://central.childcare.go.kr

Axtell, J. L.(1968). *The Educational Writings of John Locke*. London:Cambridge Univ. Press.

Brian, N., Sarah, E. B., Shrikant, I. B., Alice, A., & Dianne, S. W.(2007). Nutrition and Physical Activity Self-Assessment for Child Care (NAP SACC): Results from a pilot intervention. *Journal of Nutrition Education and Behavior*, 39(3), 142-149.

Cannon, J. S., Kilburn, M. R., Karoly, L. A., TMattox, T., Muchow, A. N., & Buenaventura, M. (2017). Investing Early Taking Stock of Outcomes and Economic Returns from Early Childhood Programs. *Rand Health Quarterly*, 7(4).

Dewey, J. (2007). *Democracy and Education*[민주주의와 교육]. (이홍우 역). 서울: 교육과학사.(원전은 1916년에 출판)

Doherty, G., Forer, B., Lero, D, S., Goelman, H & LaGrange, A. (2006). Predictors of quality in family child care. *Early Childhood Research Quarterly* 21(3), 296-312.

Dupont, F.(1989). *Daily life in ancient Rome*. Oxford, England: Blackwell.

Heckman, J. J., & Masterov, D, V. (2007). The Productivity Argument for Investing in Young Children. *Applied Economic Perspectives and Policy*, 29(3), 446 - 493.

Isenberg, J. P. & Jalongo, M. R.(2001). *Creative Expression and Play in Early Childhood*(3nd. Ed.). NJ: Prentice-Hall.

J. J. Rousseau.(2006). *Emile*[에밀].(정봉구 역, 서울: 종합출판범우.(원전은 1995년에 출판)

Kadushin, A.(1964). *Child welfare services*. NY: Macmillan.

Kadushin, A., & Martin, J. A.(1988). *Child welfare services*(4th ed). NY: Macmillan Publishing Co.

Kritchevsky, S., Prescott, E., & Walling, L.(1977). *Planning environment for young children*. NY: Macmillan Pubishing.

McAfee, O., Leong, L. J.(2002). *Assessing and guiding young children's development and learning*. Boston, MA: Allyn & Bacon.

Santrock, J. W.(2000). *Children*(8th ed.). New York: McGraw-Hill.

Shaffer, D. R. (1999). *Developmental Psychology: Childhood and Adolescence*(5th ed.). Pacific Grove, CA: Brooks/Cole.

Schmutaler, H, J. (2001). *Fröobel und Montessori*[프뢰벨과 몬테소리].(곽노의,이명환 역), 서울: 밝은누리.(원전은 1997년에 출판).

Vygotsky, L, (1978). *Mind in society: The developmnet of psychological process*. Cambrige, Ma: Havard University Press.

Weber, E. (1984). *Ideas influencing early childhood education*. New York: Teachers College Press.

저 자 소 개

조미영(교육학 박사)

성신여자대학교 일반대학원 석사졸업
성신여자대학교 일반대학원 박사졸업
현) 한국침례신학대학교 유아교육과 겸임교수

권경숙(교육학 박사)

성신여자대학교 일반대학원 석사졸업
성신여자대학교 일반대학원 박사졸업
현) 성신여자대학교 교육대학원 교수

김신영(교육학 박사수료)

성신여자대학교 일반대학원 석사졸업
성신여자대학교 일반대학원 박사수료
현) 강남대학교 유아교육과 강사

박세진(교육학 박사)

성신여자대학교 일반대학원 석사졸업
성신여자대학교 일반대학원 박사졸업
현) 대전보건대학교 유아교육과 강사

이사임(문학 박사)

이화여자대학교 일반대학원 석사졸업
성신여자대학교 일반대학원 박사졸업
현) 성신여자대학교 유아교육과 강사

이승숙(교육학 박사)

성신여자대학교 일반대학원 석사졸업
성신여자대학교 일반대학원 박사졸업
현) 재능대학교 유아교육과 겸임교수

황인애(교육학 박사)

이화여자대학교 교육대학원 석사졸업
성신여자대학교 일반대학원 박사졸업
현) 성신여자대학교 교육대학원 교수

보육학개론

초 판 1쇄 인쇄 2021년 8월 16일
초 판 1쇄 발행 2021년 8월 20일

지 은 이 | 조미영 · 권경숙 · 김신영 · 박세진 · 이사임 · 이승숙 · 황인애
펴 낸 이 | 김기섭
편 집 인 | 김도언 · 최창숙
펴 낸 곳 | 창지사 www.changjisa.com
08589 서울시 금천구 가산디지털 1로 83 파트너스타워 1차 9층
전화 (02)719-2211~3
팩스 (02)701-9386
등 록 | 1977년 4월 28일 · 제1-421호

ISBN 978-89-426-1462-2 (93370)

값 21,000원